사회복지학개론

사회복지학개론

Understanding Of Social Welfare

임정문 · 현영렬 · 박선태 공저

동문사

2021년 2월 3일 조선일보 기사에 따르면, 2020년 12월 28일 광주광역시 남구의 한 건물 옥상에서 고교 2학년 양모(17)군이 극단적인 선택으로 숨졌다는 기사를 접하며 하염없이 눈물을 흘렸다. 태어난지 이틀 만에 부모에게 버려져 형제의 집[1]에서 쭉 지내오던 양모(17)군은 아동복지법에 따라 만 18세가 되는 내년 2월이면 법적으로 시설보호가 끝나는 '보호종료아동[2]'이 되기 때문에 보육시설을 떠나야 한다. 보육시설에서 생활하는 동안 좀 더 구체적인 자립계획과 자립방법을 가르칠 수 있는 프로그램의 실시를 통해 보호종료아동이 연령이 되었다고 퇴소하는 시스템이 아닌 사회에 적응할 수 있는 교육과 취업이 되고, 사회에 적응한 후에 복지기관의 보호가 종료될 수 있는 제도가 시급한 실정이다.

복지사회를 구축하고자 해가 갈수록 사회복지 예산과 대상자는 전 국민을 대상으로 크게 늘어나고 있지만, 실제적인 사회복지 지원이 필요한 빈곤층을 위한 복지정책은 외면되는 현실에서 과연 빈곤층이 인간다운 삶을 살아가는 복지사회 구축은 과연 가능한지 되묻고 싶다. 정권이 변하고 복지정책이 늘어나면 좋아질 거라는 희망은 이젠 없어지는 것일까? 점점 더 사회계층 간의 이념갈등은 늘어가고 빈부격차는 커지며, 계층이동은 불가능해지고 본인이 하면 정당하고 남이 하면 잘못이라고 남 탓만 해가는 이 사회에서 과연 우리 사회를 짊어질 청소년들은 앞날의 희망을 그릴 수 있을까? 과연 어디서부터 잘못된 것일까? 이제 더 이상의 이념과 방향이 다르다고 다투기만 할 것이 아니라, 이 시기를 바로 세울 정책과 제도를 만들기 위해 전 국민이 함께 고민하며, 실천하는

1) 사회복지법인 형제사 노틀담 형제의 집(1962. 12. 27 설립, http://www.hjchild.or.kr, 광주광역시 남구 오방로 4-1번지 소재)은 아동이 보호자로부터 유기되었거나 부모의 사망, 이혼, 별거, 가출, 미혼모 등의 사유로 자녀를 양육할 수 없는 국민기초생활보장 수급권자 가정의 아동을 보호 · 양육하여 건전한 생애 토대 마련을 목적으로 설립되었다.

2) 보호기간 종료로 보육시설을 떠나야 하는 아동은 매년 2,500~2,700여 명이다. 보호기간 종료아동에게 정부지원금은 "퇴소정착금 500만 원과 3년 동안 매월 30만 원씩 주는 자립수당"이 지급된다.

〈시설보호 종료 아동 수〉

(단위: 명)

연도	2015	2016	2017	2018	2019
아동 수	2,677	2,703	2,593	2,606	2,587

머리말

사회가 될 수 있도록 다 같이 협력하고 노력하는 시기가 되길 바란다.

이 책은 사회복지현장에서 요구하는 사회복지사로서의 기본적인 지식습득과 국가 복지정책의 변동을 반영하고자 영역별 복지제도 정리와 복지교육의 지침서인 한국사회복지교육협의회의 사회복지학 교과목 지침서를 근거로 작성하여, 예비 사회복지사로서 기본적으로 학습해야 할 내용을 다루고자 노력하였다. 이 책은 총 15장으로 구성하였다. 1～6장에서는 사회복지의 기초이론과 역사 그리고 사회복지사로서 갖추어야 할 가치와 윤리에 대해 다루었다. 이 부분의 학습을 통해 여러분은 사회복지의 개념 정리와 사회복지실천현장에서의 윤리적인 갈등상황에 대해 학습할 수 있다. 7장에서는 복지국가의 성립배경과 발달과정에 대해 다루었다. 이를 통해 복지국가의 발달유형과 역할에 대해 학습할 수 있다. 8～10장까지는 거시적 · 미시적 사회복지실천 방법으로 구분하여 사회복지실천가로서의 기본적인 실천이론과 기술 그리고 우리나라 사회복지정책으로서의 사회보험과 공공부조 정책을 정리하였다. 학습을 통해 여러분은 사회복지학도로서 기본적인 사회복지에 대해 실천 방법의 이해와 사회보장 관련 국가제도의 이해를 통해 실질적인 복지정책을 학습할 수 있도록 기술하였다. 11～14장에서는 사회복지의 실천분야를 살펴보았으며, 마지막 15장에서는 전문직으로서의 사회복지에 대해 다루었다. 여기에서의 학습을 통해 여러분은 각 영역별 사회복지실천 분야에 대해 학습하게 되고, 사회복지사로서의 활동영역과 법적 지위와 권한에 대해 이해할 수 있다.

이 책의 미흡한 부분은 앞으로도 꾸준히 수정 · 보완해 나가도록 노력할 것이며, 각 대학의 사회복지학개론 과목 수업을 통해 예비 사회복지사로서의 역할과 사회복지사의 전문성에 대해 생각해보는 시간이 되기를 바란다. 끝으로 이 책을 출판하는데 도움을 주신 동문사 이중수 사장님과 관계자 여러분께 감사를 드린다.

2021년 2월

저자 일동

CONTENTS

차 례

차 례

01 CHAPTER

인간의 삶과 사회복지

사회복지는 인간의 행복한 상태를 지향하는 이론과 실천과학이다. 사회복지는 인간의 사회적 욕구에 대응하여 자원을 배분하고 연결하며 조정함으로써 인간의 사회적인 복지를 지향한다. 이 장에서는 사회복지가 해결하고자 하는 인간의 욕구와 사회문제, 인간생애주기에 따른 욕구문제를 파악하고 그에 따른 사회복지적 개입 방안에 대하여 탐색하고자 한다.

01 욕구와 사회복지

욕구(need)는 인간이 정상적인 기능을 하기 위해 중요한 요소이다. 욕구는 충족되기를 원하지만, 정상적이고 합리적으로 충족되어야 한다. 즉, 정당한 절차와 방법이 요구된다. 또한 인간생활에서 욕구는 개인적 차이가 심하다. 여기에서는 전통적으로 사회복지에서 언급하는 욕구에 관하여 탐색한다.

1) 인간욕구

사회복지는 일반적으로 인간의 사회적 욕구를 충족시키기 위한 서비스이며 사회문제에 대한 대책으로 인식된다. 따라서 사회복지학에서 가장 많이 쓰이는 낱말 중 하나가 욕구이다. 욕구(needs)의 의미에 대해서 사회사업사전은 "생존이나 안녕, 충족을 위한 신체적, 심리적, 경제적, 사회적 필요"라고 간략히 정의하고 있지만, 욕구사정, 욕구의 위계, 욕구집단 등 관련 용어에서 보는 바와 같이 매우 폭넓게 사용되는 핵심 낱말이다(중앙사회복지연구회 역, 1996: 161-162).

욕구는 대부분 어떤 목적을 위해 좋은 것, 필요한 것, 필수적인 것을 의미한다. 즉, 목적을 위해 필요한 것 또는 필수적인 것이 결여되거나 결핍된 상태를 지칭한다. 예를 들면, 어떤 목마른 나그네가 물을 마시고 싶다면, 물을 마시고 싶은 것이 '욕구'이고, 물을 마신 후에 갈증이 해소될 때 '욕구 충족'이라고 볼 수 있다. 물을 찾지 못한 나그네가 목마름 때문에 탈수 증상을 일으킬 수 있듯이, 일상생활 속에서 욕구를 충족시키지 못한 사람은 심각한 어려움에 빠질 수 있다.

욕구가 무엇인가에 대한 합의된 정의를 찾아보기는 어렵지만, 심리학과 사회복지학에서 폭넓게 인용되는 매슬로우(Maslow)의 욕구이론을 살펴보면 욕구의 내용과 특성을 이해하는 데 도움이 된다. 그는 인간의 욕구를 생리적 욕구, 안전의 욕구, 소속의 욕구, 존경의 욕구, 그리고 자아실현의 욕구 등 5단계로 나누어서 설명하였다.

매슬로우는 욕구가 세 가지 특징을 가지고 있다고 주장했다. 첫째, 그 욕구충족이 실패하였을 때, 상대적으로 역기능적이거나 혼란 상태가 유발된다. 예를 들면 비타민의 부족은 영양실조를 가져오고, 소속감의 결핍은 우울증을 일으킨다. 둘째, 욕구를 충족시켜 회복됨으로써 역기능을 치유할 수 있다. 예를 들면, 부족한 비타민을 보충하면 영양실조를 벗어나서 건강한 몸을 되찾을 수 있다. 셋째, 자유로운 상태에서 하나의 기본적인 욕구의 충족은 다른 욕구의 충족으로 옮겨간다(Weiner, 1980: 412; 현외성 외, 1998:13 재인용). 매슬로우의 욕구 5단계를 설명하면 표 1-1과 같다.

표 1-1 매슬로우의 욕구 5단계와 그 내용

욕구단계	결핍상태	충족	예
생리적 욕구	• 배고픔, 갈증 • 성적인 좌절 • 긴장 • 피로 • 질병	• 편안함 • 긴장의 해소 • 감각의 만족감 • 감각의 만족감 • 신체적인 건강	좋은 음식을 먹은 후에 누리는 만족
안전의 욕구	• 주거의 결핍 • 불안 • 갈구 • 상실감 • 두려움 • 강박감	• 안락함 • 안전 • 균형 • 평정 • 안정	안정된 직업에서 갖는 안전감
소속의 욕구	• 과잉 자의식 • 바라지 않는 느낌 • 무가치한 느낌 • 공허함 • 고독 • 고립 • 불완전함	• 평온, 평정 • 자유로운 감정표현 • 온전한 감정 • 자애로운 감정 • 생명과 힘이 솟는 느낌	사랑의 관계에서 전체적인 수용의 경험
존경의 욕구	• 무능력한 감정 • 열등감	• 자신감 • 승리감 • 긍정적인 자아관 • 자존 • 자기개발	어떤 일을 성취시킴에 대한 보상을 받음
자아실현의 욕구	• 소외 • 삶의 의미상실 • 권태 • 일상적인 생활 • 한정된 활동	• 건강한 호기심 • 정상에서 느끼는 경험 • 가능성의 실현 • 즐겁게 일하고 가치실현 • 창조적인 생활	깊은 통찰력을 경험함

자료: 나직균 외(2011:13).

매슬로우의 욕구 5단계는 인간이 가지고 있는 일반적인 욕구의 내용을 적절하게 제시하였다는 점에서 사회복지학 분야에서 흔히 인용된다. 그의 욕구단계설이 사회복지학에 주는 시사점을 정리하면 다음과 같다(현외성 외, 1998: 12-14).

첫째, 인간의 욕구가 위계적인 특성을 지니고 있는 만큼, 욕구충족을 위한 사회복지서비스는 일반적으로 낮은 수준의 욕구충족에서 시작하여 높은 수준의 욕구충족을 위해 진행된다는 점이다. 이것은 제한된 사회적 자원으로써 가능한 한 복지 프로그램의 효율성을 제고시키기 위해서는 낮은 수준의 욕구충족부터 높은 수준의 욕구해결을 위해 노력해야 된다는 점을 암시하고 있는 것으로 해석할 수 있다.

둘째, 사회복지서비스 프로그램을 비교할 수 있는 비교연구의 기준이 될 수 있다는 점이다. 각국의 사회복지서비스의 지향점이 어떤 욕구를 중심으로 하고 있는가를 분석함으로써 복지 프로그램의 발달수준을 가늠할 수 있다. 즉, 어떤 나라의 사회복지가 국민의 생리적 욕구를 충족시키는 데 역점을 두고, 다른 나라의 사회복지가 안전의 욕구를 충족시키는 데 역점을 두고 있다면, 후자가 더 복지선진국이라고 말할 수 있다.

셋째, 인간의 욕구가 현실 사회에서 완전하게 충족될 수는 없고, 끊임없이 보다 높은 수준의 욕구를 충족하기 위하여 저마다 일생 동안 노력하는 것이 삶이라는 점이다. 인간의 욕구는 생활수준의 향상에 따라서 끊임없이 변하기 때문에, 바라던 것이 충족된 이후에도 새로운 욕구를 충족시키기 위해서 다시 노력하게 된다.

2) 기본욕구

매슬로우가 지적한 바와 같이 인간의 욕구는 생리적 욕구처럼 낮은 단계에서 자아실현의 욕구처럼 높은 단계까지 다양하기 때문에, 모든 욕구의 충족을 사회복지의 대상으로 삼기는 어렵다. 따라서 학자들은 인간의 욕구 중에서 일상생활에 꼭 기본적인 욕구와 다소 부가적인 욕구로 구분하려고 시도하였다.

(1) 기본욕구의 개념

로이(Lowy)는 인간의 욕구를 일차적 욕구와 이차적 욕구로 나누고 있다. 일차적 욕구에는 ① 생물학적/생리적인 것-음식, 영양, 식사, 성, 의복, 주택, ② 경제-소득, ③ 보건-신체적, 정신적 치료와 안정, ④ 심리적-애정/반응/보장, 유용성/새로운 경험, 일체감과 신분의식 등을 포함한다. 이차적 욕구는 ① 사회적-상호작용적 역할과 상호 인간관계, 가족, 동료집단, 비동료집단, 조직과의 상호관계, ② 활동-직업(일), 이동, ③ 여가-레크리에이션, ④ 문화적인 것-정보, 지식, 심미, 놀이, ⑤ 정치적인 것-법적 지위/보호, 참여/지역사회와 국가의 일에 참여, ⑥ 영적(종교적)인 것-존재의 의미, 미지의 세계(죽음을 포함하여) 등을 의미한다(Lowy, 1979: 116).

로이가 말한 일차적 욕구는 매슬로우가 말한 생리적 욕구와 안전의 욕구를 기초로 하면서 소속의 욕구를 일부 포함하고, 이차적 욕구는 존경의 욕구와 자아실현의 욕구를 기초로 하면서 소속의 욕구까지 포함하고 있음을 알 수 있다. 로이의 분류에 따르면, 일상생활에 필요한 소득은 일차적 욕구에 해당되지만, 직업적인 활동을 포함한 다양한 활동에 대한 욕구는 이차적 욕구라는 것이다. 따라서 신체적으로 꼭 필요한 영양소를 얻기 위해서 식사를 하는 것은 일차적 욕구를 충족시키는 일이지만, 맛있는 음식을 찾아서 외식을 하는 것은 이차적 욕구를 충족시키는 일이라고 볼 수 있다. 그러나 일상생활 속에서 꼭 필요한 기본 욕구(basic needs)를 무엇으로 보느냐는 늘 논란이 되어 왔다. 한 사회의 기본욕구를 정하는 일은 국가와 사회가 일차적으로 관심을 가져야 할 복지서비스의 내용과 밀접하게 관련되기 때문이다.

(2) 기본욕구의 측정

전통적으로 한 사회의 주된 복지대상자는 빈민이었기 때문에, 학자들이 사용한 빈곤의 측정방법은 그 사회의 기본욕구가 무엇인가와 밀접히 관련되어 있다. 왜냐하면 인간은 누구나 어떤 욕구를 가지고 있으나 특정 항목에 있어서는 빈민의 욕구가 더욱 강할 것이고, 이러한 특정 항목은 인간의 생존과 밀접하게 관련된 것으로 사회복지의 일차적 대상이 되기 때문이다.

빈곤연구에서 고전적인 라운트리(Rowntree)와 타운센드(Townsend)의 사례를 통해서 알아보면 다음과 같다.

라운트리는 1899년부터 1936년까지 세 차례에 걸쳐서 영국 요크(York) 시의 빈민을 조사 연구하였다. 그는 신체적 건강과 노동능력을 유지하는 데 필요한 기본적인 필수품으로 음식, 주택, 의복, 잡비(주로 연료비) 등을 들고, 이것이 해결되지 않은 수준을 1차적 빈곤이라고 하였다. 그가 1차적 빈곤을 측정할 때 사용한 것은 기본욕구의 범위를 의식주에 한정시켜서 매우 엄격히 해석한 것이다. 그는 빈민들에게 관대하지 않은 시민을 설득하기 위해서라도, '일하는 노동자에게 꼭 필요한 필수품'에 한정시켜서 빈곤을 측정하였다. 그는 세 번째 조사인 1936년 조사에서는 신체적 욕구보다도 오히려 사회문화적 욕구를 만족시키는 신문, 우표, 종이, 라디오, 휴가, 맥주, 담배, 선물 등과 같은 항목도 필수품에 넣었다.

그러나 빈민의 욕구가 생존에만 있다고 보는 것은 비현실적이고, 욕구는 고정된 것이 아니라 생활양식에 따라서 변화하는 것이므로 상대적인 측정이 요망된다. 특히 현대사회에 복지의 대상이 빈민에게 한정되어 있지 않고, 아동, 노인, 장애인과 같이 노동능력이 없거나 약한 사람을 포함하여 전체 국민에게 확장되었기에 기본욕구의 종류와 수준도 보다 포괄적으로 파악되어야 할 것이다. 욕구의 내용과 수준을 한 사회의 생활양식과 연계시킨 관점은 타운센드의 빈곤연구에서 찾을 수 있다. 그는 일반적으로 인정되는 기본적인 생활양식을 규정하고, 생활양식을 구성하는 60개의 지표를 설정하여 박탈지표를 수집했다. 그리고 정상에서 벗어난 사람을 상대적으로 박탈되었다고 간주했다. 이처럼 생활양식을 구성하는 지표를 통해서 빈곤을 측정한 시도는 인간의 욕구가 생존에만 있지 않고 삶 전체에 있다는 사실을 반영하고 있으며, 이러한 지표를 통한 빈곤의 측정은 욕구의 측정에도 많은 시사점을 주고 있다.

타운센드가 사용한 60개의 지표를 관심영역별로 보면, 노동조건이 12개로 가장 많고, 그 다음은 가구(9개), 음식(6개), 보건(5개), 환경(5개), 의복(4개), 광열(4개), 주택/부대시설(4개), 가족(4개), 사교(4개), 여가(2개), 교육(1개)의 순이다. 예컨대, 보통의 가족에게 일상적으로 통용되는 4가지 지표(①

실내에서 어린이가 놀기에 어렵다, ② 어린이가 지난 4주 동안에 친구와 논 적이 없다, ③ 어린이가 지난 생일에 잔치를 갖지 못했다, ④ 지난 성탄절에 10파운드 미만을 썼다)를 통해서 어떤 가족의 생활을 측정하고, 그 지표에 미달한 가정을 기본적인 욕구가 '박탈'되었다고 본 것이다. 그의 박탈지표는 영역별로 고루 분포되어 있지 않았고, 지표의 대표성이 낮으며, 지표수가 지나치게 많았다는 비판에도 불구하고, 생활양식을 상대적으로 파악한 것은 기본욕구의 내용과 수준을 정하는 데도 많은 함의를 준 것이다.

(3) 기본욕구의 특성

이러한 학자들의 의견을 정리하여 보면, 기본욕구는 다음 세 가지 특성을 가지고 있다(현외성 외, 1998: 15-16). 첫째, 기본욕구는 모든 사람에게 공통적으로 존재하는 욕구이다. 기본욕구는 인종, 종교, 성별, 연령, 교육수준과 사회경제적 지위에 관계없이, 한 인간으로서 동일하게 지니는 욕구를 말한다. 기본욕구의 이러한 특성 때문에 무차별 평등의 원리라 표현되는데, 의식주를 포함하여 건강, 직업, 가족 등이 포함될 수 있다. 둘째, 기본욕구는 모든 사람에게 필수불가결한 욕구이다. 이 때문에 욕구가 확보되지 않으면 인간다운 생활이 보장될 수 없다. 현대 복지국가는 국가존립의 핵심적 근거로서 국민의 생존권의 보장을 설정하여, 기본욕구의 충족을 국가의 책임으로 규정하고 있다. 셋째, 기본욕구는 모든 사람에게 최소한의 수준으로 있어야 하는 욕구이다. 한 사회에서 인간의 욕구가 기본욕구로 채택되기 위해서는 그 사회에서 인간다운 생활을 할 수 있는 수준이면서 동시에 그 최소한에 그친다는 점이다. 설사 기본욕구를 높게 설정하더라도, 그 욕구를 충족시킬 수 있는 자원을 동원하지 못한다면 기본욕구의 의미가 퇴색될 것이다.

이러한 기본욕구는 고정되는 것이 아니라, 시대와 장소, 그리고 한 사회의 사회경제적 수준과 지향하는 이념에 따라서 변화된다는 특성이 있다. 대체로 현대사회로 오고 경제가 발전되며 복지국가/복지사회를 지향할수록 기본욕구는 그 내용이 다양해지고, 그 수준이 상승되는 경향이 있다. 따라서 어떤 사회에서 기본욕구가 무엇인가는 늘 논쟁이 되고, 그러한 기본욕구를 어떻게 충족시킬 것인가는 사회복지의 주된 관심사이다.

3) 욕구의 규정

욕구가 고정되어 있는 것이 아니라 변화되는 것이라면, 욕구를 누가 어떻게 규정할 것인가는 매우 중요한 관심사이다. 이 점에서 브래드쇼(Bradshaw)가 제시한 네 가지 욕구는 많은 함의를 준다. 그에 따르면, 욕구는 전문가의 사정에 의한 규범적 욕구, 수혜자의 욕망인 느낀 욕구, 수혜자가 요구한 표현된 욕구, 그리고 수혜자와 비수혜자 간의 비교를 통해서 측정된 비교욕구가 있다고 한다(Bradshaw, 1977: 18-20).

첫째, 규범적 욕구(normative needs)는 전문가가 주어진 상황에서 욕구라고 정의한 것이다. 즉, 바람직한 수준이 정해지고 실질적으로 존재하는 수준과 비교하여, 개인이나 집단이 바람직한 수준에 미치지 못하면 그들은 욕구상태에 있다고 본다. 욕구에 대한 초기의 연구는 전문가에 의한 객관적인 사실의 파악에서 비롯되었다. 여기에 전제되어 있는 의식은 욕구측정은 전문가의 고유 영역이라는 점이다. 예를 들면, 성인 남자에게 하루 필요한 열량은 2,500칼로리이고, 이를 충족시키기 위해서 단백질, 지방, 탄수화물과 같은 필수 영양소를 얼마씩 섭취해야 한다는 것은 영양사가 가장 잘 알 수 있다는 것이다. 비록 주부가 매일 음식을 만들지만 영양사가 전문가로서 식료품에 대한 욕구를 정할 수 있듯이, 가난한 사람들에게 꼭 필요한 기본욕구는 전문가가 정할 수 있다는 관점이다. 이러한 관점에서 가장 잘 나타난 것이 라운트리가 절대적 빈곤을 측정하기 위해서 도시에서 일하는 노동자에게 꼭 필요한 것이 무엇인지를 먼저 정하고, 이를 화폐가치로 계산하여 그 액수가 얼마이며, 그 액수에 미치지 못한 사람들을 빈민이라고 판정한 사례에서 볼 수 있다. 그러나 도시빈민의 욕구를 측정한다고 할 때, 의식주에 한정하더라도 전문가는 의복전문가, 영양사, 주택전문가 등 다양하기에, 욕구규정은 영양사와 같은 특정 전문가의 전유물이 아니라는 주장이 일기 시작하였다. 또한 영양사가 아무리 '기본적 욕구'라고 주장하더라도, 육류를 싫어하는 사람에게 닭고기나 돼지고기를 먹도록 권장할 수는 없을 것이다.

또한 욕구를 규정할 때 전문가의 시각을 비판하고, 당사자의 입장을 강조한 느낀 욕구(felt needs)와 표현된 욕구(expressed needs)가 있다.

둘째, 느낀 욕구(felt needs)는 흔히 욕망(want)과 동일시되는 것으로서, 그것은 통상 관련된 사람들에게 특정 서비스가 필요하다고 느끼고 있는지 여부를 물음으로써 측정된다. 느낀 욕구는 욕구의 주관적 지각에 초점을 맞춘다. 만약 도시빈민에게 느낀 욕구를 측정한다면, 그 당사자가 필요하다고 느끼는 것들을 모아서 파악할 수 있을 것이다. 즉, 입고 싶은 옷은 어떤 것인가? 어떤 음식을 먹고 싶은가? 어떤 집에서 살고 싶은가? 지금 생활에서 가장 불편한 것은 무엇인가? 복지서비스에 얼마나 만족하는가? 국가와 지방자치단체에게 가장 바라는 사항이 무엇인가? 등을 통해서 느낀 욕구를 파악할 수 있다. 흔히 느낀 욕구는 규범적 욕구에 비교할 때, 그 내용도 다양하고 그 수준도 높은 편이다. 따라서 사회복지서비스가 당사자의 느낀 욕구를 모두 충족시키기는 어렵고, 당사자의 입장을 존중하기 위해서 참고할 수 있다. 한 사례로, 한국은 과거 빈민에게 쌀을 '정부미'로 제공하였지만, 당사자들이 '현금'을 받기를 바랐기 때문에 현재는 쌀값을 주고 있다. 여기에서 일인당 필요한 쌀의 양을 정하는 것은 규범적 욕구라고 할 수 있고, 당사자가 쌀보다 쌀값을 바라는 것은 느낀 욕구라고 볼 수 있다. 한편, 모든 느낀 욕구가 사회적 욕구가 되기는 어렵다. 일상생활 속에서 시민들이 느끼는 대부분의 느낀 욕구는 사회적 욕구가 되지 못하고 느낀 욕구로 끝나는 경우가 많다. 예를 들면, 한국 사회에서 도시빈민이 바라는 대표적인 느낀 욕구는 '내 집 마련'과 '자녀 대학교육'이다. 그러나 한국의 주택정책은 주택을 지어서 실수요자에게 판매하는 분양정책이 핵심이었기 때문에, 도시빈민이 내 집을 마련하기 어려웠고, 교육보호는 고등학교까지밖에 적용되지 않았기에 대학교육은 희망사항에 불과했다. 이러한 느낀 욕구가 사회적 욕구로 공론화되기 위해서는 표현된 욕구가 되어야만 한다.

셋째, 표현된 욕구(expressed needs)는 사람들이 어떤 서비스가 필요하다고 느끼면서, 욕구가 충족되기를 요청하거나 요구하는 행동을 취하는 경우에 그 욕구를 말한다. 앞의 도시빈민의 경우, 주택정책이 무주택자가 싼 임대료로 장기간 빌릴 수 있는 임대주택을 건립하는 데 역점을 둔다면 욕구가 충족될 수 있을 것이다. 1980년대 후반, 주택가격이 폭등하면서 도시빈민들이 도시재개발지역을 중심으로 영구임대주택을 건립하도록 시위를 조직적으로 하였는데, 이것이 바로 느낀 욕구가 표현된 욕구로 바뀐 대표적인 사례이다. 표현된 욕구는 임대주택에 입주하기 위해서 신청서 쓰기 등 합법적인 방법, 시위나 폭동 등 비합법적인 방법, 자살과 같은 극단적인 방식으로 표출되기도 한다. 욕구는 전문가나 당사자뿐만 아니라 주로 자원을 제공하는 행정가에 의해서 규정되기도 한다. 욕구의 내용이 다양화되고 그 수준이 향상됨에 따라서 복지서비스를 받을 만한 상황에 있는 사람도 정보가 부족하거나 당사자가 신청하지 않아서 복지서비스를 받지 못하는 경우가 많다.

넷째, 비교욕구(comparative needs)는 서비스대상자들을 연구함으로써 얻어지는 욕구로, 만약 비슷한 상황에서 어떤 사람들은 복지대상자이고 다른 사람은 아닐 경우, 후자는 욕구상태에 있는데, 이때의 욕구를 의미한다. 예컨대, 도시빈민이 많이 거주하는 지역에 독거노인이 있는데, 한 가구는 국민기초생활보장제도의 수급권자이고 다른 한 가구는 법적으로 자녀가 있다는 이유로(연락조차 되지 않거나 부양능력이 없음에도 불구하고) 복지서비스를 받지 못한다면, 후자에게 비교욕구가 있다고 판정할 수 있다.

그러나 이러한 브래드쇼의 접근법은 욕구측정의 주체와 방법에 대해서는 논의하고 있지만 욕구의 영역에 대해서는 논의하고 있지 않으므로, 전문가나 당사자가 욕구라고 규정하기만 하면 욕구가 된다는 오류에 빠질 수도 있다. 그의 접근법은 욕구의 지표와 연결시킬 때만이 그 한계가 극복될 수 있다. 따라서 욕구를 합리적으로 규정하기 위해서는 한쪽에 인간의 욕구영역을 제시하고, 다른 한쪽에 욕구를 규정하는 방법(규범적 욕구, 느낀 욕구, 표현된 욕구, 비교욕구 등)을 교차시키는 것이 한 방법이다.

하비(Harvey)는 인간의 욕구 영역을 음식, 주택, 의료, 교육, 사회와 이웃봉사, 소비재, 여가, 지역편의시설, 교통시설 등 아홉 가지로 설정하였다(Harvey, 1973: 102). 그의 욕구영역에는 고용기회가 생략되었다고 비판받기도 하였지만, 이러한 영역별로 세부적인 지표를 설정한 후에 다양한 관점의 욕구를 측정할 수 있을 것이다.

또한 이용교는 도시빈민가족의 욕구를 종합적으로 측정하기 위하여, 욕구 영역을 소득, 직업, 보건, 교육, 주택으로 나누고, 각 영역을 대표할 수 있는 지표를 몇 개씩 선정한 후에, 각 지표에 대한 비교 욕구, 느낀 욕구, 규범적 욕구를 파악하였다. 즉, 소득 욕구를 파악하기 위한 지표는 월평균 소득, 월평균 소비지출, 소득만족도를, 직업 지표는 구직자 수, 직업만족도를, 보건 지표는 식료품비, 심신장애자 수, 만성질환자 수, 세대주의 건강 상태, 건강만족도를, 교육 지표는 초·중·고등/대학교의 취학률, 학력만족도를, 주택의 지표는 점유형태, 점유면적, 사용방수, 상수도, 화장실, 주택 만족도 등으로 파악하였다(이용교, 1986: 9).

02 사회문제와 사회복지

사회복지에서 문제 또는 사회문제(social problems)는 욕구와 함께 가장 기초가 되는 낱말이다. 사회복지는 흔히 사회적 욕구를 충족시키는 일이고, 사회문제에 대한 대책이라고 일컬어지기 때문이다. 따라서 사회문제가 무엇인지를 알 수 있다면, 사회문제에 대한 대책인 사회복지도 보다 확실히 파악할 수 있을 것이다. 그러나 사회문제가 무엇인지에 대한 합의된 정의를 찾기는 어렵다. 사회복지학에 대한 다른 낱말이 늘 그렇듯이, 사회문제도 학자들의 주장에 따라서 혹은 그 이론적 지향에 따라서 달리 규정되고 있다.

1) 사회문제의 개념

어떤 문제가 사회문제로 규정되는지에 대해서 밀스(Mills)의 견해를 살펴보면 다음과 같다. 그는 문제를 개인문제(private troubles)와 공공문제(public issue)로 구분하였다. 개인문제는 사람의 성격 및 타인과의 당면한 관계의 범위 내에서 발생한 문제를 말한다. 반면에 공공문제는 다음과 같은 특징이 있는 문제를 말하며, 공공문제야말로 진정한 의미의 사회문제라는 것이다(Meenaghan & Washington, 김한주 역, 1983: 52-53).

- 크기와 범위: 사회의 상당수의 사람이 특별한 결과를 공유하고 있는 것
- 고유성: 연령, 성별, 민족과 같은 일부 집단에서 공통적으로 또는 불특정적으로 발견된 것
- 비교적 영속적인 것: 결과가 수년간 지속된 상태로 나타난 것
- 제도의 역기능: 결과가 특정한 사람들에 의하여 경험되는 동안 반드시 그들에 의해서만 야기되는 것이 아니라, 정치, 경제, 교육, 보건과 같은 주요한 제도가 그러한 결과를 경험하는 자들과 어떻게든 관련되어 비롯된 것일 수 있다. 어떤 의미에서 제도란 사람들에게서 발생되는 문제의 원인을 이해하는 데 중요하다.

사회문제가 개인문제와 다른 점은 사회문제가 지니고 있는 사회성과 보편성에서 분명히 구분된다. 여기서 사회성이란 개인의 욕구충족이 어려운 사건과 상태가 특정 문제에 직면한 개인의 책임에서보다는 상대적으로 사회제도나 구조상의 결함과 실패로 인하여 야기되는 경우를 말한다. 즉, 문제발생의 사회적 맥락을 의미한다. 한편, 보편성이란 사회문제가 지닌 부정적인 영향력이 특정 개인에게만 한정된 것이 아니라, 사회구성원 전체에 보편적으로 미칠 수 있음을 의미한다(남세진 외, 1996: 39). 사회문제가 개인문제와 달리 사회성과 보편성을 가진 문제라고 하더라도, 아직 사회문제의 개념은 명확하게 잡히지 않는다. 사회문제에 대한 주요 학자들의 다음 정의를 살펴보면, 사회문제의 개념을 이해하는 데 도움이 될 것이다(최일섭·최성재, 1996: 23-24).

① 머튼과 니스벳(Merton & Nisbet)은 사회문제란 "사회질서의 상당부분이 일반적으로 받아들여지고 있는 하나 또는 그 이상의 규범을 위배하고 있다고 간주되는 행동양식"이라고 정의하였다.

② 쉐파드와 보스(Shepard & Voss)는 사회문제란 "한 사회의 다수의 사람 또는 일부의 영향력 있는 사람들에 의하여 바람직스럽지 못한 것이라고 생각되어 주의를 요하게 되는 사회적 상황"이라고 정의하였다.

③ 설리반 등(Sullivan et al)은 사회문제를 "사회의 한 영향력 있는 집단

이 어떤 사회적 상태에 대하여 사회의 가치를 위협하고 있고 집단적 행동으로 개선이 가능하다고 인식하는 것"이라고 정의하였다.

④ 루빙톤과 와인버그(Rubington & Weinberg)는 사회문제를 "사회의 다수의 사람들의 가치와 양립할 수 없는 상태로서 그 다수의 사람들이 그러한 상태를 변화시키기를 동의하는 상태"라고 정의하였다.

⑤ 로어(Lauer)는 사회문제를 "어떤 조건이나 행동유형이 다른 조건이나 행동유형과 모순되고 바람직한 삶의 질과 양립할 수 없으며, 사회생활의 여러 다른 수준에서 작용하는 요소들에 의하여 야기되거나 촉진되거나 계속되고, 집단 간의 갈등에 관계되며, 그 해결을 위해 사회행동이 필요한 것"이라고 정의하였다.

이처럼, 여러 학자들이 사회문제를 정의한 것 중에서 공통적인 요소를 찾아서 최성재는 다음과 같이 사회문제를 정의하였다. "사회문제는 어떤 사회적 현상이 첫째, 사회적 가치(또는 규범)에서 벗어나고, 둘째, 상당수의 사람들이 그 현상으로 인하여 부정적인 영향을 받고 있으며, 셋째, 그 원인이 사회적인 것이며, 넷째, 다수의 사람들이나 영향력 있는 일부의 사람들이 문제로 판단하고 있고, 다섯째, 사회가 그 개선을 원하여, 여섯째, 집단적 사회적 행동이 요청되는 것이다"(최일섭 · 최성재, 1996: 25).

2) 사회문제 이론

사회현상을 어떠한 이론적 시각에서 보느냐에 따라 사회문제의 정의, 사회문제의 원인과 해결방안이 다르게 된다. 사회문제를 이해하고 설명하고 분석하는 데 가장 핵심적인 쟁점은 사회의 속성은 무엇인지, 그리고 사회를 구성하는 인간의 본성은 어떠한 것인지 파악하여 사회문제를 해결하기 위한 어떠한 조치를 취해야 할 것인가를 결정하는 일이다.

이러한 면에서 볼 때도 사회현상을 전반적으로 설명할 수 있는 이론이 사회문제를 접근하는 데 보다 유용할 것이다. 사회과학에서 전통적으로 주류적인 이론은 기능주의, 갈등주의, 상호작용주의였고, 1950년대 이후 교환주의도 점차 주류로 인정받고 있다. 각 이론 내에는 여러 가지 분파가 있지만, 대표적인 학자의 주장을 중심으로 사회문제의 정의, 원인과 해결책에 대한 시각을 간략히 소개하고자 한다(최일섭·최성재, 1996: 49-70).

(1) 기능주의 이론

기능주의 이론(functional theory)은 사회과학의 주류 이론으로서는 제일 먼저 발전되었고, 이 이론에 근거하여 사회과학의 여러 학문분야의 많은 이론들이 파생되어 발전되었으며, 현재까지 가장 널리 적용되고 있는 이론이다. 파슨스(Parsons)를 중심으로 한 기능주의에 의하면, 사회문제는 "어떤 사회체계가 상위체계에 대하여 기능적 요건을 충족하지 못하고 있는 상태", "한 사회체계가 사회적으로 합의된 규범을 준수하지 못하고 있는 상태" 또는 "어떤 사회체계가 사회화 과정과 결과에서 실패한 상태"라고 할 수 있다.

기능주의 시각에 의하면, 사회는 그 부분적 체계가 전체 체계에 대하여 기능적으로 공헌하도록 되어야 생존하고 발전할 수 있다고 보고, 각각의 부분적 체계가 긍정적인 공헌을 하도록 하기 위하여 적합한 사회화기능과 통제기능을 발휘하는 장치가 있어야 한다. 사회문제가 발생하는 것은 사회 전체의 기능적 결함 때문이 아니라, 사회체계 일부의 기능인 사회화기능과 사회통제기능의 실패라 할 수 있다.

따라서 사회문제의 해결방안은 사회화기능과 통제기능을 강화하거나 수정하고, 재사회화 또는 재활기능을 강화하거나 또는 사회의 물질적 및 기회의 분배기능을 강화 또는 수정하는 것이 될 수도 있다. 다시 말해, 개인과 가족적 차원에 대해서는 교육기회 및 여건을 보장하거나 개인이나 가족에 대한 병리적 현상을 치료하는 서비스(사회사업서비스)를 강화하는 것이 될 것이고, 사회제도적 차원에 대해서는 공적 교육제도의 개선, 재사회화 제도(교정제도)의 개선 및 강화, 조세제도 및 사회복지제도의 개선, 기회균등의 보장 등이 될 것이다.

(2) 갈등주의 이론

갈등주의 이론(conflict theory)은 기능주의 이론에 대한 대안적인 이론으로 발전되었다. 갈등주의는 사회현실은 질서와 안정과 합의보다는 무질서, 변화, 갈등과 투쟁이 상존하는 현상으로 보는 시각이다. 갈등주의는 몇 가지 분파가 있는데, 모든 사회현상은 대립적 모순을 내포하고 있고 모순은 새로운 사회체계를 발생시킨다는 변증법적 갈등주의(dialectical conflict theory)와 사회현상에는 갈등이 불가피하게 편재하고 있지만, 갈등은 기능적으로 작용한다는 기능적 갈등주의(conflict functionalism)가 있다.

첫째, 변증법적 갈등주의에 의하면 사회문제는, "희소자원의 불균등한 소유로 인하여 발생하는 갈등현상" 또는 "희소자원을 통제하는 데 권위와 권력이 유형화되어 있는 것에 대한 불만적인 반응"이라 할 수 있다. 특히 마르크스(Marx)의 갈등주의 전통을 따르고 있는 입장에서는 "희소자원을 많이 소유한 사람이 희소자원을 적게 소유한 사람을 착취하고 특권을 행사하고 시장경제를 수립한 결과 생겨난 현상"이라고 할 수 있다. 즉, 변증법적 갈등주의는 사회문제의 원인은 개인에게 있는 것이 아니라 사회제도에 있다고 본다,

둘째, 기능적 갈등주의에 의하면 사회문제는, "자원의 불평등한 분배에 대한 갈등의 결과로서 사회체계의 통합과 발전에 역기능적인 현상을 나타내고 있는 것"이라고 할 수 있다. 갈등주의 시각에서 사회문제의 원인은 "비합법적인 사회통제와 착취", "희소자원의 불균등한 분배" 또는 "불균등한 분배를 가져오는 사회의 권위와 권력의 구조"라고 할 수 있다. 즉, 기능적 갈등주의는 주로 사회제도에 있지만 갈등이 어느 정도 적대적 본능 때문에 유발된다는 점에서 개인에게도 원인이 있다고 본다.

이러한 사회문제에 대한 해결방안으로 변증법적 갈등주의는 자원의 불평등한 지배를 영속화시키고 있는 기본적인 사회체제 자체를 재조직하지 않는 한, 사회문제의 근본적인 해결은 불가능하다고 본다. 사회제도의 재조직은 자원의 소유와 통제를 평등화시키는 것을 보장하도록 해야 한다. 또한 이는 현 체제에 대한 전반적인 부정과 도전이 되며, 이에 대한 현 체제의 저항이 심할 것이므로 단기적으로는 해결되기 어렵지만, 장기적으로 보면 역사적 발전과정에서 필연적으로 이루어지게 된다는 것이다. 즉, 사회가 봉건주의 사회에서 자본주의 사회로 다시 사회주의 사회를 거쳐 공산

주의 사회로 발전하게 되는데, 공산주의 사회 이전의 각 단계의 자체 모순(사회문제를 포함)은 공산주의 사회가 되면서 자연적으로 해결된다고 본다. 만약 단기적으로 사회문제를 해결하려면, 혁명적인 사회제도의 개혁이 필요한데 구체적인 방법으로 생산수단의 공유화, 자유경쟁시장체계의 폐기, 세제의 전면적인 개혁(고도의 누진세율 적용)이 될 수 있다. 반면, 기능적 갈등주의에서 사회문제의 해결은 제도의 전면적 재조직이 아니라 단편적인 개혁, 개선, 보완으로 가능하다고 본다. 그 구체적인 방법은 역기능적인 제도에 관련된 자원분배를 평등화하는 것, 사회복지프로그램을 보편적이고 제도적인 방향으로 강화하는 것, 세제의 개선 등이 될 수 있다.

(3) 상호작용주의 이론

상호작용주의 이론(interactionism)은 기능주의와 갈등주의 이론이 사회현상을 거시적 차원에서 접근하고 분석하려는 입장인 것과 대조적으로, 관심의 초점을 개인 간의 상호작용과정과 상호작용이 개인과 사회에 미치는 결과에 두는 이론적 시각이다. 상호작용주의에서 가장 핵심적인 이론은 상징적 상호작용주의(symbolic interactionism) 이론인데, 상징적이라는 말을 덧붙인 것은 인간이 상호작용의 도구로 언어나 몸짓 등의 상징을 사용하고 상징의 주관적 의미를 중요시한다는 것을 강조하기 위한 것이다.

상징적 상호작용주의 이론에 의하면, 사회문제는 사회의 한 집단이 다른 집단의 의미에 동의할 수 없는 것으로 규정하고 그 집단의 의미대로 행동하지 않는 것이라 할 수 있다. 예를 들면, 대부분의 사람은 이성애를 선호하고 동성애를 금기시하는데, 일부 사람이 동성애를 하는 것은 사회문제일 수 있다. 이 이론에 따르면, 사회문제의 원인은 상호작용에서 어떤 현상이나 행동에 대한 의미에 동의할 수 없다는 판단을 하는 것, 어떤 현상을 바람직하지 않은 행동으로(범죄자, 알코올중독자 등으로) 낙인을 찍는 것, 어떤 행위에 대하여 다른 의미로 사회화된 것, 또는 상징의 차이라고 할 수 있다.

상징적 상호작용주의에 의한 사회문제의 해결방안은, 사회변화의 주체는 개인이므로 개입의 주된 대상도 개인이 되어야 하지만, 개입의 주체는 사회제도여야 한다고 본다. 사회문제의 해결방안은 적절하게 상징에 의미를 부여하고 동의할 수 있도록 사회화하거나 재사회화하는 것, 적절한 사회제도나 재사회화제도를 확립하는 것, 낙인행위를 유발할 수 있는 상황을 조성하지 않는 것, 부정적인 낙인사용에 신중을 기하는 것, 낙인행위로 간주될 수 있는 것의 범위를 좁히는 것, 낙인행위에서 얻어지는 이득을 제거할 것 등이 될 수 있다. 즉, 보다 다양한 행동과 상황을 정상적인 것으로 규정하면 사회문제는 상당히 줄일 수 있다는 입장이다.

(4) 교환주의 이론

교환주의 이론(exchange theory)은 사회적 행동을 적어도 두 사람 간에 교환자원을 주고받는 반복적인 행위가 이루어지는 것으로 본다. 교환자원은 물질적인 것과 비물질적인 것이 포함되는데, 예를 들면 금전, 물품, 칭찬, 복종, 존경 등이 있다. 상대방에게 주는 교환자원은 비용이 되고 상대편으로부터 받는 교환자원은 보상이 되며, 교환관계에 있는 당사자는 가능하면 비용에 비하여 보상이 크도록 행동하려 하고 권력적으로 대등한 입장에서 교환관계를 유지하려고 한다는 것이다.

교환주의 이론에서 사회문제는 기본적으로 교환관계가 단절되거나 불균형을 이루고 있는 상태로 정의할 수 있고, 사회문제의 원인은 교환자원의 부족, 고갈 또는 가치 저하라 할 수 있다. 따라서 사회문제의 해결방안은 교환관계에 균형화가 이루어지도록 변화를 가하는 것으로 균형화 전략은 다음과 같다. 즉, 동등한 가치의 다른 자원으로 보상, 다른 보상의 원천 개발, 새로운 자격이나 지위의 획득, 강제력 사용, 취약한 교환당사자들의 연합활동, 원하는 욕구나 보상을 포기하는 것, 소유한 교환자원의 질을 높이는 것 등이다.

여러 학자들은 자신이 선호하는 사회이론의 관점에서 사회문제를 파악하는 경향이 있지만, 한 가지 관점에서 접근하기에는 사회문제의 원인이 복잡하고 그 해결책도 다양할 수 있다. 따라서 사회복지현장에서 사회복지를 실천하는 사회복지사는 사회문제를 다양한 관점에서 바라보고, 당면한 사회문제의 원인을 다각적으로 파악하며, 가장 적합한 해결책을 모색해야 할 것이다. 예를 들면, 최근 큰 사회문제의 하나인 실직자 문제에 대해서 사회이론은 그 원인과 해결책을 다르게 제시할 수 있다. 즉, 기능주의는 산업구조의 변화에 적응능력이 떨어진 실직자를 문제의 원인으로 보고, 실직자에 대한 새로운 기술훈련을 강조할 것이다. 갈등주의는 장시간 동안 노동력을 부리는 자본가계급을 문제의 원인으로 보고 노동시간의 단축으로 일자리를 창출할 수 있다고 본다. 상징적 상호작용주의는 실직자를 낙인찍는 것을 문제의 원인으로 보고 이들이 부담감 없이 다른 일자리를 찾을 수 있도록 해야 한다고 본다. 교환주의는 노동능력이 있지만 노동력을 줄 수 있는 교환관계가 단절된 것을 문제의 원인으로 보고, 사회보장제도를 통해서 당분간 생계급여를 주거나 그 노동력을 교환 가능한 것으로 바꾸는 것(새로운 기술습득 등)을 제안할 것이다.

또한 실제 상황에서 실직자에 대한 복지정책은 위에서 논의된 다양한 방식이 다각적으로 활용될 수 있다. 즉, 실직자에 대한 기술훈련, 노동시간 단축을 통한 일자리 창출, 실직자에 대한 나쁜 이미지를 줄이는 계몽운동, 생활보장제도의 수립 등이 그 예이다. 사회복지사는 특정한 실직자와 그 가족에 대한 복지서비스를 제공할 때에도 그 실직자와 가족에게 가장 적합한 복지서비스가 무엇인지에 대해서 체계적으로 사정한 후에 개입해야 할 것이다.

3) 사회문제의 분류

사회사업사전은 사회문제를 "사람들의 가치 규범을 침해하고 정서적·경제적 고통을 주는 사회적 반응을 유발하는 인간과 인간, 인간과 환경 간의 조건들"이라고 정의하고, "사회문제의 예로는 범죄, 사회적 일탈행위, 사회적 불평등, 빈곤, 인종차별주의, 약물남용, 가족문제, 제한된 자원의 불공정 분배 등이 있다."라고 했다(중앙사회복지연구회 역, 1996: 109).

이처럼, 사회문제는 매우 다양하기 때문에 그 문제의 원인과 성격에 따라서 분류할 수 있을 것이다. 그런데 사회문제에 대한 분류는 어떤 기준으로 문제를 분류하는지가 불분명한 경우가 많다(최일섭·최성재, 1996: 39). 여기에서 사회문제론의 교과서에 소개된 몇 가지 분류를 소개하면 다음과 같다.

① 핸슬린(Henslin: 1990: iii-vii)의 분류
- 사회적 상황에서의 일탈행동: 성적 일탈행위, 알코올 및 약물중독, 강간, 살인, 범죄 등
- 사회적 불평등: 부와 빈곤, 인종차별, 성차별, 신체 및 정신건강 등
- 사회변화와 거대문제: 가족변화, 도시문제, 인구 및 식량문제, 환경문제, 전쟁, 테러리즘 등

② 머튼과 니스벳(Merton & Nisbet, 1971: 818-838)의 분류
- 사회해체문제: 인구문제, 인종문제, 가족해체, 노동과 자동화 문제, 빈곤문제, 지역사회해체 및 갈등, 폭력 등
- 일탈행위문제: 정신장애, 범죄 및 청소년비행, 약물중독, 알코올중독, 자살, 성문제 등

③ 김영모(김영모 편, 1982)의 분류
- 구조적 문제: 빈곤, 소득배분, 노동문제, 교육 불평등
- 해체적 문제: 가족해체, 빈민지역, 인구문제, 환경문제
- 탈선적 문제: 범죄, 소년비행, 매춘, 자살, 알코올중독, 정신질환

④ 최성재(최일섭 · 최성재, 1996: 40)의 분류
- 사회변동 또는 사회해체문제: 가족문제, 환경문제, 노인문제
- 사회적 불평등문제: 빈곤문제, 성차별문제, 노사문제
- 사회적 일탈문제: 청소년비행문제, 범죄문제, 성폭력문제, 약물중독문제, 정신건강문제

그림 1-1 **사회문제의 분류**

이와 같이, 사회문제는 학자마다 그 분류가 다르지만, 대체로 비행이나 범죄와 같은 탈선(일탈), 환경오염과 노령화와 같은 사회해체, 그리고 빈곤이나 성차별과 같은 불평등으로 분류되고 있다. 여러 학자들의 견해를 보면 특정한 사회문제가 각기 다른 항목으로 분류되어 있는 것을 볼 수 있다. 예를 들어, 빈곤문제를 김영모는 구조적 문제(불평등)로, 핸슬리도 사회적 불평등으로 보았지만, 머튼과 니스벳은 사회해체문제로 인식했다. 이는 각 학자들의 분류가 다르기 때문이기도 하지만, 빈곤의 원인과 양태를 어떻게 인식하느냐에 따라서 이를 범주화시키는 것이 다르다는 것을 알 수 있다. 빈곤을 당사자의 게으름 때문이라고 보면 일탈행위가 되고, 연령이나 성별에 따른 임금차별로 빈곤해진다고 보면 불평등이 되며, 가족해체로 인하여 아동과 노인 등 노동능력이 낮은 사람이 방치되어 빈곤해진다고 보면 해체문제로 분류될 수 있다.

사회복지는 '사회문제(social problems) 혹은 사회적 위험(social risks)에 대처하기 위한 제도적 혹은 실천적 접근'이라고 정의될 수 있는데, 사회복지

의 정책적 접근이란 사회복지를 증진시키기 위해 국가가 주체가 되어 제도적·거시적으로 접근하는 것이며, 실천적 접근이란 개인, 가족, 집단, 지역사회를 대상으로 인간의 사회심리적 욕구를 충족시키기 위한 다양한 실천기술을 적용하는 과정이다. 이에 따라 사회문제와 이를 해결하기 위한 사회복지적 접근은 다음과 같다(김영화 외, 2005: 77).

표 1-2 사회문제의 분류와 사회복지적 접근

사회문제의 영역	문제	사회복지적 접근
사회적 불평등	빈곤문제	저소득복지
	양성평등문제	여성복지
욕구와 제도의 갈등 문제	가족문제	가족복지
	노동문제	산업복지
사회규범과 개별적 일탈문제	범죄문제	교정복지
	약물문제	정신보건복지
	청소년비행문제	청소년복지 학교사회사업
사회변화에 따른 문제	외국인노동자문제	외국인노동자복지
	결혼이주여성문제	다문화가족복지

자료: 이종복 외(2014: 42).

한편, 욕구의 개념은 사회문제의 해석에도 중요한 역할을 하고 있다. 사회문제를 욕구의 시각에서 재해석하면, 탈선은 욕구의 불충족상태에서 비롯된 행위이고, 해체는 기존의 욕구충족 기제가 해체된 것이며, 불평등은 욕구의 구조적 불충족상태라고 할 수 있다(이용교, 1986: 6).

03 인간 생활주기와 사회복지

생활주기(life cycle)란 성인남녀의 결혼으로 형성된 가족이 자녀출산과 자녀성장으로 확대되었다가 자녀의 결혼과 분가로 축소되고, 부부가 노후생활을 거쳐 사망에 이르는 인간생활의 연속적 과정을 의미한다. 생활주기가 갖는 의의는 인간의 생활을 전 생애적 관점으로 전망해 봄으로써 각 발달단계에 이루어야 할 과업, 각 단계에서의 기대와 욕구, 잠재되어 있는 문제점, 강점 등을 알 수 있고 예측과 계획이 가능하게 하고 계획적인 삶을 운영할 수 있게 하는 자료를 제공해 주기도 하는 중요한 의의가 있다. 또한 인간생활을 시간적 차원에서 연구하는 데 중요한 기준이 되기도 한다(김혜경 외, 2016: 30).

1) 생활주기와 변화

대부분의 인간은 태어나서 자라고, 성장해서 일을 하는 가운데 늙고 병들어서 죽게 된다. 일부 사람은 평균보다 일찍 죽기도 하고, 다른 사람은 건강하게 오래 살기도 하지만 대개 생로병사의 길을 걷는다. 인간은 전 생애를 통해서 신체적·정신적인 발달과정에서 몇 가지 주기로 나눌 수 있다. 그 주기는 단계별로 공통성과 이질성을 지니면서 상호연관되어 있고, 그 발달과업에서 다른 주기와 유기적인 관계를 맺고 있다. 즉, 모든 인간들은 생활주기에 따라 부딪치게 되는 특정 사건에 부모, 조부모, 자녀로서 적절한 대처를 해야만 하는데, 이를 발달과업이라고 한다. 한 개인의 생활이 전체적으로 원만한 발달을 이루기 위해서는 이전의 발달과업이 어느 정도 성취된 후 다음 주기의 발달과업으로 이어져야 한다.

인간 생활주기는 일반적으로 영유아기, 소년기, 청년기, 중장년기, 노년기 등으로 나눌 수 있다. 중장년기는 다시 자녀의 출산과 양육시기, 자녀의 학업시기, 자녀의 결혼시기 등으로 세분시킬 수도 있지만, 대체로 중장년기는 일을 하면서 자녀를 양육·교육하는 시기라는 점에서 공통점을 갖는다. 생애주기에 대해서 사회복지학에서 관심을 갖는 이유는 각 시기마다 공통의 욕구를 가지고 있고, 그 공통의 욕구를 충족시키는 데 가족과 시장의 자원 활용과 밀접한 관계를 맺고 있기 때문이다. 일반적으로 영유아기와 소년기는 부모의 양육환경에 의해서 삶의 질이 좌우되고, 청년기에는 부모로부터 점차 독립을 시도하여 나름대로 삶을 개척하게 되며, 중장년기의 소득과 재산에 의해서 노년기의 생활수준이 결정되는 경향이 있다.

가장 고전적인 인간생활주기 연구자는 미국의 2세대 핵가족을 조사한 사회학자 두발(Duvall, 1977)로, 첫 자녀의 나이에 기초하여 가족생활주기를 8단계로 구분하였다. 두발의 발달과업을 정리하면 표 1-3과 같다.

표 1-3 가족생활주기 단계별 가족의 발달과업

단계		가족구성	가족의 발달과업
1	신혼기	결혼한 부부만의 가족	• 역할과 책임관계의 기준 설정 • 만족스러운 소득과 지출체계 수립 • 상호 만족스러운 애정표현과 성생활체계 수립 • 효율적인 대화체계 수립 • 친인척과 원만한 관계 수립 • 임신과 부모됨에 적응 및 준비
2	자녀 출산 및 자녀 영아기	자녀 출산기의 가족 (0~30개월)	• 영아기 자녀의 부모역할 적응 • 시간과 가사의 재조정 • 만족스러운 부부관계 유지
3	자녀 유아기	학령전기 아동이 있는 가족 (2세 반~6세)	• 유아기 자녀를 효율적으로 양육 • 공간, 에너지, 시간 재정의·재조정 • 만족스러운 부부관계 유지
4	자녀 학동기	학령기 아동이 있는 가족 (7~12세)	• 자녀의 잠재력 개발에 대한 교육적 배려 • 자녀의 학업성취 지원 • 아동이 정서안정과 소속감을 갖도록 환경조성 • 만족스러운 부부관계 유지
5	자녀 청소년기	청소년 자녀가 있는 가족 (13~20세)	• 청소년 자녀의 자아정체감 형성, 진로선택 및 준비, 사회적 역할 획득, 학업성취, 부모로부터 정서적 독립 • 자녀와의 생활에 적응하기 • 재정계획 및 실천 • 만족스러운 부부관계 유지, 중년기 준비
6	진수기	성장한 자녀가 독립하는 가족	• 자녀의 독립 지원, 독립한 자녀와의 새로운 관계 적응 • 재정계획 및 실천 • 중·노년기 준비
7	중년기	중년기 부부 (빈둥지 가족에서 은퇴까지)	• 부부관계 재정비 • 건강대책 세우기, 중년기 위기감 극복 • 조부모역할 수행, 노년기 준비
8	노년기	노년기 부부 가족	• 노화 및 은퇴 적응, 건강 유지 • 부부관계 유지 및 개선 • 가족 친지와의 유대감 유지 • 배우자 사별과 자신의 죽음에 대한 수용

자료: Duvall(1985); Wallerstein(1995); 최규련(2011); 이영주(2015) 참조 및 재구성.

그러나 많은 학자들은 두발의 가족생활주기 단계가 자녀가 많은 가족이나 단계가 중복되는 경우 및 이른 배우자의 사망 등과 같은 가족의 다양성을 고려하지 못했다고 비판하며 다양한 가족을 설명할 수 있는 가족생활주기를 제안하였다. 예를 들어, 무자녀가족의 자녀양육기나 자녀독립기로 이행되지 않기 때문에 기존의 가족생활주기로는 설명이 어렵다. 또한 발달모델은 보통 첫째 아이와 같이 특정 개인에게 초점을 맞추기 때문에 첫째 자녀는 집을 떠날 시기가 되었는데, 늦둥이가 태어난 가정이나, 미혼모의 경우에는 적용하기 어렵다. 실제로 가족마다 가족생활주기는 다양하고 복잡하다. 특히 이혼이나 재혼을 하는 가족이 증가하는 것을 고려하여 이들을 설명할 수 있는 보다 정교하고 확장된 가족생활주기가 필요하게 되었다. 따라서 이후의 이론가들은 두발이 제시한 단계를 가감함으로써 다른 틀을 제시하게 되었다. 카터와 맥골드릭(Carter & McGoldrick, 1980)은 부모세대와 자녀세대를 연결하는 결혼한 성인자녀를 포함한 3세대 중심의 6단계 모델을 제시하였다.

카터와 맥골드릭은 ① 결혼 전기, ② 결혼 적응기, ③ 자녀 아동기, ④ 자녀 청소년기, ⑤ 자녀 독립기, ⑥ 노년기의 6단계를 제시하였는데, 특별히 가족생활주기의 첫 단계에 결혼 전기 단계를 두었다. 이는 결혼 전 남녀 모두가 원가족과의 관계로부터 분화되고, 서로 친밀한 이성관계로 발전시키며, 일과 재정적 독립을 통해 자신을 확립시키는 결혼 전 준비과정이 중요함을 보여 주는 것이다(성정현 외, 2011; 이영주 외, 2015: 22).

그런데 생애주기는 평균 수명의 지속적인 연장과 출산율의 저하에 의해서 상당히 변화되었고, 한국 사회는 반세기만에 농업사회에서 산업사회로 바뀜에 따라서 각 주기별 발달과업도 상당한 영향을 받게 되었다. 공세권 등이 연구한 1935~1944년에 결혼한 집단과 1975~1984년에 결혼한 집단 간의 가족주기의 변화[1)]를 보면, 지난 40년 사이에 큰 차이를 확인할

---

1) ① 가족 형성의 출발점인 결혼연령은 여자 16.1세와 남자 20.8세에서 각각 22.6세, 26.4세로 높아졌다.
② 결혼해서 첫 자녀 출산까지는 4.1년에서 1.2년으로 단축되고, 첫 자녀 출산에서 출산 완료까지는 15.5년에서 2.2년으로 단축되었다.
③ 막내 출생 시 부인의 평균연령은 35.7세에서 26.0세로 10세가량 젊어졌지만, 첫 자녀의 결혼 시작은 45.0세에서 50.0세로 연장되었다.
④ 막내 결혼이 끝나는 시기 부인의 연령은 60.5세이고 남편의 사망 시 부인의 연령은 54.7세로 자녀가 없이 노부부만이 생활하는 빈 둥지시기가 없었는데, 1975~1984년 결혼세대는 각각 52.2세와 67.2세로 추정되어 빈 둥지시기가 15년가량 된다.
⑤ 부인의 사망연령은 60.6세에서 74.4세로 연장되어 부인은 남편이 사망한 이후에도 6~7년가량 더 생존하게 된다.

수 있다(공세권 외, 1987). 이를 요약하면, 40년간의 간격을 두고 볼 때 결혼 연령은 늦어지고, 출산기가 급격히 단축되었으며, 자녀를 출산시킨 이후 노부부만이 사는 빈 둥지시기와 배우자 없이 여성이 혼자 사는 시기가 크게 연장되었다는 점이다. 이러한 가족주기의 변화는 인간의 생활주기의 변화와 밀접히 연관되어, 각 시기마다 사회복지서비스의 필요성을 증가시키고 있다.

2) 생활주기와 사회복지

한국인 생활주기의 변화는 평균수명의 연장이나 출산율의 감소와 같은 인구의 변화뿐만 아니라, 혼인양식의 변화, 맞벌이, 그리고 도시화와 산업화와 같은 가족생활양식과 사회의 변화에 연계되어 있다. 이러한 변화는 곧 기존 사회복지서비스의 개혁과 새로운 사회복지서비스의 개발을 요청하게 된다. 이 중 네 가지를 소개하면 다음과 같다.

첫째, 영유아보육과 자녀양육의 중요성이 강조된다. 출산율은 크게 줄었지만, 개별 가족의 입장에서는 6~7명이었던 자녀가 1~2명으로 축소됨에 따라 자녀양육을 더욱 소중히 여기게 되고, 기혼여성의 취업이 보편화되면서 영유아보육은 사회화된다. 1991년에 「영유아보육법」이 제정되면서 영유아보육서비스는 빠르게 보편화되었다.

둘째, 아동기와 청소년기는 공교육을 받는 시기로 정착되었다. 농업사회에서 산업사회로 바뀜에 따라, 일터에서 필요한 기초지식이 읽고, 쓰고, 셈하기에서 외국어와 고등수학의 습득을 포함한 높은 학력을 요구하게 되었다. 아울러 인간 잠재력의 충분한 개발을 위해서 공교육기간이 늘어나면서, 이를 사회적으로 해결하려는 무상의무교육이 초등교육에서 중등교육까지 확대되었다. 서구 선진국의 대부분 나라는 12년 내외를 무상의무교육으로 하고, 한국도 중학교까지 무상의무교육을 실시하고 있다.

셋째, 노동연령기에는 산업재해, 실업, 질병 등 현재 직면한 사회적 위험을 회피하기 위해서, 그리고 노령과 사망 같은 예측 가능한 미래의 위험에 대한 보장대책으로 사회보험이 제도화되었다. 서구 선진국은 20세기 초에 이러한 사회보험이 널리 도입되었고, 제2차 세계대전 직후에 전 국민에게 확대되었다. 한국은 1970년대 이후 사회보험이 노동자와 그 가족을 중심으로 정착되기 시작하여 최근 전 국민으로 확산되었다. 따라서 현재 중장년층은 한쪽으로 자녀를 부양하면서, 다른 한쪽으로 자신의 노후준비와 함께 미쳐 노후생활을 준비하지 못한 노년층을 봉양해야 하는 삼중의 짐을 안고 있다.

넷째, 갑자기 늘어난 노년기에 대한 복지대책이 절실하다. 평균수명이 늘어나고 막내 자녀의 결혼 이후에도 노부부만 사는 빈 둥지시기와 배우자 사망 후 주로 여성들만 사는 시기가 크게 늘어났기 때문에, 노후의 소득과 의료를 보장하는 문제는 가장 절실한 복지문제가 되고 있다. 더욱이 늘어난 생활비를 벌기 위해서도 기혼 여성이 전업주부에서 벗어나서 취업을 함에 따라서 전통적으로 주부의 보호를 받았던 노인, 환자, 아동 등 노약자를 보호하는 일이 빠르게 사회화되고 있다.

이러한 인간 생활주기와 사회복지의 관계를 표로 정리하면 **표 1-4**와 같다.

표 1-4 인간 생활주기와 사회복지

주요한 사회복지		전생애	유아기	아동기	청년기	중장년기	노년기
공공부조	기초생활보장	V					○
	의료급여	V					○
	재해구호	○					
사회보험	연금보험						○
	건강보험	○					
	장기요양보험						○
	고용보험					○	
	산재보험					○	
	가족수당		○	○			
	기초연금						○

주요한 사회복지		전생애	유아기	아동기	청년기	중장년기	노년기
사회복지 서비스	영유아보육		○				
	아동복지		○	○			
	여성복지					○	
	노인복지						○
	장애인복지	○					
	재가복지	V					
관련복지	공중보건		○				○
	주거정책				○	○	V
	교육정책		○	○			
	고용정책				○	○	V

비고: ○ 핵심적인 급여대상, ∨ 부수적인 급여대상
자료: 나직균 외(2011: 34).

02
CHAPTER

사회복지의 개념

하나의 국가와 사회가 존립하기 위해서는 그 구성원의 개인, 가족, 주민, 국민들이 마음 놓고 살아갈 수 있는 수많은 기능이 국가와 사회로부터 제공되어야 하고, 이들 기능을 가장 효과적이고 효율적으로 수행하기 위한 사회제도가 있어야 한다. 사회적 실체로서 사회복지의 개념과 발전방향, 그리고 오늘날 어떤 모습을 이루고 있는지를 파악하는 것은 사회복지를 이해하는 데 매우 필요한 일이다. 사회복지의 발달과정에 대해서는 이 장에서 상세히 다루기 때문에 여기에서는 시대에 따라 변화된 사회복지의 개념, 사회복지의 기능과 모형, 사회복지의 유사개념 등에 관하여 살펴보고자 한다.

01 사회복지의 개념

사회복지라는 용어는 현대 산업사회의 발전과 더불어 발생한 여러 가지 사회문제와 관련하여 사용하게 되었다. 현대사회가 산업화, 도시화로 발전해 가면 갈수록 사회복지에 대한 관심은 더욱 높아져 가고 있으며, 이에 대한 욕구도 증대되어 가고 있다. 또한 사회복지라는 용어는 시대와 국가에 따라 그 의미가 다르며, 또한 학자들의 견해에 따라 그 의미가 다르기 때문에 반드시 동일한 뜻으로 사용되지 않고 있다.

이와 같이, '사회복지'라는 용어의 의미가 다른 사회 과학에서와 같이 반드시 하나의 뜻으로 명확하지 않다는 사정은 사회복지의 과학적 연구에 결코 바람직하지 않다. 어떤 사람들은 '사회복지학'을 이상 사회의 규범을 연구하는 규범적인 학문 분야로 상상하거나 또는 빈곤 문제의 경제학적 연구 분야로 생각할지도 모른다. 실제로 우리들은 지금도 이와 같이 혼란을 벗어나지 못한 상태이기 때문에, 우선 이에 대해 대체적이나마 정리하지 않으면 사회복지에 관한 내용적인 논의를 발전시킬 수 없다.

사회복지란 무엇인가? 이는 사회복지학을 공부하는 사람이 가장 먼저 질문하는 것이다. 그러나 사회복지가 무엇인지에 대한 다양한 정의는 있지만, 사회복지계에서 합의된 정의를 찾을 수는 없다. 사회복지는 각 나라마다 다른 전통을 가지고 발전되었으며, 학자들에 따라 혹은 지향하는 이념에 따라 강조하는 사회복지의 내용이 다르기 때문이다.

1) 어원적 개념

사회복지가 무엇인지를 이해하기 위해서 가장 먼저 사용되는 방식은 '사회복지'라는 말의 어원을 찾는 일이다. 사회복지는 영어의 'Social Welfare'를 번역한 것이다. 먼저 복지를 뜻하는 'Welfare'[1]는 '지내다', '살아가다'

---

1) 사회복지는 16세기 초부터 사용되기 시작한 독일어의 'Wohlfahrt'란 말에서 유래되었다는 주장도 있다. 이 낱말은 처음에 '원하다 혹은 바라다'라는 의미의 'wohl'과 '한 장소에서 다른 장소로 옮긴다'는 의미의 'fahren'이 연결되어 관용적으로 쓰이기 시작된 것이라고 한다. 이 두 낱말이 결합된 'Wohlfahrt'는 '바람직한 상태로 바꾼다'는 의미가 된다.

란 의미의 'fare'에 '만족스러운' 혹은 '적절한'이란 의미의 'well'이 합쳐져서 "만족스럽게 지내는 상태"를 의미한다. 그래서 웹스터 사전에 의하면 복지는 "건강하고 행복하며 안락한 상태"라고 정의되어 있다. 즉, 복지란 건강하고 안락한 인간의 이상적인 상태, 즉 안녕(well-being)의 상태를 나타내는 개념이라고 할 수 있다.

다음으로 사회적이란 의미의 'Social'은 "지역사회나 집단 속에서 같이 내다."란 뜻을 가지고 있다. '사회적'이란 사회 안에서의 삶의 질과 개인, 집단, 사회 전체 간의 사회 내적인 관계를 뜻한다. 여기서 '사회 내적인 관계'란 개인의 정신세계나 국제관계와 같은 사회 외적인 관계를 제외한 개인 대 개인, 개인 대 집단, 개인 대 전체사회, 집단 대 집단, 집단 대 전체사회의 비이기적인 상호관계를 의미한다. 따라서 이때의 '사회적'이란 의미는 물질적이거나 영리적인 요소보다는 비영리적이며, 이타적 속성의 공동체적 삶의 요소에 관심을 기울이는 것이라고 할 수 있다.

이렇게 보면, 사회복지의 언어적 의미는 "공동체 사회에서 사회 내적인 관계를 기초로 구성원들의 전 생애에 걸쳐 건강하고 안락한 바람직한 삶을 추구하는 사회적 노력"이라고 할 수 있다(김기태 외, 1999: 3-5). 사회복지의 어원을 찾은 것만으로는 사회복지의 개념을 파악하는 데는 한계가 있다. 사회복지는 고정되어 있는 것이 아니라, 시대와 사회에 따라서 변화되는 것이기 때문에 그 실체를 파악하기가 더욱 어렵다.

2) 학술적 의미

사회복지에 대한 국내외 학자들의 정의를 몇 가지 살펴보면 다음과 같다.

첫째, 프리드랜더와 앱트(Friedlander & Apte)는 "사회복지는 국민의 복지에 기본적인 것으로 인정된 사회적 욕구를 충족시키기 위하여, 그리고 사회질서의 회복을 위하여 제반 급부를 확보하거나 강화시키는 법률, 프로그램, 급여 및 서비스 체계이다."라고 정의했다.

둘째, 바커(Barker)는 사회사업사전에서 "사회복지를 사회를 유지하는 데 기본적인 사회적, 경제적, 교육적, 건강의 욕구를 사람들에게 충족시키고, 지역사회와 전체 사회의 집단적인 복지 상태를 유지하기 위한 국가적 프로그램, 급여, 서비스 체계이다."라고 정의했다(Robert L. Barker, 1987).

셋째, 김영모는 "사회복지의 개념은 인간의 사회적 욕구에 대한 서비스인 동시에 사회문제를 해결하기 위한 노력이다. 인간의 사회적 욕구는 의식주와 같은 민생문제, 즉 소득 보건 교육 주택과 같은 기본적 욕구가 결핍되어 있는 사람을 도와주는 것을 말한다. 사회문제는 범죄 비행자와 같은 좁은 의미의 반사회적 행위(일탈)도 있지만, 빈곤 실업 가족해체 지역해체와 같은 넓은 의미의 사회구조적 문제(불평등과 사회해체)도 있다."라고 정의했다(김영모, 1999: 1).

넷째, 장인협 등은 "사회복지란 사회구성원들이 기존의 사회제도를 통하여 자신의 기본적인 욕구를 충족시키는 데 어려움을 겪고 있거나 어려움이 예상될 때, 그 욕구를 충족시킬 수 있도록 도움을 제공하는 조직화된 사회적 활동의 총체"라고 정의했다(장인협 외, 1999: 3-4).

이상에서 살펴본 사회복지학자들의 정의를 종합해 보면, 사회복지는 사회문제의 해결 또는 사회적 욕구를 충족시켜주는 기능을 수행하는 사회제도라는 개념으로 볼 수 있다.

3) 범위적 의미

사회복지를 범위 기준에 따라 분류하면, 협의적 사회복지, 광의적 사회복지, 최광의적 사회복지로 나누어 볼 수 있다.

첫째, 협의적 의미의 사회복지는 주로 사람을 매개로 하여 제공되는 보육, 원호, 양호, 개호 등의 사회복지서비스를 의미한다. 즉, 복지서비스를 필요로 하는 사람의 생활상의 욕구를 개별적으로 파악하고, 그 필요를 대인복지서비스에 하여 충족하는 제도라고 할 수 있다. 미국에서는 일반적으로 사회복지의 대상자가 빈곤, 노령, 신체 혹은 정신적 장애, 질병, 기타 특별한 사정으로 인하여 도움을 필요로 하는 사람들로 국한되며 도움의 내용도 제한적으로 현금이나 물품, 기타 서비스와 같이 범위가 좁으며, '공공부조'와 동일시하기도 한다.

둘째, 광의적 의미의 사회복지는 협의적 의미의 사회복지에 소득보장, 보건의료, 교육, 고용, 실업대책, 주택 등을 포함하는 개념이다. 영국의 '사회서비스(social services)'와 유사한 개념으로, 전 국민을 대상으로 그 생활의 모든 측면에 있어서 넓은 의미에서의 복지 도모를 목표로 하는 정책·시설·서비스 등을 총칭하는 의미로 사용된다. 즉, 광의의 사회복지는 사회복지의 협의의 개념 외에 사회정책, 사회보장, 보건, 의료, 주택, 고용, 교육 등을 포함하는 것으로서 최저한의 평균적인 욕구가 충족되지 않은 개인, 가족, 집단 등에 대한 다양한 서비스가 포함된다.

셋째, 최광의적 사회복지는 토목, 건축, 재정, 금융, 경찰, 군사 등 모든 영역을 포함하며, 사회복지의 협의의 개념, 광의 개념을 포함하여 전 국민의 사회생활의 안정과 발전에 공헌하는 일체의 사회적 시책을 총칭한다.

02 사회복지의 기능과 모형

1) 사회복지의 기능

(1) 사회제도의 복지적 기능

사회복지는 기존의 사회복지제도들이 사회구성원의 기본적인 욕구를 충족시키는 데 실패하고 비공식적 상호부조 기제도 여의치 않을 때, 공식적인 상호부조기제를 발전시켜 기능적인 공백을 메우며 성장하였다(장인협 외, 1999: 7).

국가와 사회의 존립요건으로는 국가와 사회의 구성원들이 근심 없이 살아갈 수 있도록 수많은 기능이 사회로부터 제공되어야 하며, 그러한 기능을 수행하기 위한 사회제도가 함께 마련되어야 한다. 국가와 사회가 그 구성원들에게 제공해야 할 기능 속에는 생산과 분배, 교육, 여가 등 인간다운 삶을 살기 위한 인간활동의 대부분이 포함되어 있다. 즉, 전통사회에서 인간의 기본적 욕구를 충족시키는 일차적인 자원은 가족과 시장(경제)이었는데, 가족의 보호기능이 약화되고 시장의 생산과 분배기능이 균형을 이루지 못하여, 이에 국가의 개입이 늘어나면서 사회복지가 점차 발달하게 된 것이다. 주요한 사회제도는 다음과 같은 핵심기능을 수행하면서 나름대로 복지적 기능을 병행하고 있다. 길버트와 테렐(Gilbert & Terrell)이 정리한 주요한 사회제도의 기능을 보면 표 2-1과 같다.

표 2-1 사회제도의 주요기능

사회제도	핵심조직	주요기능	사회복지기능
가족	가족	출산, 사회화, 보호, 친밀관계, 정서적 지원	피부양 가족의 보호, 가족 간/세대 간 재정지원
종교	교회, 사찰, 성당	영성 개발, 사회통합	교파별 복지/보건/교육, 상담, 사회적 서비스
경제	기업, 가구	재화의 생산, 분배, 소비, 교환, 고용	복지서비스와 재화의 영리적 생산, 기업복지
국가	중앙정부, 지방정부	사회통제, 집합적 목표를 위한 자원의 동원과 분배	공공복지서비스, 소득, 보건, 교육, 주택보장
사회복지	회원단체, 자원봉사기관, 사회복지기관	상호부조, 박애	자조, 자원봉사, 지역사회서비스, 사회복지서비스

자료: Gilbert & Terrell(1997). Dimensions of Social Welfare Policy, 장인협 외(1999). 재인용.

(2) 사회제도로 파악한 사회복지의 기능

① 생산·분배·소비의 기능(경제제도)

생활에 필요한 재화나 서비스를 생산하고 분배하며, 소비하는 과정과 관련된 기능을 의미한다. 이러한 기능은 교통과 통신이 발달하지 않아 인구의 이동과 교역이 제한되었던 전통사회에서는 가족, 이웃, 부락 등의 지역공동체를 중심으로 수행되었으나, 현대사회에서는 국내·외의 기업들, 정부를 위시한 각종 전문기관, 종교단체, 교육기관 등에 의해서 수행된다. 이러한 기능을 주로 수행하는 제도는 경제제도이다.

② 사회화의 기능(가족제도)

사회화(socialization)란 사회존속에 필요한 가치관·관습 및 규범 등을 그 구성원에게 전수하는 기능을 의미한다. 이러한 과정을 통해서 사회성원들은 다른 사회의 구성원들과 구별되는 생활양식을 터득하게 된다. 사회화의 과정은 개인의 어린 시절에 특히 중요하나 일생을 통해서 계속되는 것이 보통이다. 한 개인은 세상에 태어나면 부모로부터 세상을 살아가는 데 필요한 가장 필요한 지식, 가치, 행동방식을 배우게 되며, 성장하면서 학교, 종교기관, 직장에서 또 인간관계를 통해서 보다 복잡하고 다양한 사회화를 경험하게 된다. 사회화의 기능을 수행하는 가장 일차적인 제도는 가족제도이다.

③ 사회적 통제의 기능(정치제도)

사회통제(social control)란 사회구성원들에게 일정한 법과 규범을 지키도록 함으로써 사회의 존속을 유지하는 기능을 의미한다. 모든 사회는 그 구성원들이 지켜야 할 법, 도덕, 규칙 등의 규범을 갖게 된다. 이러한 사회통제의 일차적 집단은 정부로서, 정부는 경찰력(공권력)과 사법권을 통해서 보다 보편적으로 적용될 수 있는 법을 집행하는 강제력을 발휘한다. 한편으로 다른 조직인 가정, 학교, 종교기관과 사회복지기관들도 이러한 기능을 부분적으로 수행한다. 그러나 사회구성원들에게 가장 광범위하고 강력하게 규범의 준수를 요구하는 곳은 정부이기 때문에 사회통제를 담당하는 일차적인 제도를 정치제도라고 부른다.

④ 사회통합의 기능(종교제도)

사회통합(social integration)이란 사회체계를 구성하는 여러 집단·단체, 기관들 간의 결속력을 갖도록 하여 사회의 존속을 유지하는 기능을 의미한다. 워렌(Warren)은 사회통합이라는 용어 대신에 사회참여(social participation)란 용어를 사용하였다. 이는 지역사회가 제공하는 제반활동에 그 구성원들이 자발적으로 참여하게 하는 것으로, 이러한 기능을 수행하는 가장 대표적인 기관은 종교기관이다. 그러나 다른 사회적 기능에서와 마찬가지로 사회적 통합에 필요한 사회적 가치와 규범을 만들어 내는 사회조직으로서는 가정, 학교, 사회단체 등을 들 수 있다.

⑤ 상부상조의 기능(사회복지제도)

상부상조(mutual support, aid, assistance)란 개인 스스로 문제를 해결할 수 없을 때, 사회구성원들 간에 서로 도와주는 기능을 의미한다. 과거의 전통적 사회나 오늘날의 후진사회에서 상부상조의 기능은 가족과 친척, 이웃사람들, 친목단체나 자선단체와 같은 일차적 집단에 의해 수행되었으나, 현대 산업사회에서는 이러한 기능이 정부, 민간사회복지단체, 종교단체, 경제단체, 자조집단 등으로 옮겨지게 되었다(임정문, 2006: 32).

2) 사회복지의 모형

사회복지의 모형개념을 정의할 때, 가장 광범위하게 인용되는 것은 윌렌스키와 르보(Wilensky & Lebeaux)가 제시한 사회복지의 잔여적 모형과 제도적 모형이다.

첫째, 잔여적 개념의 사회복지는 가족, 시장, 종교, 정치제도가 기능적으로 실패할 때 임시적으로 보충할 뿐이며, 사회복지가 사회를 유지 발전시키는 데 필수적이라고 인식하지 않는다. 따라서 사회구성원들 중 낙오자들에게 최저한도의 보호를 제공하는 사회복지활동은 잔여적이고 주변적·예외적인 안전망 기능을 수행할 뿐이다. 가능하면 가족이나 시장과 같은 기존 사회제도들이 제대로 기능해서 사회복지활동이 필요치 않게 되는 것이 사회복지의 궁극적인 지향이 된다.

둘째, 제도적 개념의 사회복지는 시장과 가족의 실패는 임시적인 것이 아니라 피할 수 없고 지속적인 것으로 이해한다. 따라서 사회복지는 사회를 유지하는 데 필수적인 기능을 수행하며, 제도화되는 것이 당연하다고 인식한다. 사회복지의 필수적인 기능이란 사회구성원 간의 상호부조로서, 이러한 기능은 다른 사회제도가 수행하는 기능과 구별되며 독립적으로 수행된다. 현대 산업사회의 핵가족 제도가 아동의 양육과 노인, 장애인의 보호 및 그들의 사회화를 전적으로 책임질 수 없음을 인정한다. 또한 시장의 분배원칙은 기본적으로 사회구성원의 개개인의 욕구를 고려하는 것이 아니기 때문에, 시장경제 원리에 의한 일차적 분배의 수정 및 보완이 필수적이다. 따라서 가족과 시장이 그 주요 기능을 수행하는 것과 동등한 차원에서 사회복지제도는 상호부조의 기능을 수행한다고 본다.

이처럼 사회복지 개념의 차이는 사회복지활동에 구체적인 범위, 내용, 구성, 동기, 가치와 이념, 주체와 대상, 실천철학과 방법 등에 직접적인 영향을 미치게 된다. 예를 들면, 사회복지의 제도적 모형은 그 대상을 전체

사회구성원으로 보고, 잔여적 모형은 사회적 취약계층으로 한정시킨다. 또한 사회복지의 실천 주체에서도 제도적 모형은 국가의 보다 많은 역할을 강조하는 반면, 잔여적 모형은 민간의 자발적인 활동을 장려한다. 서양과 한국에서 사회복지의 발달과정을 보면, 농업사회에서 산업사회로 바뀌면서 사회복지는 잔여적 모형에서 점차 제도적 모형으로 그 강조점이 바뀌고 있다.

표 2-2 윌렌스키와 르보의 2분 모형

구분	잔여적 모형	제도적 모형
사회복지의 목표	가족과 시장체계에서 제 기능을 하지 못하는 사람 또는 탈락한 사람들을 일시적, 한정적, 보호하고 지원함	사회복지제도는 항시적으로 소득의 재분배기능을 수행하여 전체 국민들이 최적의 사람을 영위하도록 함
대상	사회적 취약계층	전체 사회구성원
실천주체	민간의 자발적 활동 장려	국가의 보다 많은 역할 강조
빈곤의 책임	개인 책임	사회의 책임
복지욕구 충족기제	가족이나 시장 우선	국가의 사회복지제도
이념	선별주의(자산조사)	보편주의

이처럼, 사회복지의 개념은 고정되어 있는 것이 아니라 사회변화에 따라 바뀐다. 즉, 초기 산업사회에 비하여 후기 산업사회의 사회경제적 특성이 매우 다양하고 심각한 현상이 도래하기 때문이다. 소비수준의 향상과 다양한 열망수준의 상승, 다양한 욕구에 대한 사회 개입의 확대는 기존의 사회복지제도와 서비스로는 해결할 수 없게 된다. 이에, 로만신(Romanshyn)은 사회복지의 개념은 점차 다음과 같은 방향으로 변화되어가고 있다고 주장했다(Romanshyn, 1971). 첫째, 보완적 개념에서 제도적 개념으로, 둘째, 자선에서 시민권으로, 셋째, 특수한 서비스에서 보편적 서비스로, 넷째, 최저조건에서 최적조건으로, 다섯째, 개인적 개혁에서 사회적 개혁으로, 여섯째, 자발성에서 공공성으로, 일곱째, 빈민복지에서 복지사회로의 변화이다.

03 사회복지의 유사개념

사회복지의 개념을 이해하고자 할 때, 사회사업, 사회복지사업, 사회적 서비스, 사회보장 등과 같은 낱말과는 어떤 점에서 같고, 또 어떤 점에서 다른지에 대해서 혼란스러울 때가 많다. 사회복지에 대한 개념이 매우 다양하듯이, 사회복지와 유사한 낱말도 다양하게 정의되고 있지만 여기에서는 다음과 같이 정의한다.

1) 사회개발

사회개발(social development)이라는 용어는 1950년대 UN에서 경제개발에 대조되는 개념으로 처음 사용하였다. 사회 전체를 정치, 경제, 사회, 문화로 나눌 때 사회개발은 앞의 두 가지를 제외한 사회, 문화 부문의 개발을 위한 것으로, 그 내용은 첫째, 인간의 보편적 니드(need; 욕구)의 충족, 둘째, 사회문제의 해결, 셋째, 환경보존, 넷째, 공동체 형성 및 문화 발전 등으로 범주화할 수 있다. 이때 이러한 내용은 대체로 사회복지를 중심 내용으로 한다고 볼 수 있다.

이렇게 볼 때, 사회개발은 생산을 중심으로 한 물적 토대와 고용창출의 원천인 경제개발의 한계에서 나타나는 계급·계층 문제를 극복하기 위한 하나의 방편으로 등장했다고 할 수 있다.

2) 인간서비스

인간서비스(human service) 개념은 미국에서 흔히 사용되는 개념으로, 사회복지 개념보다 포괄적인 의미를 담고 있다. 공중보건, 정신건강, 사회서비스 및 법적 정의를 위한 활동 등을 포함한다. 따라서 인간서비스는 사회복지를 포함하여 인간의 복지 증진을 위하여 행해지는 포괄적인 활동이라 할 수 있다.

3) 사회사업

사회사업은 우리나라에서 사회복지와 가장 많이 혼용해서 사용된 낱말이다. 1970년대까지는 사회복지학은 대학의 사회사업학과에서 가르쳤고, 사회복지를 실천하는 사람을 사회사업가로 불렀기 때문이다. 현재도 사회복지와 동의로 사용하는 견해도 있지만, 프리드랜더와 앱트(Friedlander & Apte)가 사회복지와 사회사업을 구분한 것이 많이 인용되고 있다. 이들은 "사회사업은 개인, 집단, 지역사회가 사회적 혹은 개인적 만족과 독립을 확보할 수 있도록 도와주는 인간관계상의 과학적 지식과 기술에 바탕을 둔 전문적인 서비스이다."라고 하였다.

미국사회복지사협회는 "사회사업은 개인, 집단, 지역사회가 사회적 기능을 수행할 수 있도록 능력 증진, 회복을 돕고, 이러한 목표를 달성할 수 있는 사회여건을 조성하는 전문적 활동이다."라고 했다. 즉, 사회복지가 상호부조의 기능을 수행하는 사회활동 영역으로서의 사회제도에 붙여진 이름이라면, 사회사업은 전문화된 직업의 이름 또는 전문직의 실천방법이라는 점이 강조되고 있다.

표 2-3 사회복지와 사회사업 개념 비교

분류 구분	사회복지	사회사업
1. 언어적	이상면 강조	실천면 강조
2. 목적적	바람직한 사회	바람직한 인간
3. 대상적	일반적	개별적
4. 기능적	제도와 정책(macro)	지식과 기술(micro)
5. 실천적	고정적	역동적

자료: 나직균 외(2011: 44).

4) 사회서비스

사회서비스는 기본적이며 보편적인 인간의 욕구를 해결하기 위한 서비스를 말한다. 칸(Kahn)은 사회서비스의 영역으로 소득보장, 의료, 교육, 주택, 협의의 사회서비스 등을 들고 있다. 여기서 협의의 사회서비스를 미국에서는 일반적 사회서비스라 하고, 영국에서는 사적(퍼스널) 사회서비스라

하며, 우리나라에서는 사회복지서비스 혹은 사회복지사업이라고 한다.

사회서비스는 영국에서 매우 포괄적인 의미로 사용되어 왔다. 제2차 세계대전이라는 특수한 상황으로 인해 사회보험과 공공부조뿐만 아니라 보건의료와 주택정책이 사회복지정책의 영역에 포함되었고, 무상 의무교육이 중학교로 확대되면서 교육도 사회복지정책으로 간주되었다. 또한 영국에서는 사회복지서비스를 사적 사회서비스라고 하는데, 과거부터 지방정부가 수행하던 취약계층(노인, 아동, 장애인 등)을 위한 시설보호와 거택보호가 중심이 되어 있다. 영국에서는 이런 제도들을 모두 합쳐 사회서비스라고 부르고 있다. 아울러 티트머스(Titmuss)는 사회서비스, 직업복지, 그리고 재정복지를 포괄해서 사회복지정책이라고 하였다. 즉, 사회서비스란 사람들이 좀 더 자립할 수 있고, 의존을 탈피하고, 가족 유대를 강화하고, 개인·가족·집단·지역사회가 사회적 기능을 성공적으로 수행할 수 있도록 회복시키는 사회사업가나 기타 전문가의 활동이며, 그 밖에도 그들의 욕구를 충족시키는 데 적합한 재정적 자원을 얻도록 도와주며, 아동이나 다음 피부양자를 보호할 능력이 있는지를 평가하고, 상담과 심리치료, 의뢰와 전달, 중재, 옹호하고, 개인에게 책임져야 할 조직들을 알려주고, 보건대책을 촉진하고, 클라이언트와 자원을 연결시키는 등 특별한 종류의 사회서비스 등이 있다.

우리나라의 경우 「사회보장기본법」 제3조 제4호에서 '사회서비스'란 국가·지방자치단체 및 민간부문의 도움이 필요한 모든 국민에게 복지, 보건의료, 교육, 고용, 주거, 문화, 환경 등의 분야에서 인간다운 생활을 보장하고 상담, 재활, 돌봄, 정보의 제공, 관련 시설의 이용, 역량 개발, 사회참여 지원 등을 통하여 국민의 삶의 질이 향상되도록 지원하는 제도를 말하고 있다. 사회보장은 주로 예방적·사전적 측면에서 소득보장과 의료보장, 공공부조는 사후적 소득보장과 의료보장급여를 제공하는 것이라면 이것에 부가하여 사회서비스는 인간다운 생활을 보장하고 삶의 질이 향상될 수 있도록 하는 데 필요한 서비스를 사회적으로 제공하는 제반급여를 의미한다.

5) 사회복지사업

흔히 사회복지서비스라고도 불리는 사회복지사업은 사회보험, 공공부조와 더불어 사회보장의 중심을 이루고 있는 것으로, 사적 사회서비스를 말한다. 사회가 산업화, 도시화, 그리고 핵가족화됨에 따라 사회적으로 열악한 위치에 있는 아동, 노인, 장애인 등에 관한 사회문제가 커지고, 이에 따라 전문적인 지식과 방법을 활용하여 이들의 생활문제를 해결하고 정상적인 사회인으로 복귀시키기 위해서 사회복지사업이 필요하게 된다.

우리나라에서 사회복지사업의 법적인 정의는 「헌법」 제34조[2]와 「사회복지사업법」에서 찾을 수 있다. 「사회복지사업법」에서 '사회복지사업'이라 함은 "다음의 법률[3]에 의한 보호선도 또는 복지에 관한 사업과 사회복지

---

2) 헌법 제34조 ① 모든 국민은 인간다운 생활을 할 권리를 가진다.
② 국가는 사회보장·사회복지의 증진에 노력할 의무를 진다.
③ 국가는 여자의 복지와 권익의 향상을 위하여 노력하여야 한다.
④ 국가는 노인과 청소년의 복지향상을 위한 정책을 실시할 의무를 진다.
⑤ 신체장애자 및 질병·노령 기타의 사유로 생활능력이 없는 국민은 법률이 정하는 바에 의하여 국가의 보호를 받는다.
⑥ 국가는 재해를 예방하고 그 위험으로부터 국민을 보호하기 위하여 노력하여야 한다.

3) 가. 「국민기초생활보장법」
나. 「아동복지법」
다. 「노인복지법」
라. 「장애인복지법」
마. 「한부모가족지원법」
바. 「영유아보육법」
사. 「성매매방지 및 피해자보호 등에 관한 법률」
아. 「정신건강증진 및 정신질환자 복지서비스 지원에 관한 법률」
자. 「성폭력방지 및 피해자보호 등에 관한 법률」
차. 「입양특례법」
카. 「일제하 일본군위안부 피해자에 대한 생활안정지원 및 기념사업 등에 관한 법률」
타. 「사회복지공동모금회법」
파. 「장애인·노인·임산부 등의 편의증진 보장에 관한 법률」
하. 「가정폭력방지 및 피해자보호 등에 관한 법률」
거. 「농어촌주민의 보건복지증진을 위한 특별법」
너. 「식품등 기부 활성화에 관한 법률」
더. 「의료급여법」
러. 「기초연금법」
머. 「긴급복지지원법」
버. 「다문화가족지원법」
서. 「장애인연금법」

상담, 부랑인보호, 직업보도, 무료숙박, 지역사회복지, 의료복지, 재가복지, 사회복지관운영, 정신질환자 및 나완치자 사회복귀에 관한 사업 등 각종 복지사업과 이와 관련된 자원봉사활동 및 복지시설의 운영 또는 지원을 목적으로 하는 사업"을 말한다. 여기서 사회복지사업에 대한 법적 정의는 열거 방식을 택하고 있다는 비판을 받기도 한다.

흔히 사회보장의 내용을 소득(경제)보장과 비경제적 보장으로 나눌 때 사회보험과 공공부조는 소득보장을 내용으로 하나, 사회복지사업은 소득보장에 덧붙여 비경제적 보장을 내용으로 하고 있다. 사회복지사업은 일반적으로 국민의 생활상 특수한 개별적 욕구의 직접적인 충족을 도모한다.

6) 사회보장

사회보장이란 말은 1935년 미국의 루즈벨트 대통령이 사회보장법을 제정한 이후 사용되었으며, 일반적으로 널리 사용하게 된 것은 1942년 영국의 베버리지 보고서가 공표된 이후이다. 사회보장의 정의를 내릴 때 가장 많이 이용되는 것은 국제노동기구의 정의이다. 국제노동기구는 "사회보장은 사회구성원들이 처하게 되는 일정한 위험(사고)에 대해서 사회가 적절한 조직을 통해 부여하는 보장이다."라고 정의했다.

우리나라에서 사회보장에 대한 법적 정의는 「사회보장기본법」 제3조에서 찾을 수 있다. 사회보장이라 함은 출산, 양육, 실업, 노령, 장애, 질병, 빈곤 및 사망 등의 사회적 위험으로부터 모든 국민을 보호하고 국민 삶의 질을 향상시키는 데 필요한 소득·서비스를 보장하는 사회보험, 공공부조, 사회서비스를 말한다. 첫째, '사회보험'이라 함은 국민에게 발생하는 사회적 위험을 보험방식에 의하여 대처함으로써 국민건강과 소득을 보장하는 제도를 말한다. 둘째, '공공부조'라 함은 국가 및 지방자치단체의 책임하에

어. 「장애인활동 지원에 관한 법률」
저. 「노숙인 등의 복지 및 자립지원에 관한 법률」
처. 「보호관찰 등에 관한 법률」
커. 「장애아동 복지지원법」
터. 「발달장애인 권리보장 및 지원에 관한 법률」
퍼. 「청소년복지 지원법」
허. 그 밖에 대통령령으로 정하는 법률

생활유지능력이 없거나 생활이 어려운 국민의 최저생활을 보장하고 자립을 지원하는 제도를 말한다. 셋째, '사회복지서비스'라 함은 국가·지방자치단체 및 민간부문의 도움이 필요한 모든 국민에게 복지, 보건의료, 교육, 고용, 주거, 문화, 환경 등의 분야에서 인간다운 생활을 보장하고 상담, 재활, 돌봄, 정보의 제공, 관련 시설의 이용, 역량 개발, 사회참여 지원 등을 통하여 국민의 삶의 질이 향상되도록 지원하는 제도를 말한다. '평생사회안전망'이란 생애 주기에 걸쳐 보편적으로 충족되어야 하는 기본욕구와 사회위험에 의하여 발생하는 특수욕구를 동시에 고려하여 소득·서비스를 보장하는 맞춤형 사회보장제도를 말한다.

사회보장제도의 구성요소는 첫째, 전체 국민을 대상으로 하고, 둘째, 모든 국민의 최저생활을 보장하도록 하며, 셋째, 모든 위험과 사고에 대해 보호를 받도록 하고, 넷째, 의료시설의 정비, 다섯째, 일반교육과 직업교육의 기회의 확대 등을 지적하고 있다. 따라서 사회보장의 근저에는 최저임금제도와 완전고용의 실현이란 내용이 담겨 있다. 이렇게 볼 때, 사회보장은 사회보험, 그리고 사회보험으로는 필요를 충족할 수 없는 사람들을 위한 공적부조와 위험에 처한 사람들에 대한 사회복지서비스의 3가지로 대변할 수 있다.

7) 공공부조

공공부조(public assistance)란 한 사회의 빈곤선 이하 저소득계층에게 국가가 기본적인 생계유지를 위하여 생계보호, 의료보호, 교육보호, 주택보호 등의 급여를 지급하는 사회보장제도의 하나이다. 공공부조는 개인의 근로소득이나 사회보험제도에 의해 소득보장이 충족되지 못하는 국민에 대한 가장 기초적인 사회적 보호장치라 할 수 있다. 공적부조, 사회부조(social assistance), 혹은 국민부조(national assistance)라고도 한다.

우리나라의 경우 「사회보장기본법」 제3조에서 "공공부조란 국가와 지방자치단체의 책임하에 생활유지능력이 없거나 생활이 어려운 국민의 최저생활을 보장하고 자립을 지원하는 제도"라고 규정하고 있다. 현행 우리나라의 공공부조제도는 여러 가지가 있으나 국민기초생활보장제도와 의료급여사업이 이에 해당한다.

근대적 의미에서 공공부조가 체계화된 형태로 나타난 것은 1601년 영국의 엘리자베스 구빈법(Elizabeth Poor Law)[4)]이라고 할 수 있다. 이 법은 당시 유럽대륙과 미대륙 여러 나라 공공부조의 모태가 되었는데, 빈민의 근로능력 유무에 따라 차별적으로 대처하는 구빈행정원칙을 확립한 점에 의의가 있다. 즉, 근로능력이 있는 건장한 빈민은 국가가 구제할 가치가 없다고 판단하여 작업장에서 강제노역을 대가로 구제가 실시되었고, 근로능력이 없어 구제할 가치가 있다고 판단되는 빈민들은 구빈원에 수용되어 보호를 받았다. 이후 1834년 영국의 신구빈법(New Poor Law)[5)]은 또 다른 중요한 원칙을 세웠는데, 열등처우의 원칙(the principle of lesseligibility)이 그것이다. 자본주의 산업사회의 근로의욕 저하를 막기 위해 국가의 구제를 받는 빈민들에게 지급되는 급부는 그 지역사회의 가장 낮은 임금수준보다 적어야 한다는 원칙이다. 1601년 엘리자베스 구빈법 및 1834년 신구빈법의 원리는 1944년 영국에서 공식적으로 폐지되기까지 영국 구빈체제의 주요 내용들을 규정해 왔으며, 오늘날에도 많은 국가들의 공적부조의 주요 원리로 남아 있다. 그러나 현대 복지국가의 공적부조는 구빈법체제가 의미하는 억

---

4) 엘리자베스 구빈법(1601)은 빈민을 세 집단으로, ① 노동력 있는 빈민과 ② 노동능력이 없는 빈민, 그리고 ③ 돌보아 줄 사람이 없는 요보호아동으로 분류하였다. 이는 교구단위의 자선이 아니라 정부의 공적부조제도를 처음으로 법제화(빈민 감독관 임명)하였다. 그러나 중산층의 비용부담외면, 대량실업의 발생, 사법기관의 행정관여 등으로 실효를 거두지 못하였다. 다시 말해, 본 법은 빈민구호보다는 오히려 빈민을 사회불안의 요인으로 파악하고, 그들을 억압하여 사회질서를 유지한다는 사회통제적 성격이 많았다고 할 수 있다.

5) 스핀햄랜드법(빈민에 대한 임금보조제도를 규정한 법(1795년)으로 최저생활거주에 미달되는 임금의 부족분을 보조해 주는 것이 목적이었는데, 이는 오늘날의 최저생활보장제도의 기반과 노동자들의 사회적 보호에 대한 발전에 중요한 의의를 가진다.)에 대한 비판(작업동기 저하, 근로자 사기저하)으로 빈민조사위원회가 발족되었다. 빈민조사위원회가 보고서에서 세 가지 원칙을 제시하였는데, 첫째, 열등처우의 원칙과 둘째, 작업장제의 원칙(원내구조 강화) 그리고 셋째, 전국적 통일의 원칙이다. 첫째, 열등처우의 원칙은 구제받을 빈민의 상태는 구제받지 않는 최저계층 노동자의 생활수준보다 낮아야 한다(공적부조의 수준 설정). 둘째, 작업장제의 원칙은 노동능력이 있는 빈민에 대한 거택구호를 폐지하였다(시설수용보호 위주의 서비스 제공). 셋째, 전국적 통일의 원칙으로 각 교구에 따라 다르게 운영되고 있는 구빈행정을 전국적으로 통일시키자는 것이다(현재 중앙정부 중심의 사회복지행정). 이 역시 빈곤의 원인을 개인에서 기인한다고 여겨 빈민에게 낙인을 주는 등의 비 인도주의적인 처우와 시혜적 성격을 띠었으며, 1847년 구빈청 설치로 구빈행정의 최고결정권을 부여하였다.

압, 통제, 그리고 시혜 수준을 넘어, 수급자의 사회권(social right)적 측면이 강조되고 있다. 즉, 전후 복지사회의 청사진을 담고 있는 영국 베버리지 보고서에서 제시한 원칙 중에 하나인 '국민 최저선(national minimum)'에 미달하는 국민에게 최소한의 생계를 국가가 대가나 조건 없이 지켜주는 원칙을 확립하고 있는 것이다(나직균 외, 2011: 49).

8) 사회복지서비스

사회복지서비스(사회복지사업)는 사회보험, 공공부조와 더불어 사회보장의 중심을 이루고 있는 것으로, 사적 사회서비스를 말한다. 사회복지서비스를 한마디로 정의하면, 사회복지서비스란 공적부조의 적용을 받고 있는 자, 장애인, 아동 및 기타 원호육성을 요하는 자가 자립하여 그들의 자력을 발휘할 수 있게 하기 위해 필요한 생활 지도, 갱생보도 및 그 밖의 원호 육성을 행하는 것으로, 빈곤, 아동, 노령, 상병, 장애 및 비행 등에 대한 공·사의 처치이며, 사회보장제도의 일환으로서 현물급여뿐 아니라 대상자의 요구에 대하여 사회사업의 제 방법을 통하여 전문적인 처치를 행하는 것을 말한다.

9) 사회안전망

사회안전망(social safety net)이란 기존의 사회보장제도 아래에서 보호 받을 수 없는 사람들을 보호하기 위한 대책을 의미한다. 사회안전망을 광의의 개념으로 볼 때, 모든 국민을 실업, 빈곤, 재해, 노령, 질병 등의 사회적 위험으로부터 보호하기 위한 제도적 장치를 의미한다. 사회보험과 공공부조인 사회보장제도와 보완적 장치로서의 공공근로사업, 취업훈련 등을 포괄한다. 사회안전망은 대량실업, 재해, 전시 등의 국가적 위기상황에서 국가가 국민에게 기초생활을 보장해 줌으로써 이들이 안정된 사회생활을 할 수 있도록 하는 역할을 수행한다.

03
CHAPTER

사회복지의 동기와 기능

사회복지가 추구하는 궁극적인 목적은 한 사회의 구성원이 개개인이 인간다운 생활을 영위할 수 있도록 함으로써 '인간 존엄성을 보장하는 것'에 있다. 즉, 삶을 영위하는 과정에서 인간존엄성에 위험을 느끼고 있는 개인이나 집단에게 그들이 필요로 하는 도움을 제공하여 문제를 해결하거나 문제해결을 도와주는 것이다.

이 장에서는 이러한 사회복지의 타인을 향한 문제해결에 대한 동기를 상호부조, 종교적 교리, 정치적 배려, 경제적 이득, 이데올로기 명분, 전문직업적 동기로 구분하여 각각의 동기가 어떻게 발전하고 사회복지체계에 영향을 미치고 있는지에 대하여 살펴보고 어떠한 기능을 통하여 실현하는지에 대해 살펴보고자 한다.

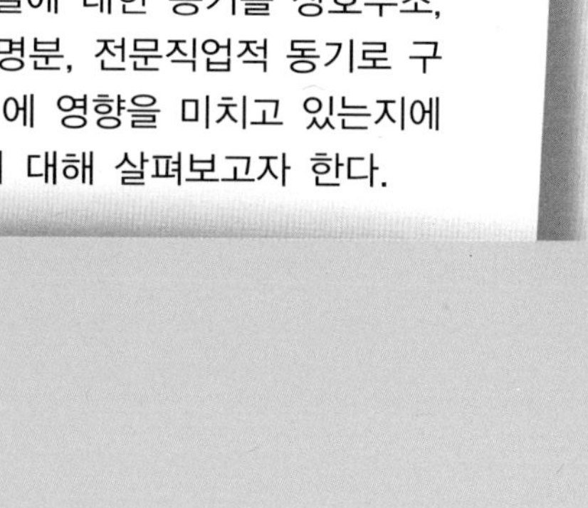

01 사회복지의 동기

역사적으로 사회복지의 동기를 이해하는 일은 사회복지의 공적·사적 책임에 대한 발전적 개념을 모색하는 한 방법이다. 직업으로서의 사회복지는 20세기의 산물이라고 볼 수 있지만, 일반적으로 사회복지는 인간의 욕구와 욕구에 대한 사회인식의 변화에 따라 사회복지의 동기 역시 다양하게 발전되어 왔다. 사회복지의 동기를 상호부조, 종교적 교리, 정치적 배려(반사회적 동기), 경제적 이득, 이데올로기 명분으로 구분한 마카로브(Macarov, 1978, 1995)는 오늘날의 사회복지 제도를 이러한 동기들의 복합적 작용으로 설명한다.

1) 상호부조의 동기

상호부조(mutual aid)는 가장 오래되고 가장 보편적인 사회복지의 동기로서, 오늘날에도 가족, 이웃 노동조합, 공동체, 다양한 사회복지제도 등을 통해 여전히 중요한 동기로 작용한다.

가족은 상호부조의 중심이 되며 전통적인 농경사회에서의 확대가족은 공동생산과 소비의 중심으로서 가족 성원들의 복지기능을 담당하였다. 현대사회에서 핵가족화, 가족구조의 다양화, 여성취업률의 증가, 이혼율의 증가 등으로 가족의 상호부조 기능이 약화되었지만, 가족은 일차적으로 도움을 제공하고 제공받는 주요 사회제도로 인식되고 있다. 또한 가족 이외의 상호부조 조직 혹은 집단으로는 노동조합, 자조집단, 자원봉사자 조직, 다양한 공동체 집단 등을 들 수 있다.

현대사회가 점차 개인주의화 되어감에 따라 전통사회에 비해 상호부조의 동기가 약화되는 것은 사실이지만, 상호부조의 확대를 꾀하는 사회복지 제도를 통해 상호부조의 동기는 더욱 확대될 것으로 보인다.

2) 종교적 교리에 의한 동기

종교적 동기(religious motives)는 인간은 사회적 동물일 뿐만 아니라, 동시에 종교적 동물이라는 전제를 가진다. 도움을 받는 자와 마찬가지로 도움을 주는 자도 한 인간으로서 종교적인 감정과 신념을 갖는다는 점에서는 서로 일치하는 것이다.

초기 자선사업은 대개 주는 자(giver)의 심적 태도에 의해서 실시되며, 그것을 받는 자의 받는 영향은 비교적 중요시하지 않았다. 즉, 타인을 돕는다는 것은 약자에 대한 본능적 동정심이 기반이 되는 것이며, 직접적으로 인간의 정서에서 발생하는 가장 자연적인 개인적 시여(施與)의 형식으로 나타난다. 그것은 타인의 고통에 대한 개인적 관계에서 발생하며, 단순한 동정 또는 애린(愛隣)의 정으로서 종교와는 불가분의 관계가 있다고 하겠다. 또한 기독교의 경우 예수그리스도의 직접적인 교훈과 행적을 담은 4대 복음서에서는 예수의 사랑, 친절 및 화평의 기본정신을 모든 사람들에게 나타내 보이고 있다. 즉, 모든 인간은 서로 형제처럼 사랑하고 또 세상에 있어서의 거룩한 의무를 수행함으로써 하나님은 은총을 입어 영생을 누릴 수 있게 된다는 것이다. 따라서 이와 같은 종교적 교리가 바탕이 되어, 형제애나 이웃사랑으로 서로 돕고 불우한 타인까지도 구제하는 자선행위가 생겨난 것은 종교적 동기에서 연유된다는 것이다.

이와 같은 종교적 동기는 사회복지의 발달사에 미친 영향이 크다고 할 수 있다. 그러나 자선사업(charity) 단계로서 종교적 동기에 의한 가진 자(기부자)의 주관적인 심적 판단에 의해 자선행위가 실천된다. 즉, 가지지 못한 자(수혜자)의 고려가 배제되는 시기이며, 수혜자에 대하여 그 원인이나 구제의 결과 등이 개입되지 않는 단순한 시혜 내지는 동정으로 문제를 해결하고자 하는 비전문적 사회사업단계의 의미를 가진다. 이는 엘리자베스 구빈법 실시 이전의 시기로서, 자유방임주의 사상이 지배적이다.

3) 정치적 배려에 의한 동기(반사회적 동기)

반사회적 동기(antisocial motives)에서 인간은 본성적으로 자기 자신의 사리사욕 및 욕구본능을 채우려고 하는 자기본위적이다. 이것은 궁극적으로 타인의 복지비용을 통하여 자신의 기본적 욕구를 충족하고자 한다. 1601년 영국의 엘리자베스(Elizabath) 1세 때 제정한 구빈법(The Poor Law)은 매우 엄격한 법으로서 당시의 상황을 잘 반영하고 있다. 사회에는 정상과 비정상의 두 계층 부류가 있는데, 여기서 비정상적 계층은 일할 수 없거나 일하려고 하지 않는 사람들로서 이들은 배척한 시대라 할 수 있다.

그러나 초기에는 반사회적 사람들의 곤궁사정이 천차만별일지라도, 법률로 제정해서 일률적으로 취급하여 구빈사업을 전개하였다. 이 시기는 14세기 중엽 유럽의 흑사병 유행에서 장원의 붕괴, 가내공업의 발달, 길드의 쇠퇴, 인구의 이동성 증대, 경제적 및 사회적 변동 등에 의해서 도출된 영국의 구빈법 실시로부터 시작하여 산업혁명시기까지를 말한다(김덕준, 1955: 3). 이는 통제를 목적으로 하는 정치적 동기에서 출발한다. 사회사업의 생성동기는 당시의 반사회적 계층들에게 기본적 생활이 가능하도록 국가적인 최소한의 구제사업을 실시했다는 측면에서 그 근원을 찾아볼 수 있다. 이를 요약하면, 영국의 엘리자베스 구빈법(1601)의 실시 이후부터 산업혁명에 이르기까지 비정상인을 배척하는 단계로서 반사회적 동기가 이에 해당된다. 이 단계는 노동능력이 있는 빈곤자 내지 보호대상자라든지, 반사회적 동기나 사람에 대해서 법률을 제정하여 그 대상의 사정에 대한 고려 없이 일률적으로 적용하였다. 이는 구제 대상자에 대하여 구빈사업을 중심으로 하고, 주로 경제적인 방법으로 구제한다는 의미를 가진다.

한편, 사회복지는 정치적 권력을 획득하고 유지하는 주요한 수단의 역할을 한다. 1930년대 대공황으로 대규모 실업과 이로 인한 사회적 문제가 발생하자, 정부는 정치적 권력을 유지하기 위한 방법으로 사회보장제도를 고안하였다. 최근 미국은 복지개혁에서 빈곤층을 위한 소득보장프로그램인 AFDC(Aid to Families with Dependent Children: 요부양아동 가족부조)를 폐지하고 정부의 재정적자에 훨씬 부담이 되는 노령연금은 그대로 유지하였다. 이는 AFDC 수급자들의 정치적 영향력보다 노령연금 수급자들의 정치적 힘이 강하기 때문으로 볼 수 있다. 때로는 선거에서 빈곤계층 등의 표를 얻기 위한 방편, 혹은 정치적 포용력을 과시하는 상징으로 사회복지를 활용하기도 한다.

또한 사회복지는 정치적 부산물로서 개발되기도 한다. 미국의 가족지원법(Family Support Act, 1988)은 복지수급자들이 공공복지에 대한 의존을 벗어날 수 있도록 직업훈련을 받거나 취업하도록 규정하였다. 이런 규정은 공공부조가 국민 대다수에게 손해를 입히고, 소수의 사람들만 이득을 본다는 사회인식을 정치적으로 반영한 것이다. 하지만 이러한 규정의 부산물로 보육프로그램, 직업훈련 보조금, 장학금 등의 프로그램이 확대되기도 하였다.

4) 경제적 이익에 의한 동기

경제적 동기와 정치적 동기는 서로 상충하기도 한다. 미국 대공황의 예에서 사회복지제도의 주요한 변화는 권력을 유지하려는 정치적 동기뿐만 아니라, 대공황으로 인한 실업문제를 해결하기 위한 경제적 동기도 중요하게 작용한 것을 볼 수 있다. 이처럼 국가 혹은 정부가 경제적인 이유로 사회복지제도를 발전시키는 경우는 다음과 같다.

첫째, 사회문제를 경감하거나 해결하는 데 드는 비용을 감소시키기 위함이다. 사회복지는 사회문제를 해결하고 예방하는 데 목적이 있다. 사회복지를 통해서 사회문제를 예방한다면 상당한 사회적 비용을 절감할 수 있다. 예를 들면, 빈곤계층에게 적극적으로 개입함으로써 파생될지 모르는 영양결핍, 무력감 등의 문제를 줄일 수 있고 양질의 노동인력의 확보를 가져올 수 있다.

둘째, 사회문제가 경제에 미치는 부정적 결과를 감소하기 위함이다. 자본주의 사회는 '생산-분배-소비-재생산'의 과정을 거친다. 사람들의 구매력이 줄어들수록 자본주의 사회는 생산이 침체되고 경제적 어려움이 온다. 따라서 구매력을 높이기 위해서 빈곤계층에게 사회복지프로그램을 개입하고 발전시키고자 하는 복지의 경제적 측면이 중요하다. 오늘날의 저출산사회에서 양육부담을 절감시키려는 복지정책의 노력들은 출산율을 향상시키고, 생산인력을 확충하는 데 기여한다.

셋째, 경제적 부산물로써 사회복지제도의 확대이다. 예를 들면, 실업자의 직업훈련에 투자하는 과정에서 부산물로서의 보육프로그램의 확대를 들 수 있다. 그런데 사회복지프로그램은 일단 형성되면 확대되는 경향을 띤다. 즉, 사회복지프로그램은 그 지속시간이 늘어날수록 프로그램에 드는 비용과 적용범위, 수급권자의 수가 자동적으로 증가한다.

5) 이데올로기에 의한 동기

사회복지의 동기로서 가장 중요한 요인으로 타인을 도와야 한다는 신념, 느낌, 태도 혹은 이데올로기이다. 이데올로기는 세상의 구조는 어떻게 이루어지는지, 세상에서의 행동은 어떤 과정으로 규제되어야 하는지에 대해 이해하는 방법을 의미하는데, 이는 세상에 대한 관점, 바람직하거나 바람직하지 않은 것들에 대한 판단 및 선호하는 세상을 포함하는 개념이다.

(1) 이타주의

이타주의(altruism)란 이기주의의 반대의 개념으로, 외부로부터 어떤 보상도 기대하지 않고 다른 사람을 이롭게 하는 행동을 수행하는 것을 의미한다. 이러한 이타주의는 인간 성격의 한 부분으로 이해된다. 인간은 기본적으로 좋은 사회 또는 좋은 행동을 추구하는 의지와 충동성을 가지고 있다는 것이다. 이러한 의미로 볼 때, 이타적 행동으로서 사회복지는 인간본성의 표현이라고 볼 수 있다.

(2) 인도주의적 동기

근대적인 인도주의의 근원은 18세기에 새로 등장한 중간 계층자들의 인권문제와 관련하여 살펴볼 수 있다. 당시의 사상은 박애주의, 인도주의, 평등 및 사회정의 등의 이념이 주요한 동기가 되어 하층계급과 빈곤자를 돕는 기독교의 자선을 합리화시켰던 것이다(Hillman, 1956: 4).

인도주의는 우선 인간생활의 고통을 경감하고 나아가서 향락을 증진시키는 데 그 원천을 찾아볼 수 있으며, 이 인도주의적 동기(humanitarian motives)의 특징은 인간이 계급적으로 상하의 격차가 있는 것이 아니라 항상 평등한 관계에 있다는 것이다. 따라서 인도주의적 동기에서 타인을 돕는다는 것은 결코 우월자가 열등자를 천시하여 원조하는 것이 아님을 전제하고 있다.

이와 같은 인도주의의 근본적인 사상을 바탕으로 해서 당시의 많은 사회 개혁운동과 사회사업가 및 활동가들은 교정, 주택, 보건 등의 개선을 시도하는 사회개혁운동과 사회사업활동에 적극 참여하였으며, 그 외에도 사회정의의 실천면에서도 공헌한 바가 매우 컸다. 따라서 인도주의는 사회복지의 이념적 기조(基調)이며 우애, 자선, 온정, 박애 등으로 사회사업의 역사와 더불어 영원한 동반자의 관계라 하겠다.

요약하면 종래의 처벌주의적, 무조건적인 시혜, 무계획적, 획일적, 반복 구제적이었던 자선사업이나 구빈사업에서 벗어나 민주주의 사상에 입각한 평등, 인도, 박애, 사회정의 등의 실현을 목적으로 하는 이데올로기라고 할 수 있다.

(3) 공리주의적 동기

공리주의적 동기(utilitarian motives)는 19세기의 벤덤(Bentham)과 밀(Mill) 등 영국 학자들에 의해 제창된 것으로서, '최대다수의 최대행복(the greatest happiness for the greatest member)'을 인간행위의 규범으로 채택한다는 윤리학설에서 그 원천을 찾을 수 있다. 대개 모든 인간을 종교적 및 도덕적 선입관을 제하고 객관적인 입장에서 본다면, 이들은 가능한 한 자신의 고통을 제거하거나 회피하려고 하고, 최대한의 본성적 향락을 희구하려고 한다. 따라서 공리주의적 동기의 본래적 의도는 영국의 산업혁명과 더불어 일어난 개인주의적 사상의 대두로 말미암아 사회복지로서 '최대다수의 최대행복'의 실현을 윤리의 과제로 삼는 데 있다. 그러므로 사회복지의 궁극적 목적은 모든 국민과 사회가 동시에 만족하고 바람직한 사회를 실현하고자 한다는 측면에서 공리주의적 동기에 그 기초를 두고 있다.

6) 복합적 동기에 의한 동기

제2차 세계대전 이후 오늘에 이르기까지 복합적 동기에 따른 통합적 사회사업의 단계가 중심이 된다. 복합적 동기는 사회복지의 대상자를 요보호 대상자뿐만 아니라 일반 국민까지 확대시킨다. 사회문제의 다양성과 복잡성, 보다 다양하고 포괄적인 이론에 기초한 접근이 요구되는 사회사업의 동기이다. 즉, 사회사업실천(social work practice), 사례관리(case management) 등이 분야별, 방법적, 대상별에 있어서 통합적으로 접근한다.

7) 전문직업적 동기

전문직업적 동기(professional motives)는 전문직업이란 법률이든, 교육이든, 의학이든 간에 그것을 취급하는 방향이 인권옹호, 인격형성, 정신치료, 신체치료 등과 같이 분야가 다를 수 있지만, 결과적으로 그 대상자에게 사회복지를 위한 일종의 서비스를 제공한다는 점에서는 공통적이라는 것을 전제한다. 법률가나 의사들과 마찬가지로 사회복지도 전문적 서비스를 목표로 하지만, 인간 본질에 대한 서비스를 지향한다는 관점에서 사회복지전문직의 독특성이 나타난다. 따라서 사회복지서비스 활동은 하나의 예술적 기술(artful skill)이다.

클라크(Clarke) 여사는 그의 저서에서 “오늘날 많은 사람들이 법률이나 의학에 종사함과 같이 사회사업에 종사하여 인간적 및 환경적으로 도움을 필요로 한 사람들에게 전문적 서비스를 제공하고 있다.”라고 제시했듯이, 전문직업적 동기에서 사회복지의 선호도가 나날이 증대되고 있다. 따라서 사회복지는 역사적으로 자선이나 박애의 동기에서 유래된 것이지만, 사회사업가가 절대적으로 구제의 사명, 희생적 이타심 등의 동기에 사로잡힐 하등의 이유가 없다고 보며, 다른 전문직, 즉 법률가, 의사, 교육자, 종교가 등이 자신의 철학과 기본원리에 입각해서 최선의 서비스를 제공하고 이에 대한 대가를 받는 것처럼 맡은 일을 수행해 나가야 한다. 이러한 맥락에서 사회사업가가 확고한 철학과 전문적 기술 및 지식을 가지고 복지서비스를 충실히 수행하는 것은 사회사업의 전문직업적 동기에 입각하고 있다는 것이다.

02 사회복지의 기능

사회복지는 사회관계 내 주체적 측면의 결함을 문제로 삼는데, 이는 사회복지의 불균형 상태, 사회관계의 결손, 사회제도의 결함에서 오는 세 가지 양상에서 취할 수 있다.

그래서 사회복지의 기능은 이 세 가지 결함의 양상에 대응하여 사회관계의 회복·조화를 도모함으로써 개인과 집단의 사회생활의 곤란을 해결하는 것을 목적으로 한다. 그러나 이것은 하나의 결함에 대하여 다음에서 논하는 기능 중 어느 것 하나가 대응한다는 의미는 아니다. 하나의 결함의 양상에 보통 두 가지 이상의 기능이 대응한다. 결국 사회복지가 어느 사회관계에서의 결함의 보충과 같이 다양한 기능을 발휘해야 한다.

1) 평가기능

사회복지는 사회생활의 모든 곤란을 취급하는 것이 아니다. 따라서 사회복지 최초의 기능은 사람들의 사회생활의 곤란, 즉 사회생활의 기본적 욕구 중 어느 것이 어느 정도 충족되지 못하고 있는가를 평가함과 동시에 그것이 사회관계의 주체적 측면의 결함과 어느 정도 관계를 가지는가를 발견하는 것이다. 다시 말해, 일반적으로 '생활문제'나 '사회문제'로 지적되는 여러 가지 생활의 곤란 중에서 사회복지의 대상 영역에 포함되어야 하는 것을 판단하는 것이 최초의 평가기능이다.

본래 이질적인 각종 사회생활의 기본적 욕구의 충족 상태를 평가하는 전체 조건으로서 사회관계의 주체적 측면이라는 관점이 준비되어야 한다. 사회구성원의 어느 부분에 또 어느 정도로 결여되어 있는가, 또 그 직접적인 원인은 무엇인가를 평가 및 발견하려는 경우 사회복지의 기본적 관점, 즉 사회관계의 주체적 측면이라는 입장을 떠나서는 안 된다. 즉, 모든 개인에게는 고유한 사회관계의 총체가 있을 것이므로, 각 사회관계에 대하여 객체적·주체적 측면을 전체적으로 명확히 하는 것이 사회복지 평가기능의 주안점이다.

2) 조정기능

조정기능은 개인의 기본적 욕구에 관련된 사회관계 전체가 조화를 유지하도록 원조해야 한다. 그렇기 때문에 이런 사회관계의 조정에 앞서 사회관계 전체에 대한 평가가 행해진다. 이 평가에 기초하여 조화가 깨진 사회관계 부분에 대해 조정이 행해지는 것이다.

사회관계는 동적·경과적인 것이기 때문에 평가는 몇 번이고 반복되어야 하며, 그에 따라 사회관계의 조정도 결코 한 번으로 끝나지 않는다. 그래서 이 조정기능은 여러 가지 방법으로 행해진다. 첫째, 개인의 사회관계에 대한 평가 결과를 본인 자신에게 이해시켜, 객관적인 현실을 평정하게 받아들이게 하고, 본인 자신으로 하여금 사회관계의 모순을 조화시키도록 원조한다. 둘째, 사회복지의 조정기능은 개인이 가진 사회관계 전체를 본인과 관계된 제도적 집단과 관련하여 설명하고 이해시켜, 더욱더 본인에 대한 제도적 요구 조건을 완화시키고 태도를 변경하도록 원조한다. 물론 이 경우에도 첫 번째의 조정기능, 즉 개인의 주체적 책임의 존중과 원조는 전제조건이다.

사회복지의 조정기능을 가족복지기관으로 예를 들면, 가족복지기관은 가족 전체를 서비스 단위로 하고 가족 전체가 가족으로서의 기능을 발휘하는데 목적을 두고 동일 가족에 대해서 가족복지기관 이외에 다른 전문분업적 기관인 의료기관, 아동상담소, 부녀상담소, 보건소, 학교, 직업안정기관에서 가족생활의 일부 혹은 가족의 일원을 대상으로 원조한다.

3) 송치기능(의뢰적 기능)

송치기능은 문제의 진단에 기초해서 사회복지기관이 직접적으로 어떤 구체적인 서비스를 제공하는 것이 아니고, 그 문제에 대해 가장 효과적인 서비스를 줄 수 있는 지역사회의 자원을 발견하여 사례를 소개하고 활동하도록 돕는 기능이다. 즉, 어떤 개인이 사회관계가 결손되어 있는 그것 때문에 사회생활의 기본적 욕구를 충족하지 못하는 사태에 대하여 기존의 제도적 집단을 효과적으로 이용하여 문제를 해결하게 하는 기능을 사회복지의 송치기능이라고 한다. 송치기능은 사회관계의 결손에 따른 생활 곤란에 대처하는 사회복지기능이지만, 그것은 사회복지기능이 결여된 사회관계를 대체하는 것이 아니고, 도리어 사회복지시설도 포함한 일반적인 제도적 집단을 개인이 효과적으로 이용하도록 원조하는 기능이다.

이러한 송치기능은 첫째, 이용하는 범위 내에서, 그리고 사람들의 생활상 기본적 욕구에 관한 다수의 제도적 집단 서비스의 종류, 규모, 사업 방침, 특색 등을 명백히 하는 것에서부터 시작된다. 둘째, 송치기능은 대상자의 생활의 요구를 오해 없이 취급하는 일이다. 이것은 언뜻 보기에는 용이한 것같이 보이지만, 사회복지 대상자가 반드시 자기가 절실히 필요로 하는 것이 무엇일까에 관해서 항상 명백하게 의식하고 있다고는 할 수 없기 때문에 반드시 그렇지도 않다. 셋째, 송치기능은 대상자의 자발성에 관계되는 것이다. 대상자에 의해 효과적인 이용이 이루어지기 위해서는 대상자 자신의 자발성이 없어서는 안 되기 때문이다.

4) 개발적 기능

지역사회활동이 소집단활동, 그리고 개별활동을 통해서 문제의 대상이 되는 클라이언트에게 그 지위에 맞는 역할을 수행하는 기회, 능력, 태도를 발전, 촉진시키는 기능을 의미한다. 즉 그 지역사회 내에 여러 가지 사회적 자원, 예를 들어 사회보장제도, 주택문제, 복지시설, 교육시설, 법제의 개선 등을 사회행동 및 지역주민의 자발적 협력을 보조해서 이루는 것을 의미한다.

5) 회복적 기능

문제의 대상이 되는 클라이언트가 정상적 기능을 발휘하도록 그 장애요인인 빈곤, 실업, 신체적·정신적 장애, 중독, 장시간 노동 등의 환경적 요인, 개인과 개인, 개인과 집단 안의 갈등 등 인간관계의 문제에 직접 원조함으로써 기능을 회복시킨다. 이러한 회복적 기능은 공공부조에 의한 원조나 아동상담지도, 직업지도 및 알선, 주택알선, 가임보조, 가정지도 및 가족계획지도, 가족진단 및 가족치료를 통해서 달성할 수 있다.

6) 대체기능

조정기능과 송치기능은 스스로 실질적인 서비스를 제공하는 것이 아니고, 이러한 실질적 서비스를 주는 제도적 집단과 개인을 결합시킴으로써 사회생활의 기본적 욕구의 충족이라는 목적을 달성하려고 했다. 또한 그런 면에서 사회복지는 다른 사회제도의 기능과 별개의 사회복지 고유의 기능을 가질 수 있었다.

그런데 사회관계의 조정과 송치라는 사회복지의 고유의 기능으로는 효과를 거둘 수 없는 생활의 곤란이 현실에 존재한다면, 어디까지나 현실적인 생활적응의 원조를 본질로 하는 사회복지는 앞에서 말한 고유의 기능 이외에 사회생활의 기본적 욕구를 본래의 제도적 집단에 대신하여 충족시켜야 하는 실질적인 서비스를 떠맡게 된다. 이것이 사회복지의 대체적 기능이다.

04
CHAPTER

사회복지의 역사

사회복지는 어떻게 발전되었는가? 이 장은 사회복지가 어떻게 발전되었는가를 상세히 밝히려는 것이 아니라, 오늘날 한국의 사회복지를 이해하는 데 꼭 필요한 최소한의 역사적 배경을 이해하는 데 있다. 이 장에서는 첫째, 이 땅의 사회복지가 어떻게 변화되어 왔는가에 초점을 맞춘다. 먼저 우리나라의 사회복지 역사를 살펴보고 영국과 미국의 사회복지 역사를 살펴본다. 둘째, 역사적 사실 중에서 현재 사회복지에 영향을 준 것을 중심으로 기술한다. 셋째, 사회복지의 역사를 당시의 제도를 중심으로 논의하기보다는 그 제도가 갖는 의미를 중심으로 정리한다. 기구의 명칭이나 역사적 사실을 기술하는 데 그치지 않고, 그러한 복지제도가 우리 사회에 어떤 의미를 주는지를 해석하고자 한다.

01 사회복지 역사연구의 분석틀

1) 사회변화와 복지에 대한 인식의 변화

서구사회의 사회복지발달과정을 보면 고대에는 상부상조의 활동, 중세사회는 자선사업으로 인식되어 왔다. 산업혁명 이후에는 인도주의사상에 입각한 사회공헌활동으로 인식하는 단계, 빈민에 대한 빈곤의 책임을 개인에게 돌리기보다는 사회에 돌리는 사회연대성의 인식으로 발전하고, 자선조직협회의 소셜워크 이후에는 생존권사상의 발전에 힘입어 인권사상으로 받아들여지고 있다.

사회복지의 발달과정에서 중요한 요소는 지배계층이 빈민을 어떻게 보느냐에 있다. 이러한 과정에서 나타난 빈민에 대한 통치자들의 인식은 다섯 가지로 요약된다(김상균 외, 2007: 197). 첫째, 빈민유지 시대로 빈민을 노동력의 원천으로 보는 시각이다. 둘째, 빈민억압의 시대로 빈민은 사회적으로 해로운 존재로 인식된다. 셋째, 빈민계몽의 시기로 이 시기는 계몽사상의 영향으로 빈민에 대한 억압은 인본주의에 어긋나고 사회적 비용도 많이 든다는 인식이 부각된다. 그에 따라 빈민은 계몽의 대상이 되었고 자립과 자조의식의 확산을 통해 빈곤의 완화가 가능하다고 보았다. 넷째, 빈민퇴치의 시대로 자본주의의 발달로 인한 생산량의 증가로 빈곤은 퇴치가능하며 사회복지제도를 통하여 퇴치가능하고 빈민은 없어져야 할 대상으로 인식된다. 다섯째, 빈민감축의 시기로 절대적 빈곤은 현저히 감소되었으나 상대적 빈곤의 퇴치는 불가능한 것으로 간주되어, 상대적 빈곤을 근본적으로 퇴치하기보다 완화시키려는 노력의 시기이다.

로만신(Romanshyn)은 이러한 사회복지의 발전과정을 다음과 같이 낙관적으로 바라보았다. ① 사회복지의 잔여적(보충적, 협의) 모형, 제도적(보편적, 광의) 모형으로 ② 자선에서 시민의 권리로(시민권 보장), ③ 특수성(요보호자)에서 보편적 성향으로(모든 국민 대상), ④ 최저조건(최소한의 것 – 의식주)에서 최적조건의 지급이나 서비스로, ⑤ 개인의 변화(사후적개입)에서 사회개혁으로(예방), ⑥ 민간자원(자발적, 민간, 개인책임)에서 공공자원으로(국가, 사회의 책임), ⑦ 빈민복지에서 복지사회의 구현으로 확대된다고 보았다.

2) 사회복지 역사연구의 분석틀

사회복지의 변천과정은 경제적, 사회구조적, 문화적, 이념적 요인 등 복합적인 요인들이 상호작용하여 이루어진다. 이들 가운데 자본주의적 생산양식의 변화, 산업화, 현대화, 정치적 민주주의의 확대 등은 외재적 요인들이며, 내재적 요인으로는 이념 및 원칙의 변화와 함께 급여방식, 대상자 범위, 재정의 원천과 책임과 같은 사회복지 내적인 요소의 변화들을 들 수 있다. 이러한 내재적 요인들은 사회복지대상자들의 인식과 태도, 이에 따른 정치적 상호작용과 같은 매개적 요인들의 개입을 거쳐 제도화된다.

표 4-1 사회복지발달의 결정요인

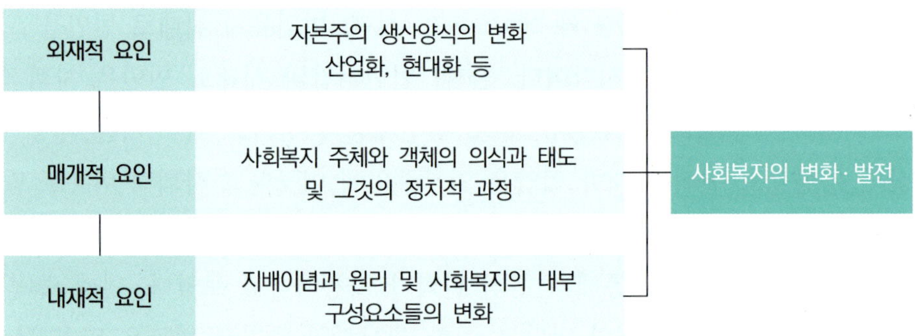

자료: 감정기 외(2002: 44); 김상균 외(2007: 200).

김상균 등(2007)은 이 모형을 바탕으로 서구 사회복지의 역사연구의 분석틀을 표 4-2와 같이 구성하였다. 이는 각국의 사회복지발전 과정을 개별 국가의 외재적, 내재적, 매개적 요인들에 의해 간략하게 설명하여 준다.

표 4-2 서양사회복지 역사연구의 분석틀

사회복지의 역사적 전개	사회복지의 형태 or 내용	사회복지의 역사적 전개 결정요인			
		외재적요인 (자본주의 변화)	내재적요인		매개적요인
			이념	원리	
1단계 (공동체생활)	민생구출	봉건주의	종교적 계명	군주개입	상부상조

2단계 (구빈법)	구빈법	초기 자본주의	중상주의	사회적 보호	소극적 저항
3단계 (자선조직협회)	공장법, 민간소셜워크 태동	산업 자본주의	자유방임주의	자조의 원리	자선조직활동
4단계 (사회보험)	사회보험태동	독점 자본주의	사회개량주의	사회보험의 원리	사회운동
5단계 (복지국가 발전과제편)	사회정책의 정비확대 (복지국가 성립기)	수정 자본주의	사회연대주의	국가개입의 원리	권리투쟁으로서 시민운동

자료: 김상균 외(2007: 201).

이러한 분석틀을 사용하여 김상균 등(2007)은 우리나라의 역사를 표 4-3과 같이 크게 다섯 가지로 나누어 설명한다.

표 4-3 우리나라 역사연구의 분석틀

사회복지의 역사적 전개	사회복지의 형태 or 내용	사회복지의 역사적 전개 결정요인			
		외재적 요인 (자본주의 변화)	내재적 요인		매개적 요인
			이념	원리	
1단계 (책기 단계)	민생구출	농경사회	인정	군주개입	상부상조
2단계 (일본식민주의 도구화 단계)	복지주권상실	일본식민주의	식민주의	사회적 통제	적극적 저항
3단계 (외국원조 의존 단계)	외국원조 복지사업, 민간소셜 워크태동	외국원조	절대적 빈곤해소	자조의 원리	자선활동
4단계 (사회복지제도 도입 단계)	사회보험태동	근대화, 산업화	사회보장	사회보험의 원리	사회운동
5단계 (복지국가 진입 단계)	국민기초 생활보장, 사회복지정책의 정비확대	세계화	사회연대주의	국가개입의 원리	권리투쟁으로서 시민운동

02 우리나라 사회복지의 역사

1) 조선시대 이전의 사회복지사

우리 역사는 고조선까지 거슬러 올라갈 때 5천 년의 역사이다. 그중 대부분을 차지하는 고조선, 삼국, 고려, 조선시대의 사회복지사를 몇 면으로 기술한다는 것은 어려운 일이다.

과거 사회복지는 다른 사회제도와 구분이 명확하지 않았기에 많은 사회제도는 '백성을 이롭게 한다'는 점에서 사회복지와 관련되지만, 동시에 다양한 기능을 갖기에 특정 제도를 '사회복지제도'라고 말하기에는 다소 무리가 따른다.

조선시대 이전의 사회복지사는 크게 공적 제도와 사적인 제도로 나누어 볼 수 있다. 공적인 제도는 춘궁기와 자연재해 등으로 인하여 백성이 궁핍하게 되는 것을 예방하려는 비황/창제도, 자연재해 등으로 어려움을 겪는 백성을 구하는 구황제도와 조세를 감면하는 견감제도, 가족의 보호를 받지 못해서 어려움에 처한 사궁을 비롯한 무의무탁한 사람들을 돕는 구휼제도, 전염병이나 가난한 백성의 질병을 치료하는 구료제도 등이 있다. 민간의 복지제도는 주로 사찰을 통한 복지활동, 계와 향약 등 민간조직을 통한 활동, 그리고 독지가에 의한 활인사업이 포함된다.

(1) 비황/창제도

고조선, 고구려/백제/신라, 고려, 조선 등 나라의 이름은 다르지만, 우리 역사는 거의 대부분이 농업이 중심이 되는 사회이다. 농업사회에서는 자기 땅에서 난 곡식을 잘 갈무리해서 생존을 유지하는 것이 소중한 일이다.

한반도는 사철이 뚜렷하기 때문에 가을에 추수한 곡식으로 초여름까지 살고, 여름에 거둔 곡식으로 초가을까지 살아야 한다. 그런데 제한된 토지에서 많은 인구가 살아왔던 우리나라는 가을에 추수한 곡식으로 긴 겨울을 나면 이른바 '보릿고개'라는 춘궁기에는 양식이 떨어진 가구들이 많았다. 특히, 수해, 한해, 냉해 등 자연재해로 흉년이 든 해의 겨울과 그 다음해의 춘궁기를 벗어나기는 매우 힘든 일이었다.

이에 국가는 춘궁기에 곡식을 대부하는 사업을 제도화시키고 이를 각종 창제로 발전시켰다. 그 대표적인 예가 고구려의 진대법, 고려의 흑창, 의창, 상평창 그리고 조선의 상평창, 의창 등이다(함세남 외, 1996: 483-541; 조흥식, 1986: 167-174).

국가가 춘궁기에 곡식을 체계적으로 대부한 역사적 기록은 고구려에서 찾을 수 있다. 고구려 고국천왕은 16년(서기 194년)에 재상 을파소의 건의에 따라 진대법을 제정하여 민생구휼에 힘을 기울였다. 이 법은 내외대열법이라고도 하여 춘궁기인 3~7월에 백성에게 관곡을 대여하되 가구의 다소에 따라 필요한 양을 무이자로 대여했다가 추수기인 10월에 환납케 하였다. 이는 춘궁기에 빈민을 구제하고 영농자본을 대여하여 백성의 생활을 안정시키고 관곡을 유용하게 활용하려는 취지에서 창안된 것이다.

고려시대에 창제는 더욱 발전하였는데, 대표적인 것은 흑창(黑倉)[1], 의창(義倉)[2], 상평창(常平倉)[3], 유비창(有備倉)[4] 등이다. 태조 왕건은 즉위 초기에 흑창을 만들었고, 중앙집권체제를 완성한 제6대 임금 성종은 흑창을 보강

---

1) 고려 태조 2년(919년) 8월에 빈민구제를 목적으로 설립되었으나 성종 5년(986년)에 의창으로 개칭되었다. 독자적인 진대기관으로 평상시에 관곡을 저장했다가 비상시에 빈궁한 백성에게 봄에 빌려주고 가을에 거두어들인 고구려의 진대법으로부터 영향을 받은 것이다.

2) 고려 성종 5년(986년)에 흑창의 규모를 넓혀 쌀 1만 석을 증축하고 이름을 의창이라 고치는 동시에 이 제도를 여러 주/부에도 펴고자(처음에는 수도지역에 두었던 듯함) 주/부의 관헌에게 명하여 해당 지역의 인구와 가구 수의 과다와 창곡의 수를 조사해 바치도록 하였다. 이러한 의창에는 미곡뿐만 아니라 소금 등 생활필수품도 저장하였다가 진휼하였다.

3) 한나라의 상평창 제도를 모방하여 고려 성종 12년(993년)에 양경(상경, 서경) 및 12목(양주, 광주, 황주, 해주, 충주, 청주, 공주, 전주, 나주, 승주, 상주, 진주)에 설치한 것으로 포 32만 필로 쌀 6만 4천 석을 바꾸어 5천 석은 상경의 경시서에 저축하여 대부시와 사헌부로 하여금 시기를 보아 조적(곡식의 매매)하게 하고 나머지 5만 9천 석을 서경 및 주/군에 있는 창 15개소에 나누어 보관하며, 서경의 것은 분사(分司)의 사헌대에 맡기고 주/군에 있는 것을 각각 지방관으로 하여금 관리케 하여 빈궁한 자를 구제하게 하였다. 상평창은 곡식의 매매를 통한 물가조절 기능과 가난한 자에 대한 구분 등 두 가지 기능을 함께 가졌으나 후기로 내려갈수록 물가조절기능만 남은 것으로 보인다.

4) 고려 충선왕 2년(1310년)에 설치된 기관으로서 재난으로 빈민이 발생하거나 물가가 폭등하였을 때를 대비하기 위하여 설치된 창고로서 동서대비원을 비롯한 다른 구빈기관에도 미곡을 공급하던 의창과 상평창의 복합적 기능을 가진 구빈기관이었다.

하여 의창으로 개칭하고, 곡물의 매매로 물가조절기능을 갖춘 상평창을 양경과 12목에 설치하였다. 그러나 고려는 후기로 갈수록 몽고의 침략으로 백성의 어려움이 커졌지만, 정부의 힘이 백성에게 고루 미치지 못했다. 충선왕은 의창과 상평창의 기능을 복합적으로 갖는 유비창을 설치하기도 하였지만, 건국 초기와 같은 역할을 수행하지는 못한 것으로 보인다.

조선시대의 창은 전체적으로 고려의 창제를 답습하여 상평창과 의창이 대표적이었고, 사창(社倉)이 발달했다는 것이 특징이다. 조선시대 상평창은 진휼과 같은 구호적인 의미는 줄어들고 일반 백성에게 춘궁기에 곡식을 대여하고 가을에 거두는 이식을 위한 제도로 탈바꿈했다. 조선의 의창은 저장된 곡물의 반은 거치하고 나머지 반은 민간에 대부하여 다음 추수기에 환곡케 하였다. 그러나 이러한 창제도는 지방관에 의해서 악용되기도 했다. 즉, 지방행정에 필요한 경비를 충당하기 위하여 풍년과 흉년을 불문하고 강제로 곡물을 대부하여 그 이자를 물리거나, 심지어 이자를 너무 많이 물려서 민란의 원인이 되기도 하였다.

창의 원래 목적은 백성의 구제만을 위한 것이 아니라 전시에 군량을 확보하고, 당시의 중심재화가 양곡이었던 만큼 부족공동체나 왕가의 재력을 비축하는 시설로 창제도가 널리 활용되었다. 고려시대에는 창의 물가조절기능이 강조되었고, 수도뿐만 아니라 지방관청에까지 설치해서 백성의 안정된 생활에 관심을 가졌다. 조선시대에는 공적인 창뿐만 아니라 주민이 자주적으로 운영하는 사창이 만들어지기도 했다. 이처럼 창은 춘궁기와 흉년에 대비하는 비황제도일 뿐만 아니라, 물가조절 기능, 군량미의 비축, 지방재정의 수입원, 왕궁/사찰/지주의 재력의 비축, 그리고 구휼기관 등 다목적용으로 활용되었다.

오늘날도 정부가 추수기에 공판을 통해서 벼를 수매하고, 이를 비축하였다가 연중 일정한 가격으로 판매하고, 군량미로도 사용하는 이른바 '정부미'는 오랜 전통을 가진 창제도와 관련되어 있다.

(2) 구황/견감제도

춘궁기에 대비한 창제도가 비황제도라면 수해와 한해와 같은 자연재해를 대비한 대책은 구황제도이다. 농업이 중심이 된 사회에서 백성이 매년 겪는 일은 춘궁기를 넘기는 일이지만, 그보다 훨씬 힘든 일은 홍수, 가뭄, 기근, 바람, 우박, 지진과 같은 자연재해와 전란과 같은 인위적인 급변이다.

창은 춘궁기에 곡식을 빌려줄 뿐만 아니라, 재해구제를 위해서 곡식을 방출하기도 하였다. 그런데 구황이 비황과 다른 점은 정부가 비축하고 있는 관곡을 재해를 당한 백성에게 무료로 배급한다는 점에서 곡식을 빌려주는 진대와 차이가 있다. 고구려, 백제, 신라 등은 자연재해를 맞을 때 관곡을 진급(賑給)하였다는 역사적 기록이 많다.

또한, 자연재난을 당할 경우에는 토지에 대한 세금, 군역, 부역, 형벌 등을 광범위하게 면제하거나 감면하였다. 이렇게 조세를 감면하는 제도는 그 종류가 여러 가지이다. 즉, 고려시대에는 국가에 좋은 일이 있을 때 은면지제[5], 천재지변에는 재면지제[6], 그리고 수재와 한해 등이 있을 때는 수한질여진대지제[7]를 실시하였다. 나아가 재난을 구휼하는 데 필요한 재원을 적극적으로 조성하기 위하여 금품을 기부하는 사람에게 벼슬을 주는 납속보관지제[8]를 실시하기도 하였다.

그러나 홍수와 가뭄과 같은 자연재난을 정부가 비축한 곡물을 대여하거나 세금/혹은 진대를 견감하는 것만으로는 해결할 수 없었다. 특히, 재해가 2~3년씩 겹치거나 전란이 수년 동안 계속되는 경우에는 곡물이 아닌 다른 대용물로 끼니를 잇도록 하는 방법을 적극적으로 권장하였다.

---

5) 개국, 즉위, 제제, 순행, 불사, 경사, 난후, 기타 적당한 시기에 왕이 베푸는 은전이다. 삼국시대에도 가끔 실시되었던 것으로 고려 태조는 3년간의 전조를 면제하여 백성들이 농상에 열중하게 하였고, 경종은 즉위하여 결체를 탕감하여 부역자에게 조포를 감하였다.

6) 천재지변 또는 전쟁과 질병 등으로 인한 이재민 등의 조세, 부역 및 형벌 등을 전부 혹은 일부 감면하여 주는 것이다. 성종이 재면법을 제정하고 목종 9년에 흉년이 들어 백성들이 굶주리게 됨으로 과거로부터 5년간 공부미납자를 전부 면제하고 또 이들을 구제하였다.

7) 수재와 한해 등으로 인한 이재민에게 각종 물품과 의료, 주택 등을 급여하는 사업이다. 이 사업은 고려 역대의 진대사업 중에서 그 실시의 빈도와 범위가 가장 많고 광범위한 것이었으며, 국가재정도 가장 많이 소비되었다.

8) 원나라 제도를 모방하여 충렬왕 원년(1275년)에 국가재정의 부족을 보충하기 위하여 일정한 금품을 납입한 자에게 관직을 주었던 것으로 구휼과 무관한 것이었으나, 충목왕 4년(1348년)에 이 제도를 모방하여 흉년, 재해 시에 백성을 구휼하기 위한 재원조달의 한 방편으로 이용하였다.

조선시대에 기민의 구제사업을 관장했던 구황청이나 이후 그 이름이 진휼청, 선혜청 등으로 바뀐 구황기관9)이 한 주요 업무 중에는 솔잎, 느릅나무 껍질, 삼 등을 이용하여 먹을거리를 만드는 법, 술을 빚고 장을 만드는 법 등을 가르치는 일이 포함되었다(함세남 외, 1996: 538).

자연재해를 당하게 되면 구황기관의 노력에도 불구하고 수많은 백성들이 먹을거리를 찾아서 유랑걸식을 하게 되어, 국가와 민간이 합동으로 시식(施食)을 하는 경우가 많았다. 시식이란 흉년 또는 재난 시에 사원 또는 기타 적당한 곳에 취사장과 식탁을 설치하여 기민 또는 행걸인에게 식사를 제공한 것이다. 고려 때는 주로 사찰에서 시식을 실시하였고, 조선시대에는 한성부의 홍제원과 보제원 등에서 실농한 굶주린 백성에게 시식소를 열었고, 지방에도 시식소를 설치하였다는 기록이 있다.

이처럼, 홍수와 가뭄과 같은 자연재해를 당한 백성에게 국가가 무료로 곡식을 주고, 빌려준 곡식과 그 이자를 면제해 주며, 세금을 견감하는 것은 백성을 살려서 나라를 보전하려는 데 있다. 어떤 사회에서나 백성의 수는 국력과 밀접히 관계되고, 그 백성의 충성은 나라의 흥망을 좌우한다. 따라서 자연재해를 당하여 생존의 위험을 받고 있는 백성들에게 곡식을 풀고, 세금과 부역 등을 감면함으로써 백성이 살아갈 길을 찾도록 돕는 것이다. 유랑걸식을 하는 사람이 많다는 것은 그 사회의 불안정성을 나타내기에 국가는 적극적으로 시식을 실시하였고, 사찰과 지주도 협력하였다. 백성이 땅에 정착하지 않을 때 가장 아쉬운 사람은 농사철에 일꾼을 구할 수 없는 지주이기 때문이다.

---

9) 구황기관의 주요업무 내용은 (1) 굶주려 죽게 된 사람을 구제하는 구활법(求活法), (2) 굶주리고 종기 난 사람을 치료하는 치료법(治療法), (3) 솔잎을 뜯어먹는 방법을 방지하는 취송엽말법(取松葉末法), (4) 느릅나무 껍질과 즙을 내어 먹는 것을 방지하는 취유피즙법(取楡皮汁法), (5) 솔잎으로 죽을 쑤어 먹는 것을 가르치는 작송엽죽법(作松葉粥法), (6) 느릅나무 껍질로 범벅을 만들어 먹는 작유피병법(作楡皮餠法), (7) 벼이삭을 달여서 누룩을 넣어 만든 천금주법(千金酒法), (8) 나뭇잎과 껍질 가루에 쌀가루를 섞어 만든 음식을 제조하는 작구법, (9) 간장, 된장, 고추장 등을 만드는 작장법(作醬法), (10) 쌀과 삼을 혼합하여 음식물을 만드는 작삼법 등을 보급/장려하였으며, 그 제조방법까지 가르쳤다.

(3) 환과고독 구휼제도

어느 시대 어느 나라나 지배층은 가장 어렵게 사는 사람들에게 은혜를 베풂으로써 민심을 얻고자 하였다. 고구려, 백제, 신라 등 고대국가들은 왕이 어려운 백성의 일상을 살피고, 그들의 아픔을 자신의 아픔으로 여겼으며, 어진 정치를 했다는 기록들이 많이 남아 있다.

삼국사기에 보면 신라 제3대 유리왕 5년에 국왕이 국내를 순례하다가 한 노파가 기근에 못 이겨 거의 죽어 가는 것을 발견하여 탄식하여 말하기를 “내가 작은 몸으로 왕위에 앉아 능히 백성을 기르지 못하고, 노유(老幼)로 하여금 이런 지경에 이르게 하니 이는 곧 나의 죄라.” 하여 친히 옷을 벗어 그를 덮어 주고 음식을 권하여 먹인 후 관리에게 명하여 곳곳마다 홀아비(鰥), 홀어미(寡), 고아(孤), 아들 없는 이(獨), 늙은이(老), 병든 이(病)로서 자활할 수 없는 자를 위문하여 식료품을 주어 부양케 하였더니 이에 이웃 나라 사람들이 소문을 듣고 오는 자가 많았다. 이 해에 민속이 즐겁고 편안하매 왕이 처음으로 도솔가를 지으니 이것이 가락의 시초가 되었다고 한다(함세남 외, 1996: 491).

위의 기록에서 볼 수 있는 ‘환과고독노병’은 어느 사회에서나 가장 어렵게 사는 사람들을 대표했고, 우리 전통사회에서는 흔히 환과고독을 사궁(四窮)이라고 하여 가장 어렵게 사는 사람들의 대명사처럼 사용했다. 모든 백성을 잠재적 수혜자로 생각한 복지제도가 진대 혹은 창제이고, 자연재해의 피해자를 수혜자로 본 것이 진급 혹은 구황제도라면, 환과고독은 가족의 보호를 받기 가장 어려운 사람이므로 상시적인 요보호대상자이다.

따라서 환과고독의 무의무탁한 빈민을 구제하는 사궁진휼(四窮賑恤)은 삼국시대 이래로 여러 군주들이 본보기로 친히 방문하여 의류, 곡물 및 관재 등을 급여하고 구제하였다. 그 결과 이들에 대한 보호가 일종의 관부의 의무처럼 되었다. 이들은 방치되면 당장 생존이 위험할 뿐만 아니라, 고아들은 인신매매, 유괴 등의 대상이 되어 노비로 전락될 수 있으므로 관심의 대상이 되었다. 특히, 고려시대에 빈번한 흉년, 재해 및 전란 등으로 인하여 이산된 기아, 걸식아 및 빈민들이 많고, 국가의 힘이 미치지 못하여 여러 사원 등에서 수용 보호되어 승려가 되기도 하고 사원의 노역자가 되기도 하였다.

환과고독 중에서도 노동력이 아직 없는 고아와 이미 상실된 독거노인은 더욱 큰 관심의 대상이 되었다. 나라의 힘이 융성하고 왕정이 비교적 안정된 시기에는 이들에 대한 보호대책을 강화시켜서, 혼자 살아가기 어려운 고아와 독거노인의 경우 시설보호를 하거나 주변사람이 돌도록 별도의 시책을 개발하기도 하였다. 그 대표적인 사례를 몇 가지 예시하면 다음과 같다.

고려 성종 10년(991년)에는 부모나 친족이 없는 아동은 관에서 양곡을 주어 구호하고 중질환자 또는 폐질환자들은 시설보호되었다. 성종 13년(994년)에는 왕명으로 부양할 부모나 친족이 없는 어린 고아는 10세까지 관에서 수용·양육하고, 10세가 지나면 본인의 희망에 따라 거주케 하였다. 또한, 충목왕 3년(1347년)에는 주로 젖먹이와 같은 어린아이를 보호 양육하는 일을 맡아보는 기관으로 해아도감(孩兒都監)[10]을 설치하였다(함세남 외, 1996: 501).

충렬왕 34년(1308년)에 왕명으로 부양할 자가 없는 70세 이상 노인의 자손이 범죄로 형벌을 받아야 할 때는 그 자손의 벌을 일시 중지 또는 면제하여 노친을 부양케 하고, 또 80세 이상의 중병, 폐질로 자활할 수 없는 노인의 경우에는 그 친소를 불구하고 노인이 희망하는 자를 면형 또는 감벌하여 노인을 보호하게 하였다. 그러나 이들 노인을 보호할 자가 전혀 없을 경우에는 동서대비원에 수용, 보호하였다. 충숙왕 12년(1325년)에 하교하여 90세 이상의 노인에게는 양곡을 관에서 급여하고, 70세 이상의 노인에게는 시종할 사람을 1명 공급하는 동시에 조용조 등의 세금을 면제하고, 사궁으로 병들고 자활할 수 없는 자에게는 진휼하였다.

사궁에 대한 보호대책은 조선시대에도 계속되었는데, 정조 7년(1783년)에는 유기아와 행걸아 등에 대한 법인 '자휼전칙'을 제정하였다. 이 자휼전칙은 기아와 걸식으로 굶어죽는 어린이들이 많았으므로, 정조가 특별히 윤음(綸音)을 내려 사목(事目)을 정하고 혜휼(惠恤)의 길을 열어 그 시행방법을 규

---

10) 고려 충목왕 3년(1347년)에 설치된 구빈기관으로 주로 젖먹이와 같은 어린 아이를 보호 양육하는 일을 맡아보던 기관으로 최초의 관설 영아원으로 생각된다. 고려전기에는 동서대비원, 제위보 등의 기관에서도 고아를 보호 양육하였으나 후기에 이러한 기관들의 운영이 유명무실해지면서 고아를 돌보기 위하여 따로 이것이 설치된 것 같다.

정하게 하였다. 혜휼의 방법으로는 9조의 절목을 나열하였는데, 국한문으로 인쇄하여 서울을 비롯한 전국에 반포하여 시행토록 하였다. 9조의 주요 내용은 나이와 구제기간, 행걸아 구제의 친족책임의 원칙, 행걸아 구제방법, 유기아 발견과 보고절차, 유기아 구휼을 위한 젖어미제도, 행걸아 유기아 입양과 추거(본래 연고자가 찾아가는 것), 죽/젖먹이는 절차와 사후감독, 의복과 의료, 지방에서의 절차와 재정 등이다.

자휼전칙은 요보호아동을 국가가 보호할 때, 그 우선순위를 친족부양, 무친족자의 관부유양(官府留養), 민간 임의수양으로 하는 등, 이후 우리나라 수용보호정책의 근간이 되었다.

환과고독과 같은 사궁에 대한 구제대책은 상시적으로 시행된 것으로 보인다. 사궁에 대한 관심은 오늘날 국민기초생활보장제도의 주된 수급자가 독거노인(獨), 18세 미만의 아동(孤), 그리고 편모(寡)/편부(鰥)가족이라는 사실과 맥을 같이 하고 있다. 또한, 고려시대에도 젖먹이와 어린 아동은 관에서 일정기간 동안 유양을 하거나 민간수양을 하였는데, 젖먹이에 대한 유양은 최초의 아동복지시설이라고 할 수 있다. 현존하는 사회복지시설 중에서도 가장 역사가 오래되고 많은 것이 아동복지시설이라는 사실과 이러한 역사적 배경은 상관성이 높다.

(4) 구료/의료제도

사궁과 함께 가장 어렵게 사는 사람들 중 대표적인 사람이 환자와 장애인이다. 특히 아파도 치료비를 낼 수 없는 환자, 돌림병에 걸려서 가족조차 치료하기 어려운 환자, 행려병자와 같이 유랑걸식하는 환자와 장애인의 경우 국가에서 무료로 치료하지 않으면 그들의 생명과 안전은 방치될 것이다.

중환자와 폐질자에 대한 구제는 삼국시대 이래로 여러 군주가 기회 있을 때마다 실시하여 왔다. 고려시대에는 이들에 대한 의료보호를 중시하여 문종 때 동서대비원을 양경도에 설립하고, 예종 때에는 혜민국을 설치하여 환자들에 대한 시약 및 구호를 제공했다. 기록에 따르면, 성종 10년(991년) 10월에 왕이 서도를 순찰하며 중폐질자에게 약을 주어 구호하고, 정종 2년(1036년)에는 동서대비원을 수리하여 질병자를 수용하여 치료 보호하였다고 한다.

고려시대의 대표적인 구료/의료기관은 동서대비원(東西大悲院)[11]뿐만 아니라, 제위보(濟危寶)[12], 혜민국(惠民局)[13] 등이 있었다(함세남 외, 1996: 496-500).

조선시대의 의료보호사업의 특징은 의료보호 그 자체보다 의료기관과 의료원의 증설, 의약품의 개발과 제도화, 의술의 개발과 의학서의 저술활동 등을 장려하였다. 태조 원년(1392년)에는 궁내 의료를 담당하는 전의감과 일반 백성의 의료기관인 혜민서와 동서대비원 등을 설치하였다. 태조 6년에는 제생원이 별도로 설치되어 의방의 조사와 수집, 의학서적 간행, 약물의 조사와 채집, 의녀 양성 등에 주력하였다. 세종 17년(1435년)에는 도성 내의 병든 노비와 성 밖의 병든 행걸인을 모두 활인원에 송치하여 구제케 하였다.

또한, 조선시대에는 재해와 기역(饑疫)이 발생할 때는 각 해당 지역에 중앙으로부터 재상어사, 구황어사, 진휼사 또는 구급경차관 등을 파견하여 그 실상을 조사하고 구료 등의 활동을 하게 하였다.

(5) 민간의 복지활동

삼국, 고려, 조선시대에 걸쳐 여러 국가는 비황/창제, 구황/견감, 환과고독 구휼, 구료/의료 등을 광범위하게 실시하였지만, 그 영향력이 수도나 지방관서가 있는 곳에 집중되었을 것이다. 따라서 전국 각지에서 살고 있는 일반 백성들은 계, 두레, 품앗이, 향약 등 자생적인 상호부조 방식으로 어려움을 극복하거나, 사찰 등의 도움으로 재난을 이겨내야 했다.

특히, 고려시대에 불교는 국교로서 사회에 큰 영향을 주었고 구휼사업에도 기여하였다. 당시 사원은 경제적으로 많은 토지와 노비를 소유하게 됨

---

11) 동서대비원은 주로 환자의 치료와 빈민구제를 담당하였는데 기한자, 노인, 고아, 환과고독 등도 수용하여 진휼하였으며 빈민에게 음식을 제공하는 등 현대의 병원과 생활형 복지시설을 겸한 구료기관이었다.

12) 광종 14년(953년)에 처음 설치된 것으로 빈민, 행려의 구호와 치료를 맡아보던 기관이다. 제위보의 기능으로 보아 의관이 전속되어 있었을 것 같으며 여기서는 죄를 지은 여인으로 하여금 죄의 대가로 종역을 시키기도 하였다.

13) 예종 7년(1112년)에 설치된 기관으로서 천재지변이나 기근, 전염병 등 재해를 당하는 빈민을 치료해 주고 약품을 지급하는 국립 구료기관이었다.

으로써 사회경제의 바탕이 되었다. 사원에서는 풍부한 토지와 재산을 이용하여 불교의 기본적인 사상인 자선을 행하는 자비심과 복을 만든다는 복전(福田) 사상에 바탕을 두고, 빈곤한 백성이나 행려자에게 시식, 구료 등의 진휼을 실시하였다.

실례로 현종 7년(1016년)에 직산현 갈림길 요충지대에 홍경사를 창건하여 교통로의 역할을 담당하게 하였으며, 도적을 방지하고, 사원 서쪽에 객관을 세워 미곡을 저장하였다가 긴급 시에 이것으로 진휼을 실시하였다. 예천 용문사에서는 그 재산을 이용하여 겨울에 콩국, 국을 행인에게 나눠주기도 하였다.

또한, 상호부조를 목적으로 한 계나 두레 등의 자발적인 활동을 통해 일정한 테두리 내에서 백성 상호 간에 구빈을 한 경우도 많았다. 특히 비상시나 재해 때에 빈곤한 백성들에게 국가의 구빈활동만으로는 충분히 진휼을 하지 못하는 경우에는 독지가의 영향력도 매우 컸다. 활인에 뜻을 가지고 있었던 민간인들의 활동은 국가의 구제활동이 충분하지 못한 고려후기에 많이 등장한 것으로 보인다.

그 예를 고려사에서 살펴보면, 활인사업은 크게 두 가지가 있다. 하나는 굶주린 백성을 구휼하는 것으로, 당해 지역의 빈민들을 일시적으로 상황에 따라 구휼하였다. 다른 하나는 의술과 약품으로 활인사업을 한 경우로 평생토록 지속적으로 구료사업을 행할 수 있었다.

민간의 자발적인 상호부조는 조선시대에 보다 체계적으로 제도화되었는데, 그 대표적인 것이 계(契)[14]와 향약(鄕約)이다. 계는 가장 광범위하게 형성된 상호부조였다. 계는 이식 기능만 있는 것이 아니라 회의, 친목, 노동

---

14) 계는 그 역사가 오래된 관계로 시대와 계의 종류에 따라 그 조직내용과 운영방법을 서로 달리 하고 있으나, 조선시대 이후 오늘에 이르기까지 주요 골격을 이루어 온 내용을 보면 다음과 같다. (1) 계의 조직은 자유였으며 혹 지배계급의 간섭을 받는 경우도 있었으나 그것은 극히 예외적인 일이었다. (2) 계원의 가입과 탈퇴는 자유였으며 다만 부락을 단위로 하는 동리계와 같은 경우에는 주민에 대하여 가입을 강요하여 왔다. (3) 계의 출자는 언약으로써 정하며 계원의 출자액은 균일함을 원칙으로 하고 출자의 종류는 현금, 곡물, 토지 등 여러 가지가 있다. (4) 계에는 계장과 그 밖의 필요한 임원을 두되 계원 중에서 이를 선출하며 계의 임원은 무보수로 계업무를 관장하여 왔다. (5) 계는 보통 연 1회 이상 총회를 열어 계무 및 재산상황을 보고함과 아울러 필요한 사항을 처리하되 특히 중요한 것은 계원 중 원로격이 되는 사람에게 자문하여 이를 처리하는 경우가 많았다(태극출판사, 1981: 388).

경합, 조합, 종교적 의례와 같은 복합적인 기능을 목적으로 하여 지역 주민들 간의 조직이다. 계의 조직은 역사가 매우 깊을 뿐만 아니라 오늘날까지도 가장 강력한 자생조직이고, 그 운영방식이 상호부조 양식에 영향력을 미치고 있다.

계가 경제적 이해관계와 친목을 도모하는 자생적인 주민조직이라면, 향약은 조선중기 이후 유림을 중심으로 한 도덕적 결사체의 성격이 강했다. 향약은 중국 송대의 유학자 주자가 전해 내려오던 여씨향약을 참고로 하여 만든 증손여씨향약의 기본구조를 당시의 사회실정에 맞게 재편성하여 주민에게 유교의 가르침을 생활화시켜 사회기강을 바로잡자는 것이었다. 향약의 4대 강목은 좋은 일을 서로 권하는 덕업상권(德業相勸), 잘못을 서로 규제하는 과실상규(過失相規), 예로서 서로 사귀는 예속상교(禮俗相交), 그리고 어려운 일을 당하면 서로 돕는 환난상휼(患難相恤)인데, 앞의 세 가지가 도덕적 덕목이라면 환난상휼은 적극적인 상호부조를 담고 있다. 특히, 환난상휼의 내용은 수화(水火, 수재와 화재), 도적(盜賊), 질병(疾病), 사상(死喪), 고약(孤弱), 무왕(誣枉), 빈걸(貧乞)이란 일곱 가지 사고를 당할 때, 구성원들이 어떻게 도울 것인가를 상세히 규정하고 있다.

오늘날 우리 사회의 각종 협회와 조합의 운영방식은 계의 전통을 따르는 경우가 많고, 현대 사회복지의 핵심인 사회보험이 노령/사망, 질병, 실업, 산업재해 등 사회적 사고에 대해서 보험방식으로 대처하는 것이라면, 향약은 당시의 사회적 사고인 사망, 질병, 수재/화재, 빈곤 등에 대해서 매우 체계적으로 대응한 상호부조라고 볼 수 있다.

2) 한국의 현대 사회복지사

한국의 현대 사회복지사를 정리한다는 것은 시대구분을 어떻게 하고, 각 시기의 특징을 어떻게 볼 것인가에서 논쟁이 될 수 있다. 사회복지의 역사를 다룬 많은 책들은 현대 사회복지사를 간략히 다루거나, 시대구분을 한 이유에 대해서 설명하지 않고 주로 대통령의 재임기간을 기준으로 나눈 경우가 많았다.

구종회(1996)는 한국의 사회복지 발달사를 크게 일제의 식민정책과 미군정의 복지시책, 현대 사회사업과 사회복지로 나누었다. 그리고 후자를 1950년대(제1, 2공화국), 1960년대(5.16군사혁명과 제3공화국), 1970년대(제4공화국), 1980년대(제5, 6공화국), 1990년대(제6, 7공화국)로 세분하였다.

김기태 등(1999)은 한국 사회복지의 역사를 5단계로 나누었다. 즉, 사회복지의 전사(前史)(1945년 이전), 사회복지제도의 도입기(1945~1961년), 사회복지제도의 확립기(1962~1987년), 사회복지제도의 확대기(1988~1997년), 경제위기기(1998년~현재) 등이다. 이들은 사회복지제도의 발달과정을 전사, 도입, 확립, 확대, 위기 등으로 파악했다는 점에서 진일보한 것이지만, 대통령의 재임시기로 시대구분을 한 것은 같은 행정부 내에서도 정책의 변동이 있다는 점에서 논쟁이 될 수 있다.

장인협 등(1999)은 한국 사회복지의 역사를 산업화와 연계시켜서 크게, 산업화 이전(1945~1950년대), 산업화 시기(1960~1970년대), 산업화 이후(1980~1990년대)로 분류하였다. 이 분류는 사회복지계의 내적인 변화보다는 산업화란 외적에 변화에 더 강조점을 둔 것이라고 볼 수 있다.

앞에서 살펴본 여러 학자들의 견해는 나름대로 의미가 있지만, 사회복지의 역사는 10년 단위로 파악할 수 있는 연대기가 아니고, 보수정권과 혁신정권 간의 정권교체의 경험이 없는 상황에서 대통령 재임시기로 구분하는 것은 설득력이 약하다. 오히려 사회복지의 핵심적인 공공부조, 사회보험, 사회복지서비스의 내용이 어떻게 바뀌었느냐를 기준으로 구분하는 것이 바람직하다. 이러한 변화를 가장 분명하게 나타내는 사회복지법령의 제정, 개정, 그리고 시행을 기준으로 분류하면, 시설보호의 제도화와 공공부조의 시도 시기(1960년 전), 공공부조의 체계화와 사회보험의 시도 시기(1960~1976년), 사회보험의 보편화와 재가복지의 정착 시기(1977년 이후)로 나눌 수 있을 것이다.

(1) 시설보호의 제도화와 공공부조의 시도

한국의 근현대 사회복지의 역사는 시설보호로부터 시작된다. 전통 사회에서 가장 도움을 필요로 한 환과고독 중에서도 부모 없는 고아와 자녀 없는 독거노인을 시설에서 보호하는 일은 사회사업이란 이름으로 시작되었다.

이러한 시설보호는 조선 말부터 시도되었고 일제하에서 소규모로 시행되었지만, 8.15해방과 6.25전쟁을 통해서 폭발적으로 늘어났다. 고아와 기아 등을 위한 육아시설, 감화원과 양로원 등의 시설은 8.15해방 후에서 1948년 3월 말까지 총시설 수는 47개에서 127개로 증대하고 그 수용인원도 2,228명에서 7,832명으로 3배 이상으로 급증하였다(구종회, 1996: 558).

6.25전쟁으로 피난민이 급격히 늘어나자 정부의 복지정책은 피난민을 위한 수용소 또는 급식소를 설치하는 일이었다. 1950~1951년간 일시에 생긴 이재민은 1,000만여 명에 달했다. 1.4후퇴로 남하하는 피난민이 부산에 집중되자 정부는 이들을 위하여 부산 각처에 피난민 수용소를 설치하여 수용하는 한편, 피난민의 일부는 거제도에 이송하여 집단수용하였다. 보사부는 이들을 구호하기 위하여 거제도에 보사부 분실을 설치하여 지방 관계관을 지도·감독하였다. 당시 거제도는 원주민이 6만 명이었으나 이송된 피난민이 최고 20만 명까지 집단수용되어 피난민의 땅이 되기도 하였다.

요구호자는 막대한 수에 달했지만 구호에 소요되는 자금과 물자는 크게 부족하였으므로 정부로서는 재해로 인한 응급구호에 치중할 수밖에 없었다. 특히, 아동, 노인, 임산부 및 유아를 거느린 부녀 등을 우선적으로 구호하였다.

그러나 전세가 호전되고 휴전협정이 성립된 후에는 종래의 구호방침을 변경하여, 난민정착사업, 주택사업, 조선구호령에 의한 공적 부조사업, 전재지변에 대한 일시적인 응급구호사업 등에 주력하였다.

이 시기 시설보호와 공공부조사업이 이루어질 수 있었던 것은 거의 전적으로 유엔구호계획에 의한 구호물품과 세계 여러 나라로부터 보내온 기증금품과 외국 민간구호물자 등이었다. 특히, 피난민을 구호하기 위하여 활동했던 외국민간원조단체가 도입한 양곡, 식량품, 의류, 의약품, 연료, 건축자재 등은 피난민의 정착에 크게 기여하였다. 6.25를 계기로 한국에 들어온 외국의 민간원조단체들은 서로 정보를 교환하고 사업계획을 통일하며, 협력체제를 통하여 사업을 원활히 추진할 목적으로 1952년 3월에 7개 기관이 모여 KAVA(민간원조단체협의회)를 발족하였다. 이 협의회의 회원기관은 1954년에 33기관으로 증가하였고, 전후 구호사업에서 핵심적인 기능을 수행하였다. 이들이 수행한 사회사업실천은 이후 전문 사회복지사업에 큰 영향을 주었다.

전쟁고아를 긴급구호하기 위해서 외국의 원조에 의존한 이 시기의 사회복지 역사는 향후 한국의 사회복지를 시설보호와 공공부조에 한정시키는 경향이 있었다. 이 시기에 피난민을 긴급구제하기 위해서 복지행정을 담당하는 정부의 행정부서가 체계화되었고, 1947년부터 전문 사회사업이 대학교육으로 도입되었지만, 국가의 복지정책은 응급구호사업과 시설보호를 크게 벗어나지 못했다.

표 4-4 시설보호의 제도화와 공공부조의 시도 시기의 입법 현황

분야	주요 입법	연도	비고
사회보장일반	없음		
공공부조	조선구호령	1944	
사회보험	없음		
사회복지서비스	후생국보 3호	1946	

자료: 나직균 외(2011: 83).

(2) 공공부조의 체계화와 사회보험의 시도

한국 사회복지의 역사에서 1960년대와 1970대는 공공부조가 체계화되고 초보적인 수준이지만 사회보험이 시도되었다는 점에서 그 특징을 찾을 수 있다. 특히, 4.19혁명을 통해서 국민의 권리의식이 크게 향상되었고, 5.16 군사쿠데타로 정권을 잡은 새로운 정치세력이 '보릿고개'로 불리는 절대빈곤을 퇴치하고 전후 사회문제를 해결하면서 민심을 얻고자 하였다.

정부는 공공부조에 관한 법을 여러 가지 제정하였는데, 생활보호법(1961년), 군사원호보상법(1961년), 국가유공자와 월남귀순용사 특별보호법(1961년), 재해구호법(1962년), 자활지도사업에 관한 임시조치법(1968년) 등이 그것이다.

그중 생활보호법은 그 적용대상과 급여내용 등에서 일제하의 조선구호령(1944년)과 미군정청의 후생국보 3C호(1946년)를 이어받은 것으로 공공부조의 기초가 된 법이다. 조선구호령은 제2차 세계대전이 끝날 무렵에 식민지 주민을 총동원하기 위해서 만들어져서 거의 시행되지 않았지만 생활보호법의 근간이 되었다는 점에서 의의를 찾을 수 있다. 생활보호법은 1987년 경제위기로 한시적 생활보호가 시행되기 전까지 서양의 빈민법과 같이 '18세 이상 65세 미만'의 노동능력 연령층에 대한 생계보호를 철저히 외면하였다. 국민기초생활보장법(1999년)이 제정되어 생계급여가 전 인구층으로 확대될 때까지 이 법은 40여 년 동안 한국의 공공부조의 근간이 되었다.

또한, 1962년부터 경제개발5개년계획의 시행을 계기로 산업화와 도시화가 본격적으로 진행되면서 산업재해, 실업, 질병, 은퇴 후 빈곤 등 산업사회형 사회문제가 늘어났다. 이에 대한 대책으로 정부는 공무원연금법(1960년), 선원보험법(1962년), 군인연금법(1963년), 산업재해보상보험법(1963년), 의료보험법(1963년) 등 사회보험법을 제정하였다. 그러나 제정 직후 시행된 법 중에서 공무원연금법과 군인연금법은 국가가 사용자인 공무원/군인에게 퇴직금을 '연금의 형식'으로 지급한 것이고, 참된 의미에서 사회보험은 산업재해보상보험의 시행과 그 적용대상자의 확대과정이라고 볼 수 있다.

이 시기에 사회보장의 기본이 되는 사회보장에 관한 법률(1963년)이 제정되었고, 시행되지는 않았지만 의료보험법(1963년)과 국민복지연금법(1973년)이 제정된 것은 사회보험 시대를 열기 위한 준비를 했다는 점에서 의의를 찾을 수 있다. 산업사회의 사회문제가 본격적으로 대두되기 전인 1960년대 초에 사회보장 관련 입법이 제정될 수 있었던 것은 1962년에 보건복지부장관의 자문기관으로 설립된 사회보장제도심의위원회[15)]의 역할이 컸다. 이 위원회는 민관합동위원회로 8명의 연구위원을 위촉하여 우리 역사상 처음으로 선진국의 사회보장제도의 연구, 기존 제도에 대한 적합성의 검토, 그리고 새로운 제도 도입을 위한 건의 등을 체계적으로 하였다.

15) 사회보장심의위원회는 사회보장에 관한 주요시책을 심의하기 위하여 국무총리 소속으로 사회보장심의위원회를 둔다. 구성에는 위원장(국무총리) 1인과 부위원장(기획재정부장관, 보건복지부장관) 2인을 포함하여 위원 30인 이내로 구성되며, 임기는 2년이다.

표 4-5 조선구호령, 후생국보 3C호, 생활보호법의 비교

명칭	조선구호령	후생국보 3C호	생활보호법
시행기관	조선총독부(일본)	미군정청(미국)	대한민국정부
제정연도	1944년	1946년	1961년
적용대상	• 65세 이상의 노쇠자 • 13세 이하의 유아 • 6세 이하의 부양할 소아를 가진 모 • 임산부 • 불구, 폐질, 상이, 기타 정신 또는 정신 또는 육체적 결함이 신체적 장애로 인하여 노동을 하기에 지장이 있는 자	• 65세 이상 된 자 • 13세 이하의 소아 • 분만 시 도움을 요하는 자 • 불구, 폐질이 있는 자로서 구호시설에 수용되지 않고 가족이나 친척이 없고 노동할 수 없는 자 • 불치의 병자	• 65세 이상의 고령자 • 18세 미만의 아동 • 임산부 • 기타 요보호자
급여내용	• 생활부조 • 의료부조 • 조산부조 • 생업부조 • 장제부조	• 식량, 의류, 차표제공 • 긴급의료 • 숙사, 연료, 주택부조 • 매장	• 생계보호 • 의료보호 • 해산보호 • 자활보호 • 장제보호
급여방식	• 신청주의 • 자산조사 • 거택구호 중심 시설보호/위탁수용	• 신청주의 • 자산조사 • 거택구호	• 자산조사 • 거택구호 중심 • 시설보호/위탁보호

자료: 나직균 외(2011: 85).

표 4-6 공공부조의 체계화와 사회보험의 시도 시기의 입법 현황

분야	주요 입법	연도	비고
사회보장일반	「사회보장에 관한 법률」	1963	
공공부조	「생활보호법」	1961	
	「재해구호법」	1962	
	「자활지도사업에 관한 임시조치법」	1968	
	「의료보호법」	1977	
사회보험	「공무원연금법」	1960	
	「군인연금법」	1963	
	「의료보험법」	1963	미시행
	「산업재해보상보험법」	1963	
	「국민복지연금법」	1973	미시행
사회복지서비스	「윤락행위등방지법」	1961	
	「아동복리법」	1961	
	「사회복지사업법」	1970	

자료: 나직균 외(2011: 86).

이 시기의 빼놓을 수 없는 일 중에는 아동복리법(1961년)이 제정되어 이후 사회복지서비스 관련 법의 모형이 되었고, 6.25전쟁으로 급격히 늘어난 윤락여성을 선도보호하기 위해서 제정된 윤락행위등방지법(1961년)은 30여 년간 여성복지의 핵심적인 법이 되었다. 또한, 사회복지사업법(1970년)의 제정으로 사회복지사업의 범위를 정하고, 사회복지사업종사자의 자격을 규정하며, 재단법인을 사회복지법인으로 변경한 것 등은 이후 사회복지사업의 기초를 다진 것이다.

(3) 사회보험의 보편화와 재가복지의 정착

1970년대 후반 한국 사회복지는 그 중심이 공공부조에서 사회보험으로 바뀌게 된다. 흔히 1979년 10.26을 계기로 새로 등장한 5공화국 이후와 그 전 4공화국까지로 시대구분을 하는 경우도 있지만, 1977년 7월 500인 이상 근로자가 있는 사업장에 의료보험이 당연 적용되면서부터 사회보험의 시대가 개막된다. 당초 의료보험법은 1963년에 제정되었지만 임의적용방식으로 되어 본격적으로 시행되지 못하다가 1976년 12월에 전면 개정된 후 반 년 만에 시행되었다.

의료보험은 해를 거듭할수록 300인 이상, 100인 이상, 16인 이상, 5인 이상 사업장으로 확대되었고, 점차 농어촌주민, 도시자영인에게 확대되어 1989년 7월 당연적용 12년 만에 전 국민의료보험의 시대를 열었다. 의료보험은 직장과 지역을 단위로 하여 구성된 의료보험조합이 관리운영을 하였는데, 전 국민이 부담능력에 따라서 보험료를 내고 차별 없이 의료급여를 받기 위해서는 의료보험을 통합해야 한다고 주장하는 통합주의와 조합주의를 옹호하는 세력 간의 논쟁은 한국형 사회보험의 모형개발에 큰 영향을 미쳤다.

이러한 논쟁 속에서 1988년에 도입된 국민연금은 이미 공적 연금에 가입하고 있는 공무원, 군인, 사립학교교직원을 제외한 18세 이상의 모든 국민을 피보험대상자로 상정하였다. 국민연금은 1973년에 제정되었다가 석유파동으로 시행을 미루었던 「국민복지연금법」을 전면 개정한 「국민연금법」(1986년)에 의해서 시행되었다. 일 년 단위로 수입과 지출을 파악하여 피보험자로부터 보험료를 받아서 급여를 제공하는 산재보험이나 의료보험과 달리 국민연금은 일하는 동안 보험료를 받아서 은퇴 후 사망 시까지 노후의 생계를 보장해야 하는 장기성 사회보험이라는 점에서 그 의미가 더욱 크다. 국민연금은 처음에는 10인 이상 사업장 근로자에게 적용되었다가 점차 5인 이상, 농어촌주민, 그리고 2000년 4월 도시자영자에게 적용됨에 따라 전업주부를 제외한 전 국민 연금시대가 열렸다.

또한 1995년에 「고용보험법」(1993년 제정)이 시행됨에 따라서 산업사회에서 가장 대표적인 4대 사회보험이 모두 시행되었다. 고용보험은 1997년 외환 위기로 대량실업사태를 맞이하여 그 적용대상자를 30인 이상 사업장에서 점차 확대하기 시작하여 현재는 1인 이상 모든 사업장에 적용되고 있다. 2000년 7월부터는 산업재해보상보험의 적용대상이 1인 이상 사업장으로 확대되었고, 2001년 7월부터는 건강보험도 1인 이상 사업장 종사자까지 직장에서 보험료를 내게 됨으로써 4대 사회보험은 보편적 제도로 거듭나고 있다.

이 시기는 사회보험의 보편화와 함께 재가복지가 정착되기 시작했다는 점에서 그 특징을 찾을 수 있다. 재가복지는 주로 외원기관과 대학이 설립한 사회복지관을 중심으로 시범적으로 이루어졌던 사회복지관사업이 1980년대 초부터 정부의 지원을 받기 시작하면서 사회적 주목을 받았다. 특히, 1980년대 말 주택가격 폭등으로 도시빈민을 위한 영구임대아파트를 건립하면서 사회복지관을 필수시설로 건립함으로써 재가복지를 실천할 수 있는 기반을 갖추었다. 이후 정부는 사회복지관을 재가복지봉사센터로 지정하고 노인복지회관과 장애인복지관 등을 통해서 재가복지를 활성화시키는 정책을 지속적으로 추진하고 있다.

한편, 공공부조는 그동안 노동능력이 있는 연령층이라고 판단하여 생계보호를 급여하지 않았던 18세 이상 65세 미만 연령층에게도 「최저생계비」에 미치지 못할 경우에는 생계급여를 제공한다는 내용을 주요 골자로 한 「국민기초생활보장법」(1999년)이 2000년 10월부터 시행됨에 따라서 국민은 생존권을 보장받을 수 있게 되었다.

이 시기에 사회복지서비스법은 「노인복지법」(1981년)과 「심신장애자복지법」(1981년)이 새로 제정되었고, 이전 시기에 제정된 법률들이 전면 개정되어 보다 보편적 서비스를 지향하게 되었다. 특히 1991년에 제정된 「영유아보육법」은 기혼여성의 취업으로 사회문제화 된 6세 미만 영유아의 보육문제를 해결하기 위해서 정부가 적극적으로 개입함으로써 자산조사에 의한 선별적 서비스가 아닌 욕구에 따른 보편적 서비스를 지향하는 모형을 제시했다.

이 시기에 사회보험이 전 국민에게 적용되고 사회복지서비스가 보편적 서비스를 지향하게 된 것은 노동조합, 여성운동단체 그리고 시민사회단체의 지속적인 입법청원운동이 크게 기여하였다. 특히 1987년 학생, 노동자, 시민이 연대하여 권위주의 정부를 굴복시킨 6월항쟁은 전 국민 의료보험, 국민연금, 그리고 최저임금제의 시행 등에 영향력을 행사했다. 선 경제개발 후 사회복지의 논리가 더 이상 국민에게 설득력을 가질 수 없게 되고 복지권은 국민의 주된 관심사가 되었다.

이 시기에 복지행정에도 획기적인 진전이 있었다. 1987년에 생활보호행정을 전담할 「사회복지전문요원」이 시범 임용되었다가 이후 점차 확대되었다. 2001년 현재 전국 읍·면·동사무소와 시·군·구청에서 일하는 사회복지직 공무원은 4,000여 명이 넘고 이들은 복지행정의 수준을 한 차원 더 높여 가고 있다.

표 4-7 사회보험의 보편화와 재가복지 정착 시기의 입법 현황

분야	주요 입법	연도	비고
사회보장일반	사회보장기본법	1995	
공공부조	생활보호법 국민기초생활보장법	1982 1999	
사회보험	의료보험법(전면개정) 공무원및사립학교교직원의료보험법 의료보험법 시행 국민연금법(전면개정) 전 국민의료보험 실시 고용보험법 고용보험법 시행 국민의료보험법(통합의료보험) 국민건강보험법(개정)	1976 1977 1977 1986 1988 1993 1995 1997 1999	

분야	주요 입법	연도	비고
사회복지서비스	아동복지법(전면개정)	1981	
	노인복지법	1981	
	심신장애자복지법	1981	
	청소년육성법	1987	
	장애인복지법(전면개정)	1989	
	모자복지법	1989	
	장애인고용촉진법	1991	
	영유아보육법	1991	
	청소년기본법(전면개정)	1991	
	정신보건법	1995	
	청소년보호법	1997	
	사회복지사업법(개정)	1997	
	사회복지공동모금회법	1997	

자료: 나직균 외(2011: 87).

(4) 사회복지제도의 재편기

2000년대 들어오면서 국내·외적인 정치·경제·사회적 상황이 급변하는 가운데 사회복지분야에서 새로운 문제들이 나타나기 시작하였다. 크게 두 가지 재편 양상으로 나타나는데, 첫째, 생산적 복지국가와 근로연계복지를 강조하는 흐름과 두 번째 흐름은 사회수당의 도입과 사회서비스의 확대이다.

첫 번째 흐름의 가장 대표적인 근로연계복지 정책은 국민기초생활보장제도의 자활사업과 근로장려세제(EITC)의 도입을 들 수 있다. 한국 사회에서 복지를 둘러싼 쟁점은 IMF 위기로 본격화된 신자유주의의 등장과 함께 시작되었다. 이러한 상황에서 김대중 정부는 신자유주의 정책과 복지확대 전략을 동시에 추진하였다. 세계적으로 복지국가의 축소압력이 거셌던 시기에 복지국가가 축소되지 않고 오히려 확대되는 이례적인 현상이 나타났다. 실제로 IMF 위기 이후 10여 년간 한국사회는 국민연금의 전 국민확대적용, 의료보험통합, 고용보험과 산재보험의 전 사업장 확대 적용, 국민기초생활보장제도의도입·개정 등 매우 가시적인 복지제도의 성장을 경험했다. 김대중 정부의 복지정책의 성격을 둘러싼 논쟁에도 불구하고 당시 복지정책은 전면적인 조세개혁이 이뤄지지 않은 채, 국가의 재정개입을 최소화하는 방식으로 진행되었다는 점은 이론의 여지가 없다. 조세개혁 없이 이루어진 김대중-노무현 시대의 복지는 비용과 규모면에서는 이전에 비해 증가되었지만, 전체적인 수준에서 제한적으로 진행되었다고 볼 수 있다.

김대중 정부의 복지는 '생산적 복지'로 규정할 수 있다. '생산적 복지'란 '생산에 기여할 수 있는 복지' 혹은 '생산에 참여하는 복지'로 해석할 수 있다. 즉, 국가는 시장경제의 활성화에 기여하는 방향으로 복지를 추진하고, 개인은 능력이 닿는 대로 노동시장에 참여하여 자신과 가족의 복지를 향상시켜야 한다는 것이다(조영훈 외, 2002: 83). 이에 따라 국가 복지정책의 핵심은 교육과 훈련에 대한 투자를 통해 개인의 능력과 기술을 향상시켜 개인의 생산력을 증대시키는 데 있다. 개인에게 생산력이란 노동능력으로 나타나는데, 노동능력 여부에 따라 빈곤선을 그어서 차별적 정책을 실시하게 된다. 이러한 노동과 복지의 연결은 전형적인 신자유주의적 프로그램으로서 김대중 정부, 노무현 정부, 이명박 정부, 박근혜 정부까지 핵심적인 복지 기조로 이어졌다. 미국에서 시작된 근로연계복지(welfare-to-work)는 미국뿐만 아니라 한국 사회에서도 복지수급자를 줄이거나 빈곤층의 경제 자립을 일구는 데는 미흡한 실정이다.

두 번째 흐름은 사회서비스의 확대이다. 이는 생산적 복지국가와도 맥이 닿는 것으로 복지국가의 확대를 도모하되 현금이나 재화보다는 서비스 영역의 확대라는 전략을 택한 것이다. 이는 프로그램의 대상자 확대와 더불어 서비스 영역에서의 일자리 창출이라는 두 가지 목적을 동시에 달성할 수 있다는 장점을 갖는다. 그리고 사회서비스전달체계로 바우처 제도를 도입한 것 또한 공공부문을 확대함으로써 발생할 수 있는 비효율의 문제를 예방하고 시장에서의 경쟁체계를 이용함으로써 서비스의 질을 확보하고 시장을 활성화하겠다는 의지가 반영된 것이다.

이 시기에 새롭게 제정된 공공부조로는 2005년 12월 23일 긴급복지지원법을 들 수 있다. 이 법은 경제양극화 및 이혼의 증가 등 사회변화 속에서 소득상실, 질병과 같이 갑작스런 위기상황이 발생한 경우 누구든지 손쉽게 도움을 청하고 필요한 지원을 받을 수 있는 제도를 마련하기 위하여 지역사회의 각종 복지자원을 활용하여 위기상황에 처한 사람을 조기에 찾을 수 있는 체계를 갖추고 이들에게 필요한 지원을 신속하게 실시하며 기존의 공공부조나 사회복지서비스와 연계되도록 하는 것을 목적으로 하고 있다. 또한 '국민기초생활보장법'의 개정(2015년)으로 차상위계층을 중위소득 50%로 확대 개편하고 의료·교육·주거급여 등을 맞춤형으로 개편, 부양의무자 기준 등을 완화함으로써 복지사각지대를 해소하고자 노력하였다.

이 시기에 제정된 사회수당으로는 2008년 제정된 기초노령연금으로써, 노인 중 생활이 어려운 노인에게 기초노령연금을 지급하여 생활안정을 지원하고 노후소득보장의 사각지대를 해소하기 위한 연금제도로써 2014년 기초연금으로 개편되어 실시되고 있다.

이 시기에 대표적인 사회보험의 제정은 국민의 노후 불안을 해소하고 노인요양가정의 부양부담을 경감하고자, 일반 국민을 대상으로 수요자 선택권 중심의 전문적이고 다양한 서비스를 제공하는 제5의 사회보험인 노인장기요양보험을 2008년에 도입하였다.

또한 다양한 사회문제에 대처하기 위한 여러 가지 사회서비스에 관련된 다양한 법과 법률이 제정되기 시작하였다. 건강한 가정생활의 영위 및 발전을 위한 국가 및 지방자치단체의 책임을 규정한 「건강가족지원법」(2004년), 농어촌주민의 보건복지 증진을 도모하기 위하여 농어촌에 대하여 보건의료기반의 조성 및 사회복지 증진에 관한 체계적인 지원책을 마련하기 위한 「농어촌주민의 보건복지 증진을 위한 특별법」(2004년), 자녀의 출산 및 양육이 원활하게 이루어지고 노인이 중요한 사회적 행위자로서 건강하고 활력 있는 사회생활을 할 수 있도록 국가의 책임을 정하고, 저출산·고령화 사회정책의 기본방향과 그 수립 및 추진체계에 관한 사항 등을 규정한 「저출산·고령사회기본법」(2005년), 효과적이고 효율적인 자원봉사활동을 진작하여 시민들의 사회참여를 통한 공동체 사회건설성에 이바지할 것을 목적으로 하는 「자원봉사활동기본법」(2005년), 결혼이민자, 외국인근로자 및 탈북자 등의 사회정착과 사회통합, 그리고 복지증진을 목적으로 하는 「다문화가족지원법」(2008년), 고령자의 고용촉진과 사회진출을 위한 「고용상연령차별금지 및 고령자고용촉진법」(2008년), 「장애인연금법」(2010년), 「장애인활동지원에 관한 법률」(2011년), 「노숙인들의 복지 및 자립지원에 관한 법률」(2011년), 「장애아동복지지원법」(2011년), 「사회서비스 이용 및 이용권관리에 관한 법률」(2011년), 「치매관리법」(2011년) 등이 제정되었다.

03 서양의 근현대 사회복지사

원석조는 "과거로 돌아가 현재의 뿌리를 추적하는 것"이 바로 사회복지학을 공부하는 사람들이 사회복지 역사를 이해해야만 하는 가장 중요한 이유라고 말하며, 사회복지의 역사를 빈민법 시대, 사회보험 시대, 복지국가 시대로 나누고 각 시기의 성격을 다음과 같이 정리했다(원석조, 2001: 3~4).

흔히 구빈법으로 번역되기도 하는 빈민법은 봉건제가 쇠퇴하고 절대주의 국가가 성립하면서 등장했는데, 농촌의 부랑자에 대한 사회통제책으로써 노동력을 중시한 중상주의적 사회복지정책이었다. 빈민법은 자본주의의 등장과 함께 자신의 자리를 사회보험에 내주게 된다.

자본주의는 농촌의 노동력을 대거 흡수함으로써 부랑인 문제를 구조적으로 해소하는 대신 프롤레타리아트라는 새로운 계급을 출현시켰고, 실업자라는 새로운 사회문제를 야기시켰다. 이에 대한 대응책으로 등장한 것이 사회보험이었다.

제1차, 2차 세계대전을 거치면서 노동자 계급과 함께 시민계급의 힘이 강해졌고, 이들의 다양한 요구를 국가가 수용하지 않을 수 없게 되면서 이른바 복지국가가 나타났다. 복지국가는 소득보장뿐만 아니라 주택, 교육, 보건의료 등 시민들의 다양한 요구를 국가가 나서서 해결하는 체제를 말하는데, 이로써 사회복지의 대상이 노동자계급에서 전 국민으로 확대되고 복지가 자비나 은전이 아닌 시민의 권리로 인정되면서 사회문제의 해결보다는 욕구의 충족을 중시하게 되었다. 복지국가는 제2차 세계대전 후의 세계적인 호황(자본 축적)과 시민계급의 정치적 성장에 힘입어 꾸준히 확대/발전하다가 오일쇼크 이후 신자유주의의 득세와 함께 후퇴기에 접어들어 현재에 이르고 있다.

지난 5백여 년 동안의 서양 사회복지사를 빈민법, 사회보험, 그리고 복지국가 시대란 세 낱말로 정리한 원석조의 주장은 매우 탁월하다. 그리고 빈민법과 사회보험시대의 중간에 자선조직협회와 빈곤조사 등 사회복지를 위한 민간의 활동을 포함시킨 것도 적절한 것으로 보인다. 이러한 관점을 존중하면서 서양 근현대 사회복지의 발전과정을 간략히 정리하면 다음과 같다(원석조, 2001).

1) 빈민법과 개정 빈민법

중건사회의 피지배층인 농민들 대부분은 낮은 농업생산성으로 인해 만성적인 빈곤 상태에 있었지만 살던 지역을 떠날 수 없었다. 그러나 흉작과 인구증가, 인클로저로 인하여 농민들은 농토로부터 내몰리고 부랑자로 전락하게 되었다. 특히, 인클로저(enclosure)는 16세기 국제적인 양털가격의 상승으로 양 목축업이 호황을 누리자 지주들이 자신의 농토와 공유지를 양목장으로 바꾼 것에서 시작하여 19세기 초까지 파상적으로 계속된 농토와 공유지의 울타리치기를 말한다.

공유지의 울타리치기로 가장 큰 타격을 입은 층은 날품팔이와 영세 소농이었다. 이들은 공유지에서 자신의 소와 양을 키워 부족한 생계비를 보충했으며, 건축용 목재와 땔감을 조달했지만, 인클로저는 이들 가난한 농민들의 생활근거지를 빼앗아 부랑자로 만들었던 것이다.

16세기 들어 노동능력을 가졌으면서도 여기저기 떠돌며 일자리를 찾아 헤매는 실업 부랑자들을 규제하려는 것이 빈민법이었다. 당시 부랑자는 죄인 취급을 받았으며 이에 대한 처벌은 구금과 매질로 일관되었고, 구제의 책임은 교구로 돌려졌다.

엘리자베스 여왕은 부랑자 문제가 억압과 교구의 구빈만으로 해결되지 않는다는 것을 인정하고 보다 합리적인 대책으로 1601년 빈민법을 집대성했다. 이 법의 핵심은 부랑인을 세 가지로 분류하여 그에 상응하는 처우를 하려는 것이었다. 즉, 노동능력이 없는 빈민(노약자, 만성병자, 맹인, 정신병자)은 구빈원 또는 자선원에 수용하고, 노동능력이 있는 빈민은 교정원 실제로는 작업장에서 강제로 일을 시키며, 아동은 도제로 삼는다는 것이다.

엘리자베스 빈민법은 구빈의 책임을 교회가 아닌 정부(지방정부)가 최초로 졌다는 점에서 가장 큰 의의가 있다. 이를 위해 정부는 지방세액을 증가시켰고, 당시 각 교구에는 자체 구빈제도와 시장이 임명한 구빈감독관이 있었는데 이들로 하여금 구빈업무와 지방세 징수업무를 관장케 하였다. 이들 구빈감독관은 지역유지 겸 무보수 왕립관료인 치안판사가 임명하고 또 감독했다.

그러나 현실적으로 빈민법은 잘 지켜지지 않았다. 빈민들은 일자리를 찾아서 여기저기로 떠돌아 다녔지만 통제하는 데 한계가 있었고, 과부가 어린 자녀를 양육하는 경우에는 노동능력과 연령에 따라서 각기 구빈원/작업장/도제로 보내기보다는 원외구조가 폭넓게 활용되었다.

빈민법은 봉건사회의 농촌 노동력과 농촌사회로부터 이탈한 부랑자에 대한 억압책이었다. 그러나 자본주의의 진전으로 도시의 노동자계급이 등장했고 이들의 열악한 생활조건, 만성적이고 주기적인 실업, 극도의 저임금, 열악한 위생과 보건 등 이전과는 질적으로 다른 새로운 사회문제가 야기되었다. 이에 영국의 지배층은 빈민법을 개악한 개정 빈민법을 제정했다. 1834년 개정 빈민법의 핵심내용은 공적 구빈 수준이 자신의 노동으로 생활하는 사람보다 낮아야 한다는 열등처우의 원칙, 작업장 입소 자격조사를 통해서 노동능력이 있는 사람은 작업장으로 보내고 원외구조를 폐지하며, 그리고 행정의 중앙집권화와 통일이었다.

개정 빈민법에 의해서 구빈세를 줄이려는 목적은 달성되었지만, 당시 불어 닥친 공황과 대량 실업은 개정 빈민법의 적용을 어렵게 만들었다. 특히, 농촌지역의 만성적 실업자를 주된 대상으로 하는 작업장 제도는 공업지대의 일시적 실업자에게는 적절하지 않았다. 따라서 원외구조의 폐지원칙은 잘 지켜지지 않았고, 19세기 중반 빈민 6명 중 약 5명이 원외구조를 받게 되었다. 20세기 초 실업문제가 점점 더 심각해지자 개정 빈민법은 재검토가 불가피해졌고, 1948년 국민부조법이 제정되면서 빈민법은 완전히 폐지되었다(원석조, 2001: 3-4).

2) 자선조직협회와 빈곤조사

영국에서 사회보험이 도래되기 전이자 빈민법 시대가 퇴조하던 시기, 즉 19세기 후반 빅토리아 시대에 박애, 상호부조, 자조 등 민간활동이 활발하게 전개된다. 박애사업은 계급 간, 가진 자와 가지지 못한 자 간의 운동이었고, 상호부조는 일하는 사람들이 서로를 돕는 활동이었으며, 자조 또는 절약운동은 스스로 자신의 문제를 해결하는 방법이었다. 이러한 활동은 서로 대비되고 상충되는 면도 있지만, 20세기 사회복지 발전에 밑거름이 되었다.

박애사업에서 빼놓을 수 없는 것이 1869년 런던에서 처음 설립된 자선조직협회(Charity Organization Society)이다. 이 협회의 창립목적은 중복 구빈을 없애기 위한 여러 자선활동의 조정, 환경조사와 적절한 원조제공에 있었다. 중복 구빈을 피하기 위하여 연락기관이 설치된 것은 오늘날 지역사회사업으로 발전하였고, 빈민에 대한 철저한 환경조사는 가족사회사업 또는 개별사회사업으로 발전되었다.

한편, 이 무렵에는 자선조직협회와 함께 사회사업의 역사에서 주요한 의미를 갖는 인보운동(settlement movement)이 전개되었다. 이 운동은 1854년 데니슨 목사가 주축이 되어 캠브리지 대와 옥스퍼드 대 학생들과 슬럼가의 노동자들을 결합시킴으로써 빈곤문제를 해결하려는 일종의 사회운동이었다. 이들은 빈민가의 생활 체험을 통해 빈곤은 경제적인 문제라기보다는 정신적인 문제이고, 따라서 교육을 통해 빈민이 자신을 스스로 변화시켜야 가난에서 벗어날 수 있다고 보았다. 이 운동에 적극 참여하다 젊어서 죽은 토인비를 기려 동료들이 1884년 런던의 동부 빈민지역에 만든 토인비 홀은 세계 최초의 지역사회복지관이다.

자선조직협회와 인보운동이 주로 부르주아와 대학생에 의해서 시도된 것이라고 하면, 상호부조는 같은 지역에 거주하거나 동일한 직업에 종사하는 사람들이 서로 돕기 위해서 자연발생적으로 생긴 조직이다. 그들의 목적은 좋은 우정관계의 유지, 일자리에 대한 정보교환, 질병 치료와 장제비 지원 등 매우 다양하고, 그 형태도 공제조합, 노동조합, 주택협회, 주민은행, 협동조합 등으로 발전되었다. 특히 노동자들 사이의 공제조합은 사회보험의 발전에 밑거름이 된다.

산업화와 도시화로 인하여 도시빈민들이 대량으로 생성되었지만, 일반 시민들은 여전히 빈곤의 원인을 개인의 게으름이나 도덕적 결함으로 돌렸다. 이때 찰스 부스가 런던 시 빈민의 생활실태를 조사한 것(1889년)과 씨봄 라운트리가 요크 시의 빈민들의 생활실태를 조사한 결과(1901년)는 시민의 상식을 뒤집어 놓았다. 즉, 이들은 체계적인 사회조사를 통해서 빈곤의 주된 원인이 게으름이 아니라, 노령, 질병, 실업, 낮은 교육수준 등임을 밝혀냈다. 이러한 사회조사는 현대 사회과학적 조사방법론의 효시가 되기도 하였다.

3) 사회보험의 제도화

빈민법이 봉건적인 사회복지정책이라면 사회보험은 자본주의적인 사회복지정책이다. 사회보험은 그 시행 초기에 임금노동자 특히 육체노동자가 주된 대상이었으며, 자본제적 생산양식에서 발생된 문제인 사회적 위험(산업재해, 실업, 질병, 정년퇴직 등)에 대한 대응책이고, 노동자와 자본가가 그 재정을 공동 부담하였다.

사회보험은 19세기 말 당시 가장 선진적인 자본주의 국가인 영국에서 출현된 것이 아니라 후발 공업국인 독일제국에서 세계 최초로 만들어졌다. 프로이센의 빌헬름 왕과 비스마르크 재상은 1866년 오스트리아 전쟁과 1870년 프랑스 전쟁에서 승리를 통해 독일을 통일하는 데 이어, 독일민족의 내부통합을 위해서 이른바 '채찍과 당근' 정책을 시도하였다. 채찍이란 노동운동을 탄압하기 위해서 만든 사회주의자진압법(1878년)을 말하고, 당근이란 노동자 계급을 국가 내로 통합시키기 위한 일련의 사회보험법의 제정이다.

비스마르크는 먼저 산재보험에 큰 관심을 갖고 1880년에 그 초안을 작성하게 하였다. 그는 산재보험을 만들 때, 강제보험, 제국보험공단의 중앙집중식 통제, 사보험회사의 배제, 국가 보조금의 지급 등 원칙을 정했다. 그러나 이 법안은 국가의 권력 강화와 관료화를 우려한 의회의 반대로 통과되지 못하고, 비스마르크는 중앙집중식 통제와 국가보조를 포기할 수밖에 없었다.

산재보험법의 제정이 의회에서 지연되자 이보다 늦게 입안된 의료보험법이 1883년에 먼저 통과되고, 산재보험법은 1884년, 그리고 노령폐질보험법이 1889년에 통과되었다. 비스마르크의 사회보험은 그 재정을 주로 자본가에게 부담시키면서도 노동자의 충성심을 국가로 유도하려는 것이었으므로, 자본가는 이에 반대하는 입장이었다. 노동조합도 노동자 계급의 정치적 진출과 과격화를 막기 위한 것이라는 음모를 파악하고 반대하였다.

그러나 자본가와 노동자의 반대에도 불구하고 이후 사회보험은 노사정이 함께 산업사회의 문제를 해결하기 위한 방안으로 널리 활용되었다. 영국에서는 1906년 총선에서 토리당을 누르고 집권한 자유당이 이전의 빈민법과 질적으로 다른 일련의 사회정책을 도입하고, 마침내 1911년에 영국 최초의 사회보험인 국민보험법을 제정하였다. 국민보험은 의료보험과 실업보험이 동시에 제도화된 것으로 로이드 조지와 윈스턴 처칠의 합작품이었다. 이들은 사회보험이 사회주의에 대한 방파제가 된다고 확신하였다.

독일에서 처음 도입되고 영국에서 실험을 거친 사회보험은 1930년대 미국에서 대공황의 사회문제를 해결하기 위해서 적용되었다. 1935년에 제정된 사회보장법은 연방정부가 관장하는 노령보험, 주정부가 관장하고 연방정부가 재정을 보조하는 실업보험, 그리고 주정부가 관장하고 연방정부가 재정을 보조하는 공공부조와 사회복지서비스로 구성되었다. 자유주의와 개인주의의 전통이 워낙 강하여 공적인 사회복지가 뿌리내릴 수 있는 토양이 아주 척박한 미국에서 연금과 실업보험이 수용된 것은 대공황이란 위기 상황 속에서 루즈벨트와 같은 강력한 행정부가 있었기 때문이다. 이후 미국의 사회보장제도는 별로 달라진 것이 없다.

4) 복지국가의 구현

사회보험 시대를 이어 바로 등장한 것이 복지국가 시대이다. 복지국가가 성립된 이후에도 사회보험이 복지국가의 핵심 제도로 존재하고 있기 때문에 사회보험과 복지국가는 중첩된다고 볼 수도 있다.

그러나 양자는 분명한 차이가 있다. 사회보험의 대상이 육체노동자에서 화이트칼라와 자영인 계층으로 확대되어 노동정책이라는 본래의 취지를 상실하고 전 국민을 대상으로 하는 시민복지정책으로 성격이 바뀌었기 때문이다. 복지국가는 제2차 세계대전 후 영국에서 베버리지 보고서(1942년)를 바탕으로 처음 만들어졌다.

베버리지 보고서는 영국의 국민들이 독일의 침공으로 바람 앞에 촛불처럼 위기 처한 시점에서 만들어졌고, 제2차 세계대전 직후 집권한 노동당은 그 보고서에 입각하여 복지국가를 만들어 나갔다. 따라서 베버리지 보고서는 영국에만 국한되지 않고 프랑스, 서독, 스웨덴 등 서유럽 복지국가의 기틀 형성에도 큰 영향을 미쳤다.

베버리지는 '사회보험과 관련 서비스에 관한 위원회'의 위원장으로서 보고서를 작성할 때 세 가지 원칙에서 출발했다. 즉, 분파적 이해를 무시하고, 국가 재건을 위하여 5대악(결핍, 질병, 무지, 불결, 나태)을 극복하며, 국가는 단지 국민최저만을 보장하고 그 이상은 개인과 가족의 노력에 달려 있다는 것이다.

베버리지는 사회보장의 6개 원칙과 6개 대상층, 그리고 8개 욕구 원인을 제시하고 이에 맞는 대책을 세우고자 하였다. 6개 원칙은 급여수준은 일상생활을 하는 데 충분할 정도가 되어야 하고(충분한 급여), 급여와 갹출은 소득에 관계없이 동일해야 하며(정액급여, 정액 갹출), 지방사무소를 둔 하나의 사회보험금고가 관리 운영하고, 개인은 한 번 통합된 갹출료를 납부하면 되고(행정책임의 통합), 사회부조나 사보험은 물론 사회보험을 포함한 각종 방법으로 기본적이고 예측 가능한 모든 욕구를 해결하며(포괄성), 그리고 인구층을 피용자, 자영인, 전업주부, 기타 노동인구, 취업 전 청소년, 노동불능 고령자 등 6개 집단으로 분류하고 이들 모든 인구층의 욕구를 보장한다(분류화)는 것을 말한다.

그리고 8개 욕구 원인별 대책을 세운 것이다.

표 4-8 욕구와 대책

욕구	대책
• 실업	• 실업급여
• 장애	• 장애급여 또는 장애연금
• 생계수단 상실	• 직업훈련급여
• 퇴직	• 연금
• 기혼여성의 욕구	• 결혼, 출산, 미망인 수당 등
• 장례비용	• 장제비
• 유아	• 아동수당
• 질병, 장애	• 질병 치료와 재활

자료: 나직균 외(2011: 83).

한편, 베버리지는 사회보험이 성공하기 위해서는 세 가지 기본 전제조건이 필요하다고 생각했다. 즉, 가족수당, 포괄적인 보건서비스, 완전고용이 그것이다. 가족수당은 가족의 크기와 소득을 고려하여 결정되어야 하고, 보건서비스는 치료적일 뿐만 아니라 예방적이어야 했다. 실업은 실업수당의 비용과 그에 따른 임금 손실을 감안하면 가장 낭비적인 문제이므로 완전고용은 매우 긴요한 전제조건이었다.

베버리지 보고서는 실업/의료/출산/미망인연금/보호수당/장제비 등을 규정한 국민보험법(1946년), 정부가 국민보건을 책임지고 의료서비스를 무상으로 제공하는 것을 골자로 한 국민보건서비스법(1946년), 국민부조법(1948년), 아동법(1948년) 등으로 제도화되었다. "요람에서 무덤까지"로 칭송받은 노동당정부의 복지국가정책은 1951년 총선에서 보수당에게 정권을 내줄 때까지 완성되었고, 이후 보수당정부에서도 큰 변화없이 계속되었다.

그러나 오일쇼크 이후 경기침체 속에서 1979년 집권한 대처는 과거의 온정주의적 보수당 철학을 자유와 경쟁과 효율을 중시하는 냉혹한 자유주의로 바꾸는 데 성공하였다. 그에 따라 복지국가에 대한 대대적인 수정작업이 뒤따랐고, 신자유주의로 불리는 새로운 조류는 복지국가의 위기 또는 후퇴를 가져왔다.

5) 복지국가의 위기 및 재편

1960년대와 1970년대 초반에 걸쳐 경제성장과 사회의 욕구에 대응하면서 팽창되던 복지국가는 1973년 석유가격의 인상과 함께 찾아온 전 세계적 경제침체로 도전을 받는다. 1970년대 중반의 경제침체는 1930년 대공황 이후 처음으로 찾아온 경제침체였다. 저성장과 물가상승을 동반하는 스테그플레이션은 일자리를 감소시키고 빈곤을 증가시켰다. 경제침체가 가속화되어 가면서 공공 사회복지지출을 줄여야 하고 복지에 대한 정부의 역할을 다시 정립해야 한다는 목소리가 나타나기 시작하였다. 이러한 상황에서 1978~1979년으로 넘어가는 유난히 추웠던 겨울은 노사분규와 파업의 속출로 사회가 혼란에 빠져들게 되었다. 이러한 상황에서 1979년 영국의 보수당 대처, 1980년 미국의 레이건 대통령의 당선은 신자유주의적 기조로서 복지국가의 재편을 가져오게 된다. 이에 따른 복지국가 위기에 다른 재편과정은 제7장 복지국가론에서 심도 있게 다루고자 한다.

05
CHAPTER

사회복지가치와 윤리

현대적 의미의 사회복지, 즉 국가가 법제도를 통해 개인의 복지를 책임지는 형태는 동양에 앞서 서구사회에서 먼저 정착되었다. 서구의 경우 대체로 소셜워커(social worker)는 높은 수준의 인간적 통합성을 견지할 뿐 아니라 도덕윤리에 적용되는 원칙에 걸맞는 행동을 하며 정직하고 신뢰받을 만한 사람들이라고 알려져 왔다. 다시 말하면 소셜워커는 인도주의를 몸소 실천하는 사람이어야 함을 서구사회는 요구하는 것이다. 따라서 클라이언트의 자립생활을 전문적으로 도와주는 소셜워커를 양성하고자 하는 응용 사회복지학은 물론 타인에 대한 원조행위를 학문적 주제로 하는 이론 사회복지학 역시 인도주의를 존립근거로 하고 있다. 따라서 이 장에서는 사회복지의 가치와 윤리를 고찰하고자 한다.

01 사회복지의 가치

사회복지학을 공부하는 사람들은 사회복지를 가치중립적으로 생각하거나 반대로 사회복지를 지나치게 가치 중심적으로 인식하는 경향이 있다. 그런데 사회복지는 가치중립적인 현상은 아니고, 더구나 개인의 관점에서 본 사회복지를 다른 사람에게 강요할 수 있는 것도 아니다. 사회복지의 이념에서 본 바와 같이 '자유'라는 한 낱말에 대해서도 어떤 사람은 "타인으로부터 간섭 또는 강제받지 않는 것"으로 인식하고, 다른 사람은 "자신의 삶을 스스로 통제하고 자신의 목표를 이룰 수 있는 상태"로 인식하기 때문에 양자는 서로 지향하는 자유가 다를 수 있다. 이처럼, 사회복지는 가치지향적이고, 많은 사람들이 공감하는 주된 가치로는 평등, 자유, 연대, 정의, 이타주의 등이 있다.

1) 평등

사회복지의 가치에서 가장 중요한 것 중의 하나는 평등(equality)이다. 평등은 사회적 자원의 재분배를 통하여 사회구성원의 삶의 질을 골고루 향상시키고자 하는 가치이다. 그러나 평등의 구체적인 개념에 관하여는 논란이 많다.

평등의 개념은 수량적 평등, 비례적 평등, 기회의 평등이 있다. 첫째, 수량적 평등은 모든 사람을 똑같이 취급하여 욕구나 능력의 차이에 관계없이 사회적 자원을 분배하는 개념으로서 가장 적극적인 평등개념이다. 둘째, 비례적 평등은 개인의 욕구, 능력, 기여 정도에 따라 사회적 자원을 다르게 분배하는 개념이다. 셋째, 기회의 평등은 결과는 무시한 채 과정상의 기회만 똑같이 해 주는 개념이다.

평등의 개념 중 복지국가의 형성과 확대에 기초가 된 것은 적극적인 의미의 평등으로, 복지국가의 평등전략은 보편주의 원칙에 입각하여 모든 국민에게 사회적 권리로서 보편적으로 제공하는 사회복지 급여와 서비스를 통하여 일정한 수준의 기본적인 삶을 보장하고 사회적 불평등을 감소시키고자 노력하였다.

2) 자유

사회복지의 가치에서 가장 논란이 많은 개념 중의 하나는 자유(freedom)이다. 자유의 개념에는 소극적 자유와 적극적 자유가 있다. 첫째, 소극적 자유는 사람들 간의 상호작용 관계에서 다른 사람의 간섭 없이 자신의 의지대로 행할 수 있는 상태를 의미한다. 둘째, 적극적 자유는 자기가 원하는 것을 손해가 된다 할지라도 기꺼이 할 수 있는 상태를 말한다.

이러한 자유의 개념은 이념적 입장의 차이에 따라 다르게 사용된다. 반집합주의자들은 소극적 자유를 사용하고, 페이비언주의자와 마르크스주의자들은 적극적 자유를 사용한다. 전자는 사유재산권 행사의 자유 또는 급여나 서비스 선택의 자유를 강조하여 복지에 대한 국가의 개입을 자유의 침해로서 간주한다. 반면, 후자는 사회적 권리로서 복지를 누릴 수 있는 자유를 인식하며, 국가의 복지에 대한 개입을 적극적 자유의 확대로 간주한다.

3) 연대

사회복지를 가장 대표하는 가치의 하나는 연대(solidarity)이다. 뒤르켐(Durkheim)은 연대를 기계적 연대[1]와 유기적 연대로 구분했다. 첫째, 기계적 연대는 가족이나 부족사회에서 흔히 나타나는 연대로서 구성원들을 결속시킬 수 있는 공통의 대인관계나 가치 그리고 신념이 존재할 때 가능하게 된다. 둘째, 유기적 연대는 사회적 분화가 급격하게 발생하는 현대사회에서 질서를 유지하기 위해서 사회구성원들 개개인이 상이하게 평가되는 상이한 역할을 수행할 필요성을 갖게 되는데, 이러한 상이성에 근거한 연대가 유기적 연대이다.

사회복지는 구성원 상호 간의 도움을 주고받는 행위를 통하여 사회적 자원을 재분배할 뿐만 아니라, 이러한 원조행위가 구성원 상호 간의 감정적 통합을 가져오게 된다. 한편, 이러한 감정적 연대와 통합은 사회적 자원의

1) 기계적 연대는 가족이나 부족사회에서 흔히 나타나는 연대로서 구성원들을 결속시킬 수 있는 공통의 대인관계나 가치 그리고 신념이 존재할 때 가능하게 된다.

재분배를 가능하게 한다. 전통적 사회에서는 가족이나 지역공동체의 상호의존성에 기초하여 자원의 재분배가 이루어지고 사회통합이 달성될 수 있었다. 그러나 산업혁명 이후 사회경제적 진보에 따라 가족과 지역공동체는 그 기능을 상실하게 되었으며, 사회통합을 위한 새로운 사회적 장치가 필요하게 되었다. 현대사회에서의 사회복지제도는 공동체 구성원의 상호의존성을 제도적 장치로 복원함으로써 사회통합을 달성하게 하고 있다.

4) 정의

정의(justice)의 개념은 절차상의 정의, 실질적 정의, 그리고 능동적 과정으로서 정의 등으로 사용되고 있다. 절차상의 정의는 법률에서 정한 합법적인 절차를 강조하고, 실질적 정의는 결과로서 분배적 정의를 강조하며, 능동적 과정으로서 정의는 불의한 현상을 예방하고 치료하는 사회적 과정을 강조한다.

사회복지에서는 특히 분배적 정의를 강조하며, 사회적으로 취약한 계층이나 불우한 위치에 있는 사람에게 보다 나은 처우와 권한 및 자원의 배분이 이루어지도록 노력한다.

5) 이타주의

이타주의(altruism)는 이기주의에 기초한 자본주의 속에서 복지국가를 실현시킬 수 있는 가치이다. 티트머스는 부자에서 빈자에게 이전과 같은 일원적 이전과 쌍방이 서로 도움을 주고받는 이원적 이전으로 이타주의를 설명하였다. 사회복지는 상대방으로부터 대가를 요구하지 않는 이타주의에 기초하고 있으며, 시장체계를 통하여 이루어지는 등가의 교환에 기초하여 개인 이익의 극대화와 효율을 추구하는 경제적 행위와 대별된다.

02 사회복지의 윤리

1) 윤리의 정의

(1) 일반윤리

일반적으로 윤리의 개념은 우리의 행위, 성품, 삶과 관계되어 있다. 예를 들어 선악, 시비, 가치, 당위, 명령, 의미, 목적, 의지, 자유, 선택, 책임, 행위 주체, 인격성, 존엄성, 권리와 의무 등이 있다. 이 중 가장 기본적인 것은 '좋다'와 '나쁘다', '옳다'와 '그르다'일 것이다. 이러한 윤리의 속성들은 감각을 통해 경험할 수 있는 속성을 가지지 않는다. 윤리적 판단의 진위는 이성에 의한다고 말하지만 사실 윤리적 판단의 진위를 논리적으로 가리기는 어렵다. 윤리적 실천을 위해 윤리적 판단이 필요하다. 윤리적 실천을 통해 선과 정의를 실현하고, 현실세계를 도덕적으로 만들기 위해 노력한다.

일반적으로 윤리를 논할 때는 두 가지의 관점에서 바라볼 수 있다. 첫째는 윤리적 절대주의(Ethical Absolutism)이다. 윤리적 절대주의는 선과 악, 옳고 그름은 행위 결과와 상관없이 별개로 판단한다. 고정불변의 도덕률을 강조하는 관점이다. 둘째, 윤리적 상대주의(Ethical Relativism)이다. 이는 선과 악, 옳고 그름은 주관적이고 상대적인 것으로 절대 가치는 없다. 어떠한 도덕률도 부인하는 관점이다.

(2) 사회복지 윤리

일반적으로 윤리란 인간의 행위와 도덕적 의사결정에 관련되는 철학의 한 분야이다. 사회복지전문가 윤리는 사회복지사의 서비스 실천은 도덕적으로 바른 방법이어야 함을 인식하도록 돕기 위한 것이며 사회복지실천의 과정이 윤리적 결정의 과정임을 인식하고 사회복지사로서 어떻게 바르게 행동하는가를 배우도록 돕는 기준이다. 즉, 일반윤리는 '무엇이 맞고 옳은가'를 다루는 반면, 가치는 '무엇이 좋고 바람직한가'와 관계한다. 가치는 구체적인 실천을 지시하기보다 일반적으로 선호하는 더 폭 넓은 사회의 가치를 반영한다. 반면, 전문직 윤리는 직업에 몸담고 있는 사람이 어떻게 자신의 가치를 행동에 옮기는가에 관한 지침을 제공한다. '어떻게 행동해야 하는가'에 관한 구체적인 지시이다.

(3) 사회복지실천윤리의 출현

사회복지사들은 1920년대부터 윤리의 필요성을 절감하고 전문직 윤리강령을 만들고자 하였으나 잘 되지 않았다. 1960년에 와서야 최초의 사회복지사 윤리강령이 미국사회복지사협회에 의해 채택되었다. 그전까지는 전문지식과 기술의 개발에 주로 초점을 두고 있었는데, 그 이유는 가치에 중점을 두면 사회복지전문직이 과학적이지 않게 보이기 때문에 전문직의 발전을 위해 가치 및 윤리에 대한 관심이 활발히 진행되지 못한 것이다(김귀숙 외, 2018: 60).

1970년대에 들어서 사회복지실천의 윤리가 본격적으로 논의되기 시작하였다. 사회가 다양하고 복잡하게 변하면서 전문직도 이를 이해하고 시대적 흐름에 합류해야 할 필요성이 대두되었다. 이는 사회복지전문직뿐만 아니라 이미 법, 의료, 저널리즘, 공학 등에서 광범하게 윤리적 관심을 보이고 있다. 이는 각 분야에서 이론적, 기술적 발달을 이루면서 이전에 경험하지 못했던 윤리적 문제들이 대두되었고, 이에 대처하기 위한 새로운 윤리 원칙이 필요해졌음을 의미한다.

윤리적 문제의 대두는 크게 두 가지로 볼 수 있다. 첫째, 과학과 기술의 발전이다. 의학과 공학의 발달로 생명연장이 가능해지고 장기이식, 유전공학 등을 실현하면서 클라이언트의 욕구도 다양해졌다. 예를 들어 인공수정, 안락사, 성을 감별한 후 유산하는 등 윤리적 결정을 해야 하는 다양한 상황이 생기게 되었다. 둘째, 소외된 자에 대한 권리 인정이다. 사회가 성숙하면서 사회복지 대상자의 권리를 인정하자는 사회분위기의 영향으로 다양한 형태의 윤리적 갈등이 발생하였고, 이를 해결하기 위해 윤리적 지침이 필요하게 되었다(김정자, 2004: 양옥경 외, 2001).

2) 전문적 관계와 윤리적 실천

사회복지실천에 있어서 관계란 사회복지와 클라이언트 사이에서 성장, 발전하는 정서적인 영향력을 의미한다. 사회복지사와 클라이언트 관계란 사회복지실천의 효과를 좌우하는 중요한 의미를 갖기 때문에 어떤 개념보다 자주 언급된다.

(1) 전문적 관계

전문적 관계란 사회복지사가 도움을 요청한 특정 개인의 환경, 행동에 초점을 두며 제한된 시간과 범위 내에서 전문적 지식과 기술을 활용하여 사회복지의 기본적 가치를 실현하는 방향으로 클라이언트를 돕는 관계이다. 사회복지실천은 흔히 예술과 과학이 통합된 응용학문으로 논의된다. 이는 클라이언트와 상호작용하기 위해서는 가슴과 머리를 모두 활용하여 기본적으로는 예술적 능력을 가지고 기초지식을 기반으로 다양한 기법을 활용한다는 의미이다. 과학성에게만 의존하는 실천은 기계적인 실천이 될 수 있고, 예술성에게만 의존하는 실천은 비효율적인 실천이 되기 쉽다. 따라서 사회복지사에게는 과학성과 예술성의 상호보완적이고 통합적인 실천 역량이 요구된다.

① 과학적 기반

- 사회적 조건과 문제에 대한 지식
- 사회정책과 프로그램에 대한 지식
- 사회현상에 대한 지식
- 사회복지전문직에 대한 지식
- 사회복지실천의 지식
- 실천의 효과성과 타당성을 검증하는 통계적 지식 등을 의미한다.

② 예술적 기반

- 동정과 용기: 일상적으로 발생하는 인간의 고통과 혼란, 인간의 부정적이고 파괴적인 행동에 직면하는 것을 의미한다.
- 전문적 관계 형성 및 유지: 개방적이며 솔직한 방식의 관계, 적절한

인간관계 형성, 고통을 나눔, 감정이입, 온화함, 진실성을 기반으로 한 의미 있고 생산적인 관계를 수립하는 능력을 의미한다.

- **희망과 에너지**: 희망은 클라이언트의 긍정적인 변화에 대한 기대이다. 이는 인간은 선한 의지, 긍정적인 방식으로 변화하는 능력, 공동선을 추구하면서 협동하는 의지를 가진다는 신념과 믿음이다. 에너지는 실수나 잘못으로부터 회복하고 일이 진행되도록 하며 결과를 만들어 내는 능력으로 의미한다.
- **개인가치**: 사회복지사의 전문적 가치와 내면화로 클라이언트의 기본적 권리에 대한 존중, 사회적 책임, 개인의 자유에 대한 헌신, 자기결정에 대한 지지 등을 개인가치로 수용하려는 것을 의미한다.
- **감정이입적인 의사소통**: 클라이언트의 위장된 내적 감정에 정확히 접근하여 클라이언트의 경험에 맞는 언어로 잘 전달할 수 있는 능력을 의미한다.
- **창조성**: 클라이언트의 다양한 정보를 통합하고 창조적인 대안 선택을 하는 능력을 의미한다.
- **진실성**: 자연스럽고 개방적이며 솔직한 방식으로 자신을 공유하는 능력을 의미한다.
- **판단**: 클라이언트 상황의 사정, 대안 제시, 계획 수립 등의 개입 단계마다 필요한 전문가적 판단으로 정확하고 비판적인 사고능력을 필요로 한다.
- **전문가 스타일**: 스타일은 클라이언트와 관계를 맺는 방법이나 옷 입는 스타일, 창의성, 지혜, 특정 이슈에 대한 헌신 등으로 표현되는데, 전문가 스타일은 상황이나 클라이언트, 기관 등에 적절하게 표현되어야 함을 의미한다.

(2) 윤리적 실천

개인의 문화적 경험과 배경은 의사결정에 영향을 미치게 되므로 사회복지실천에서도 사회복지사가 가지고 있는 가치가 의식적, 무의식적 차원에서 클라이언트를 돕는 과정에 윤리적 문제를 야기할 수 있다. 따라서 사회복지실천에서 일어나는 사회복지사의 모든 의사결정은 윤리적 이슈가 동반될 수 있으며, 사회복지실천은 본질적으로 윤리적 실천이 될 수밖에 없다. 사회복지실천 현장이 사회정의에 기초한 클라이언트를 위한 최선의 결정이 되도록 하기 위해서는 사회복지가 추구하는 전문적 체계가 있어야 한다. 또한 이러한 전문적 가치를 구체적으로 실천하도록 이끄는 윤리적 원칙이 있어야 한다. 그러므로 개별적인 사회복지사의 판단과 업무수행으로 이루어지는 사회복지실천이 사회복지가 추구하는 전문적 가치를 실현하는 책임있는 윤리적 실천이 되기 위해 윤리강령이 있는 것이다.

전문적 지위를 추구하는 모든 전문직은 전문가윤리강령을 통하여 전문직의 실천과 관련되는 윤리원칙과 행동원칙 등을 명문화한다. 레비(Levy, 1993)에 의하면 사회복지윤리강령은 세 가지 측면에서 근본적인 목적 달성에 공헌한다고 하였다. 첫째, 사회복지윤리가 전문직의 행위를 이끌어주고, 둘째, 사회복지사의 기능을 수행하는 데 원칙을 제시해 주며, 셋째, 사회복지실천의 평가기준을 제시하는 것이다. 즉, 사회복지윤리강령은 사회복지전문직의 구성원으로서 사회적 기대에 부응하는 실천을 하도록 안내하는 지침이 되는 것이다.

3) 사회복지사 윤리강령

사회복지사는 인본주의·평등주의 사상에 기초하여, 모든 인간의 존엄성과 가치를 존중하고 천부의 자유권과 생존권의 보장활동에 헌신한다. 특히 사회적·경제적 약자들의 편에 서서 사회정의와 평등·자유와 민주주의 가치를 실현하는 데 앞장선다. 또한 도움을 필요로 하는 사람들의 사회적 지위와 기능을 향상시키기 위해 그들과 함께 일하며, 사회제도 개선과 관련된 제반 활동에 주도적으로 참여한다. 사회복지사는 개인의 주체성과 자기결정권을 보장하는 데 최선을 다하고, 어떠한 여건에서도 개인이 부당하게 희생되는 일이 없도록 한다. 이러한 사명을 실천하기 위하여 전문적 지식과 기술을 개발하고, 사회적 가치를 실현하는 전문가로서의 능력과 품위를 유지하기 위해 노력한다.

이에 우리는 클라이언트·동료·기관 그리고, 지역사회 및 전체 사회와 관련된 사회복지사의 행위와 활동을 판단·평가하며 인도하는 윤리기준을 다음과 같이 선언하고 이를 준수할 것을 다짐한다.

(1) 사회복지사의 기본적 윤리기준

① 전문가로서의 자세

- 사회복지사는 전문가로서의 품위와 자질을 유지하고, 자신이 맡고 있는 업무에 대해 책임을 진다.
- 사회복지사는 클라이언트의 종교·인종·성·연령·국적·결혼상태·성 취향·경제적 지위·정치적 신념·정신, 신체적 장애·기타 개인적 선호, 특징, 조건, 지위를 이유로 차별 대우를 하지 않는다.
- 사회복지사는 전문가로서 성실하고 공정하게 업무를 수행하며, 이 과정에서 어떠한 부당한 압력에도 타협하지 않는다.
- 사회복지사는 사회정의 실현과 클라이언트의 복지 증진에 헌신하며, 이를 위한 환경 조성을 국가와 사회에 요구해야 한다.
- 사회복지사는 전문적 가치와 판단에 따라 업무를 수행함에 있어, 기관 내외로부터 부당한 간섭이나 압력을 받지 않는다.
- 사회복지사는 자신의 이익을 위해 사회복지전문직의 가치와 권위를 훼손해서는 안 된다.
- 사회복지사는 한국사회복지사협회 등 전문가단체 활동에 적극 참여하여, 사회정의 실현과 사회복지사의 권익옹호를 위해 노력해야 한다.

② 전문성 개발을 위한 노력

- 사회복지사는 클라이언트에게 최상의 서비스를 제공하기 위해, 지식과 기술을 개발하는 데 최선을 다하며 이를 활용하고 전파할 책임이 있다.
- 클라이언트를 대상으로 연구하는 사회복지사는 저들의 권리를 보장하기 위해, 자발적이고 고지된 동의를 얻어야 한다.
- 연구과정에서 얻은 정보는 비밀보장의 원칙에서 다루어져야 하고, 이 과정에서 클라이언트는 신체적, 정신적 불편이나 위험·위해 등으로부터 보호되어야 한다.
- 사회복지사는 전문성을 개발하기 위해 노력하되, 이를 이유로 서비

스의 제공을 소홀히 해서는 안 된다.

- 사회복지사는 한국사회복지사협회 등이 실시하는 제반교육에 적극 참여하여야 한다.

③ 경제적 이득에 대한 태도

- 사회복지사는 클라이언트의 지불능력에 상관없이 서비스를 제공해야 하며, 이를 이유로 차별대우를 해서는 안 된다.
- 사회복지사는 필요한 경우에 제공된 서비스에 대해, 공정하고 합리적으로 이용료를 책정해야 한다.
- 사회복지사는 업무와 관련하여 정당하지 않은 방법으로 경제적 이득을 취하여서는 안 된다.

(2) 사회복지사의 클라이언트에 대한 윤리기준

① 클라이언트와의 관계

- 사회복지사는 클라이언트의 권익옹호를 최우선의 가치로 삼고 행동한다.
- 사회복지사는 클라이언트에 대하여 인간으로서의 존엄성을 존중해야 하며, 전문적 기술과 능력을 최대한 발휘한다.
- 사회복지사는 클라이언트가 자기결정권을 최대한 행사할 수 있도록 도와야 하며, 저들의 이익을 최대한 대변해야 한다.
- 사회복지사는 클라이언트의 사생활을 존중하고 보호하며, 직무 수행과정에서 얻은 정보에 대해 철저하게 비밀을 유지해야 한다.
- 사회복지사는 클라이언트가 받는 서비스의 범위와 내용에 대해, 정확하고 충분한 정보를 제공함으로써 알 권리를 인정하고 존중해야 한다.
- 사회복지사는 문서·사진·컴퓨터 파일 등의 형태로 된 클라이언트의 정보에 대해 비밀보장의 한계·정보를 얻어야 하는 목적 및 활용에 대해 구체적으로 알려야 하며, 정보 공개 시에는 동의를 얻어야 한다.
- 사회복지사는 개인적 이익을 위해 클라이언트와의 전문적 관계를 이용하여서는 안 된다.
- 사회복지사는 어떠한 상황에서도 클라이언트와 부적절한 성적 관계

를 가져서는 안 된다.

- 사회복지사는 사회복지 증진을 위한 환경조성에 클라이언트를 동반자로 인정하고 함께 일해야 한다.

② 동료의 클라이언트와의 관계

- 사회복지사는 적법하고도 적절한 논의 없이 동료 혹은, 다른 기관의 클라이언트와 전문적 관계를 맺어서는 안 된다.
- 사회복지사는 긴급한 사정으로 인해 동료의 클라이언트를 맡게 된 경우, 자신의 의뢰인처럼 관심을 갖고 서비스를 제공한다.

(3) 사회복지사의 동료에 대한 윤리기준

① 동료

- 사회복지사는 존중과 신뢰로써 동료를 대하며, 전문가로서의 지위와 인격을 훼손하는 언행을 하지 않는다.
- 사회복지사는 사회복지 전문직의 이익과 권익을 증진시키기 위해 동료와 협력해야 한다.
- 사회복지사는 동료의 윤리적이고 전문적인 행위를 촉진시켜야 하며, 이에 반하는 경우에는 제반 법률규정이나 윤리기준에 따라 대처해야 한다.
- 사회복지사가 전문적인 판단과 실천이 미흡하여 문제를 야기시켰을 때에는, 적절한 조치를 취하여 클라이언트의 이익을 보호해야 한다.
- 사회복지사는 전문직 내 다른 구성원이 행한 비윤리적 행위에 대해, 제반 법률규정이나 윤리기준에 따라 조치를 취해야 한다.
- 사회복지사는 동료 및 타 전문직 동료의 직무 가치와 내용을 인정·이해하며, 상호 간에 민주적인 직무관계를 이루도록 노력해야 한다.

② 슈퍼바이저

- 슈퍼바이저는 개인적인 이익의 추구를 위해 자신의 지위를 이용해서는 안 된다.
- 슈퍼바이저는 전문적 기준에 의해 공정하게 책임을 수행하며, 사회

복지사·수련생 및 실습생에 대한 평가는 그들과 공유해야 한다.

- 사회복지사는 슈퍼바이저의 전문적 지도와 조언을 존중해야 하며, 슈퍼바이저는 사회복지사의 전문적 업무수행을 도와야 한다.
- 슈퍼바이저는 사회복지사·수련생 및 실습생에 대해 인격적·성적으로 수치심을 주는 행위를 해서는 안 된다.

(4) 사회복지사의 사회에 대한 윤리기준

- 사회복지사는 인권존중과 인간평등을 위해 헌신해야 하며, 사회적 약자를 옹호하고 대변하는 일을 주도해야 한다.
- 사회복지사는 필요한 사회서비스를 개발하기 위한 사회정책의 수립·발전·입법·집행에 적극적으로 참여하고 지원해야 한다.
- 사회복지사는 사회환경을 개선하고 사회정의를 증진시키기 위한 사회정책의 수립·발전·입법·집행을 요구하고 옹호해야 한다.
- 사회복지사는 자신이 일하는 지역사회의 문제를 이해하고, 그것을 해결하는 일에 적극적으로 참여해야 한다.

(5) 사회복지사의 기관에 대한 윤리기준

- 사회복지사는 기관의 정책과 사업 목표의 달성·서비스의 효율성과 효과성의 증진을 위해 노력함으로써, 클라이언트에게 이익이 되도록 해야 한다.
- 사회복지사는 기관의 부당한 정책이나 요구에 대하여, 전문직의 가치와 지식을 근거로 이에 대응하고 즉시 사회복지윤리위원회에 보고해야 한다.
- 사회복지사는 소속기관 활동에 적극 참여함으로써, 기관의 성장발전을 위해 노력해야 한다.

(6) 사회복지윤리위원회의 구성과 운영

- 한국사회복지사협회는 사회복지윤리위원회를 구성하여, 사회복지윤리실천의 질적인 향상을 도모하여야 한다.

- 사회복지윤리위원회는 윤리강령을 위배하거나 침해하는 행위를 접수받아, 공식적인 절차를 통해 대처하여야 한다.
- 사회복지사는 한국사회복사협회의 윤리적 권고와 결정을 존중하여야 한다.

(7) 사회복지전담공무원의 윤리

① 전문직으로서의 윤리

- 국가와 공공사회복지 최일선에 직접 봉사하는 사회복지전문공무원이라는 자부심과 책임감을 가지고 관련 지식과 기술의 습득·개발 등 창의적인 노력과 능동적인 자세로 맡은 바 소임을 다한다.
- 사회복지전문공무원으로서 품위와 자질을 유지하고 수행하는 업무에 대하여 책임을 지며 업무수행상 공정성을 확보한다.
- 사회복지 전문직으로서 역할수행과 관련, 현실적인 여건을 최대한 활용하여 전문지식활용 분야를 개척해 나가며 지역사회 복지자원을 최대한 활용한다.
- 지역실정 및 복지대상자의 욕구에 맞는 사업을 개발, 적용시키기 위한 노력을 한다.
- 법규나 지침에 의하여 행정적으로 이루어지는 업무에만 국한하지 않고 복지대상자의 개별심리와 처해진 위기상황을 파악하여 자립할 수 있도록 지원해 준다.
- 전문적 업무관계를 이용하여 부당한 영리를 취하거나, 직무상 취득한 정보(복지대상자 개인 신상 등)를 전문적 업무 이외에는 공개하지 않는다.
- 사업의 실적 및 사업효과성이 분석될 수 있도록 각종 통계자료 및 사업추진 관련 자료관리에 유의하고, 복지대상자에 대한 정확한 관리자료를 확보한다.

② 복지대상자에 대한 윤리

- 복지대상자의 권리를 최우선으로 삼아 정직과 성실로 직무에 전념한다.
- 복지대상자가 자기결정권을 최대한 행사할 수 있도록 도와준다.

- 복지대상자를 대할 때 인간존중의 정신과 성실에 바탕을 두고 어려운 자의 편에 서서 헌신하고 봉사하는 자세를 갖는다.
- 복지대상자의 사생활을 존중하며 사상, 종교, 학력, 지역 등에 따라 차별하지 않는다.
- 복지대상자별 욕구에 따라 각종 서비스 방안을 마련하되 자립·자활능력을 향상시키는 생산적인 복지 서비스가 되도록 노력한다.
- 복지대상자에게 항상 친절한 서비스를 제공한다.

③ 조직 내에서의 윤리

- 동료 상호 간에 존중과 신뢰로서 대하며 전문적 지위와 인격을 훼손하는 언행을 하지 않는다.
- 선배나 상사의 직무상 명령을 존중한다.
- 타 분야 인력과 조화와 협조관계를 유지하도록 노력한다.
- 업무수행과정에서 새로운 사회복지 지식과 동료, 선배인력들의 경험을 습득함으로써 전문가로서의 능력을 꾸준히 제고시켜 나간다.

④ 지역사회와 유관기관에 대한 윤리

- 복지대상자에 대한 보호를 행함에 있어 필요한 경우에는 유관 복지기관과 연계, 보호결정 수준 등에 대한 객관성을 확보토록 노력한다.
- 지역 내 사회복지관 등 각종 복지 관련 유관기관들과 긴밀한 협동적 관계를 유지하여 복지프로그램 수행 및 후원자 관리 등 지역사회 자원들 간의 연계방안을 강구한다. 선배나 상사의 직무상 명령을 존중한다.
- 예산사업 이외에도 민간의 복지활동 참여에 의한 복지대상자 발굴을 위하여 평소 지역사회 내의 지원파악 및 자원관리 등 지역사회 지원들 간의 연계방안을 강구한다.
- 지역사회 내에서 지역복지센터, 복지교사로서의 역할을 수행한다.

4) 사회복지실천 윤리와 윤리적 딜레마

사회복지실천 상황에서는 두 가지 이상의 윤리적 의무가 있지만 한 가지를 위반하지 않고서는 다른 것을 지킬 수 없는 상황이 필연적으로 발생한다. 이런 경우, 사회복지사는 사회복지실천 전문직의 가치, 사회복지사의 개인적 가치, 사회적 가치 사이에서 갈등하는데, 이러한 가치 갈등은 다양한 윤리적 딜레마를 파생시킨다. 윤리적 딜레마(ethical dilemma)란 두 가지 혹은 그 이상의 도덕원칙 또는 의무가 동등하고 유용하다고 여겨지지만, 동시에 이 원칙들은 서로 모순되는 상황이다. 개인은 이런 경우 그 상황에서 최선의 것을 선택해야 한다는 것을 의미한다.

(1) 클라이언트의 자기결정권

클라이언트의 자기결정권(Self-determination)이란, 클라이언트가 스스로 선택하고 결정할 수 있도록 클라이언트의 권리와 욕구를 인정하는 사회복지 윤리원칙이다. 물론 이 내면에는 클라이언트가 선택하는 데 필요한 정보를 얻고 선택한 결과를 이해하도록 하는 사회복지사의 역할을 포함한다. 사회복지사는 자신의 전문적 지식과 경험, 기술에 근거하여 자신의 생각이나 이념을 클라이언트에게 강요할 수 없고, 클라이언트가 스스로 가장 최선이라고 생각하는 것을 선택할 수 있다는 권리이다. 그러나 자기결정 원칙은 온정주의와 관련되어 복잡한 이슈를 야기할 수 있다. 클라이언트의 이익을 위해 클라이언트의 바람을 제한하거나 자유를 방해하는 결과를 가져올 수 있기 때문이다(예 클라이언트의 자학하는 행동을 제한하거나, 원하지 않는 치료나 서비스를 받도록 하는 것 등). 사회복지사의 온정주의적 행동에 대한 찬반 논의가 있으며 이 이슈는 자기결정뿐 아니라 고지된 동의 원칙과도 맞물린다.

이때 클라이언트의 나이가 너무 어리거나 정신 연령이 낮아서 스스로 결정할 수 있는 능력이 없을 때, 클라이언트가 결정한 것이 다른 사람이나 기관·사회에 해를 입힐 가능성이 높다고 판단될 때, 사회복지사는 어느 범위까지 클라이언트의 자기결정권을 한정해야 할지 윤리적 딜레마에 처하게 된다.

(2) 비밀보장

비밀보장(Confidentiality)이란, 사회복지사가 클라이언트의 동의 없이 클라이언트에 대한 정보를 누설하지 않는다는 윤리원칙이다. 이러한 정보에는 클라이언트의 신원, 명백하게 말로 표현한 내용, 클라이언트에 대한 전문가 의견, 기록된 자료 등이 있다. 대다수의 경우 클라이언트와 나눈 정보는 비밀보장이 지켜져야 한다.

그러나 클라이언트가 자신 또는 타인을 해할 위험이 있을 경우, 아동이나 노인학대가 일어났을 경우 등 사회복지사는 비밀을 지킬 수 없다고 판단되는 상황에 부딪힐 수 있다. 전미사회복지사협회의 윤리강령에 의하면 "어쩔 수 없는 전문가적 이유 때문에 비밀보장 정보를 밝힐 수 있다."고 명시하고 있으나 이러한 조건에 대해 합의된 구체적 내용은 없다. 또한 사회복지사는 법정으로부터 클라이언트의 정보를 공개하라는 명령을 받을 수 있고, 이때 윤리적 갈등을 겪을 수 있다. 슈퍼비전이나 전문가 회의 등에서 전문적인 이유로 공개할 수 있는데, 이때에는 클라이언트 개인의 권리를 최대한 존중하면서 사전에 동의를 받아야 한다.

(3) 진실을 말할 의무

진실을 말할 의무란, 사회복지사는 클라이언트에게 정직하게 실천내용을 보고할 책임이 있다는 것이다. 여기에는 제안한 서비스나 정보 유출의 의미와 특성에 대해, 발생할 수 있는 위험과 혜택에 대해, 클라이언트 자신이나 친척에게 미칠지도 모르는 영향에 대해, 그리고 가능한 대안과 예상되는 비용에 대해 클라이언트가 충분하게 알고 있어야 함을 의미한다.

어떤 사람이 비밀로 클라이언트에 관해 말하거나 행동했을 때, 그 사실을 클라이언트에게 알려주는 것이 좋은지, 만약 알려준다면 그 사람의 비밀보장은 어떻게 되는지 등과 관련이 있다. 진실을 말하지 않거나 잘못된 정보를 제공하는 일은 없어야 한다. 그러나 때로 진실한 정보가 클라이언트에게 해가 된다고 판단될 때 사회복지사는 윤리적 갈등을 경험할 수 있다.

(4) 기타

이 외에도 사회복지사가 갖게 되는 윤리적 갈등의 문제는 다양하다. 몇 가지 예를 들면 다음과 같은 상황이 있을 수 있다.

① 제한된 자원의 공정한 분배

공평하게 자원을 분배해야 상황에서 사회복지사가 한정된 자원을 똑같이 제공해야 하는 형평성 기준을 찾는 것은 매우 어려운 과제이다.

② 상충되는 의무와 기대

클라이언트, 동료, 상사, 기관, 사회 등이 서로 상충된 기대를 가질 때, 사회복지사는 누구를 우선으로 의무를 행사해야 하는지 갈등하게 된다.

③ 클라이언트의 이익과 사회복지사의 이익

사회복지사의 원조과정에서 사회복지사는 자신의 이익을 위해서 행동해서는 안 된다. 그러나 자신을 위태롭게 하거나 희생을 강요당할 때 갈등할 수 있다.

④ 전문적 동료관계 또는 휘슬블로윙(whistle-blowing)

동료 사회복지사가 전문가로서 권위를 남용해 클라이언트나 전문직에 해를 끼치는 행동을 했을 때나 기관의 규정위반, 부정수단이나 속임수를 사용했음을 발견했을 때 이러한 사실을 알게 된 사회복지사는 그 사실을 보고해야 하는지에 대해 갈등할 수 있다.

⑤ 규칙과 정책 준수

고용되어 있는 기관의 정책, 규칙을 준수해야 하지만 클라이언트의 문제를 해결하기 위해 내린 결정이 기관정책에 어긋날 때 사회복지사는 갈등 상황에 놓이게 된다.

⑥ 개인적 가치와 전문적 가치

사회복지사는 때때로 자신의 개인적 가치와 전문가로서의 가치의 상충을 경험할 수 있다.

또한 사회복지사의 가치와 클라이언트의 개인적, 종교적 가치가 상충될 수 있다.

5) 윤리적 결정원칙 및 결정과정

사회복지사는 위와 같은 두 가지 이상의 정당한 가치나 윤리 사이에 갈등이 존재할 때 하나의 가치나 윤리를 우선적으로 결정해야 하는 딜레마를 경험한다. 딜레마 상황에서 도움을 주는 지침으로 리머와 로웬버그 등의 관점을 제시할 수 있다(양옥경 외, 2004: 김상균 외, 2002).

(1) 리머의 윤리적 결정지침

① 행동에 필요한 전제조건(생명, 건강, 음식, 정신적 평형상태)은 거짓, 비밀누설이나 오락, 교육, 물질과 같이 부가적인 이익에 우선한다.

② 생활필수품을 포함하여 개인의 기본적인 복지권은 다른 개인의 자기결정권에 우선한다.

③ 개인의 기본적 복지권은 타인의 자기결정권보다 우선순위를 갖는다.

④ 자발적으로 자유롭게 동의한 법, 규칙, 규제를 따르는 의무가 우선한다.

⑤ 개인의 복지권은 그와 갈등을 일으킬 수 있는 법, 규칙, 규제, 지원단체의 협정보다 우선한다.

⑥ 기아와 같은 기본적인 해악을 방지할 의무와 주거, 교육, 공적부조 등 공익을 증진할 의무는 개인 재산의 통제권보다 우선한다(Reamer, 1999; 김상균 외, 2002: 149에서 재인용).

(2) 리머의 윤리적 결정과정

① 사회복지 가치와 임무들이 상충되는 윤리적 쟁점들을 확인한다.

② 윤리적 결정으로 인해 영향받을 수 있는 개인, 집단 및 조직이 있는지 확인한다.

③ 어떠한 행동방침들이 가능한지 확인하고 각각의 방침에 포함되는 관계자는 누구인지, 잠재적 이익과 위험은 어떠한지 살핀다.

④ 각각의 행동방침의 찬성과 반대 이유를 자세히 검토한다.

⑤ 동료나 적절한 전문가들에게 자문을 구한다.

⑥ 결정을 내리고 결정과정을 문서화한다.

⑦ 결정을 점검하고 평가하고 문서화한다(Reamer, 1999; 김상균 외, 2002: 149에서 재인용).

(3) 로웬버그와 돌고프의 윤리적 원칙

① **윤리원칙 1-생명보호의 원칙**: 심각한 고혈압을 앓고 있는 중년 남자의 경우 생명을 위협하는 고혈압을 내리기 위해 처방되었던 약물은 그를 성불능자로 만들었다. 상담을 요하는 클라이언트가 약물을 끊고자 할 때 사회복지사가 클라이언트의 결정에 동의하면 그의 성기능은 정상으로 회복될 수 있도록 도와줄 수 있어도(원칙 5: 생활의 질) 원칙 1(생명보호)의 생명의 보호에 대한 위험성은 높아진다. 이러한 상황에서 사회복지사의 최선의 선택은 원칙 1을 준수하는 것이다. 사회복지사는 인간의 생명을 보호하여야 할 의무가 있다. 이는 기본적인 의식주의 해결로부터 의료보장, 소득보장에 이르기까지 인간의 기본 생존권을 보장하는 것을 의미한다. 또한 저소득계층의 최저생계보장 및 최저생활보장 등의 삶의 질을 높이는 데도 기여해야 한다.

② **윤리원칙 2-평등과 불평등의 원칙**: 학대받는 아동은 성인과 '동등한' 위치에 있지 않기 때문에 학대상황이 비록 생과 사의 심각한 경우가 아니어도 학대하는 성인에 대한 비밀보장 가치의 원칙은 아동을 보호하는 의무에 비해 더욱 낮은 순위를 차지한다.

③ **윤리원칙 3-자율성과 자유의 원칙**: 어떠한 결정을 하든 그것은 자신의 자율적인 권리이므로 자신 혹은 이러한 결정을 내리려 할 때 사회복지사는 이에 개입해야 할 의무가 있다. 다시 말하면 사회복지사는 클라이언트의 자유, 자율 그리고 독립성을 최대한 보장하는 환경을 제공해야 한다. 클라이언트가 자유로운 분위기에서 자신의 의지에 따라 스스로 결정할 수 있는 환경이 보장되어야 한다. 그러나 클라이언트 스스로 결정한 것이 자신이나 타인의 생명을 위협하는 것일 때에는 사회복지사는 이에 개입해야 한다. 그 이유는 원칙 3(자유의 가치)보다 원칙 1(생명보호)이 앞서기 때문이다. 즉, 모든 선택 대안들이 모두 다 유해하거나 또는 누구에게든지 유해할 때 가장 최소로 유해한 대안을 선택하여야 하며, 가장 빠르고 쉽게 원상복귀 될 수 있는 대안을 선택하여야 한다.

④ **윤리원칙 4-최소 손실의 원칙**: 사회복지사는 항상 최소한의 손실, 즉 최소한의 영구적인 손상 혹은 가장 쉽게 회복될 수 있는 방향으로 개

입기회를 선택해야 한다.

⑤ 윤리원칙 5–삶의 질의 원칙: 사회복지사는 지역사회뿐만 아니라 모든 사람들의 생활의 질을 향상시키는 기회를 선택하여야 한다.

⑥ 윤리원칙 6–사생활보호와 비밀보장의 원칙: 사회복지사는 모든 사람들의 사생활 보호의 권리를 신장시키는 실천을 결정해야 한다. 비밀을 누설하지 않고 유지하는 것 등이 포함된다. 클라이언트는 사회복지사와의 전문적인 관계 속에서 자신의 문제해결을 위한 많은 내용을 공개하게 된다. 사회복지사는 이 내용들을 클라이언트의 문제해결을 위한 목적 이외에는 타인에게 공개해서는 아니 된다. 클라이언트의 비밀보장이 우선순위 1번인 생명보호에 위배될 때에는 생명보호가 클라이언트의 비밀보장보다 우선된다.

⑦ 윤리원칙 7–진실성과 완전공개의 원칙: 사회복지사는 클라이언트와 다른 사람들에게 진실을 말하고 정보를 충분히 개방하는 것을 허용해야 하는 결정을 해야 한다(Lowenberg & Dolgoff, 1996, 김상균 외, 2002: 152에서 재인용).

(4) 로웬버그와 돌고프의 윤리적 결정단계

① 1단계: 문제와 문제를 지속시키는 요인 확인

② 2단계: 당면 문제에 관련되어 있는 사람들과 제도 확인

③ 3단계: 확인된 관련자들이 당면 문제와 관련해 갖고 있는 가치 확인

④ 4단계: 당면 문제해결 또는 감소시킬 수 있는 목적이나 목표 확인

⑤ 5단계: 대안적 개입전략과 표적 확인

⑥ 6단계: 확인된 목표들과 각 대안들의 효과성 및 효율성 사정

⑦ 7단계: 의사결정에 관여해야 할 사람 결정

⑧ 8단계: 가장 적절한 전략 선택

⑨ 9단계: 선택된 전략 실행

⑩ 10단계: 실행검토 및 예기치 않은 결과에 주의

⑪ 11단계: 결과 평가 및 부가적 문제 확인(Lowenberg & Dolgoff, 1996, 김상균 외, 2002: 151에서 재인용).

6) 윤리적 딜레마의 대처 방안

모든 인간은 가치를 가지고 있다. 사회복지전문직도 가치를 갖고 있으며, 이들 가치는 사회복지사에게 무엇을 어떻게 처리할지를 가르쳐주는 실천 지침이 된다. 사회복지사들은 개인적 가치를 분명히 하고, 이들 가치가 전문직의 가치와 맞물리거나 충돌할 때 이를 깨달아야 한다. 그리고 사회복지사는 클라이언트 역시 개인적 가치를 가지고 있으며, 이들 가치가 사회복지사 개인의 가치 또는 전문직의 가치와 갈등을 초래할 수 있으므로 인식해야 한다. 또한 보다 큰 사회는 정책과 법을 통해서 가치를 표명하여 윤리적 딜레마에 대처하여야 한다. 또한 사회복지사는 개인의 신변, 클라이언트의 가치 혹은 전문직의 가치와 충돌할 수 있다.

자기인식은 이런 잠재적 갈등영역을 찾아내는 첫 번째 단계이다. 가치명료화를 통해 이들 가치 간의 잠재적인 갈등과 이 갈등이 윤리적 의사결정에 미칠 수 있는 잠재적 영향력에 대한 인식을 갖추어야 한다. 이러한 윤리적 대처방안에 대하여 요약하면 다음과 같다(류형택 외, 2014: 33-35).

(1) 개인적 가치 명료화

개인적 가치는 개인이 가지고 있는 가치이며, 다른 사람들이 반드시 이 가치를 공유하는 것은 아니다. 예를 들어, 사회복지사가 안락사에 대해 찬성한다(혹은 반대한다)고 말하는 것으로는 충분하지 않으며, 이에 대한 개인적 가치를 분명하게 해야 한다.

(2) 집단가치의 명료화

집단가치는 사회의 하위집단(종교집단, 소수민족 집단 등)이 가지고 있는 가치이다. 사회복지사는 하나 이상의 집단에 소속되어 있으며, 전문가, 종교 및 관련 집단뿐 아니라 가족과 지역사회의 영향을 받아 가치를 형성하게 된다. 중산층 출신의 사회복지사가 빈곤가족에게 서비스를 제공할 때 발생할 수 있는 가치 차이에 관한 이슈는 자주 지적되어 왔다.

(3) 사회적 가치의 명료화

사회적 가치는 사회체계의 다수, 혹은 적어도 체계의 지도자나 대변인이 인정하는 가치이다. 다문화, 다종교, 그리고 다가치적 사회가 되어감에 따라 윤리적 지침으로서 사회적 가치를 규명하는 것이 점차 어려워진다.

(4) 가치관에 대한 자기인식

사회복지사로서 가치관에 대한 의식을 명확히 하는 것은 매우 중요하다. 가치관에 대한 자기 인식은 다음과 같다.

① 자신의 가치관은 자신의 태생과 성장, 그리고 환경적 요소까지 영향을 끼친다. 또한 그 기준은 깊숙이 내면화되어 있으며, 자신의 감정적 요소가 개입되어 있음을 인식해야 한다.

② 자신이 갖고 있는 편견이 무엇인지 아는데 최선의 노력을 해야 한다.

③ 자기 자신과 스스로의 가치관을 객관적이고도 현실적으로 평가하도록 노력해야 한다.

④ 평가에 근거하여 필요한 가치관은 변화하도록 노력하며, 클라이언트와 사회복지사 자신은 모든 생활양식과 태도, 그리고 판단에 있어서 크게 다름을 인식해야 한다.

⑤ 사회복지사는 문학, 예술, 음악과 개인의 생활경험을 통해 가능한 한 여러 부류의 사람들과 접해 보고 그들의 생활양식, 가치관을 이해하도록 노력해야 한다.

⑥ 사회복지사는 심리상담, 미술치료, 의사소통 등과 같은 심리·정서적 전문 교육과정을 통해서 먼저 자신을 재발견하여 내면의 가치를 향상시키는 데 주력하여야 한다.

06
CHAPTER

사회복지의 구성요소

이 장에서는 사회복지가 어떻게 구성되는가를 살펴봄으로써 사회복지에 대한 이해를 도모하는 것을 목적으로 한다. 목적을 달성하기 위해서는 첫째, 사회복지의 주체, 객체, 현장에 대하여 살펴보고 둘째, 사회복지의 재원과 셋째, 사회복지가 실천되는 방법과 효율적 전달체계에 대하여 살펴보고자 한다.

01 사회복지의 주체, 객체, 현장

1) 사회복지의 주체

김영모는 사회복지의 구성을 주체(기관), 객체(대상), 기능(방법)으로 구성되어 있고, 이러한 구성요인은 서로 밀접한 관계를 맺고 있다고 보았다(김영모, 1999: 3). 사회복지는 주체와 객체 간의 원조관계이기 때문에 자연히 원조의 기능도 그것에 따라 결정된다는 것이다.

사회복지의 주체와 현장은 역사적 시기에 따라서 강조점에서 차이가 있었다. 미국의 경우 19세기 말 사회복지가 '자원봉사활동'의 하나로 확산될 때에는 자선조직협회나 인보관과 같은 현장이 강조되었다. 그러나 20세기 초 대학에서 사회복지사를 배출시키면서 전문성을 갖춘 사회복지사에 의한 활동이 강조되었다.

한국에서도 조선시대와 일제하에도 사회복지사업은 있었다. 당시에는 고아, 독거노인, 과부, 홀아비 등 이른바 '환과고독'을 보호하는 일이 구제나 구호 차원에서 이루어졌기 때문에 사회복지의 주체는 중요하지 않았다. 그러나 광복 후 대학에서 사회복지학을 가르치기 시작하고, 1960년대 이후 사회복지사가 본격적으로 배출되면서 사회복지사에 의한 전문적 활동이 강조되었다. 현재 한국 사회에서 사회복지의 주체는 사회복지사란 점을 부정하는 사람은 별로 없다. 그러나 현실적으로 사회복지사만이 사회복지를 실천하는 것은 아니고, 모든 사회복지사가 사회복지를 실천하지도 않는다.

사회복지의 주체를 이해하는 것은 곧 사회복지서비스 제공과정에서 서비스의 제공자와 받는 자 간의 상호작용 맥락을 파악하는 일이기 때문에 매우 중요하다. 최옥채는 사회복지실천의 주체의 범주에 사회복지서비스를 관장하는 정부, 사회복지서비스를 실행하는 기관, 최종적으로 사회복지서비스를 클라이언트에게 전달하는 사회복지사를 포함하였다. 또한 그는 한국적 상황의 특성을 고려할 때, '주체의 관련인'으로 성직자와 자원봉사자도 포함해야 한다고 보았다(최옥채, 1999: 33-35).

표 6-1 주체별 사회복지 형태

주체	복지형태	주체	복지형태
개인	상호부조, 박애사업	직장	공제회, 기업복지
가족	가족복지, 재가복지	지역사회	공동모금, 지역사회사업
부락	혼상계, 인보사업	국가	사회보장, 사회정책
교회	자선사업	세계	세계복지, 세계자원봉사

자료: 김영모(1999).

(1) 정책주체, 운영주체 및 실천주체

근대적 사회복지가 발달하면서 사회복지에 대한 일차적 책임은 국가에 있지만, 사회복지의 구체적인 실시관점에서 보면 정책주체, 운영주체, 실천주체로 구분할 수 있다.

가. 정책주체

① 국가(정부)

사회복지의 정책을 계획하고 책정하여 실행하는 주체로서 사회전체에 산재해 있는 보편적인 문제를 파악하고, 그 문제를 사회적 맥락 속에서 해결하는 방책을 고려하여 그 실시를 가능하게 하는 구체적인 방법을 입안하는 기능을 한다.

② 지방자치단체

국가의 정책을 위탁받아 시행하고, 독자적으로 지역주민의 복지 욕구에 대응하는 정책수립 및 프로그램을 실시한다. 최근에는 지방화 정책의 추세에 따라 이러한 경향이 더욱 확대되고 있다.

나. 운영주체

사회복지사업을 운영하고 경영하는 주체이며, 사회복지사업을 행하는 시설, 단체, 기관들로서 공영기관과 민영기관으로 구분할 수 있다. 다음의 세 가지 유형으로 구분할 수 있다. 첫째, 국가나 지방자치단체가 직접 사회복지시설을 설치하여 운영하는 경우, 둘째, 사회복지법인, 재단법인, 종교단체, 의료단체 등이 시설을 설치하여 운영하는 경우, 셋째, 국가나 지방자치단체의 위탁을 받아 민간단체들이 운영하는 경우이다.

다. 실천주체

사회복지서비스를 직접 대상자에게 실시하는 주체로, 사회복지사나 사회복지시설 종사자 등으로 구분할 수 있다. 최근에는 자원봉사자들에게 사회복지실천 주체로서의 역할이 확대되고 있다.

최근에는 실용적 동반자 모델이 새롭게 대안으로 제시되고 있다. 이 실용적 동반자 모델의 특징은 첫째, 정부가 기본적인 서비스의 제공을 지속적으로 추구하지만 서비스의 전달과정에서 비영리 민간조직에게 자금을 제공하고 운영권을 위임하여 관료화를 방지하고 다양성을 살리고자 한다는 점에서 나타난 모델이다. 둘째, 독립되고 포괄적인 공공서비스센터를 강화하는 대신에 비정부조직과의 계약을 실용적으로 선택한다(Kramer, 1981: 285). 셋째, 민간비영리 부문과 국가 부문의 협력적인 관계가 가지는 이론적·정책적인 장점을 고려할 때, 우리나라의 경우 실용적 동반자 관계에 입각한 역할 분담이 정치적으로나 사회적으로 실현 가능성이 높은 대안이다.

(2) 사회복지서비스의 공급주체

국가 및 지방공공단체나 사회복지법인 등에서 공적 책임하에 실시한 한정된 복지서비스 제공의 형태가 많았으나, 사회복지서비스의 보편화와 일반화, 그리고 재각복지사업의 확대에 따라 다양한 형태의 공급조직에 의한 다양한 서비스가 제공되고 있다. 즉, 사회복지의 공급시스템에 대한 관심이 증가하고 있으며, 오늘날 사회복지서비스의 공급주체는 혼합된 형태로 나타나고 있다.

가. 비공식 부문 vs 공적 부문, 민간비영리 부문 vs 민간영리 부문

① 비공식 부문(informal sector)

가족을 중심으로 제1차적 집단으로 가족, 친족, 우인 및 근린에 의한 보호를 의미한다(양정하, 1992: 96). 전통적인 사회에서는 인간의 대부분의 욕구는 가족, 친척과 같은 일차적 집단 안에서 충족이 가능하였으나, 산업화 과정에서 가족의 기능이 분화되면서 가족의 많은 기능이 사회화되었다. 즉, 비공식적 주체에 의한 복지영역이 축소되고 있다. 또한 공적 부문, 즉 국가

책임 부문의 축소를 지향하는 개혁에 있어서는 비공식부문이 부당하게 이용되기도 한다.

② 공적 부문(public sector)

공적 부문은 중앙정부와 지방자치단체이며, 현대 산업사회에 있어 사회복지서비스 제공의 가장 중요한 주체이다. 비공식적 부분으로는 충분히 대응할 수 없게 된 복지욕구를 공적 부문에서 대처할 수 있다. 국가는 국민의 최저생활보장과 생활향상에 대한 책임을 가지며, 지방자치단체는 국가정책에 협력하면서 국가의 시책이 미치지 않는 지역사회의 독특한 복지욕구에 반응한다. 공적 부문을 통해 이른바 '요람에서 무덤에 이르기까지'의 광범위한 서비스가 제공된다.

③ 민간비영리 부문(voluntary sector)

민간이 운영하는 점에서는 공적단체와 다르고 이윤을 추구하지 않는다는 점에서 민간기업과 다르다. 민간기업과 차이점은 민간비영리 부문은 사람들의 자발성(voluntarism)에 기초하여 공급된다는 점이다. 복지국가체제의 성립 이전에 이 부분은 사회적 서비스의 가장 큰 공급주체였으나 사회복지의 국가책임성을 강조하는 복지국가체제의 출범 이후 축소되었다. 시설보호와 같은 기본적 서비스를 제공하며, 국가서비스의 발달지체로 인한 차이를 메워줄 수 있다.

민간비영리 특성을 가진 민간사회복지기관의 주요한 기능으로는 첫째, 아직 공공정책으로 대처하지 못하는 서비스는 민간기관만이 제공한다. 둘째, 민간기관만이 종파적인 서비스 혹은 특정 종족이나 이익집단을 위한 서비스를 적절하게 제공한다. 셋째, 사적인 익명의 알코올중독자 모임과 같은 자조집단(self-help group)의 중요성에 대한 인식 증대이다. 넷째, 민간기관만이 요보호자나 복지대상자를 위해 때로는 정부와 대립되는 입장에서 대변자의 기능이나 공무원에 대한 민원조사관의 기능을 담당할 수 있는 가장 적절한 최선의 방편이다. 다섯째, 위의 네 가지 기능과는 별개로 민간사회복지가 비용의 적은 부문일지라도 사회복지의 주된 기능을 계속 행사한다(남세진, 1992: 135-136).

공적 부문이 재정적 한계에 부딪힌 점과 민간비영리 부문과 비공식 부문이 활약하는 다원적인 복지사회가 성립되면, 복지국가는 기능하지 못한다는 점을 들어 최근 복지국가의 위기 이후 민간비영리 부문에 대한 관심이 다시금 고조되고 있다. 민간비영리 부문은 비공식 부문이나 공적 부문을 어느 정도까지는 보완해주지만, 민간영리 부문의 진출에 따른 경쟁적 관계라는 한계가 있다(양정하, 1992: 100).

④ 민간영리 부문(business sector, commercial sector)

복지국가에서는 이 부문의 역할을 할 수 있는 부분이 별로 없었다. 최근 민간영리 부문의 역할에 대한 새로운 인식이 대두되고 있다. 첫째, 복지국가의 재정적 위기 속에서 공적 부문에 의한 사회서비스의 공급이 한계에 달했다는 인식으로 비공식 부문을 포함하여, 이 부문에 대한 정책당국의 관심 고조되고 있다. 둘째, 각국에서 국영기업의 민영화가 진행되어 이러한 조류가 사회복지계에도 밀려왔다. 셋째, 생활수준의 향상으로 구매 능력이 생긴 계층이 많아졌다. 넷째, 인구의 고령화가 진행되면서 요구되는 자원의 양이 많아져 이러한 규모의 이점을 살릴 수 있는 부문이 추가되었다(양정하, 1992: 101-102).

수익자부담원칙의 다양한 서비스의 공급은 특히 실버산업의 확대와 함께 점차 증가할 전망이나, 이 부문의 확대는 엄격히 규제되고 신중히 검토되어야 할 필요성이 제기된다.

제3섹터

제3섹터란 넓은 의미에서 공공과 민간 양 부문의 협력방식을 총칭, 좁은 의미에서 민관협력방식으로 보아 '자금, 인력, 기술 등에 관해 공공부문과 민간부문이 협력함으로써 공공부문의 영역에 민간의 능력을 도입함과 동시에 공적지원 강화를 통해 민간부분을 활성화시키는 사업을 의미'한다.

미국의 경우 제3섹터는 제1섹터(연방정부, 주정부, 지방정부), 제2섹터(민간)도 아닌 독립섹터의 의미이다. 독립섹터란 재단, 교회, 봉사클럽, 노동조합 등 비영리단체로서 실업자와 노동자 등의 약자 구제, 교육, 레크리에이션, 의료서비스, 신기술 개발, 인종차별 폐지 등 수많은 부분에서 중요한 역할을 완수했다. 그러나 미국의 제3섹터는 공공부문과 민간부문의 속성을 동시에 지닌 부문들을 통칭하는 것으로 파악되어온 결과, 비영리, 비정부기관이라는 포괄적인 개념으로 형성되었다(배용수, 1995).

나. 공공적 복지공급체계(행정형, 인가형)와 비공공적 복지공급체계(시장형, 참가형)

미후라후미오(三浦文夫)는 사회복지의 공급시스템이란 관점을 제시하여 사회복지공급체계를 크게 공공적 복지공급체계와 비공공적 복지공급체계로 구분하였다. 공공적 복지공급체계는 국가 또는 지방자치단체에 의한 행정형 공급조직과 인가단체에 의한 인가형 공급조직을 의미한다. 반면, 비공공적 복지공급체계는 시장형 공급조직과 주민의 참가에 의한 참가형 공급조직을 의미한다.

① 공공적 복지공급체계

공공적 복지공급체계는 행정형 공급조직과 인가형 공급조직으로 분류할 수 있다. 첫째, 행정형 공급조직은 국가 또는 지방자치단체가 복지사업 또는 복지시설을 직접 운영하는 형태이다. 둘째, 인가형 공급조직은 정부가 사회복지법인 또는 재단법인 등 비영리단체로 하여금 국가가 해야 할 사업을 위임받아 행하도록 하는 공급조직으로서, 사업대상은 주로 저소득 계층이다. 이에 대한 소요 비용은 대부분 국가 또는 지방자치단체에서 부담한다.

② 비공공적 복지공급체계

비공공적 복지공급체계에는 시장형 공급조직과 참가형 공급조직으로 분류할 수 있다. 첫째, 시장형 공급조직은 시장원리에 의해 운영되는 것으로 창조성, 신속성, 또는 효율성이 높은 서비스를 기대한다. 소비자들은 각자 자신의 취향이나 능력에 따라 서비스를 자유로이 선택할 수 있는 장점이 있다. 둘째, 참가형 공급조직은 종교상의 목적이나 이타주의, 상호 연대감 등의 이념에 기초하여 비영리적인 형태로 제공되는 서비스를 의미한다. 법적으로는 사회복지시설이나 사회복지조직으로 인정되지 않지만, 실질적으로 많은 사회복지서비스의 공급을 담당하고 있다(三浦文夫, 1985: 114-118).

2) 사회복지의 객체

사회복지에서는 서비스를 받는 사람, 즉 대상자를 영어로 클라이언트라고 한다. 사회복지의 서비스 대상자의 선정기준은 선별주의와 보편주의로 구분할 수 있다. 최근에는 선별주의에서 보편주의로 변화되고 있다.

사회복지의 대상이란 사회복지가 일차적으로 관심을 가지고 있는 것, 즉 문제에 봉착한 사람들이나 문제 자체 혹은 문제를 야기시키는 조건 등을 말한다. 사회복지의 대상 역시 사회복지가 역사적·사회적 형성체이니만큼 사회복지의 변화와 함께 여러 가지로 변화되어 왔다.

사회복지대상자의 중심은 사회복지를 필요로 하는 사람들이 누구이냐 하는 것인데, 초기단계에 있어서는 소수의 사회적 약자들을 한정해서 사회복지서비스가 제공되어 왔으나, 현대사회로 접어들면서 국민 전체로 사회복지가 확대되는 현상을 볼 수 있다. 즉, 사회복지의 대상은 일반적으로 불행한 자나 낙오자를 도와주는 것으로 생각하였다. 그래서 사회사업, 사회복지라고 하면 고아, 미망인, 장애인, 빈민 등이 사회복지의 주요 대상인 것으로 생각하였다. 그러나 현대사회에서 사회복지는 그러한 대상에게 일차적 관심을 보여주지만, 그보다도 국민의 사회적 욕구와 사회적 문제에 관심이 많다. 일반적으로 욕구에 대한 서비스를 사회복지로 보는 경우는 주로 개인주의와 기능주의적 이론에 기초하고 있고, 사회문제를 해결하는 것을 사회복지로 보는 경우는 주로 집단주의적 이념과 갈등주의적 이론에 기초하고 있다. 다시 말하면, 욕구결핍이나 그것으로 인한 반사회적 행위(탈선, 일탈)는 대개 개인의 성격상 결함(동기부족, 게으름, 의타심 등)이나 기능상 장애(노령, 질병, 장애 등)로 생기는 것으로 생각하고, 사회 불평등이나 빈곤과 같은 사회문제는 자본주의제도의 결함이나 소유관계 및 독점상태(재산, 권력, 자원, 기회 등)에서 비롯되는 것으로 생각하는 경향이 있기 때문이다.

사회복지의 주요 대상인 사회적 욕구와 사회문제가 어떠한 것이 있는가를 보면 다음과 같다. 사회적 욕구는 물질적 욕구와 정서적 욕구로 나눌 수 있다. 물질적 욕구는 1차적 욕구로서 소득, 보건, 교육, 주택 등이 있고, 2차적 욕구는 스포츠, 예술 등 문화적 욕구, 사회참여 등의 사회적 욕구가 있다. 그리고 정신적 욕구는 애정결핍, 정서장애, 성격파탄을 정상화시키는 것이다. 한편, 사회문제는 일탈(탈선)과 같은 반사회적 행위 이외에 사회불평등과 사회해체와 같은 것으로 크게 나눌 수 있다. 탈선은 범죄, 자살, 알코올중독, 마약중독 등을 말하고 불평등은 빈곤, 소외, 지역격차, 계층격차 등을 말하며, 사회해체는 결손가정, 빈곤가정 등 가족해체와 윤락가, 환락가, 빈민촌 등 지역사회해체를 지적할 수 있다.

이와 같이, 사회 불평등을 사회문제로 보는 경우는 갈등주의자의 견해이며 사회해체를 사회문제로 보는 경우는 기능주의(주로 개인의 성격 결함에서 초래)와 갈등주의(주로 사회의 제도적 결함에 의하여 초래)의 통합적(개인 또는 사회의 생태학적 결함에서 초래) 견해이다. 즉, 사회복지의 대상은 시대에 따라 변화하여 왔다. 일반적으로 경제적으로 곤란을 겪고 있는 사람, 신체적으로 장애를 갖고 있는 사람, 가족에게 보호나 혜택을 받지 못하는 사람을 대상으로 했던 시대에서 현대사회에서의 사회복지대상은 위의 사항에 대하여 1차적 관심을 갖고 있지만, 그보다도 사회적 욕구와 사회문제를 대상으로 법정 요보호자 외의 일반 국민 모두를 대상으로 한다.

3) 사회복지의 현장

사회복지의 현장은 사회복지의 주체와 매우 밀접한 관계를 맺고 있다. 즉, 일선에서 사회복지서비스를 제공하는 사회복지사는 정부, 사회복지법인, 기타 관련 단체에서 일하는 경우가 많기 때문이다. 사회복지의 현장을 주체와 나누어서 살펴보려고 하는 것은 현행법으로 사회복지서비스를 제공하는 곳은 어디이고, 그곳에서 사회복지사는 얼마나 주도적인 역할을 수행하고 있느냐를 점검하기 위해서이다.

사회복지의 현장은 우선 「사회복지사업법」과 관련 법령에 의해서 규정된 곳에서 찾을 수 있다. 사회복지서비스는 국민의 생존권을 보장하기 위한 국가의 복지서비스, 사회적으로 불우한 환경에 놓여 있는 빈민, 아동, 노인, 장애인, 모자, 영유아, 여성 등에 대한 현금/현물급여, 상담과 같은 정서적 원조 등을 포괄한다. 또한 사회복지의 현장은 초기에는 요보호아동, 노인, 장애인 등을 위한 생활시설(수용보호시설)에서 가정에서 도움을 필요로 하는 시민을 위한 이용시설로, 그리고 무료시설에서 실비와 유료시설로 확장되어 왔다.

「사회복지사업법」에 의한 모든 사회복지시설은 사회복지를 구현하는 곳이지만, 사회복지사가 전문적으로 사회복지서비스를 얼마나 제공하는지는 복지시설별로 상당한 차이가 있다. 사회복지사가 운영책임자나 핵심적인 직원으로 주도적인 역할을 하느냐의 여부에 따라서 사회복지사가 주도하는 기관, 기관의 특정 업무를 사회복지사가 전문적으로 수행하는 기관, 그리고 사회복지사가 부분적으로 개입하는 기관으로 나누어 볼 수 있다.

사회복지시설이란 사회복지 관련법과 연계되어 사회복지사업을 행할 목적으로 설치된 시설을 의미한다. 현재 사회복지시설 중에서도 많은 사회복지사들이 활동하고 있는 대표적인 사회복지시설의 종류를 도표로 제시하면 표 6-2와 같다.

표 6-2 사회복지시설

소관 부처	시설종류	세부종류		
		생활시설	이용시설	
보건복지부	노인복지시설	• 노인주거복지시설 • 노인의료복지시설 • 학대피해노인전용쉼터	• 재가노인복지시설 • 노인여가복지시설 • 노인보호전문기관 • 노인일자리지원기관	「노인복지법」
	복합노인 복지시설	• 농어촌에 지역에 한해 「노인복지법」 제31조 노인 복지시설을 종합적으로 배치한 복합노인복지시설을 설치·운영 가능		「농어촌주민의 보건복지 증진을 위한 특별법」
	아동복지시설	• 아동양육시설 • 아동일시보호시설 • 아동보호치료시설 • 자립지원시설 • 공동생활가정	• 아동상담소 • 아동전용시설 • 지역아동센터 • 아동보호전문기관 • 가정위탁지원센터	「아동복지법」
	장애인복지시설	• 장애유형별 거주시설 • 중증장애인 거주시설 • 장애영유아 거주시설 • 장애인단기 거주시설 • 장애인공동생활가정 • 피해장애인쉼터	• 장애인지역사회재활시설 • 장애인직업재활시설 • 장애인의료재활시설 • 장애인생산품판매시설	「장애인복지법」
	어린이집		• 어린이집	「영유아보육법」
	정신보건시설	• 정신요양시설 • 정신재활시설 중 생활시설	• 정신재활시설 중 이용시설	「정신건강증진 및 정신질환자 복지서비스 지원에 관한 법률」

소관부처	시설종류	세부종류		
		생활시설	이용시설	
	노숙인시설	• 노숙인자활시설 • 노숙인재활시설 • 노숙인요양시설	• 노숙인종합지원센터 • 노숙인일시보호시설 • 노숙인급식시설 • 노숙인진료시설 • 쪽방상담소	「노숙인 등의 복지 및 자립지원에 관한 법률」
	사회복지관 결핵·한센시설	• 결핵·한센시설	• 사회복지관	「사회복지사업법」
	지역자활센터		• 지역자활센터	「국민기초생활보장법」
	다함께돌봄센터		• 다함께돌봄센터	「아동복지법」
여성가족부	성매매피해지원시설	• 일반지원시설 • 청소년지원시설 • 외국인지원시설 • 자립지원공동생활가정	• 자활지원센터 • 성매매피해상담소	「성매매방지 및 피해자 보호 등에 관한 법률」
	성폭력피해보호시설	• 성폭력피해자보호시설	• 성폭력피해상담소	「성폭력방지 및 피해자 보호 등에 관한 법률」
	가정폭력 보호시설	• 가정폭력피해자보호시설	• 가정폭력상담소 • 긴급전화센터	「가정폭력 방지 및 피해자 보호 등에 관한 법률」
	한부모가족 복지시설	• 모자가족복지시설 (기본, 공동, 자립) • 부자가족복지시설 (기본, 공동, 자립) • 미혼모자가족복지시설 (기본, 공동) • 일시지원복지시설	• 한부모가족복지상담소	「한부모가족지원법」
	다문화가족 지원센터		• 다문화가족지원센터	「다문화가족지원법」
	건강가족 지원센터		• 건강가정지원센터	「건강가족지원법」
	청소년복지시설	• 청소년쉼터 • 청소년자립지원관 • 청소년치료재활센터 • 청소년회복지원시설		「청소년복지 지원법」

자료: 2021 사회복지시설 관리안내(보건복지부, 2021).

02 사회복지의 재원

문제를 안고 있는 대상자에게 도움을 주고 사회적 욕구를 해결하기 위해 사회복지의 재원은 필수불가결한 요소이다. 이러한 이유로 한 사회의 사회복지 재정규모는 그 사회의 복지 수준을 측정할 수 있는 주요한 잣대가 된다. 국가 간의 사회복지의 발달 정도 또한 사회복지 재정규모로 가늠할 수 있다. 사회복지재원은 크게 공공재원과 민간재원으로 나눌 수 있다.

1) 공공재원

공공재원에는 조세로 이루어지는 정부의 일반예산, 4대 사회보험을 위한 보험료, 그리고 조세지출이 포함된다.

복지서비스의 제공에 필요한 조직·인재·물질 등의 운용에 드는 제반 경비 중 법률의 근거 또는 예산조치에 기초하여 국가와 지방 공공단체에 의해 지출되는 재원이다. 여기에 대응하는 용어로 '민간 복지재원', '민간자기(自己)자금'이 있다.

일반적으로 국가 수준에서 말하는 공적 복지재원의 전형은 이른바 '보조금'이다. 조치비와 같이 법률에 의거하여 부담비율을 특별히 정한 보조금을 국고부담금이라 하고, 정책적으로 장려해서 신규사업을 일으키거나 지방·민간사업을 재정적으로 지원하는 보조금을 국고보조금이라 한다. 전자는 사회보장제도에서의 급여의 성격을 가지며, 후자는 일반적으로 말하는 보조금행정의 재원에 해당한다. 이것들은 용도를 특별히 정한 재원이며, 이 외에 지방교부세 교부금과 지방양도세가 지방공공단체의 일반재원이 되고 지방세 수입과 합쳐서 지방별로 정책재원이 되어 예산이 분배된다.

이제부터 모색되는 지방 특성을 가진 독자적인 복지정책과 지방복지 계획의 추진예정에서 보면, 재정난에서 유래하는 공적 복지재원의 한계와 함께 민활(敏活)자금의 도입, 준(準)공적 복지재원으로서의 기금의 양성, 세 부담과 이용료와의 사이의 자원배분의 최적화 등 실시주체로서의 지방 책임이 가속되는 가운데 재원조정문제는 앞으로의 중요 과제가 된다.

2) 민간재원

복지서비스의 제공에 필요한 제반 경비 중 세금 등에 의한 공적 재원 이외의 민간에서 조달되는 재원을 말한다. 공적인 복지서비스에 대해서는 법정화된 사회복지사업에 대한 시설정비 및 서비스의 실시경비를 법률의 규정에 의해 그 경비의 부담자 및 부담비율이 정해져 있다. 그중에서 민간 사회복지법인이 설치·운영하는 사업에 대해서는 원칙적으로 민간재원이 충당되며, 금융시장으로부터의 예산조치의 범위에 들어가지 않는 부분에 대해서도 자기부담으로 민간으로부터 자금조달이 이루어진다.

민간재원은 매년 정기적으로 실시되는 국민운동으로서의 공동모금, 기부금에 의한 배분, 기업 등의 사업자로부터의 직접적인 기부, 기업 등이 설치하는 조달단체로부터의 조성금, 개인의 기부, 경륜, 경정 등의 공영경기의 수익금으로부터의 조성 등을 들 수가 있다. 이 민간복지재원에 대해서는 복지의 가치관에 기초한 자발적 자금제공의 가치를 강조함과 동시에, 손금불산입(損金不算入) 등의 세제상의 우대조치의 제도화가 민간 재원조달에서의 조건이 된다. 또한 민간재원은 최근 서구의 공공재원이 한계에 도달하면서 그 중요성이 부각되고 있으며, 이는 기업복지의 재원, 자발적 기여, 사용자 부담, 가족 간 소득이전의 4가지로 나누어 살펴볼 수 있다.

첫째, 기업복지의 재원으로 대기업을 중심으로 기업에서는 피고용자를 위하여 다양한 복지급여를 마련하고 있다. 둘째, 자발적 기여로써 개인이나 기업, 재단 등이 사회복지를 위해 강제적으로가 아닌 자발적으로 기여한 재원을 말한다. 셋째, 사용자 부담으로 사회복지서비스를 받는 사람이 서비스 비용의 일부를 본인이 부담하는 것을 말한다. 넷째, 가족 간 소득이전으로써 비공식적 지원체계에서 제공되는 재원 등이 있다.

03 사회복지의 방법 및 전달

1) 사회복지의 방법

사회복지학은 앞서 살펴본 것처럼, 사회문제해결이라는 사회적 욕구에 대응하기 위해 존재하는 응용 실천학문이다. 이러한 사회복지학의 접근방법은 관심대상인 사회문제의 발생원인을 어떻게 보느냐에 따라 3가지로 생각할 수 있다. 첫째는 정책적 접근, 둘째는 전문적 접근, 셋째는 통합적 접근이다.

첫째, 정책적 접근은 사회문제가 개인의 책임이라기보다는 사회적 혹은 국가적 책임에 의해 발생한다고 간주하여 거시적 맥락에서 사회문제를 이해하려고 한다. 둘째, 전문적 접근은 개인의 사회부적응으로 발생하는 사회문제를 인간관계 조정기술이라는 전문기술을 통해 해결하려는 방법이다. 셋째, 통합적 접근은 사회문제를 정책적 접근방법이나 전문적 접근방법 중 한 가지에 의해 해결되는 것으로 보지 않고, 두 가지 방법이 동시에 적용되어야 문제해결이 가능하다고 보는 견해이다.

2) 사회복지의 전달체계

사회복지가 효과적으로 행해지려면 전달의 과정이 효율적으로 이루어지게 하는 체계가 필요하다. 즉, 사회복지서비스를 제공하는 중앙정부, 지방정부와 일선 사회복지기관 및 단체가 서비스의 중복이나 누락이 없도록 서비스 전달체계를 조직적으로 정비할 필요가 있다. 서비스 제공자의 측면은 대상자에게 서비스를 제공하는 전문가들이 지켜야 할 원칙을 최대로 실천할 수 있는 여건을 만들도록 하는 것이다.

펄만(Perlman)은 모든 사회복지기관은 복지대상자를 돕기 위한 일련의 과업을 수행해야 하는데, 이에 다른 이상적인 기능으로 다음의 네 가지를 제시한다. 첫째, 초입기능(entry functions)으로, 복지대상자에게 이용 가능한 서비스, 기구의 홍보와 교육활동하며 대상자의 문제해결을 위해 지역사회의 다른 기관들과 협력해야 한다. 둘째, 책임기능(accountability functions)으로, 복지대상자의 문제를 사정하고 이용 가능한 자원을 물색하고, 필요하다면 타 기관에 위탁(refer)하며 복지대상자가 활용할 수 있도록 조직하는 책임을 수행한다. 셋째, 서비스 제공기능(provision of services)으로, 개별사회사업, 재활서비스, 법률구조사업, 재정부조 등의 기능이다. 넷째, 계획 및 통제기능(planning and control functions)으로, 복지대상자의 욕구를 파악하여 충족되지 않은 욕구충족을 위해 지역사회의 타 기관과 협력 및 조정의 책임을 져야 한다는 것이다.

(1) 행정구조적 측면

행정구조적 측면이란 대상자들에게 적절한 서비스를 제공하기 위해 모든 사회복지기관이 수행하는 다양한 기능들의 효과성과 효율성을 극대화시키는 데 필요한 원칙들을 의미한다.

① 체계적인 기능분담

행정의 효율성을 고려한다면 개별 사회복지기관의 행정상의 위치에 따라 각각의 기능에 차이가 있다. 예를 들면, 전달체계를 상부와 하부체계로 나누고 전문성에 따른 업무분담이 필요하다. 첫째, 상부체계는 중앙부처인 보건복지부 등에서 사회복지에 관한 정책결정과 관련된 제반계획이나 통제기능을 주로 하는 정책·행정체계를 의미한다. 둘째, 중간체계는 광역자치단체로서 사회복지서비스관리와 클라이언트 선별에 대한 책임기능을 담당한다. 셋째, 하부체계는 기초자치단체와 일선기관인 읍·면·동에서 지역주민들에게 서비스에 대한 홍보와 교육활동을 전개하고, 전문적 서비스를 필요로 하는 클라이언트에게 서비스의 소재를 알려주고 지역사회 내의 다른 복지기관들과 알선체제 및 협력체제 등을 유지한다.

② 전문성에 따른 업무분담

사회복지서비스 제공업무는 전문성의 정도에 따라 전문가, 준전문가, 비전문가가 담당하게 된다. 전문가란 국가 또는 전문직업 단체의 시험 또는 기타 자격심사에 의해 자격증을 부여받은 자격이 객관적으로 인정된 사람을 말한다. 이들은 자신의 전문적 업무에 대한 권위와 자율적 결정권 및 책임성을 지닌다. 사회복지분야에 있어서는 사회복지사, 의사, 간호사, 보육사, 물리치료사, 작업치료사, 영양사 등의 여러 전문가가 참여하고 있지만, 사회복지사가 가장 보편적인 전문가이다. 그 외에 업무의 성질상 전문성을 덜 요하는 것은 준전문가가 담당하고, 비숙련업무 및 일반 행정업무는 비전문가 또는 자원봉사자가 담당하도록 하는 것이 바람직하다.

③ 책임성

사회복지조직은 국가(사회)가 시민의 권리로 인정한 사회복지서비스를 전달하도록 위임받은 조직이므로, 사회복지서비스의 전달에 대하여 책임을 져야 한다. 책임을 져야 할 주요내용은 서비스가 수혜자의 욕구에 적절히 대응하는 것인가, 서비스의 전달체계가 적합한가, 서비스가 효과적이고 효율적인가에 관한 것이며, 사회복지조직이 구체적으로 책임을 지는 대상자는 사회나 국가를 대표하는 실체인 중앙정부 및 지방정부와 서비스의 수혜자가 되어야 한다.

④ 접근용이성

사회복지서비스는 그것을 필요로 하는 사람이면 누구나 쉽게 받을 수 있도록 접근이 용이해야 한다. 클라이언트가 서비스에 접근하는 데에는 서비스에 관한 정보부족이나 교통수단의 부재(지리적 장애), 자신의 문제노출에 대한 불안함(심리적 장애), 자원부족 등의 여러 가지 장애요인이 있을 수 있다. 따라서 사회복지조직의 서비스 전달은 이러한 장애요인들을 가능하면 제거하여, 클라이언트가 서비스의 제공 장소에 쉽게 접근하여 서비스를 받을 수 있도록 설계되어야 한다.

⑤ 통합조정

클라이언트의 문제는 많은 경우 복합적이고 상호 연관되어 있기 때문에, 이러한 문제의 해결을 위한 서비스들도 서로 연관되어야 한다. 예를 들어, 탁아프로그램에는 양호, 교육, 급식 등이 통합되는 것이 바람직하다. 서비스가 통합적으로 제공되기 위해서는 한 행정책임자 아래 서비스들이 제공되고, 서비스 제공장소(조직)들이 지리적으로 가깝고, 서비스 프로그램 간 또는 서비스 조직 간에 상호 유기적인 연계와 협조체제가 갖추어져 있어야 한다.

⑥ 지역사회의 참여

수많은 복지대상자의 개별성이 고려되어야 하는 사회복지서비스의 제공에는 지역의 특수성이 필수적으로 요청되기 때문에, 지역참여의 원칙은 보다 적절한 사회복지계획의 수립이나 보다 정확한 주민의 욕구파악을 가능하게 해 주며, 나아가서 서비스의 효과성을 증대시키는 데에도 기여하게 된다.

⑦ 조사와 연구

사회복지기관의 주요 기능 중의 하나인 표출된 욕구를 해결하기 위한 적절한 프로그램의 개발, 잠재된 욕구를 발견하려는 노력, 그리고 서비스의 효과성과 효율성을 평가하는 기술의 개발, 사회적 보호의 질을 개선시킬 수 있는 전문적 임상기술의 개발, 서비스의 관리 및 운영기법의 개발 등 조사와 연구를 필요로 하는 활동영역은 광범위하다. 즉, 사회복지서비스의 전문화는 바로 조사활동 및 연구활동의 성패에서 비롯한다.

(2) 서비스 제공자 측면

① 평등성의 원칙

특별히 소득수준이나 연령 등에 따라 서비스를 제한하는 경우를 제외하고는 기본적으로 성별, 연령, 소득, 지역, 종교, 지위에 관계없이 모든 국민에게 서비스를 제공해야 한다.

② 재활 및 자활 목적의 원칙

사회복지서비스의 궁극적인 목표는 대상자에게 사회복지서비스의 필요성을 절감하거나 해소하게 함으로써 자립 또는 정상적인 사회복귀를 시켜주는 것이다. 따라서 일부 자립능력을 완전히 상실한 상태에 있는 대상자를 제외한다면, 대부분의 복지대상자들은 일시적인 보호대상자에서 서비스가 종료될 수 있도록 하는 서비스전달체계가 마련되어야 한다.

③ 적절성의 원칙

사회복지서비스는 그 양과 질, 제공하는 기간이 클라이언트의 욕구충족(혹은 문제해결)과 서비스의 목표달성에 충분해야 한다. 예를 들어, 소득보장을 위한 급여가 최저생계비 수준에 못 미치거나 서비스 제공기간이 너무 짧다든가 하면, 클라이언트의 욕구충족뿐 아니라 서비스의 목표달성도 어려울 것이다. 하지만 적절성의 원칙은 재정형편상 제대로 지키기 어려운 경우가 많아 적절성의 수준에 대해서는 논란이 있을 수 있다.

④ 포괄성의 원칙

클라이언트의 욕구는 다양할 뿐만 아니라, 한 가지 문제는 다른 여러 가지 문제와도 연관되어 있는 것이 일반적이기 때문에 다양한 욕구와 문제를 해결하기 위해서는 다양한 서비스를 필요로 한다. 예를 들어, 소득보장의 문제는 경제적 원조뿐 아니라 직업훈련 혹은 직업알선문제, 가족문제, 자녀교육문제 등의 다양한 문제와 결부될 수 있으므로, 이러한 문제들을 포괄할 수 있는 다양한 서비스가 제공되어야 한다.

⑤ 지속성의 원칙

한 개인의 문제나 욕구를 해결하는 과정에서 필요한 서비스의 종류와 질이 달라져야 하는 경우가 발생하게 되는데, 한 개인이 필요로 하는 다른 서비스를 지역사회 내에서 계속적으로 제공받을 수 있도록 상호 연계되어야 한다. 예를 들어, 직업훈련 프로그램은 직업알선 프로그램과 연계되어 있어야 소득증대라는 서비스의 목표를 달성할 수 있다. 지속성의 원칙이 잘 적용되기 위해서는 같은 조직 내의 서비스 프로그램 간의 상호협력이 잘 이루어져야 할 뿐만 아니라, 지역사회 내의 사회복지서비스의 조직 간에도 유기적인 연계가 잘 이루어져야 한다.

⑥ 가족 중심의 원칙

문제의 해결을 호소하는 단위가 개인일지라도, 문제해결을 위한 서비스 제공의 기본단위는 가족 또는 가정이 되어야 한다는 것이다.

07
CHAPTER

복지국가론

이 장에서는 복지국가의 개념과 가치, 발달 유형을 살펴보고, 복지국가의 이데올로기를 살펴봄으로써 복지국가의 성립배경과 발달과정을 이해할 수 있다.

01 복지국가의 개념과 가치

1) 개념 정의

복지국가의 개념에 관하여는 ① 언어적 의미[1], ② 협의와 광의의 개념[2], ③ 계량적·질적 개념[3]으로 다양한 해석이 존재한다.

---

1) 언어적 의미에서 보면, ① 먼저 영어상의 표기에서 정관사를 사용하는가 아니면 부정관사를 사용하는가의 차이이다. 'the welfare state'와 'a welfare state'의 차이는 전자가 특정 복지국가를 가리키는 데 반해, 후자는 복지국가 일반을 지칭하는 것이다. 특정 국가의 범위는 좁게 잡을 수 있는가 하면 넓게 잡을 수도 있다. 좁게 잡는 경우는 마샬과 존슨이 주장하듯이 "복지국가라는 용어를 영국에 한해 적용하는 것이다."(Marshall, 1975: 82; Johnson, 1987: 3). 한편 넓게 잡은 예로는 윌렌스키와 르보의 경우와 같이 자유세계의 부유국을 복지국가로 간주한 것을 볼 수 있다(Wilensky & Lebeaux, 1965: v). 그런가 하면 미쉬라는 혼합경제, 자유정치, 사회복지 등 3가지 특징을 지닌 전후 서방국가를 복지국가로 규정했다(Mishra, 1984: xi). ② 대문자로 쓴 'Welfare State'와 소문자로 쓴 'welfare state'로 구분할 수 있다. 전자는 고유명사이며 후자는 보통명사이다. 이러한 구분 역시 방금 설명한 정관사 또는 부정관사의 사용법과 유사하다. 즉, 대문자를 사용하면 특정 국가를 지칭하는 반면, 소문자는 불특정 복지국가를 의미하게 된다.

2) 협의의 정의와 광의의 개념으로 구분할 수 있다. 에스핑-안데르센에 의하면(Esping-Andersen, 1990: 1-2), 전자는 소득이전과 사회복지서비스와 같이 주로 빈곤문제해결과 관련된 국가정책으로서 설명하는 반면, 후자는 고용, 임금 그리고 거시경제 운용과 관련된 문제 전반에 대한 국가의 역할, 즉 정치경제학으로 접근한다는 것이다. 피어슨은 좀 다른 각도에서 협의와 광의의 복지국가 정의를 시도하였다(Pierson, 1991: 7). 협의의 복지국가는 "핵심적 복지서비스(의료, 교육, 주택, 소득보장 그리고 개별사회서비스 등)의 제공과 관련된 국가시책이다." 반면, 광의의 복지국가는 "① 국가의 특정 형태, ② 정치체제의 두드러진 형태, ③ 사회의 특수 형태를 규정한다."

3) 계량적 정의와 질적 개념이다. 사회보장비가 국민총생산(GNP)에서 차지하는 비율을 복지국가의 기준으로 설정했던 윌렌스키의 연구(Wilensky, 1975)나 탈상품화 점수를 사용해서 복지국가를 분류했던 에스핑-안데르센의 연구(Esping-Andersen, 1990)는 계량적 정의의 대표적 사례이다. 질적 정의를 강조하는 학자는 마샬과 미쉬라가 대표적이다. 마샬에 의하면 복지국가는 제2차 세계대전 후에 재구조화된 사회적·정치적 신질서를 의미한다(Marshall, 1975: 12). 미쉬라(Mishra, 1990: 123-124)는 복지국가의 두드러진 특징을 "완전고용의 목표와 정책을 내포하고 있다."는 점에서 찾고 있다.

2) 가치[4)]

(1) 평등

복지국가는 평등(equality)[5)]이란 가치에 최대의 역점을 둠으로써 전통적인 자유주의형태의 사회체제와 구별할 수 있다. 또한 평등은 경제적 능률성의 수단일 수 있다. 평등과 능률성의 관계는 상호배반의 관계가 아니라 상호보완적인 목표-수단의 관계이다. 인적자원을 낭비시켜서 비능률적이 되므로 낙후집단의 존재를 방치하는 것은 사회정의의 차원뿐 아니라, 경제적 능률의 성취에도 장애요인으로 작용한다. 권력으로부터의 억압을 감소시켜 주며, 빈곤한 계급에 대한 기회를 증대시켜 줌으로써 결국 자유의 증진을 이끌어 낸다는 것이다.

(2) 자유

복지국가는 정치적·경제적 자원의 보다 평등한 분배를 통하여 외부환경의 압박, 계급적 핸디캡, 경제적 불안정 등으로부터 시민들이 보다 자유롭게 되기를 열망한다. 자유(freedom)의 문제는 결국 "누구를 위한 자유인가" 라는 중요한 문제에 직면하게 된다. 광범위한 사람에 관련된 중요한 자유를 위하여 소수집단의 자유는 제한할 수 있다. 복지국가는 개인의 경제활동에 대한 사회적 간섭이 자유의 감소를 야기시킬 것이라는 자유주의자들의 주장을 인정하려 들지 않는다. 복지국가의 지지자들은 경제적 자유라는 자유주의적 개념을 지지하면서도 사회입법이 없을 경우 위와 같은 자유는 단지 소수의 사람만이 향유할 수 있게 된다고 믿는다[6)]. 결국 노동자가 자

---

4) 복지국가의 사회복지정책은 그 환경으로서의 정치·경제 ·사회·문화에 영향을 상당히 받아 왔으며, 그 당시의 가치와 신념체계, 이념에 의하여 정책의 방향이 좌우되어 왔다. 이러한 점에서 데비드 질(David G. Gil)이 말한 "한 사회의 신념·가치·이데올로기와 이로부터 나오는 관습·전통 등이 사회복지정책결정에 중대한 영향을 끼친다"고 한 것은 의미 있는 것이다. 여기서 복지국가의 일곱 가지 가치 이념을 화니스와 틸튼(Furniss & Tilton)의 여섯 가지 분류와 조지 프레드릭슨(George Frederickson)의 사회적 형평성을 첨가하여 일곱 가지로 분류하면 다음과 같다.

5) 평등이란 "모든 인간이 충분하고 만족스러운 삶을 영위할 수 있는 권리를 똑같이 지니고 있다는 신념"이며 이것이 바로 만인의 평등권으로서 실현된다는 점이다.

6) 번스타인(E. Bernstein)은 모든 사회주의입법의 목적은 그것이 심지어 강제적 내용으로

유로운 생산 활동을 누리고 경제적인 자립을 하고, 직장에서 적극적인 참여를 누릴 수 있기 위해 국가는 노동자를 대신하여 시장경제에 개입해야 하며, 그것이 자의적인 고용주로부터 노동자를 해방시켜 주는 것이 된다.

(3) 민주주의

복지국가는 보다 적극적인 참여 속에서 민주주의[7]를 찾고자 한다. 복지국가론자들의 견해는 밀(J. S. Mill)의 가정에 근거하고 있다. 첫째, 모든 시민이 의사결정과정에 참여할 수 있어야 모든 개인의 이익이 보장받을 수 있으며, 둘째, 참여를 통하여 모든 시민은 자신의 이익을 보호하는 능력을 발전시키도록 훈련받으며, 셋째, 참여를 통하여 비로소 개인의 인격은 자신의 이익을 넘어서 전체적 복지에 대한 책임까지 자각할 수 있게끔 확장된다는 것 등이 그 전제이다. 민주주의는 토론과 투표라는 전통적 민주주의의 권리 이외에 개인으로서의 주민들이 지방자치단체, 사회복지정책의 운영, 전문적 조직과 노동조합 등에 참여할 수 있는 기회까지 포함되어야 한다. 자유민주주의는 군주와의 투쟁에서 승리하였다. 또한 사회민주주의자들은 이러한 민주적 가치를 경제적·사회적 생활까지 확대시키는 것을 목적으로 한다.

(4) 사회적 형평성

복지국가에 있어서 행정의 존재 이유는 보다 나은 관리, 즉 능률적이고 절약적인 관리에 있었다. 그러나 새롭게 나타나는 다양한 문제들을 해결하기 위해서는 사회적 형평성(social equity)을 추가해야 한다. 기존의 행정학이 대답하려 했던 것은 첫째, 능률성으로 "우리는 어떻게 하면 이용 가능한 자원을 가지고 보다 많고 좋은 서비스를 제공할 수 있는가"에 대한 것이며, 둘째, 절약으로 "우리는 어떻게 하면 지출은 적게 하면서도 서비스의

외부에 드러날지라도 자유로운 인격의 발전과 보호에 있다고 주장한다.

7) 민주주의(democracy)는 두 가지 단점을 갖고 있다. 첫째는 정책과정에 있어서 형식적으로 시민참여를 열어 놓고 있지만 실질적으로는 적절한 시민참여를 허용하지 않고 있으며, 둘째는 민주주의를 경제적 영역까지 확대하지 않고 정치적 영역에 국한시키려고 한다는 것이다.

수준을 유지할 수 있는가?"에 대한 것이었다. 여기에 추가된 사회적 형평성이란 "누구를 위한 능률이고, 누구를 위한 절약인가?"라는 물음에 대한 대답이다.

사회적 형평성은 가치선호·조직선호·관리선호 등 포괄적인 가치이다. 우선 사회적 형평성은 정부서비스에 있어서 평등(equality)을 강조한다. 다음으로 공공관리자가 정책집행과 의사결정에 대한 책임(responsibility)을 강조한다. 또한 공공관리에 있어서의 변화(change)를 강조한다. 노동자와 사용자 간의 변화를 추구하는 것도 사회적 형평성이다. 사회적 형평성은 공공조직의 필요성보다는 시민의 필요성에 대한 대응성 및 응답성(responsiveness)을 강조한다. 끝으로 참여(participation)를 강조한다. 정치 엘리트들만에 의한 의사결정과 집행이 아니라, 정책과정에 있어서의 일반주민의 참여를 강조하는 것이다. 결국 사회적 형평성은 시민을 공평하게 취급한다는 것으로부터 출발한다. 권력과 부를 소유한 일부분의 계층만을 위한 것이 아니라, 정치적·경제적 자원을 갖지 못한 소수집단, 사회적 약자, 실업, 빈곤, 질병, 무지, 절망적 상태에 있는 사람들을 방치하지 않고, 그들에게 정치적인 힘과 경제적인 복지를 제공하여 주는 데 있다.

(5) 연대감

복지국가가 추구하는 새로운 사회민주주의는 자본주의적 탐욕과 교환관계를 동정과 동지애로 대치시키며, 경쟁적 분위기를 협동적 추진력으로 바꾸는 것을 목표로 한 사회이어야 한다. 일상생활과 사회생활에 있어서 공동체적 책임의식을 고무시키는 '연대감(solidarity)'과 관련된다. 자유주의는 봉건질서에 대한 항의로 나타났고, 토우니가 말하는 '탐욕적 사회(acquisitive society)'가 되었다. 현대사회는 이러한 탐욕적 개인주의의 경쟁, 사회적 낙오자에 대한 무시 등으로부터 벗어나 이들을 치유하고 공동체적 책임의식을 고취하기 위한 연대감의 형성이 절실히 요구된다.

(6) 보장성

보장성(security)은 복지국가구성원 간의 동지적 결속을 나타낼 뿐만 아니라, 인간에 대한 독특한 견해를 반영한다. 인간은 사회적 존재라는 측면에서 예측할 수 없는 수많은 위험 앞에 놓이게 된다. 근본적으로 자본주의는 경제 불황과 노동자보호 등에 효과적으로 대처하지 못하는 측면이 있는 것도 사실이다. 사회보험과 공공서비스를 창안하여 인간은 결핍을 추방하고 불공정으로부터 장애를 받는 사람들을 구제하여 주고, 노인과 장애인, 그리고 유족들을 보호할 수 있게 되었다. 복지국가는 다양한 사회보장 및 사회복지정책을 통하여 실업·도시빈민대책·문맹퇴치 등을 실시하여 오고 있다.

(7) 경제적 능률성

경제성장 없이는 사회보장 및 사회복지정책을 실행하기는 불가능하다. 복지국가는 그 자체가 목적으로써가 아니라 인간복지를 증진시키는 수단으로써 경제적 능률성(economic efficiency)을 높이 평가한다. 사회민주주의자들이 주장하는 경제적 능률성이란 시장경제의 자율성에서 나오는 자연스러운 결과와는 다르다. 일정하고 높은 수준의 총수요를 유지하고, 생산활동의 장애를 완화시키고, 비능률적인 독점을 제한하고, 공해와 같은 외부효과에 효과적으로 대처하지 못하는 시장경제의 무능력을 바로잡으려는 의식적인 공공적 노력이다.

이상에서 살펴본 바와 같이 복지국가의 가치이념으로서는 평등·자유·민주주의·사회적 형평성·연대감·보장성·경제적 능률성 등을 제기하고 검토하였다. 이러한 모든 가치들은 서로 양립할 수 있는 것인가라는 문제를 제기할 수 있다. 하나의 사회가 위와 같은 모든 가치를 완전하게 만족시킨다는 것은 불가능하다고 생각된다. 그러나 전체적으로 일곱 가지의 가치이념은 서로 양립할 가능성이 크고, 서로 갈등할 가능성은 오히려 적다고 볼 수 있다. 자유와 평등의 개념은 상호경쟁적이 아니라 상호보완적이며, 보장성은 개인적 자율성을 감소시키는 것이 아니라 자유로운 활동의 기초를 마련해 준다. 사회적 형평성은 평등과 자유와 민주주의와 보장성 등을 포괄하는 개념이며, 평등은 경제적 능률성을 증진시킬 수 있는 것이다.

02 복지국가의 발달 유형

19세기 이후 복지국가 발전사를 다룰 때 가장 중요한 것은 어떻게 개념화를 하냐는 것이다.

- 복지혜택의 종류(kind) 또는 포괄성(comprehensiveness or range)이다. 즉, 국민 개개인이 요람에서 무덤까지 생애의 전 과정에서 당면하는 다양한 삶의 위험에 대해 국가는 얼마나 많은 종류의 복지제도를 수립하여 이러한 삶의 위험을 집합적으로 보호하는가?
- 각각의 복지혜택의 적용범위(coverage)는 어느 정도인가?
- 각각의 복지혜택은 어느 정도의 수준으로 제공되는가? 그 혜택은 소득이 중단되더라도 기본적 삶을 유지할 수 있을 정도로 적절한가(adequacy or generosity)?
- 전체 복지혜택의 결과가 가져오는 재분배 효과(redistributive effect)는 어느 정도인가?

이에 의하면 복지국가 발전의 수준이 높은 경우는 많은 종류의 복지제도를 수립하여 많은 종류의 삶의 위험을 포괄적으로 보호하고, 가능한 한 많은 사람을 그 대상으로 하며, 소득중단 상황이 초래되더라도 취업상태에서의 생활에 근접하는 정도(혹은 그것을 대체할 수 있을 정도)의 적절한 혜택을 제공하고, 여기에 재분배 효과가 큰 복지혜택을 제공하는 경우이다.

이러한 복지국가의 기원, 발전, 쇠퇴 등의 흥망성쇠를 보다 체계적으로 알기 위해 먼저 국가의 발전과정과 성장 배경을 이해할 필요가 있다. 웨버(Weber)의 개념 규정에 따르면 국가란 "독점적 강압력, 통일적 권위 그리고 제반 법률적·행정적 장치를 기초로 일정한 영토와 그 영토 내의 주민을 배타적으로 지배하는 정치적 조직 또는 공동체"이다. 이는 국가 존립의 "대내적 차원-영토 내에서 국가를 대체하는 어떤 다른 지배 조직도 허용하지 않는 전일적 통치 조직의 의미"와 "대외적 차원-국가가 특정 영토와 주민을 지배함에 있어 다른 국가나 지배조직의 간섭과 개입을 허용하지 않는 주권적 통치조직임을 의미"한다(Hall & Ikenberry).

이러한 국가의 발전과정을 틸리(Tilly, 1990)는 두 가지 기준을 적용하여 4단계의 국가유형으로 제시했다(김교환, 2002: 15-28).

① 국가가 사회에 대해 법과 질서유지라는 기본적 기능만 제시하는가, 아니면 경제발전이나 시민의 복지 제공 등과 같은 실체적 기능도 수행하는가?

② 국가 권력의 구성과 행사가 소수의 지배집단에 의해 독점되고 있는가, 아니면 국가의 구성원 전체에게 개방되어 있는가?

표 7-1 국가의 유형과 변화

<table>
<tr><th colspan="2" rowspan="2">비고</th><th colspan="2">국가권력의 구성과 행사</th></tr>
<tr><th>폐쇄적/권위적</th><th>개방적/대중참여적</th></tr>
<tr><td rowspan="2">국가 기능</td><td>기본적 기능</td><td>1. 정복·약탈국가</td><td>3. 민주국가</td></tr>
<tr><td>실제적 기능</td><td>2. 발전국가</td><td>4. 복지국가</td></tr>
</table>

자료: 나직균 외(2011: 165).

1) 정복·약탈국가

초기의 원형적 국가는 간접 통치를 통한 연합체적 국가나 봉건 국가였으며, 17~18세기에 들어서야 강제력을 가지고 타 집단을 지배하는 데 전문화된 정치, 군사 집단이 영토 내의 경쟁세력을 무력으로 정복하여 주민의 직접 통치를 실시하는 절대주의적 국민국가로 발전하게 되었다. 이러한 국가는 또한 국가 자신의 생산활동을 통해 부를 창출하지 못하고 영토 내의 사회구성원들에게 폭력을 사용하거나, 외부로부터의 침략 세력의 위협을 이용하여 갈취하는 '갈취적 국가'이기도 했다. 이는 정복·약탈국가(conquering·predatory state)라 할지라도 기본적인 질서유지와 보호서비스를 제공한다. 국가가 지배집단을 위해 국가존립을 위협하는 내부의 저항을 무력화시키고, 사회성원을 사적 약탈과 사적 폭력으로부터 보호하여 직접적으로 통제 및 관리하기 위해서이다.

2) 발전국가

강압적으로 독점하고 영토와 주민에 대한 직접적 통치를 완성한 절대주의 국민국가는 곧 다음과 같은 제약을 받게 되었다. ① 국가 간 전쟁이나 치열한 생존 경쟁에 의해 조성된 외부조약, ② 정복과 약탈이 수준 이상인 경우 이에 대한 각종 저항, ③ 더 나은 보호와 지원을 제공하는 다른 국가로 사회성원들이 이탈할 가능성 등이다. 이런 상황에서 정복·약탈국가는 피지배자의 복종을 전제로 생산활동을 보호하고 장려하는 전략을 선택할 수 있다. 이는 국가의 재정수입을 극대화하고 약탈에 대한 저항을 감소시키는 효과를 가져온다. 이러한 국가를 '발전국가' 또는 '서비스 국가'로 부를 수 있다. 실제로 서구의 발전국가(developmental state)는 재산권 보장과 사회간접자본의 확충을 통해 자본주의적 산업화를 촉진하여 놀라운 경제성장을 달성하였다. 그러나 이 과정에서 강압 수단을 소유한 정치 집단과 생산 수단을 소유한 자본가 계급 사이의 폐쇄적 지배연합이 형성되어, 정치경제적 지배구조는 국가-귀족-지주계급의 연합에서 점차 국가-자본가 계급의 지배 연합으로 이행되었다.

3) 민주국가

이와 같은 국가의 발전과정은 지배 계급에게 예기치 않은 결과를 초래했다. 사회구성원들의 정치 참여와 선거에 의해 국가 권력이 새로이 형성되고, 자의적인 국가 권력의 행사가 아닌 사법부와 의회 등을 통한 공공의 통제를 받는 '민주국가'가 탄생한 것이다. 그러나 최초의 민주국가(democratic state)는 재산과 교육의 정도에 따라 노동 계급과 농민 등의 국민 대다수의 참정권을 제약하여, 사회경제적 불평등을 정치적으로 강화시킨 형태를 띠어 '부르주아만의 민주주의'에 불과했다. 이는 오랜 기간 민주국가의 성장을 통해 일반 국민들이 강력한 저항력을 발휘하여 획득한 선거권의 확대를 통해 종국적으로 '전 국민적 민주주의'로 발전했고, 개방적 민주국가를 수립할 수 있었다. 국가 기능과 관련한 민주국가의 중요한 특징은 국가 권력의 구성과 행사에 따른 '공적 영역'에는 민주주의의 원리가 적용되고,

시장을 통해 경제활동이 영위되는 '사적 영역'에는 자유주의의 원리가 적용된다는 점이다. 이처럼 이데올로기와 현실이 모두 국가의 시장개입을 거부하는 상황에서 국가의 주요 기능은 법과 질서의 유지기능과 국내·외 시장에서의 자본계급에 대한 보호 기능이었으며, 이러한 국가가 19세기부터 20세기 초까지의 자유민주주의 국가의 고전적 형태이다.

4) 복지국가

나라마다 많은 차이가 있지만, 자본주의적 경제발전이 상당한 정도로 진척되고 정치 민주화가 이루어진 경우 거의 대부분의 나라들이 복지국가로 전환하였다. 민주국가가 복지국가(welfare state)로 전환하는 역사적 경향[8]으로 보아 민주주의는 복지국가 발전의 중요한 구조적 요소임을 알 수 있다. 여기서 마샬(Marshall)의 '시민권[9]' 개념은 이를 잘 설명해 준다. 자본주의와 민주주의의 결합으로 시작된 복지국가로의 전환은 매우 빠른 속도로 진행되어 과거 특정한 빈민층만을 대상으로 실시되었던 최소한의 '잔여적·선별적 국가복지'는 모든 국민을 대상으로 한 최대한의 '제도적·보편적 국가복지'로 발전하게 되었으며, 이로써 개인의 삶과 안전, 복지가 국가의 개

8) 이러한 역사적 경향의 원인은 첫째, 민주주의가 자본주의 경제체제의 주요계급이며 오랜 세월 억압당해왔던 노동계급에 노동3권을 부여하면서 노동계급이 자본주의적 생산과정에 합법적으로 영향을 미칠 수 있게 되었다. 둘째, 노동계급의 이익을 대변하는 혁신정당이 민주적 제도와 절차를 통해 합법적으로 국가 권력을 장악하여 자본계급의 이익에 반하는 개혁 정책을 시도할 수 있게 되었기 때문이다. 이 두 가지 요인은 민주국가와 자본주의 경제 체제의 피할 수 없는 구조적 갈등을 가져왔으며, 이러한 갈등 해소를 위한 방안으로 국가가 국민들에게 삶의 안전과 평등을 촉진하는 복지를 제공하면서 복지국가가 발전하게 되었다고 볼 수 있다.

9) 시민권은 18세기 재산권에서 시작하여 계약의 자유, 신체의 자유, 종교의 자유, 사상과 표현의 자유, 집회 및 결사의 자유에 이르는 '자유권'으로부터 19세기 말 선거권과 참정권에 이르는 '정치권'을 거쳐, 20세기에 이르러서는 국가로부터 최소한의 생계를 보장받을 수 있는 권리를 핵심으로 하는 '사회권'으로 점차 확대되었다고 한다. 자유권에서 사회권으로 이르러 복지국가가 수립되는 이 과정에서 중요한 점은 이것이 일련의 조화로운 타협의 과정이 아니라, 국가와 사회 또는 사회계급 간의 치열한 갈등에 의해 촉진되고 노동계급을 비롯한 민중 부문의 저항에 따라 국가와 경제적 지배계급이 시도한 억제와 포섭의 일환이었다는 점이다. 오랫동안 정치경제적 지배구조에서 소외되어왔던 노동계급과 민중 부문은 민주국가의 공적 영역에서 운용된 민주주의 원리를 사적 영역에서의 민주화, 즉 자본주의적 시장경제에서의 민주화로 확대시켜 갔으며 '사회권'의 확대라는 국가의 기능적 전환을 촉구하여 최종적으로 복지국가가 탄생하게 되었다.

입에 의해 광범위하게 보장받을 수 있게 되었다. 이는 복지국가의 등장이 지배기구로서의 국가의 존재양식 또는 정당화 방식에 근본적이고 질적인 변화를 초래하였음을 의미한다. 이 경우 국가에 의해 제공되는 복지 혜택이 '국가의 시혜'가 아니라, '국가에 대한 국민의 권리'라는 점이 중요하다. 복지국가는 국민들로부터 각종 자원을 추출하고 여러 가지 의무를 부과하며, 그에 상응하는 국민의 권리이자 국가의 의무인 복지를 보장하는 상호교환 방식에 의해 그 존립이 정당화될 수 있는 것이다.

(1) 복지국가 vs 적극적 국가

복지국가를 논하는 경우 복지제도의 유무를 기준으로 복지국가를 논할 수 없다. 정도의 차이만 있지 거의 모든 나라들이 복지제도를 실시하고 있기 때문이다. 하지만 복지국가가 아니면서도 복지제도를 실시하고 있는 모든 나라는 야경국가와 구별하는 의미에서 '적극적 국가(positive state)'라고 할 수 있다.

(2) 복지국가 vs 복지사회

복지국가는 국가에 의해 형성되고 유지되는 복지사회, 즉 사회구성원의 복지가 기본적으로 국가에 의해 제공되고 국가 복지를 통해 기본적인 삶이 영위되는 경우를 의미한다. 따라서 복지국가는 반드시 복지사회이지만, 역으로 복지사회가 반드시 복지국가인 것은 아니다. 국가가 개입하지 않고도 시민사회 내에서 개별적인 사회구성원의 복지가 이루어질 때 복지사회라 불릴 수 있으며, 고전 경제학파의 복지론에서 아담 스미스(Adam Smith) 등이 이를 주장하였다. 그러나 현실적으로 국가개입 없는 복지사회는 유토피아에 불과하다는 것이 역사에 의해 입증되었다.

이 문제는 복지국가의 유형화를 시도하는 많은 학자들에 의해 집중적으로 규명되고 있는데, 이를 요약하면 표 7-2와 같다(김태성 외, 2009: 45-56).

표 7-2 복지국가 유형화

학자명	주요 내용
미쉬라(Mishra)	• 다원적 또는 분화된 복지국가로서 사회복지와 경제의 대립, 복지정책이 다양한 이익 집단들의 이익 추구과정에서 이루어져 단편화되는 경향이 있다고 본다. 경제에 악영향을 미치는 사회복지가 제한되고, 잔여적 역할을 감당하며 미국과 영국 등이 해당된다. • 조합주의 또는 통합된 복지국가로서 사회복지와 경제는 상호의존적이며 밀접한 관계이다. 경제 집단과 계급 간의 상호 협력하에 집단적 책임을 강조한다. 완전고용정책과 사회복지정책이 시장을 유지하는 기능도 한다. • 스웨덴과 오스트리아 등이 해당된다.
존스(Jones)	• 복지자본주의로서 성취나 업적과 관련한 사회복지 강조 또는 기회나 평등을 목표로 한다. 즉, 자본주의 체계의 강화가 사회복지의 목표로서 가능하다고 본다. 독일과 미국 등이 해당된다. • 복지자본주의로써 개인의 복지에 우선순위를 두며 보편적으로 제공되고 평등을 추구한다. • 시장의 논리를 벗어나려고 하는 스웨덴과 영국 등이 이에 해당된다.
터번(Therborn)	• 노동자를 위한 복지, 사회복지의 법적 명문화를 주장하는 프롤레타리아 복지국가 • 자본주의 체제 유지에 도움이 되는 프로그램을 강조하는 부르주아 복지국가로 구분한다.
안데르센 (Esping-Andersen)	• 자유주의적 복지국가: 소득조사에 의한 공적부조를 강조하며 사회복지 확대가 전통적인 노동윤리에 의해 제약받는다고 본다. 소수의 빈곤한 복지수혜자와 시장에 참여하지만 실적에 따른 복지수혜를 받는 이들로 이중구도의 사회계층체제가 발생한다. 미국, 캐나다, 오스트레일리아 등이 이에 해당된다. • 조합주의적 복지국가: 국가가 주된 사회복지 제공자이며, 국가에 의한 사회적 지위의 차이를 유지한다고 본다. 다만 탈상품화 효과에 한계가 있다는 문제점이 있다. 영국, 오스트리아, 프랑스, 독일, 이탈리아 등이 이에 해당된다. • 사회·민주주의적 복지국가: 탈상품화 효과가 커 중간층까지 복지 혜택이 확대되고, 가능한 한 최소한의 생활보장수준을 넘어 최대 수준에서 평등을 추구한다고 본다. 이는 시장의 복지기능이 약화되고 가족생활비가 사회화되며, 아동과 노인에 대한 일차적 책임은 국가에게 있다. 스웨덴과 스칸디나비아 국가들이 이에 해당된다.
퍼니스(Furniss)와 틸튼(Tilton)	• 적극적 국가: 자본가를 보호하고 복지정책의 방향을 정부와 시장 간의 협력에 둔다고 본다. 사회보험이 강조되고 사회 통제적 기능이 강한 복지체계를 강화하는 미국 등이 포함된다. • 사회보장국가: 국민의 최저생활보장이 목표이다. 기회의 평등을 강조하며 사회보장에 앞서 개인의 노력과 책임을 다할 것을 강조하는 영국 등이 해당된다. • 사회복지국가: 정부와 노동조합의 협력이 중요하다고 본다. 노조가 정부의 임금과 고용정책에 깊게 관여하며, 전반적인 삶의 질에 있어 평등을 추구하고 정부의 일반예산에 의한 복지서비스를 제공한다. 정책결정의 힘을 피고용자와 일반 시민이 갖게 되는 스웨덴 등이 해당된다.

03 복지국가와 이데올로기

빅 조지와 폴 윌딩(Vic George & Paul Wilding)의 저서 『이데올로기와 사회복지』에서는 정치적 스펙트럼모형을 제시하고 있다. 가장 오른쪽에는 반집합주의(anti-collectivism)의 사상을 갖는 보수주의자들이 자리 잡고 있다. 이는 19세기경 영국을 지배한 이데올로기를 숭상하는 자들이며, 오늘날에는 신보수주의자 입장으로 새롭게 출현하였다. 이들과 대립적 위치인 가장 왼쪽에는 마르크스주의자(Marxist)들이 존재한다. 이러한 반집합주의자들과 마르크스주의자들의 중간에는 비교적 보수적인 시각의 소극적 집합주의자들과 단계적인 개혁을 추진하는 페이비언사회주의자들이 존재한다. 이 네 가지 이데올로기를 중심으로 복지국가이론이 각각 어떻게 정립하여 왔는가를 검토하도록 한다.

1) 사회이론과 국가이론

오늘날 선진자본주의국가를 복지국가라고도 부르는데, 우리는 복지국가에서 생활하고 있다. 현대사회에 있어서 사회복지의 대상은 생활상의 문제 등을 포괄하는 사회문제로써 언급할 수 있다. 사회를 보는 시각은 표 7-3에서 보듯이 크게 질서이론과 갈등이론으로 구분할 수 있으며, 갈등이론은 사회갈등이론과 계급이론으로 세분화할 수 있다.

표 7-3 사회이론과 국가이론의 연계성

사회에 관한 이론		사회문제에 관한 이론	국가에 관한 이론
질서이론 (Talcott Parsons)		개인적 이론 (R. A. Nisbet & R. K. Merton)	다원주의이론 (Robert A. Dahl)
갈등이론	사회갈등이론 (Max Weber)	제도적 이론 (Weberianism)	엘리트이론 (Barach & Baratz)
	계급이론 (Karl Marx)	구조적 이론 (Marxism)	계급이론 (Karl Marx)

자료: 나직균 외(2011: 172).

(1) 사회이론

① 질서이론

질서이론은 사회학에서 파슨스(Talcott Parsons)의 이론을 중심으로 한 기능주의이론으로 알려져 있다. 사회의 모든 구성부분은 전체로서의 사회가 잘 운영되도록 하는 특정한 기능을 가진 것으로 간주하기 때문에, 사회의 어느 한 부분이 다른 부분과 조화롭지 못하게 되면 바로 그 부분을 재통합하거나 또는 그와 연관이 있는 다른 부분들을 재배열하려는 압력이 나타나게 되며, 그에 따라 질서와 안정을 찾게 된다고 본다. 질서이론은 변화를 고려하기도 하지만, 변화는 사회에서 일어나는 역기능(dysfunction)이나 기술의 변화 또는 사회 외부로부터의 압력에 의하여 발생되는 이상상태로 간주되기 때문에, 여기의 변화란 안정과 질서로 다시 회복되어야 한다는 것이다. 질서이론의 문제점으로는 첫째, 사회적 합의를 강조하고 사회의 갈등을 무시하여 보수성을 지님으로써 기존질서를 정당화하여 주고, 둘째, 선진산업사회에서 끊임없이 나타나는 노사갈등이나 인종갈등 등과 같은 현상을 잘 설명하지 못한다는 점이 있다.

② 사회갈등이론

갈등이론에는 사회갈등이론의 베버주의(Weberianism)[10)]와 계급갈등 이론[11)]의 마르크스주의(Marxism)가 있다.

(2) 국가이론

국가를 바라보는 이론에는 다원주의[12)] 이론, 엘리트[13)] 이론, 마르크스주

---

10) 베버주의학파는 산업사회의 갈등은 자연스럽고 당연한 것이지만 여러 가지 과정을 통하여 정치적 안정이 지속되는데, 그것은 복종자들이 스스로 자신의 복종이 정당하다고 믿는 신념을 갖기 때문이라는 것이다.

11) 계급갈등주의인 마르크스주의의이론은 계급 간 갈등을 중요시하며, 사회의 지배적인 가치는 모든 사람에게 이익을 주는 것이 아니라 지배집단의 이익에 봉사하는 것이다. 이는 국민적 가치로 변형되어서 노동자계급도 그것을 받아들이게 된다고 보아, 자본가계급의 노동자계급에 대한 착취수단으로 사회적 합의를 악용한다고 본다.

12) 다원주의(pluralism)이론은 정치적 권력이 개인과 이익집단, 정부에 의하여 공유되고 있다고 주장한다. 국가는 집단들 간에 존재하는 갈등을 중재하는 공평한 중재자의 역할을 하게 된다. 국가는 잘 합의된 정책을 모든 집단을 위하여 집행하는 단순한 도구적

의적[14] 이론 등을 들 수 있다.

2) 복지국가와 이데올로기

복지제도를 확립하고 발전시켜 온 이론적 근거를 제공하였던 이데올로기는 소극적 집합주의자들[15]과 페이비언사회주의자[16]들이었으며, 반집합주의로 구분된다. 고전적 자유주의는 19세기의 아담 스미스의 고전적 자유주의로서, 시장경제가 사회질서의 열쇠이고, 시장을 통하여 인간의 필요와 욕구가 충족될 수 있다고 보아 국가의 개입을 최소화해야 한다고 보았다. 신자유주의는 하이에크나 프리드만 등으로, '신자유주의자'들로 불리는 현대의 자유주의 철학자들이다.

(1) 반집합주의

반집합주의자(anti-collectivism)들의 가장 근본적인 사회적 가치는 자유(freedom)[17]와 개인주의(individualism), 불평등(inequality)이다. 반집합주의자들에

존재로서 역할을 하게 된다고 본다.

13) 엘리트이론은 다수가 통치한다는 고전적 민주주의 원칙을 비판하고, 국가뿐 아니라 어떠한 인간사회도 모두 소수지배의 원칙에 의하여 운영된다고 주장한다. 이러한 소수지배의 계층을 학자에 따라 통치엘리트(the governing elite)·지배계급(the ruling class)과 두제(oligarchy) 권력, 엘리트(power elite) 등으로 달리 부르고 있다. 엘리트이론가로서 파레토는 지배계층을 통치엘리트라고 불렀으며, 모스타는 지배계급이라 하고, 이 지배계급을 극소수의 상층지배계급과 하위엘리트로 구별하였다. 이러한 파레토와 모스카는 모두 하위계층과 엘리트 내부에 의한 엘리트순환론을 제시하였다. 또한 미헬스는 지배계층을 "과두제의 철칙"으로 설명하였으며, 밀스와 헌터는 미헬스의 영향을 받아 권력엘리트를 제시하였다.

14) 마르크스주의는 갈등의 구조적 원천을 생산관계에서 찾는다. 노동자계급과 자본가계급은 생산체계에서 차지하는 상이한 위치 때문에 권력의 소유가 달라진다고 본다. 마르크스주의자들은 국가를 자본가계급의 단순한 도구로 보면서, 강력한 노동자계급의 지지가 있게 되면 자본가계급을 타도하고 노동자계급을 위한 급진적인 정책을 실행할 수 있다고 생각한다.

15) 소극적 집합주의(비사회주의적 복지집합주의)는 자유주의적 개혁가들로부터 시작되어 1930년대와 1940년대의 케인즈와 베버리지처럼 자본주의의 유지, 자유기업, 개인의 자유 등을 신봉하지만, 자본주의는 자기 규제적이지 못하다는 확신을 갖고 있어서 국가의 적절한 개입을 통하여 자본주의의 잘못된 모습이 고쳐질 수 있다고 보았다.

16) 페이비언사회주의는 마르크스주의의 정통적인 혁명노선을 비판하면서 사회주의의 목표를 추구하기 위하여, 의회민주주의를 통한 점진적인 사회개혁을 추구하고자 하였다.

게 개인주의는 자유를 보완하는 것으로, 대규모 국가 개입이나 강제를 불필요하고 불가능하게 만든다. 현재 정부가 맡고 있는 대부분의 일은 개인이 맡는 것이 보다 바람직하며, 공민권, 기회의 평등에 대해 받아들이면서 결과의 평등을 확대하거나 보장하려는 시도는 반대한다. 반집합주의자들의 정부행위 불신이유로는 첫째, 정부의 행위는 자유를 위협한다. 프리드만은 "정부의 모든 개입행위는 직접적으로 개인적 자유의 영역을 제한하며, 간접적으로는 자유의 보존을 위협한다"고 하였다.

둘째, 정부의 행위는 비효율적이며, 바람직한 목표를 성취하기 어렵다. 정부의 활동영역은 자발적인 질서가 효율적으로 기능할 수 있도록 필요한 틀을 제공하는 영역이며, 자발적인 교환이 지나치게 비용이 많이 들거나 현실적으로 불가능한 영역들로서 독점 또는 그와 유사한 시장불완전성의 영역, 외부효과가 발생하는 것으로 본다.

셋째, 정부의 활동영역은 가부장적인 역할로써, 자신의 삶을 스스로 책임질 수 있는 능력이 없다고 사회가 인정한 사람들에게는 정부가 가부장적인 역할 공적부조를 수행해야 한다고 주장한다.

반집합주의 복지국가에 대한 태도의 부정적인 이유로는 이들은 정부성장을 비판하며 정부성장에 따른 복지국가는 자유에 대한 위험을 내포하고 있으며, 가족과 가족의 책임을 손상시킨다고 주장한다. 공적급여는 의존성과 도덕적 타락, 무책임성을 조장하고 창의력과 자존심, 우리 사회에서 바람직한 자선과 박애 등의 미덕을 약화시킨다고 본다. 또한 반합주의의 국가구제의 책임은 빈곤을 구제할 책임이 국가에게 있다는 것에는 동의하지만, 빈곤구제의 책임을 수행하는 데까지가 국가가 해야 할 일이라는 것이다. 질병과 노령, 실업 등에 대하여 소득보장을 목표로 하는 공적인 계획은 빈곤구제라는 책임한계를 벗어나는 것이라고 주장한다. 욕구에 관계없이 모든 사람에게 주어지는 수당제도, 사회적 형평성에 근거한 재분배를 목표로 한 급여제도도 국가책임의 지나친 확대라는 것이다. 반집합주의자들은 복지국가의 보험원리는 사기극이며, 뒷문으로 사회주의를 도입하기 위하여 사용되는 도구라고 비난한다.

---

17) 자유란 소극적인 상태(negative state), 강제가 없는 상태로써 자유는 사회에서 강제가 최소화될 때 극대화된다고 본다.

(2) 소극적 집합주의

소극적 집합주의자(reluctant collectivists)들은 정부에 의하여 관리되는 경제가 필요하며, 그것이 좋은 결과를 가져올 것이라고 본다. 소극적 집합주의자들의 사회적 가치는 실용주의(pragmatism)와 인간주의(humanism)에 있다. 실용주의는 자본주의가 가장 좋은 경제체제라고 믿지만, 자본주의가 효율적이고 공정하게 기능하기 위해서는 사려 깊은 규제와 통제가 필요하다고 생각한다. 또한 자본주의의 결점이 심각하지만 교정될 수 있다고 보며, 자본주의 경제체제가 실제로 어떻게 운영되고 있는가를 연구하는 데서 출발한다.

케인즈(J. M. Keynes)는 실업을 참을 수 없는 악이라고 보고, 실업을 불가피하다고 생각하는 것이 아니라, 실업에 대한 해결책을 제시하였다. 베버리지(W. Beveridge)는 완전고용을 달성할 수 있는 가장 좋은 방법은 "여러 가지 방법들을 선택적으로 결합하는 것이다."라고 주장하면서 일반적 통제를 필요로 하며 공적 독점요소를, 다른 분야에서는 사적인 기업 활동에 대한 공적인 통제를, 또 다른 분야에서는 일반적인 통제를 받지 않는 사적 기업 활동을 필요로 할 것이라고 실용성을 강조하였다. 또 하나의 사회적 가치는 인간주의이다. 케인즈[18], 베버리지[19], 갈브레이드(J. K. Galbraith) 등에게 자본주의의 문제점을 연구하도록 이끌었던 것은 실용주의에 앞서 자본주의가 인간에게 갖는 의미가 무엇인가에 대한 관심이었다.

소극적 집합주의에서 정부의 역할은 사회의 모든 구성원들의 이익에 관심을 가지고, 그것을 증진시키기 위하여 독립적인 실체로서 기능하는 것을 의미한다. 정부는 완전고용을 유지할 수 있는 총수요수준을 보장하기 위해 경제를 관리할 능력과 의무를 가지고 있다고 본다. 케인즈는 개인의 창의성을 성공적으로 발휘하게 해 주는 것이 된다고 정부활동을 옹호하였다. 한편

---

18) 케인즈는 전형적인 보수주의자의 특징을 갖고 있긴 하였지만, 사회악에 대하여 관심이 있었고 고통에 민감하였으므로 전통적인 경제이론을 의문시하였다.

19) 베버리지는 철저한 인간주의자여서 완전고용이란 일자리를 필요로 하는 사람이 필요로 하는 일자리가 항상 더 많음을 의미하고, 노동시장이 구매자의 시장이 아니라 판매자의 시장이 되어야 함을 의미하는 것이라고 말한다. 노동력을 구매하는 데 어려움을 겪는 구매자는 불편함과 다소간의 이윤감소로 고통을 받게 될 뿐이지만, 자신의 노동력을 판매할 시장을 발견치 못한 판매자는 그에게 있어서는 분노나 손실을 넘어서서 일종의 재앙과 같다고 주장하였다. 이 외에도 소극적 집합주의자들이 추구하는 사회적 가치에는 자유, 평등과 불평등이 있다.

소극적 집합주의자들은 복지국가를 시장의 실패를 보충하는 수단으로 본다. 이들은 복지의 '혼합경제(mixed economy)'를 강조하며, 복지제도도 국가뿐 아니라 공동체와 가족 등의 비공식 부문, 자원봉사 부문 그리고 시장에 의하여 제공되는 부문 등이 실용적으로 균형을 이루는 것으로 본다. 즉, 분권화와 참여가 강조되며, 비공식 부문과 자원봉사 부문의 역할이 강조된다.

복지국가에 대한 추구를 '국민최저생활수준(national minimum)'의 달성에 두었고, 국민최저생활수준을 달성하기 위한 주요 정책으로 사회보험을 제안하였다. 베버리지의 주장은 민간의 자발적인 요소가 가장 중요하다는 것이다. 또한 기여방식의 보험제도를 택한 것이야말로 자산조사에 의하지 않고, 권리로써 급여를 제공할 수 있는 유일한 방식이라고 생각하였다. 베버리지는 정부가 사회복지에 대하여 종합적인 접근을 취할 것을 주장하여 국민보건서비스, 가족수당계획, 완전고용정책 등이 포함된 사회보험종합계획인 베버리지 보고서를 제출하였던 것이다.

(3) 사회민주주의

사회민주주의(social democracy)는 각국의 역사적인 경험과 정치여건에 따라서 다양한 형태로 나타났다. 사회민주주의와 복지국가를 연계하기 위해서는 약간의 유형화가 필요하다. 사회민주주의는 마르크스주의의 정통적인 혁명노선을 비판하고, 계급혁명을 통한 사회개혁이 아니라 의회민주주의를 통한 점진적인 개혁을 추구한다. 이러한 사회민주주의에는 우파사회민주주의[20]와 좌파사회민주주의[21], 영국의 페이비언사회주의[22]를 들 수 있다. 생

20) 우파사회민주주의는 소극적 집합주의자들과 같은 노선을 걷는다.

21) 좌파사회민주주의는 계급 간에 타협을 통하여 사회민주주의의 정당이 집권을 성취하는 경우이다. 생산영역에서의 자본주의적 계급질서를 분배영역을 포함한 모든 차원의 불평등의 근원으로 간주하여, 경제적 권력과 정치적 권력의 분리를 핵심으로 한다. 경제적 권력을 갖고 있는 자본가계급과 정치적 권력에서 조직화된 다수의 힘을 발휘할 수 있는 노동자계급 간의 대타협의 산물이라고 하겠다. 좌파사회민주주의는 노동자계급의 정치적 권력화이며 사회주의로의 첫걸음이다.

22) 페이비언사회주의(The Fabian Socialism)는 소극적 집합주의와 마르크스주의적 사이의 모호한 중간 영역에 위치설정할 수 있다. 민주주의를 전적으로 옹호하여 사회복지서비스를 적극적으로 도입한다. 이러한 페이비언사회주의의 사회적 가치는 평등·자유·우애이며, 평등과 자유로부터 파생된 민주적 참여라는 가치와 평등, 우애로부터 파생된 인본주의라는 가치를 강조한다. 또한 불평등의 감소를 사회통합(social integration)

산수단과 분배수단의 국유화에 대하여 없어서는 안 될 필수적인 조치라는 점을 인정하지만, 국유화의 문제는 페이비언사회주의자들을 수정주의자와 근본주의자로 분리시켰다. 근본주의자들은 사회주의를 위해서는 공적 소유를 전체적으로 확산시켜야 한다고 보는 반면에, 수정주의자들은 제한적으로만 실시해도 복지자본주의는 길들여지고 통제될 수 있다고 생각한다.

1. 사회적 곤궁과 고통을 경감시키고 사회적 결핍을 수정하는 것이다.
2. 사회사업적 개입을 통해 개인의 역기능을 수정하는 것이다.
3. 효율성을 증가시키고 낭비를 감소하는 것이다.
4. 사회적 결합을 향상시키고 사회적 이동을 촉진하는 것이다.

1. 복지국가는 정의와 예방에 관한 것이 아니라 불의와 치료에 관한 것이다.
2. 복지국가는 결과의 평등이 아니라 기회의 평등을 추구한다.
3. 복지국가는 불평등보다는 빈곤에 관련되고 있다.
4. 복지국가의 행정구조는 민주적이고 참여적이기보다는 부패하기 쉽고 권위적이라는 것이다.[23)]

(4) 마르크스주의

마르크스와 엥겔스는 사회적 가치를 사회를 지배하고 있는 경제적 조건의 결과로 간주하였으며, 사회에서 가치가 변화하게 되는 것은 생산수단과 분배수단에 대한 사회적 소유의 결과로서 나타나게 된다고 생각하였다. 사

과 사회조화(social harmony)의 필요조건으로 보았다. 즉, 불평등의 감소는 사회적 소속감을 증진시킬 것이며, 증진된 사회적 소속감은 사회질서의 급격한 붕괴를 막아 준다는 것이다. 그리고 정치적 자유가 실질적인 의미를 가지기 위해서는 경제적 자유에 의하여 보완되어야 한다고 주장한다. 인간들은 최소한의 생활수준을 누릴 수 있어야 하고, 사회의 곤궁은 제거되어야 한다는 점을 중시한다. 아울러 전통적인 사회복지의 목적을 위하여 국가의 부를 투입하는 것을 대단히 중요하게 생각한다. 정부의 역할은 시장체계의 해악을 해결하는 일이다. 권력집중을 수정하고 권력을 보다 많은 대중에게로 확산시키기 위해서는 정부의 행동이 필요하다고 생각한다. 중요한 것은 민주적인 의회과정이 계획을 통제함으로써 정부와 관료들의 권력이 항상 대중들에게 책임성을 실현할 수 있도록 해야 한다는 것이다.

23) 즉, 복지국가를 사회주의적 목적 중 일부만을 제한적으로 달성된 것으로 보면서도, 복지국가는 여전히 불안정한 타협물로서 사회주의를 향한 잠재적인 도약판으로 간주하고 있는 것이다.

회주의 체제의 지배적 이데올로기는 모든 사람들의 이익에 공평하게 봉사할 사회주의적인 생산 및 분배형식을 반영하게 되리라고 보았다. 사회주의 단계의 원리란 "각자 능력에 따라 일하고 니드에 따라 분배받는다"라는 원리로 변화한다는 것이다.

마르크스주의자(Marxist)들의 경제 전략은 두 가지 프로그램으로 구성되어 있다. 생산 및 분배수단의 국유화와 효과적인 산업민주주의이다. 생산수단의 사적 소유는 분명히 자본가계급의 손에 경제력을 집중시키게 된다. 이것은 정치적 권력도 자본가들의 손에 집중됨을 의미한다. 스트래치(J. Strachey)가 지적한 것처럼, "정치적 권력과 경제적 권력은 궁극적으로 분리할 수 없는 권력 전체의 두 가지 측면에 불과하기 때문"이다. 그리고 사적 기업을 국유화해야 한다는 경제적 주장은 정치적 주장만큼이나 강력한 것이다.

마르크스주의자들은 복지국가의 사회서비스에 대하여 인간의 니드를 무시하고, 사회경제체제에서 기인하는 문제를 단순하게 구급차적 시각에서 접근하는 것을 비난한다. 자본주의 체제에서는 진정한 의미의 예방적 사회서비스가 불가능하다고 본다. 따라서 사회주의적 사회서비스는 첫째, 니드의 충족에 중점을 두어야 하며, 둘째, 실질적 적용에 있어서 보편적이어야 하며, 셋째, 전문직의 권력을 가능한 한 축소시키면서 보다 많은 참여가 가능하게 하여야 하며, 넷째, 사회서비스의 핵심은 예방에 두어야 한다는 것이다.

표 7-4 조지와 윌딩의 이데올로기 모형

구분	반집합주의	소극적 집합주의	페이비언사회주의	마르크스주의
사회가치	소극적 자유 (개인주의, 불평등 인정)	소극적 자유 (실용주의, 인본주의)	적극적 자유, 평등	적극적 자유, 평등, 우애
사회조직	시장경제제도 옹호	시장경제의 보완	시장경제의 수정	시장경제의 부정
정부역할	← 최소 최대 →			
복지국가	잔여적	국가가 국민의 최저수준 보장	보편주의 원칙 (복지국가주의)	복지국가로는 빈곤제거 불가능 (복지국가 반대)

자료: 임정문(2006: 43). 재구성.

04 복지국가의 성립배경과 발달과정

복지국가의 기원은 독일의 의료보험을 도입하던 시점인 1883년이다. 그러나 영국이 산업재해보상보험을 도입하던 1897년으로 거슬러 올라갈 수 있다. 이것은 헤클로(Huge Heclo)가 복지국가단계의 첫 단계로서, 복지국가의 실험기를 1870년부터 시작된 것으로 보는 것과 이혜경 교수가 사회보험의 도입 시기를 기점으로 복지국가단계를 구분하여 제1단계를 사회보험의 출발시점으로 잡는 것과 같은 시점이다.

1) 성립배경

복지국가는 자본주의와 민족국가가 기반으로 하여 등장하였다. 복지국가 이전에는 '국가를 위한 좋은 생활'의 국가체제가 있었다. 경제문제가 독립된 형태로 연구대상이 된 것은 중상주의[24]에서부터였다. 중상주의(mercantilism)를 통해 유럽은 안으로는 지방분권주의와 밖으로는 교회의 보편주의와 싸우는 절대국가체제를 공고히 하기 위하여 적극적으로 정부주도하에 부국강병책을 썼다[25].

케네(F. Quesnay, 1694~1774)가 창시한 중농주의(physiocracy school)는 농업중심의 사상 및 정책을 주장하였다. 인간사회에도 자연계와 마찬가지로 자연질서가 존재함을 믿고 있었다. 중상주의와 달리 인위적인 보호·간섭 또는 통제를 배척하고 자유방임주의(laissez-faire)를 채택함으로써 자연 질서에 순응할 것을 주장하였다. 국부(國富)의 원천은 토지(土地)이므로 농업을 중시하였다. 중농주의학설은 아담 스미스(Adam Smith)[26]를 비롯한 고전학

---

24) 중상주의의 대표적인 학자로는 영국의 토마스 먼(Thomas Mun, 1571~1641), 윌리엄 페티(William Petty, 1623~1685) 등을 들 수 있다.

25) 중상주의는 개인의 이익과 국가의 이익은 조화가 이루어지지 않는다고 보아 국가의 이익을 위하여 개인의 이익을 규제하고, 정부가 경제에 적극 개입하여야 한다는 주장이다. 국가 간의 무역을 제로섬(zero-sum game)으로 보아 한 나라의 이익은 다른 나라의 손실이며, 이익과 손실을 합하면 영이 된다고 생각하였다. 중상주의는 강력한 보호무역주의로 식민지개척 및 인구궁핍화 정책(beggar-my-neighbour policy)을 실시하였다.

26) 고전파의 시조 스미스는 그의 저서 『국부론』에서 그 이전의 산만한 경제이론을 집대성

파에 커다란 영향을 미쳤다.[27)]

자유방임사상은 영국의 빅토리아 시대에 빈민에 대한 인간 이하의 대접과 무관하지 않으며, 자본주의 초기 국가들의 관심은 공공질서를 유지하는 노동정책의 차원에 불과하였다.

2) 복지국가의 필연성

산업혁명 이후 개인주의에 근거한 사유재산제와 시장경쟁이라는 자본주의 체제의 대체적인 틀이 완성되었기 때문에 경제과정에 정치 주체가 개입하지 않는다는 자유방임의 원칙이 확립되게 되었다. 자유로운 시장과 개인의 재산이 생활의 자립과 보장을 제공하여 준다는 신념이 존재하고 있었으나, 차츰 자유주의 경제가 갖는 결함[28)]이 지적되기 시작하였다. 이것이 시장실패의 원인[29)]이 된다.

하고 체계화함으로써 경제학을 독립된 사회과학으로 출발시켰다. 스미스는 국부의 원천이 노동(勞動)의 산물이라고 봄으로써 중농주의의 국부 개념을 확대시켰다. 개인의 이익은 국가의 이익과 조화를 이룬다고 보고, 중농주의의 자유방임주의를 이어받아 '작은 정부의 이론'을 제창하였다. 결국 자유시장기구의 자동적인 조절능력을 신봉하며, 이에 따라 완전고용이 항상 달성될 수 있다고 본다. 자유무역의 이론은 리카도(D. Ricardo)에 의하여 더욱 발전되었다.

27) 케네(F. Quesnay)는 저서 『경제표』에서 최초로 국민경제를 전체적인 측면에서 고찰하여 부의 생산(生産)·유통(流通)·분배(分配)·재생산(再生産) 과정을 밝혔다.

28) 자유주의 경제가 갖는 결함으로는 첫째, 자본주의모형에서는 시장은 완전하다고 설명하지만 소비자주권은 확립되어 있지 않으며, 시장에의 새로운 참여에는 장애가 있다는 것도 고려하지 않는다. 둘째, 시장체제에 의한 자원배분은 반드시 효율적인 것은 아니다. 셋째, 외부적 비경제를 적절하게 처리할 수 없으며 사회적 비용을 시장은 내부화할 수 없는 것이다. 넷째, 공공재의 공급은 충분하지 않다. 다섯째, 부의 편재와 소득분배의 불공정이 일어나기 쉬운 것이다. 이에 따른 시장의 실패는 필연적으로 국가의 개입이 필요하다는 이유를 가지고 왔다.

29) 화니스와 틸튼(N. Furniss and T. Tilton)은 국민경제에 대한 국가의 개입은 시장활동에 대한 불신이 원인이라고 하였다. 개인재산이 없어 가난하며 장래도 충분한 재산형성의 전망이 없는 자가 다수 발생하였으며, 능력이 있어도 기회를 갖지 못하는 실업자가 다수 존재하고 있었다. 1929년부터 세계공황에 의하여 시장에서는 자율적인 경기조정능력이 없다는 것이 분명하게 되었다. 경제과정에 대한 국가간섭은 자유방임의 시장체제와 전체주의적인 통제경제와의 사이에 제3의 길이 모색되었다. 소위 혼합경제이론이 그것이다. 이론적 근거는 뮈르다(K. G. Myrda)와 케인즈(J. M. Keynes)에 의하여 제공되었다.

3) 발달과정[30)]

(1) 정착기(1920~1945)

복지국가 성립의 가장 중요한 요인은 아이러니하게도 대규모 전쟁과 경제공황이었다. 전쟁은 국민 생활에 대한 광범위한 국가의 개입을 초래하였다. 또한 엄청난 수의 빈민을 양산하여 종래의 사회보험이나 구빈제도가 더 이상 기능할 수 없게 된 상황에서 국가가 그 역할을 대신할 수밖에 없어, 전쟁 중이나 직후에 노령연금과 실업보험과 같은 중요한 보험제도가 수립되었다. 1930년대 경제공황은 생산 중단과 실업자 급증으로 인해 노동계급을 자극하였고, 이에 진보적 정당들이 중간계급, 노동계급, 농민과 개량적 자본분파까지 합세한 선거연합을 조직하여 국가 권력을 장악하고, 자본 세력을 대상으로 '뉴딜', '사회계약', '역사적 타협'으로 불리는 사회협약을 체결하여 다음과 같이 복지를 대폭 확대하였다.

① 제도적 확충으로 실업 보험과 가족수당의 제도화(미국은 제외), 사회적 취약계층 지원 및 특수 프로그램에 보조금 지출하는 사회보장법(1935)의 제정(미국), '적-녹 동맹'의 사민당 집권(1932)으로 광범위한 복지서비스의 제도화 등이다(스웨덴).

② 복지수혜자 범위의 확대로써 1919년까지 수혜자 비율이 약 27%에서 60% 수준으로 증가한다.

③ 복지예산의 증대로써 대부분의 국가들의 복지 지출비가 이 시기에 GDP 5%선을 통과하게 된다.

(2) 성장과 발전(1945~1975)

① 복지국가 팽창의 원동력

영국의 보수당은 대선의 승리를 위해 노동조합의 계속적인 협조를 필요로 했고, 동시에 노동자들에게 소련(현 러시아)의 공산주의가 미칠 영향을 두려워하였다. 당시의 진보적 대중들의 노동당 지지도가 높아지자 사회적 흐름에 따라 초당적 연립내각을 구성하였고, 곧 사회복지를 받아들일 수밖

30) 김태성 외(2009). 복지국가론. pp. 104~122.

에 없었다. 베버리지 보고서(1944) 이후 1945년 집권한 노동당은 이를 실천하였고, 1948년 7월 5일 사회보장과 국민보건사업의 법적 효력이 발생된다.

1945~1975년은 '복지국가의 황금기'로 불리며, '국가-자본-노동' 간의 화해적 정치구조가 지속되어 '경제성장-완전고용-복지국가'를 묶는 '합의의 정치'를 실현하고, 이를 통해 더 많은 복지비를 지출할 수 있었다. 미국, 일본을 제외한 대부분의 나라들이 1960년대에 GDP 대비 10%, 70년대 중반에는 20%까지 복지비를 지출했고, 스웨덴은 무려 34%에 육박했다. 새로운 제도가 도입되기보다는 확충하는 방식으로 복지 수혜자의 수가 거의 100%까지 확대되는 발전의 극치에 이르렀다. 이 시기에 사회복지정책이 발달한 배경으로 티트머스(Titmuss)는 전쟁의 영향을 강조하고, 여러 학자들은 진보적 정치집단의 집권, 산업화의 진전 등 여러 요인을 꼽고 있다.

② 팽창기의 성과

복지국가 정착기 동안 구축된 다양한 복지제도들이 나라마다 빠르게 확산하여 발달하고 제반 복지제도를 갖추었으며, 개인적 사회서비스와 공공부조는 더욱 확충되었다. 따라서 복지는 자비나 시혜가 아닌 시민의 권리(citizenship)로 인정받게 되었고, 사회문제의 해결을 넘어 다양한 욕구를 충족시키기 위한 제도로 만들어 갔다. 이는 복지제도의 포괄성, 복지수혜자의 보편성, 복지혜택의 절정기로 볼 수 있다. 완전고용의 증대와 높은 수준의 사회복지서비스 실시, 소득재분배를 특징으로 하는 복지국가와 혼합경제의 확산은 자본주의 체제의 성격을 근본적으로 변화시킨 20세기의 중요한 사건이다.

독일, 영국을 비롯한 유럽 국가들은 사회보험의 혜택을 노동자 집단에서 화이트칼라와 자영업자 집단까지 확대하고, 소득보장은 물론 보건의료, 주택, 교육 등 여러 가지 부문의 서비스를 국가가 보편적으로 보장하게 된다. 한편, 미국은 1960년대 '풍요 속의 빈곤', '빈곤의 재발견' 이후 존슨 대통령이 '빈곤과의 전쟁(War on Poverty)'을 선언하고, AFDC(Aid to Families with Dependent Children-부양가족보조)[31] 프로그램을, 1962년 '개인적 사회서비스'

31) AFDC는 미국의 요보호아동을 가진 가족부조의 공공부조 프로그램이다.

에 관한 조항을 만들고, 1965년 고령자 의료보장 프로그램인 메디케어(Medicare)와 장애인 및 빈곤층의 의료보장 프로그램인 메디케이드(Medicaid) 프로그램을 도입하는 등 미국식 복지국가 체계를 만들어 간다.

이렇듯 서구 유럽에서 복지국가의 황금기를 이룬 정치·경제적인 바탕은 사회민주주의 체계이다. 이는 제2차 세계대전 이후 유럽에서 널리 퍼졌으며, 19세기 말 이래 마르크스주의 정치이론을 비판하고 수정한 결과 등장하였다. 노동자 계급의 현실타협과 의회진출이라는 큰 줄기를 가진 사회민주주의는 서구 노동자들에게 복지와 경제적 혜택을 제공하고 자본주의를 안정화시키는데 공헌하였으나, 1970년대 초 자본주의 경제의 위기로 인한 복지국가의 위기 이후 신자유주의를 태동시키는 원인이 되기도 한다.

③ 복지국가 발전의 개념

1. 복지혜택의 포괄성으로 전 국민 개인의 전 생에 과정에 대한 다양한 욕구와 사회적 위험에 대해 국가가 얼마나 많은 복지제도를 통해 보호할 수 있는가(노령 → 연금제도, 실업 → 실업보험)이다.
2. 적용범위의 보편성으로 다양한 욕구를 충족하고 각종 사회적 위험으로부터 보호하기 위한 각각의 복지제도의 적용범위는 어디까지인가(사회보험의 적용대상을 모든 국민으로 확대)이다.
3. 복지혜택의 적절성으로 각각의 복지혜택은 소득이 중단되더라도 생활이 가능할 정도로 적절한 수준으로 제공되는가이다.
4. 복지혜택의 재분배효과로써 전체 복지혜택의 결과가 가지고 오는 소득 재분배효과는 어느 정도인가이다.

(3) 재편기(1975~현재)

① 위기[32] 발생

서구 복지국가들은 제2차 세계대전의 종결 이후 확대일로의 역사를 거듭한 끝에 1960년대 말에 이르러서는 황금기를 구가할 수 있었다. 그러나 1970년대의 원유파동을 계기로 기세가 기울기 시작해, 1970년대 말이 되

32) 복지국가의 위기: 오일쇼크 → 물가·실업률의 상승 → 영국(대처의 보수당), 미국(레이건의 공화당): 복지축소, 신보수주의 등장 → 변화: 수급요건의 강화, 급여수준 하향조정, 급여기간의 단축, 공공부조를 받기 위한 각종 조건 부과.

면서 현상유지도 힘겨운 모습을 보이기 시작하였다. 그러한 분위기는 지금도 변함이 없어서 복지국가 찬성론자들의 가슴을 애태우게 하고 있다. 복지국가를 20세기 최고의 개혁성공으로 자부하는 에스핑-안데르센은 "우리는 지금 황금기 자본주의(Golden Age Capitalism)를 무거운 향수(nostalgia)로 회고하고 있다.

복지국가는 하나씩 새롭게 펼쳐지는 경제질서 속에서 어쩌면 더 이상 지속하지 못할지도 모른다"고 불안감을 표시했다(Esping-Andersen, 1990: 1). 즉, 1973년 오일쇼크로 인해 약 30년간 지속된 자본주의의 안정적 축적체제가 근본적으로 붕괴되기 시작했다. 이는 곧 '국가-자본-노동' 간의 정치구조에 치명적 균열을 일으켰다.

② 위기 결과

노동당 정부들이 실권하고 영국 보수당의 대처, 미국 공화당의 레이건이 집권하여 신자유주의를 앞세우며 보수회귀로의 물결을 일으켰고, 독일, 스웨덴 등 구미 각국의 사민당, 노동당, 사회당 정부가 제2당으로 전락했다. 그 후 오늘날까지 복지국가는 정체시기로 접어들었다.

이러한 보수 회귀의 흐름은 하나의 사회운동이며 정치세력인 신우파의 신보수주의를 등장시키는데, 이들은 국가의 경제개입과 복지개입을 모두 비판하고 복지국가의 해체를 통해 자유시장 체제를 확고히 하려는 이데올로기적 공세를 전개했다.[33] 오일쇼크를 기점으로 한 경제위기는 유가상승과 국가의 결제개입 및 복지개입의 확대라는 두 가지 요인에 의해 비롯되었다고 주장하면서, 경제성장과 고용증대를 이루기 위해 국가개입의 축소

---

33) 복지국가의 경제적 기반인 생산체계(축적체계)가 포디즘에서 포스트포디즘으로 변화한다. 위기 이전의 베버리지·케인지언 복지국가의 생산체계는 포디즘(Fordism)으로서 소품종 대량생산체계이다. 대량생산체계는 대규모 저숙련 노동자를 필요로 했고, 이로 인해 노동계급은 안정적인 일자리를 확보함과 동시에 상당히 동질적인 집단으로 존재하였다. 이처럼 동질적인 노동집단이 복지국가의 확대에 의견을 같이 함으로써 성장과 고용 그리고 복지국가는 동시에 발전하게 된다. 포스트포디즘(Post-Fordism)은 다품종 소량생산체계이다. 저숙련 노동력을 대량 투입하여 획일적인 상품을 생산하는 것이 아니라, 시장 변화에 적절히 대처할 수 있도록 노동시장을 유연화하고 소수의 숙련 노동자를 필요로 하게 된다. 이러한 과정에서 노동계급은 숙련 정도에 따른 이해관계가 이질적으로 변모하게 되므로 성장과 고용, 복지를 동시에 추구해 온 베버리지·케인지언 복지체제를 동요시켰다.

를 주장했다.

신자유주의는 경제위기가 유가 상승이라는 외부 요인뿐 아니라, 근본적으로 자유시장 기제의 작동을 왜곡하는 국가 경제개입과 복지라는 내적 요인이 있었음을 주장하였다. 영국의 대처는 각종 수당과 연금의 지출을 대대적으로 삭감하였고, 이러한 정책은 여러 국가들로 확산되었다. 복지비의 과중한 부담으로 인한 재정적 파탄 위기를 모면하긴 했지만, 실제 복지비는 증가율이 감소할 뿐이지 꾸준히 늘고 있다. 또한 신자유주의 정부는 경제 활동의 블록화와 세계화가 급속히 진행됨에 따라, 유동성이 증가된 '자본의 이탈'이라는 위험과 사회보장이 취약한 나라의 취업자나 빈민을 막아내야 하는 잠재적인 어려움에 직면하고 있다. 또한 현실적으로는 긴축재정에 따라 경기가 침체되고 실업이 심화되며, 복지가 축소되어 국민들의 불만을 사게 되었다(김태성 외, 2009: 116-122).

③ 위기의 의미

복지국가 위기의 문제는 다음과 같은 네 가지 요인에 기인한다.

첫째, 경제적 문제로써 1970년대 중반 이후의 악화된 경제상황은 복지국가에 대한 회의를 가지고 온다.

둘째, 정부의 문제로써 국가 부문 확대에 따른 비효율과 정부의 정치적 파산 가능성이 대두되었다.

셋째, 재정의 문제로써 사회복지 수요증가와 지출증가에 비해 조세수입의 한계로 정부재정 적자가 발생했다.

넷째, 합법화의 문제로써 국민들이 복지국가에 대한 지지를 철회하였다.

④ 에스핑-안데르센의 세 가지 재편 방식

복지국가의 재편은 국가마다 다양하게 나타났다. 에스핑-안데르센은 세계화와 복기국가의 위기 이후 복지국가의 재편방식을 세 가지로 구분하였다.

첫째, 자유주의 복지국가의 경우 신자유주의적 정치이념의 주장을 가진 정당들이 선거를 통해 집권하게 되고 경제에 대한 국가개입의 철회 및 복지국가의 축소, 노동시장 유연성의 확대를 통해 시장경제의 효율성의 강화와 경제불황을 극복해야 한다고 주장한다. 소득조사에 의한 공공부조 프로그램이 상대적으로 중시되며, 영국의 대처 정부와 미국의 레이건 정부가 대표적이다. 이러한 유형은 복지의 재분배 효과의 미약, 급여의 제공 시 자격기준에 따른 낙인감 발생, 탈상품화 정도 미약, 다차원의 사회계층체제(공공부조 수급자, 사회보험 가입자, 민간보험 구매자 등), 고소득층과 저소득층의 양극화, 일을 해도 빈곤을 벗어나지 못하는 문제가 나타나고 있다. 미국, 캐나다, 호주 등이 이에 해당된다.

둘째, 조합주의(보수주의) 복지국가의 유형은 기존의 계층·지위 구조를 유지한다는 점에서 보수주의적 복지국가로 명명한다. 이러한 유형의 경우 노동공급을 줄여 실업률을 낮추기 위한 노동감축형 접근방법을 선택하였다. 주로 사회보험 프로그램을 강조하며 전통적인 가부장제가 강한 남성생계부양자 모형에 속한다. 예를 들면, 실업률이 증가하는 이유는 일자리의 수에 비해 일을 하려는 사람들이 많은 상태에 있기 때문이며, 노동공급을 줄여 일자리의 부족 문제를 완화하려는 전략을 사용한다. 이러한 전략은 여성들이 노동시장에 참여하는 것을 억제하며, 고령노동자들의 조기퇴직을 장려하는 방식을 장려한다. 이러한 전략의 경우 조기퇴직 등으로 인한 사회보험의 재정부담의 증가, 높은 사회보장세로 인한 높은 노동비용 때문에 민간 부문의 일자리 창출이 어렵고, 높은 재정부담으로 공공 부문의 일자리 창출도 어려워 높은 실업률이 나타난다는 문제점이 있다. 오스트리아, 프랑스, 독일 등 유럽대륙의 국가들이 해당된다.

셋째, 사회민주주의 복지국가 유형의 경우, 공공 부문 고용의 적극적 확대 및 국민에게 제공하는 사회서비스를 확대하는 전략이라고 볼 수 있다. 보편주의적 원칙을 통해 높은 탈상품화 정도와 복지의 재분배 기능을 통해 취약계층뿐 아니라, 중간계층까지 복지대상자로 진입시키려고 한다. 이들 국가에서는 최소한의 생활수준을 넘어 평등을 추구하며 여성의 사회참여, 사회서비스의 비중이 높다. 스웨덴, 덴마크, 핀란드, 노르웨이 등 주로 스칸디나비아 국가들이 해당된다.

(4) 위기론와 재편론[34)]

1970년대 이후 가열된 북지국가의 위기론은 80년대 이후 복지국가의 재편이 가시화되면서 재편론으로 이어졌다. 그러나 복지국가의 위기론이 경제적 위기에 초점을 맞추는 데 반해, 재편론은 민주주의적 선거정치에 초점을 맞추고 있다.

가. 위기론

복지국가가 위기를 맞게 된 원인에 대해서는 크게 두 가지 진단이 있다.

첫째, 복지국가를 둘러싼 경제환경의 변화로 위기가 초래되었다고 보는 것이다[35)].

둘째, 복지국가의 사회복지제도가 위기를 초래하였다고 보는 것이다[36)].

① 신자유주의의 국가실패론

민주적 자본주의사회에서 '이익 집단과 관료제의 이기적 요구－복지국가 팽창과 정부의 과부하－성장의 정체와 복지국가의 위기'라는 도식으로 복지 국가를 비판한다. 자본주의 경제체제에 대한 국가의 개입으로 한 국가의 팽창과 과중 부담이 결국 국가의 실패를 초래했다고 본다. 복지 프로그램의 확대는 노동 동기를 약화시키고, 저축과 투자를 감소시켜 산업 생산 부분의 위축을 초래 및 경제성장을 둔화시킨다. 이에 대한 해결책은 시장의 우월성을 강조하고 '최소한의 국가'로 복귀, 즉 사회경제적 방임주의로 돌아가야 한다는 것이다. 구체적인 정책은 노동시장의 수적·기능적 유연화, 파트타임제, 임금인상 억제, 이중 임금제와 성과급 등의 보수 유연화 등이며, 이러한 생산방식의 전환은 실업자층을 대량으로 발생시키고 고용불안을 증대시키며, 노동자층의 분할을 심화시켰다. 또한 자본의 세계화

---

34) 김교환(2002). 현대복지국가론. 교육과학사. pp. 143～174.

35) 1970년대 초반의 석유파동과 환율체계의 붕괴로 인해 스태그플레이션 현상이 나타났으며, 이로 인해 노동계급의 정치세력화가 큰 타격을 입게 되고, 복지국가발달과 확대에 대한 국가－자본－노동의 합의가 붕괴되어, 결국 복지국가의 위기가 도래하였다는 것이다.

36) 그동안 복지국가가 투입한 것만큼 국민들의 복지상태가 나아지지 않았으며(빈곤과 불평등의 심화), 오히려 사회복지제도가 의존문화를 양산하고 경제성장을 저해하여, 결국 복지국가의 위기가 도래하였다는 것이다. 하지만 이념적 성향에 따라 복기국가 위기의 원인에 대한 진단과 그 처방은 조금씩 다르다.

이후 초국적 자본이 투기성 금융을 자본화하여 세계 시장을 교란시켰으나, 국가의 규제력이 미치기 어려운 상황이다. 경제 위기의 극복과정에서 나타난 포스트포디즘(Post-Fordism)[37]은 자본주의의 탈조직화를 주장하며 '자유화'와 '세계화'를 추구하여 케인즈 주의적 복지국가의 기반을 허물었다. 이들의 주장대로라면 복지의 수준이 가장 높은 국가인 북유럽 국가들은 심각한 경제 위기에 처해야 하나, 실제로 그렇지는 않다. 국가가 언제 어디서나 비효율적인 자원 분배기구라는 이들의 논리는 매우 단선적이며 과도하게 일반화하는 경향이 있으며, 자본주의 경제를 가능한 비정치화시켜 자본주의적 요소를 극대화하고 복지를 축소하고자 하는 주장에 지나지 않는다.

② 신마르크스주의의 복지국가 모순론

1960년대 복지국가의 전성기에 신마르크스주의자들은 복지의 본질이 사회 통제의 수단이며, 노동계급을 회유하는 수단이라는 급진적 비판을 하였다. 그러나 1970년대 말 우파가 득세하자 오히려 복지국가가 집단적 사회계획을 통해 노동계급의 생활 향상에 기여했다는 옹호론을 펼쳤다. 신마르크스주의자들은 복지국가를 단지 세련된 자본주의로 보며, 복지국가의 위기 또한 자본주의 자체의 근본적 모순에서 비롯되었다고 본다. 노동자를 위한 복지제도와 자본가를 위한 생산성 추구가 국가의 개입에 의해 함께 보장된다는 모순이 바로 그것이다. 오코너(O'Connor)의 경우 복지국가의 기능을 자본가의 경제적 기능을 보장하는 '축적'과 사회 통합을 추구하는 정치경제적 기능인 '정당화' 두 가지로 보고, 이 두 기능의 갈등을 조절하기

---

37) Fordism과 Post-Fordism의 비교

	Fordism (모더니즘, 산업사회, 현대사회)	Post-Fordism (포스트모더니즘, 탈산업 현대사회)
생산방식	소품종 다량(표준화된 상품)	다품종 소량(Customized)
마케팅	대량판매(Mass Marketing)	틈새전략(Niche Marketing)
생산기술	표준화	유연화
조직의 규모	대규모	소규모
조직의 형태	계층제	네트워크
관리 방식	집권적, 세밀한 중앙통제	전략적 중앙통제, 분권화
국가의 역할	유효수요의 관리	국가의 경쟁력 유지
사회의 모습	이성의 지배, 과학의 지배, 사회규범의 객관화 강조	반이성의 지배, 과학화 비판, 다양화, 탈규범적 사회 강조

위해 국가가 더 많은 개입과 재정적 부담을 안게 된다고 보았다.

신마르크스주의자들의 주장이 갖는 문제점은 신자유주의자들의 주장이 갖는 문제점과 유사하다. 또한 복지국가의 화해 불가능한 축적과 정당화의 모순이 왜 1970년대 후반에서야 날카롭게 드러났는지에 대해 그 필연성을 효과적으로 설명하지 못한다. 이들은 계급투쟁에 따라 복지국가의 재편이 가능하다고 보지만, 이는 사회주의 국가로의 이행을 위해 복지국가를 해체해야 한다는 주장으로 이어지며, 추상적인 비판과 구체적인 해결책이 제시되지 않고 있다. 더욱이 사회주의로의 이행이라는 주장은 현실적으로 사회주의체제가 붕괴한 시점에서 이미 효력을 상실했다.

③ 사회민주주의의 실용주의론

복지국가의 위기론에 있어 중도적 입장을 가진 학자들은 대체로 사회민주주의의 실용주의적 관점을 택한다. 사회민주주의는 복지국가의 황금기 내내 사상적 근간이 되어 왔으며, 복지국가를 뒷받침하는 혼합경제의 이론적 입장을 옹호하였다. 사회적 문제 발생 시 당시 상황에 따른 행정적·정책적 개량을 통해 문제를 해결하여 체계적인 정책을 갖추지 못했으나, 이는 복지국가의 발전과정에서 나타나는 시행착오로 인한 일시적 현상이므로 기존 복지국가 체제 내에서 해결할 수 있다고 본다. 1970년대 경제 악화의 원인인 오일쇼크를 복지국가 자체의 문제가 아닌 외부적 요인으로 보아, 위기가 복지국가 자체의 문제라면 스웨덴과 영국을 비교하여 복지가 발달한 스웨덴의 경제가 더욱 나빠져야 하는데 그렇지 않다는 것이다. 그리고 오히려 복지국가의 운영 방침이나 프로그램 형태에 문제를 제기하며, 사회적 급여의 공공지출이 불평등과 빈곤 퇴치에 실패하였다고 보아 평등 전략을 더욱 추구하며, 관료제의 독점성과 낭비를 지적하고 복지의 민영화와 지방분권을 주장하였다. 이는 결국 복지국가의 효율성을 높여 위기를 극복할 수 있다고 본다. 이렇게 볼 때 실용주의 관점은 엄밀히 복지 국가의 위기를 인정하지 않는 입장이며, 성장과 복지, 축적과 정당화가 모순된다 하더라도 복지국가가 유지되지 못한다는 주장으로 나갈 필요는 없다고 본다. 하지만 그러한 복지국가의 모순이 갈수록 심화되고 있다는 것을 부인하지는 못하고 있다.

나. 재편론

① 불가역성론[38)]

1980년대 복지국가의 재편이 가시화되면서 가장 강력한 흐름으로 대두되었던 복지국가의 불가역성이론은 경제위기 이후 일련의 복지삭감과 재조정에도 불구하고 삭감액은 미미했으며, 이는 복지국가가 선진 자본주의사회의 필수적 요소로 건재하고 있음을 보여주는 것이라고 주장한다. 앨버(Alber)는 1960~1971년과 1975~1981년의 OECD 주요국들의 복지 지출 증가율을 분석하여 복지국가의 건재함을 보여주었다. 이에 따르면 복지 지출의 성장률이 1975년 이후 둔화되기는 하였지만, 동일 기간 경제성장률의 증가보다 높다는 것이다. 레이건과 대처 정부 시절 미국과 영국조차도 복지급여를 삭감하고 민영화하려 했으나, 결국은 혼합경제에서 복지의 구조적 역할을 인정하며 효율적 재분배로 방향을 바꾸었다고 한다. 이는 대의제 민주주의국가의 '선거'가 주요한 원인이다. 복지국가에 대한 대중의 지지를 정책으로 연결시키는 과정은 점차 모든 정당의 정책 강령이 되었으므로, 복지국가는 이미 선진자본주의 체제에서 되돌릴 수 없게 되었다고 본다.

② 재조정론[39)](복지다원주의)

복지국가의 재조정론은 사회복지가 국가복지와 단순히 등치될 수 없으며, 한 사회의 복지에 대한 원천은 다양하다는 점을 지적한다. 현대국가에서의 복지 총량은 국가, 시장, 가족과 비영리 민간복지기관이라는 세 부문에서 제공하는 다양한 '복지 혼합'으로 구성된다. 그리고 이들의 경계는 실제로 모호하며, 갈등관계라기보다는 상호보완적이고 의존적이라고 본다.

---

38) 복지국가의 불가역성이론은 민주적 자본주의사회에서 국가복지가 정치를 매개로 결정된다는 매우 중요한 사실을 포착하여, 그 결과 경제위기와 재정 압박에도 왜 복지국가가 급속한 해체에 직면하지 않고 강한 지속성을 보여주는지 설명한다. 그러나 선거가 존재하는 한 복지국가가 결코 해체될 수 없다는 주장은 복지국가를 둘러싼 계급과 계층 간의 상이한 이해관계와 갈등, 타협의 과정을 간과한 다소 단선적이며 도식적인 이론이라는 비판을 받고 있다.

39) 이 이론의 가장 큰 문제점은 복지국가의 재조정이 초래하는 계급적 분배 효과를 무시한다는 것이다. 이는 사회적 약자들에게 국가복지의 축소나 민영화가 불평등의 심화를 의미할 수 있다. 복지 혼합의 경계가 모호하다 할지라도, 이들은 각기 가지고 있는 효과가 상이하여 기능적 등가 관계에 놓일 수 없다. 따라서 국가의 복지 축소는 어떤 형태로든 불평등을 심화시키게 된다.

그러므로 1970년대 이후 복지국가의 변화는 위기에 따른 축소재편이라기보다 저성장이라는 시대적 조건 속에서 복지혼합비를 재조정하는 과정이라 본다. 즉, 유연성과 효율성을 제고하며 지나치게 비대해진 국가의 비중을 줄이고 민간 부문을 증대시키는 과정이며, 이런 부문 간 재조정이 그 자체로 복지 축소나 재분배의 역전을 의미하지는 않는다.

다. 계급정치에 따른 재편론

이 이론은 앞에서의 두 재편론을 비판하며, 자본계급에 대해 상이한 이해관계를 가지는 나머지 계급들의 동맹에 주목한다. 미쉬라는 이러한 유형을 영국과 미국의 경우인 신자유주의적 재편, 스웨덴과 오스트리아의 사회조합주의적 재편으로 구분하였다. 경제위기 이후 이 두 범주의 국가들은 상반되는 대응과 결과를 빚었고, 이러한 차이의 원인은 사회주의 조합의 존재 여부, 궁극적으로는 사회주의 조합의 정착을 이룰 수 있는 노동계급의 능력 여부를 들고 있다. 또한 중간계급의 역할에 주목하여 복지국가의 재분배 기능을 강조하고, 막대한 세금원인 이들이 복지 생산과 소비에 깊이 관련되며 복지국가로부터 다양한 이익을 얻고 있다고 주장한다. 그러므로 이들이 복지축소를 지향한다는 기존의 통념에 반대한다. 또한 중간계급은 선거의 영향력, 여론 선도 능력, 정책결정에 대한 간접 영향력 등 자신의 이해관계를 관철시킬 수단을 가지고 있어 이들의 선택이 복지 국가의 재편에 결정적 영향을 미친다고 본다. 이는 성장과 복지의 이분법이나 경제위기로부터 복지국가 재편을 주장하는 논리는 그 두 가지 요인 사이에 정치적 요인들을 삽입하여 보완해야 하며, 노동계급과 중간계급의 이해관계에 따라 민주적 선거 결과가 달라질 수 있다는 계급정치의 논리라고 할 수 있다.

4) 복지국가 발전과 재분배 문제

포괄적 복지제도를 수립하고 전 국민을 대상으로 국내총생산량의 엄청난 부분을 투입하여 국민들 삶의 안전을 보장하려 한 복지국가는 어느 정도의 재분배 효과를 가져 온 것으로 평가할 수 있는지에 대한 문제가 제기된다.

코르피는 노동계급에 의한 권력자원 동원의 정도가 복지국가 발전의 네 차원은 물론 특히 재분배 효과를 결정한다고 주장한다. 그에 따르면 ① 노동계급의 조직화 정도(노조 가입률), ② 노동계급 내부의 결속 정도(노동조합 간 통합 또는 분절 정도), ③ 노동계급과 좌파 정당 사이의 결합 정도(좌파 정당에 대한 지지도)로 구성되는 권력자원이 그 자원의 동원 정도에 따라 좌파 정당의 집권 여부 및 집권기관 그리고 복지국가의 발전 정도와 복지국가에 의한 재분배 효과를 결정한다는 것이다.

코르피의 연구에 의하면 노동계급의 조직력(동원력)이 높을수록 그리고 좌파 정당에 의한 통치가 안정적으로 장기간 유지될수록 소득불평등의 정도는 낮고(낮은 지니계수), 세입분배와 세출재분배의 효과가 모두 높은 것으로 나타난다. 이것은 복지국가로 분류될 수 있는 국가라도 노동계급의 높은 조직력과 좌파정당의 높은 정치력에 바탕을 둔 국가일수록 세출단계에서 모두 높은 재분배 효과를 가져 올 수 있다는 것을 뜻한다. 달리 말하면, 이러한 국가야말로 세입단계에서 이전 지출을 증가시켜 재분배 효과를 높이고 누진세를 적용하며, 세출단계에서 이전 지출을 증가시켜 재분배 효과를 총체적으로 극대화시킨다는 것이다.

노동계급의 조직력과 좌파정당 정치력의 정도가 복지국가에 의한 재분배 효과를 차등적으로 정한다는 것은 복지국가의 발전 수준을 구분하거나, 복지국가 내부의 유형화를 가능하게 한다. 노동계급의 조직력과 좌파정당의 정치력이 모두 낮은 수준일 경우에는 '복지빈곤국', 이 두 변수의 수준이 상승할수록 점차 '복지지체국'(적극국가), '복지중진국'(사회보장국가)을 거쳐 '복지선진국'(사회복지국가)이 나타날 것이고, 마지막으로 두 변수가 극단적으로 높은 수준에 도달하는 경우 복지국가를 통해 사회주의를 실현하겠다는 사회민주주의자들의 염원처럼 '복지사회주의'가 실현될 것이라고 주장한다.

08
CHAPTER

사회복지실천론

이 장에서는 사회복지실천이 어떻게 발전되었는지에 대해 미국과 영국 그리고 우리나라 사회복지실천의 발달과정을 정리하였다. 또한 사회복지실천대상과 실천기술에 대한 학습을 통해 사회복지현장에 대한 기본적인 이해를 돕고자 한다.

01 사회복지실천[1]의 개념과 발달

1) 사회복지실천의 정의

사회복지실천이란 전통적인 사회복지방법 중 개별사회사업, 집단사회사업, 지역사회조직을 중심으로 한 실제적인 서비스체계의 전문적 영역을 말한다.

미국사회복지사협회(NASW)에서는 사회복지실천을 '개인이나 집단, 지역사회로 하여금 사회적 기능성에 관한 그들의 능력을 회복 또는 강화시키고, 그들의 목표에 바람직한 사회적 상황을 창출하도록 돕는 전문적인 활동'으로 정의하고 있다.

따라서 사회복지실천의 개념을 요약해 보면, '개인과 집단의 당면문제를 경감시키고, 그들이 원하는 것과 가치들을 실현하기 위해 동기를 부여해 주며, 이에 대처할 수 있는 능력을 강화하도록 돕는 일련의 서비스과정'을 말한다.

사회복지실천은 '전문적 활동'임을 강조하지만 사회복지사만의 독단적이고 일방적인 활동에 의해 이루어지는 것은 아니다. 사회복지실천은 어디까지나 클라이언트의 주도적인 역할을 전제로 하며, 전문가인 사회복지사는 클라이언트가 문제해결능력을 강화시킬 수 있도록 돕고 목표달성을 위해 정확하게 나아갈 수 있도록 지도한다. 특히 사회복지사는 적절한 자원을 연결시켜 주는 역할을 수행하되 그가 가진 전문지식과 기술들을 구사해야 한다. 이에 따라 사회복지실천은 다른 전문직 활동과는 달리 사회복지사와

---

1) 사회복지실천(social work practice)이라는 용어는 1998년 7월 16일부터 개정된 사회복지사업법 시행령 제3조(국가시험과목) 및 시행규칙 제3조(사회복지학, 전공교과목) 개정 당시 한국 사회복지사협회가 사회복지 교과과정의 필수과목으로 이전의 사회복지방법론 대신 '사회복지실천론'을 채택하면서 공식적으로 발표되었다. 이는 그동안의 사회복지를 실현하기 위한 사회복지사들의 전문적인 실천 활동을 나타내는 사회사업(social work), 개별사회사업(case work), 임상사회복지(clinical social work), 일반적 사회사업(generalist social work) 등을 대신하여, 포괄적으로 사회복지의 전문적인 활동을 나타내는 단어라고 할 수 있다. 사회복지실천의 개념은 사회복지사가 인간의 삶의 질을 향상시키기 위해 개인, 가족, 집단, 지역사회를 대상으로 각자의 욕구를 스스로 해결할 수 있도록 돕는 전문적인 사회복지실천활동이다.

클라이언트에 의해 이루어지는 공동작업이라 할 수 있다(박용순, 2002).

사회복지실천을 개별사회사업, 집단사회사업, 지역사회조직 등 전통적인 사회사업실천을 중심으로 할 것인지, 혹은 전통적 3대 접근방법에 사회복지행정, 사회조사, 사회행동 등을 동등하게 포함시킬 것인지는 학자들의 입장에 따라서 달라질 수 있다. 사회복지실천을 전통적 사회사업실천에 한정시킬 경우에 사회복지사의 전문적 역할을 보다 분명하게 규정할 수 있다는 장점이 있음에도 불구하고, 현대사회에서 사회복지정책의 비중이 점차 늘어나는 추세로 볼 때, 사회복지사의 전문적 역할을 너무 제한시키는 것은 아닌지 생각해 보아야 한다.

2) 사회복지실천의 발달

사회복지실천의 변화와 발달의 양상은 각 나라마다 차이가 있으며, 그 나라의 시대에 따른 사회 구조와 사상적 흐름 속에서 찾아볼 수 있다.

사회복지실천의 역사적 배경은 영국에서 1601년에 제정된 엘리자베스 구빈법에 기원을 둘 수 있다. 엘리자베스 구빈법 제정 이후 산업 혁명기를 거치면서 자선조직협회와 인보관운동의 발달은 현재의 사회복지실천의 발달에 큰 영향을 미쳤다. 서구에서 미국과 영국의 사회사업실천의 발달과 변화과정을 중심으로 살펴보고, 한국의 사회복지실천 역사의 발달과정을 살펴보고자 한다.

(1) 서구 사회복지실천의 발달과정

미국의 사회복지실천은 개별사회사업, 집단지도사업, 지역사회실천의 순으로 주목을 받았고, 근래에는 통합적 방법론과 사례관리가 폭넓게 수용되고 있다(Dinitto & Mcneece, 1997; Garvin & Tropman, 1992; 조휘일 외, 1999: 55~62 재인용).

직접 실천 중에서도 클라이언트 개인과의 일대일을 기반으로 한 실천방법은 가장 오래된 사회사업실천이다. 19세기 말 빈민층을 일대일로 원조하기 위해 설치된 자선조직협회[2](The Charity Organizations Society)는 자원봉사자인[3] 우애방문단에 의해 운영되었는데, 20세기 초에 점차 자원봉사자보다는 케이스워커(caseworker)로 불리는 직원에 의해 운영되었다(이상호 외, 2010).

개별사회사업을 위한 이론적 기반을 닦은 사람은 메리 리치몬드(Mary Richmond)이다. 그녀는 발트모아 자선조직협회의 총서기로 일하였고, 『사회진단』(Social Diagnosis, 1917)과 『개별사회사업』(What is Social Casework, 1922)을 집필하였다. 1920년대와 그 후 몇십 년 동안 프로이트(Freud)를 추종하는 정신분석가들과 오토 랭크(Otto Rank)의 이론을 추종하는 몇 개의 학파들이 개별사회사업을 발전시켰다. 흔히 전자의 개별사회사업가는 '진단주의학파',[4] 후자는 '기능주의학파'[5]로 불려졌다(나동석 외, 2009: 62). 사회사업에 정신분석이론을 결합시켜 사회사업실천에 대한 폭넓은 개념적 기초를 발전시킨 사람은 고든 해밀턴(Gorden Hamilton)이다. 그녀는 리치몬드의 영향을 받았고, 뉴욕사회사업대학(후에 콜롬비아 대학교의 사회사업대학이 됨)의 교수로 일하며 1940년에 『사회사업의 이론과 실제』(1940)를 출간했는데, 이 책은 수년간 기본교재로 사용되었다. 진단학파의 이론가인 해밀

---

2) 자선조직협회는 1869년 영국에서 일어난 자선조직협회의 운동과 그 사업에 기반을 두고 있다. 미국에서는 1877년 뉴욕 버팔로에서 처음 조직되었다.

3) 자선조직협회에서는 중산계층의 자원봉사자(우애방문단)가 가난한 가정을 방문하여 빈민의 상태에서 벗어나도록 원조하는 형태로 이루어졌다. 이들 자원봉사자(우애방문단)는 "가정방문, 면담, 기록, 사례연구 등"을 수행했으며 이는 개별사회복지실천의 초석과 사회복지조사, 지역사회실천활동에 근간이 되었다. 이들 자원봉사자(우애방문단)는 주로 중산층의 부인들로 구성이 되었으며, 중산층의 도덕적 우월을 유지한 채 빈곤층에게 친절을 제공하였다.

4) 1920년대를 전후로 프로이트의 정신분석학에 의존하는 진단주의학파가 발달하였다. 이는 인간을 기계적·결정론적 관점에서 바라보고, 인간은 무의식의 힘에 의하여 좌우되며 유년기의 내면화된 부모의 영향력에서 벗어나지 못한다고 보았다. 사회복지실천현장에서 클라이언트의 성격구조를 과거에서 현재까지의 생활을 통해 분석하고, 나아가 현재의 자아기능을 해명하여 자아의 강화를 도모함으로써 사회환경에 대한 성격의 적응력을 강화하고자 하였다.

5) 1930년대 후반에 진단주의학파에 반기를 들고 등장하였다. 이는 인간의 성격에 있어서 자아의 창조적 통합력을 인정하고, 클라이언트를 중심으로 클라이언트에게 사회복지사가 소속한 기관의 기능을 자유롭게 활용하게 함으로써 클라이언트 스스로 자아를 전개하도록 원조하는 것을 과제로 삼는다. 사회복지실천현장에서 클라이언트는 도움을 받는 기관의 제한된 기능 내에서 스스로 선택하고 개인의지(Will)를 활용하여 자신의 성장을 위한 과제를 수행하되, 시간적으로 제한된 범위 내에서 자신의 문제해결과정에 참여하였다. 즉, 성장할 수 있는 클라이언트 자신의 힘(치료의 책임이 클라이언트 자신에게 있다고 주장)을 강조하며, 현재의 문제에 초점을 둔다.

턴은 개인과 환경을 연결시키려 노력하였고, 그녀의 심리사회적 진단은 환경 속의 개인이라는 개념의 발전을 보게 되었다. 또한 헬렌 펄만(Helen Perlman)은 1957년에 '문제해결과정'이라는 새로운 이론을 내놓고, 그동안 진단주의학파와 기능주의학파의 접근을 혼합하였다. 개별사회사업은 1960년대에 심리적 접근을 강조하고, 빈민과 억압된 계층의 욕구를 제대로 반응하지 못한다는 비판을 받았다. 그래서 1960년대부터 1970년대 걸쳐 과학적 지지를 얻는 접근법, 즉 행동수정 같은 접근법을 도입하였고, 환경에 대한 더 많은 관심을 보이면서 체계 개념을 도입하였다. 인간 문제는 사회적 조건으로부터 나온다는 점이 강조되었고, 사회계획과 사회변화에 대한 관심이 사회사업 전문직 내에서 강조되었다.

또한 집단사회사업은 19세기 동안 종교와 자선조직의 실천모델로 개발되었다. 가장 초기에는 YMCA와 YWCA에서 집단 프로그램 및 활동으로 제공하였다. 그 후 19세기 인보관운동[6]이 시작되었고, 런던의 토인비 홀,[7] 시카고의 헐하우스(hull house)에서 집단 프로그램을 통해 소외계층을 도왔다(원석조, 2005). 이 기관들은 이민자들이나 공장 노동자들에게 집단 경험을 통해 도시의 환경을 극복하도록 도움을 주었다. 20세기 초에는 보이스카우트, 걸스카우트, 4H클럽 등의 집단지도기관이 등장하였다. 이러한 기관들 중에서 인보관이 가장 영향력이 있었다. 이 당시 집단은 주로 사회화, 기술훈련, 교육, 레크리에이션을 위해 활용되었다.

1930년대 초에 개별사회사업과 구별하기 위한 목적으로 '집단사회사업(social group work)'이라는 용어가 사용되었다. 집단사회사업의 이론이 지속적으로 발전하면서, 1950년대에는 집단사회사업이 사회사업 전 분야에서

---

6) 산업혁명 이후 대량의 빈곤과 생활격차 현상이 심화됨에 따라 이를 해결하기 위해 자선조직협회가 조직되었지만 한계에 부딪히게 된다. 이를 해결하기 위해 인보관운동이 대두되었다. 인보관운동은 빈곤은 개인문제라기보다 사회문제이며, 사회가 주최가 되어 이를 해결해야 한다고 주장하였다.

7) 세계 최초로 설립된 인보관(隣保館)은 1884년에 런던 시 화이트채플 슬럼 지역에 개관된 토인비 홀이다. 토인비 홀의 설립취지문에서는 노동자들의 상태가 자선사업가들의 생각과 같이 도덕적인 결함뿐 아니라 저임금, 장시간노동, 의료의 빈곤, 노후불안, 주택상황으로부터 제기된 것을 지적하고, 무언가 법률 또는 사회에 의해 해결되어야 한다는 일반적인 주장뿐 아니라 무슨 일을 우리가 할 수 있을까 하는 문제를 제기함으로써 인보관운동은 본격적으로 시작되었다.

실천되었다. 1960년대까지 다양한 모델이 개발되었는데, 사회적 모델, 치료모델, 성장 및 지지모델을 들 수 있다.

한편, 지역사회조직사업과 지역사회실천은 종종 같은 뜻으로 사용된다. 지역사회조직사업은 그 기원을 자선조직협회와 인보관운동에 두고 있다. 자선조직협회운동이 서비스 전달의 과오를 없애고 효율적 측면을 강조한 반면, 인보관운동은 변화를 성취하고 환경적 원인으로부터 나오는 문제를 제거하기 위한 입법화 운동을 벌이는 사회행동에 초점을 두었다.

제2차 세계대전 직전, 미국 사회사업전국대회에서는 지역사회조직사업이 사회사업실천의 한 방법으로 보고되었고, 이 무렵 알린스키(Saul Alinsky)는 지역사회조직사업의 기초를 다진 중요한 인물이다(고수현 외, 2003). 최근 들어 지역사회실천이라는 용어가 지역사회조직사업을 대신하여 자주 등장하는데, 거시적 실천으로서 지역사회실천은 지역사회조직사업, 지역사회개발, 사회계획, 사회행동, 사회행정과 관련된 기술을 포함한다.

1970년대에는 사회체계이론이 사회사업의 지식에 급속도로 많이 활용되었고, 사회사업실천방법(개별, 집단, 지역사회조직사업)의 공통적 요소를 찾으려는 노력이 활발히 전개되어 통합방법론 또는 일반실천방법이 소개되었다. 이러한 다양한 사회사업방법에는 사회복지사가 수행하는 어떤 공통적인 역할과 요소가 있다는 점에 착안하여 사회사업통합방법이 나오게 되었다. 1960년대에는 문제해결은 개별, 집단지도, 지역사회조직사업에서 공통적으로 발견되는 개념 중의 하나라고 보았고, 통합적이고 일반적 실천이론을 개발하는 데 중요한 개념이 되었다. 대표적인 학자로는 『사회사업실천』을 쓴 핀커스(Pincus)와 미나한(Minahan), 『사회사업과정』을 쓴 콤프톤(Compton)과 갈라웨이(Galaway)가 있다. 통합적 방법은 생태학적 견지를 포함하고 있는 체계이론에 기초를 두고 있다. 이 모델은 사회복지사가 전문적 지식, 기술, 가치를 가지고 개인, 집단, 지역사회와의 문제해결을 위하여 다양한 견지와 문제 분석을 통해 문제해결을 한다는 것을 강조한다.

1970년대 초에 출현하여 1980년대에 폭발적 관심을 받은 실천방법으로는 사례관리를 들 수 있다. 사례관리는 모든 전통적 사회사업 실천방법들을 통합하고, 체계이론에 기반하여 문제해결을 위한 개념적 단일체를 제공한다. 사례관리는 전통적 접근방법에 뿌리를 두고 있으면서도 개별사회사업과는 일정한 차이가 있다. 개별사회사업은 보통 클라이언트들과 사무실에서 약속을 정하여 만나고 사무실 안에서 문제를 해결하려는 경향이 있는데, 사례관리는 사무실에서 벗어나 클라이언트의 환경에 개입하는 도전적인 과제를 수행하려고 노력한다. 사례관리자로서 사회복지사는 개별, 집단지도, 가족치료, 지역사회조직을 통합하여 활용한다. 사례관리는 심리치료에 깊이 관여하지 않고, 클라이언트가 실제적인 생활문제나 지역사회에서의 생존에 관련된 문제를 잘 다루도록 도와준다.

(2) 우리나라 사회복지실천의 발달과정

미국의 사회복지실천을 주로 사회사업실천의 발달과 변화과정을 중심으로 소개하였는데, 우리나라 사회복지실천에 대한 교육도 미국의 경향이 시간차를 두고 이루어졌다. 우리나라는 1947년 이화여자대학교에 사회사업학과가 최초로 설립되었고, 1960년대 이후 조금씩 확산되었다. 초기에는 개별사회사업, 집단사회사업, 지역사회조직이 동시에 도입되었다. 이후 1970년대 새마을운동을 계기로 지역사회조직이 주목을 받았다는 점이 한 가지 특징이라 볼 수 있다. 또한 우리나라는 오랫동안 대학에서 배운 미국식 사회사업실천을 활용할 만한 현장이 없었고, 그나마 있는 사회복지현장이 전문 사회사업을 실천하기에는 재정적으로 매우 열악하여 강단 사회복지실천에 머물렀다는 비판을 면하기 어려웠다. 다행히 사회사업학과가 있는 대학교의 부설 사회복지관이 사회복지실천의 실습장으로 활용되었고, 1987년에 생활보호업무를 효과적으로 수행하기 위해 동사무소에 사회복지전문요원이 임용되었다. 1990년대 초에 영구임대아파트를 중심으로 사회복지관이 대폭 증설되면서 전문적 사회복지실천의 가능성이 열리기 시작했다.

앞으로 사회복지실천은 우리 사회가 지난 반세기 동안 겪은 도시화, 산업화, 핵가족화 그리고 가치관의 변화로 겪고 있는 빈곤문제, 가족해체로 인한 아동보호문제, 알코올남용 등 약물오남용문제, 실직자와 부랑인문제, 장애인·여성·노인 등 사회적 약자의 적응과 통합을 다룰 수 있는 우리나라식 접근방법이 개발되어야 할 것이다(백은령 외, 2007: 79).

표 8-1 우리나라 사회복지실천의 발달과정

영역		발달과정
분야	교육	• 1947년 이화여자대학교 사회사업학과 최초로 설립 • 1953년 중앙신학교 사회복지사 양성을 위한 훈련기관 설립 • 1965년 한국 사회사업교육연합회(현, 한국 사회복지교육협의회)
분야	지역사회복지사업	• 1921년 태화여자관(현, 태화기독교사회복지관) 설립 • 1983년 「사회복지사업법」 개정(사회복지관 설립 및 운영 지원근거 마련) • 1985년 시·도 단위 종합사회복지관 설립 시작 • 1989년 「주택건설촉진법」 개정 (저소득층 영구임대아파트 건립 시 사회복지관 의무화) • 2003년 「사회복지사업법」 개정(지역사회복지협의체가 만들어지고, 지역 단위의 복지계획 수립 의무)
분야	의료사회사업	• 1958년 한노병원 의료사회사업가 최초 근무 • 1959년 국립의료원, 원주기독병원 등에서 의료사회사업 시작 • 1973년 「의료법」 시행규칙 시행 (종합병원 단위의 의료기관 사회복지사 의무고용) • 1973년 대한의료사회사업가협회 창립 • 2000년 대한의료사회복지사협회로 명칭 변경 • 의료사회복지사는 2018년 12월 11일 「사회복지사업법」 개정에 의해 2020년 12월 12일 국가자격제도 시행
분야	정신보건사업	• 1995년 정신보건법 제정/1996년 시행 • 1997년 정신보건전문요원(정신보건사회복지사 자격 제정) • 1997년 한국정신보건사회복지사회 창립
분야	전문가협회	• 1959년 한국개별사회사업가협회 • 1965년 한국 사회사업교육연합회 • 1967년 한국 사회사업가협회 (1985년 한국 사회복지사협회로 개칭) • 1973년 대한의료사회사업가협회 (2000년 대한의료사회복지사협회로 명칭 변경) • 1997년 한국정신보건사회복지사회 • 1997년 한국학교사회복지학회 (2000년 한국학교사회사업실천가협회로 명칭 변경)
분야	공공사회복지영역	• 1987년 사회복지전문요원(현, 사회복지전담공무원) 공공기관 배치 • 1999년 10월 행정자치부 사회복지전문요원 일반직 전환 및 신규채용지침 승인(별정직 사회복지전문요원을 일반직 사회복지전담공무원으로 전환) (2000년 1월부터 전직 시행)
분야	가족복지사업	• 2004년 「건강가정기본법」 제정/2005년 시행 • 건강가정지원센터(용산, 여수, 김해) 2004년 6~12월 시범사업 운영 • 중앙건강가정지원센터 2005년 1월 24일 개소 • 건강가정사 자격제도 시행

영역		발달과정
복지인력	사회복지사	• 1997년 「사회복지사업법」 개정, 2003년부터 1급 국가시험 실시 • 1급, 2급, 3급으로 사회복지사 자격구분 (보건복지부 장관명의 사회복지사 자격증 발급)
	학교 사회복지사	• 한국학교사회복지사협회와 한국학교사회복지학회가 공동주관하여 학교사회복지사 자격증 발급 관리 • 2005년부터 자격시험 시행 • 사회복지사 1급 자격증 소지자 중 학교사회복지론 등 이수과목요건 있음 • 학교사회복지사는 2018년 12월 11일 사회복지사업법 개정에 의해 2020년 12월 12일 국가자격제도 시행
	정신건강 사회복지사	• 「정신보건법」 제7조에 의한 정신보건전문요원(정신보건임상심리사, 정신보건간호사, 정신보건사회복지사) • 사회복지사 1급 자격증 소지자 중 보건복지부장관이 지정한 전문요원 수련기관에서 1년 이상 수련을 하고, 필기시험과 구술시험에 합격하면 2급 정신보건사회복지사 자격증 취득 • 2급 취득 후 정신보건시설 또는 보건소에서 5년 이상 정신보건 분야의 임상실무경험이 있는 사람은 승급시험을 통해 1급 정신보건사회복지사 자격취득 가능 • 법정 국가자격증으로 1998년부터 2급 자격시험 시작, 2002년 1급 승급시험 시행 • '정신보건법'이 '정신건강증진 및 정신질환자 복지서비스 지원에 관한 법률(약칭 : 정신건강복지법)'로 개정되면서 '정신보건사회복지사'의 명칭이 '정신건강사회복지사'로 변경

02 사회복지실천 대상과 기본원리

1) 실천대상

사회복지실천방법은 개인을 대상으로 한 개별사회사업, 집단을 대상으로 하는 집단사회사업 그리고 지역공동체를 대상으로 하는 지역사회조직화사업으로 나눈다. 사회복지실천은 클라이언트 체계를 대상으로 그들의 문제해결능력을 강화시켜 주고, 자원체계와 연결해 주며, 복지제도를 효율적이고도 인도적으로 운용하도록 도모하고, 클라이언트 체계를 위한 정책결정에 영향력을 행사하는 등의 실천기능을 가지고 있다.

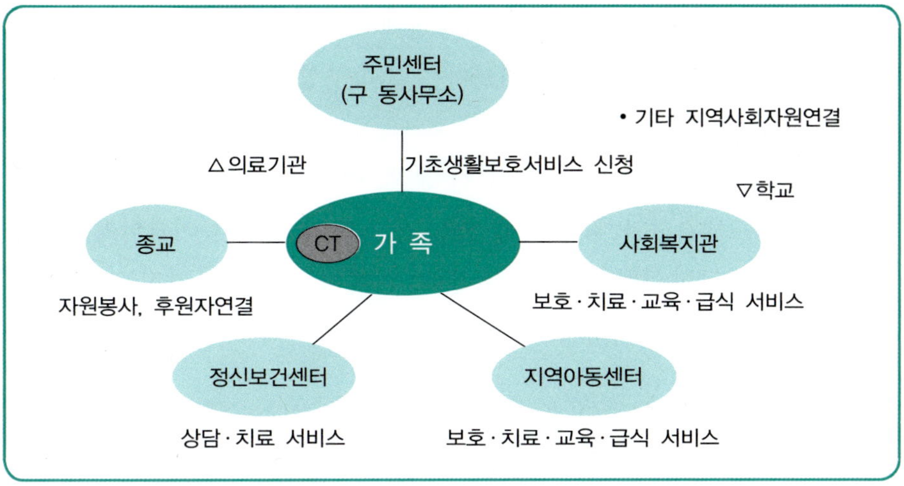

그림 8-1 사회복지실천의 대상(개인, 가족, 집단, 지역사회)

(1) 개인(개별실천의 대상)

사회복지실천 대상으로서의 개인은 개별실천(casework)을 의미한다. 개인을 대상으로 하는 실천이란, 개인적 또는 사회적 문제에 직면해 있는 개인을 일대일로 만나 문제해결을 원조하는 활동으로서 클라이언트로 하여금 주변 환경에 적응하도록 도움을 제공하거나 개인에 영향을 미치는 사회경제적 결핍 상태를 완화시켜주기 위한 활동이다.

개인을 대상으로 하는 사회복지실천의 예로는 저소득층 생활보호 및 자활지도, 재가복지 업무, 독거노인과의 상담, 실직자를 위한 구직활동, 미혼모 상담, 입양상담, 위탁 가정 사업, 학대피해아동보호 및 가정에 개입, 환자들의 의료비 문제 및 퇴원 후 생활에 대한 상담, 학교의 부적응 학생에 대한 상담, 지역사회정신건강센터에서 정신 장애인들과의 상담 등이 이에 해당한다(엄명용, 2007).

(2) 가족

가족구성원들 간의 관계나 가족구성원 중 한 사람의 행동 또는 정서·심리상의 문제에 개입하여 문제를 해결 또는 경감시키기 위한 노력으로서, 개인이 나타내는 문제의 원인을 개인적 요인에서 찾는 것이 아니라 가족구성원들 간의 상호작용 패턴, 즉 관계양상에서 탐색하는 것이다. 문제의 해결은 개인적 변화에 초점을 두기보다는 가족구성원들끼리의 상호작용 방식의 변화에 초점을 둔다.

예를 들어, 부부갈등, 부모·자녀 간 문제, 아동양육문제, 다세대 간의 갈등 등을 중재·해결하기 위해 사용한다. 가족 간의 실천이 이루어지는 장소를 예로 들면, 교회, 병원, 가족치료센터, 가족치료연구소, 가정복지연구소, 일부 사회복지관의 가족복지 프로그램 등이다.

(3) 집단[8)]

집단실천이라고 하는 것은 비슷한 문제나 목표를 갖고 있는 개인들을 집단으로 묶어 이를 대상으로 집단 내의 역동성을 활용하여 집단구성원들의 개별목표와 집단 공동의 목표를 성취하기 위해 노력하는 실천방법이다.

집단실천은 달성하고자 하는 목표에 따라 크게 두 가지의 실천모델로 나누어 볼 수 있다.

첫째, 집단 활동을 통해 사회구성원으로서의 참여의식 및 역할 인식, 책임의식을 고취하여 개인적인 성숙과 시민으로서의 역량을 개발하는 데에 중점을 둔 사회적 목표모델이 있으며, 둘째, 집단치료라고 불리는 치료 모델이다. 이는 집단구성원 간의 상호작용과정이나 집단에서의 역동성을 이용해 집단성원이 갖고 있는 문제들이 해결되거나 경감할 수 있도록 하는 것이다. 집단치료에 참가하게 되는 대상들은 대부분 정서적 문제, 행동상의 문제, 대인관계상의 문제 등을 가지고 이를 해결하고자 하는 욕구가 있는 사람들이다. 이들은 비슷한 문제를 갖고 있는 다른 참가자들을 보면서 자신의 문제를 바르게 볼 수 있는 기회를 가질 수 있으며, 다른 사람의 문제를 함께 고민하여 해결하는 데에 도움을 제공하는 기회를 얻기도 한다. 이러한 과정을 통하여 참여자들은 자긍심이 고조되는 것뿐 아니라 자신의 문제해결에도 도움을 받게 된다. 집단치료의 주 대상자들은 심한 우울증 환자, 음주문제를 갖고 있는 사람, 약물중독, 성폭력 피해자, 다양한 트라우마를 겪고 있는 사람들 등이다.

---

8) 집단은 공통의 관심사를 지닌 사람들이 공동의 목표를 달성하기 위해 지속적으로 상호작용하는 두 사람 이상의 집합을 말한다.

(4) 지역사회[9]

지역사회복지를 증진시키기 위한 사회복지실천방법의 하나이다. 사회복지사가 지역사회 수준에 개입하여 지역사회에 존재하는 각종 제도에 영향을 주고, 지역사회의 문제를 예방하고 해결하고자 하는 일체의 사회적 노력을 말한다. 이는 사회복지사가 지역사회 내에서 실천하는 것과 지역사회를 대상으로 사회복지실천을 하는 것이 동시에 포함된다.

2) 기본원리

클라이언트는 사회복지사와의 관계에서 자신의 독특성을 인정받고 싶어 하며, 그가 호소하는 사정을 잘 들어주고 받아들여지기를 원한다. 뿐만 아니라 함께 진솔하게 의논한 정보들이 공개되지 않기를 희망하고 있다. 사회복지사와 클라이언트의 관계형성은 이러한 클라이언트의 욕구를 반영하는 것이며, 이에는 다음과 같은 관계형성의 원칙들이 제시되고 있다.

비에스텍(Biestek)은 『개별사업 관계』라는 책에서 사회복지사는 클라이언트와의 개별사회사업 관계를 형성하여, 궁극적으로 클라이언트가 자신과 사회환경 간에 효율적인 적응을 하도록 도와주어야 한다고 했다.

(1) 개별화

개별화는 사회복지사가 클라이언트를 어떤 유형이나 어떤 계층의 한 사람으로서가 아닌 신체적·정신적·사회적으로 독특성을 지닌 인간, 즉 개인적인 차이점을 지니고 있는 존재로 보는 것을 말한다(Biestek, 1957). 이는 클라이언트를 대할 때 그들이 당면한 문제나 과거의 외상경험들도 그들 나름대로의 독특한 상황에서 발생한 것임을 이해하는 태도를 말한다. 그러므로 독특성을 지닌 클라이언트를 원조할 때 각자에게 다른 원조방법을 적용해야 한다는 것이다. 예를 들어, 노인은 이성에 대한 관심이 없을 거라는 편견은 노인의 관심과 욕구를 과소평가하게 되고, 그들의 욕구를 정확히

9) 지역사회의 개념은 공동의 장소, 이해, 정체성에 기초한 사회적 단위를 형성하는 사람들의 집단을 말한다.

파악하지 못할 뿐 아니라 문제해결을 돕는 데 제한적인 목표를 세워 개입하게 된다.

(2) 의도적인 감정표현

의도적인 감정표현은 클라이언트가 자신의 감정을 자유롭게 표현할 수 있도록 하는 것으로서, 자신이 비판받게 될지도 모르는 감정까지도 자유롭게 표현하도록 하는 것이다. 사회복지사는 클라이언트가 자신의 감정을 표현하는 일을 막거나 비난하지 말고, 자유롭게 감정을 표현할 수 있도록 돕는 것이 사회복지실천의 한 부분임을 인식해야 한다. 뿐만 아니라 클라이언트가 자유롭게 감정을 표현하는 것이 치료목적으로 유용한 경우에는 사회복지사는 클라이언트의 감정을 오히려 적극적으로 자극하고 촉진시켜 자유로운 감정표현을 극대화시키고 적극적으로 경청해야 한다(엄명용 외, 2003). 이러한 의도적인 감정표현을 장려하는 것은 클라이언트에 대한 정서적 지지의 한 형태로 클라이언트에게 심리적인 안정감을 갖게 한다.

(3) 통제된 정서적 관여

비에스텍(F.P. Biestek)에 의하면 "통제된 정서적 관여는 클라이언트의 감정에 대한 사회복지사의 민감성(sensitivity)과 클라이언트의 감정에 대한 이해 및 사회복지사에 의한 적절한 반응이다"라고 했다. 사회복지사는 클라이언트에게 감정을 말로 표현하도록 원조함과 동시에 클라이언트의 감정에 호응하기 위해 정서적으로 관여(involvement)해야 한다. 이 관여는 통제되는 것으로(controlled) 클라이언트에 대한 개입목표에 따라 면접에서의 클라이언트의 변화 욕구에 따라 또는 사회복지사의 사정(assessment)에 따라 그 방향이 설정되어야 한다. 예를 들어, 클라이언트가 자신을 버리고 떠난 아버지에 대해 무관심하다거나, 현재 찾을 마음이 없다고 이야기할지라도 그의 머뭇거리는 목소리나 상기된 얼굴 표정은 아버지를 향한 감정이 해소되지 않았음을 짐작하게 한다. 실제로 클라이언트가 언어로 표현하는 내용이 혼란스러울 경우, 그의 감정 상태를 관찰함으로써 좀 더 정확한 정보를 얻어낼 수 있다.

(4) 수용

수용이란 사회복지사 자신의 가치관, 생활양식과 관계없이 클라이언트의 강점과 약점, 장점과 단점, 바람직한 성격과 그렇지 못한 성격, 그의 긍정적 감정과 부정적 감정, 그의 건설적 또는 파괴적 태도나 행동을 포함하여 그를 있는 그대로 인정하고 이해하는 것을 말한다.

수용은 정상성을 벗어난 태도나 행동의 시인을 의미하는 것은 아니며, 수용의 대상은 선한 것(the good)이 아니고 참된 것(the real)이다. 예를 들어, 실업으로 인해 가족이 뿔뿔이 흩어지고 결국 기초생활보장 수급권자가 된 클라이언트가 직업적인 실패의 원인을 직장상사나 가족에게 돌리고 원망과 분노를 터트리는 경우가 있다. 클라이언트의 이러한 태도는 자신이 패배자나 무능력자로 보이지 않을까 염려하여 사회복지사의 반응을 떠보는 것일 수도 있다. 이때 사회복지사는 클라이언트의 말에 대해 동조하거나, 비난하는 태도를 보이지 않고 현재의 실패를 포함하여 있는 그대로의 클라이언트를 수용하고 있다는 것을 느끼게 해야 한다(엄명용 외, 2005).

(5) 비심판적 태도

사회복지실천에서 '심판한다'는 것은 클라이언트 문제의 원인이 그의 환경에 의한 것이든 혹은 클라이언트의 인성에 의한 것이든 간에 클라이언트에게 책임이 있다는 것을 언어적 또는 비언어적으로 비판하려는 태도를 말한다. 비심판적 태도는 문제의 원인이 클라이언트의 잘못 때문인지 아닌지, 얼마만큼 클라이언트에게 책임이 있는지 등을 심판하지 않으며 클라이언트의 특성 및 가치관을 비난하지 않는다는 것이다. 예를 들어, 가족의 동반자살을 시도했다가 실패한 후 죄책감과 절망감에 사로잡혀 있는 클라이언트를 생각해 보자. 사회복지사가 클라이언트에게 "자신이 죽은 후에 남겨져 고생할 가족들을 위해 같이 죽으려 한 것은 어찌 보면 아버지로서 당연한 행동이었다."고 말하는 것은 다른 가족원들을 죽음으로 내몰려한 것에 대한 정당화가 되지 못한다. 사회의 법과 가치기준 속에서 자녀는 부모의 죽음을 따라야 하는 소유물이 아니라, 하나의 개별적인 인격체로서 존중되어야 한다.

(6) 자기결정

자기결정은 클라이언트가 자신의 삶에 대해 스스로 결정할 수 있는 권리와 욕구가 있다는 전제에 바탕을 둔 것이다. 이러한 자기결정을 최대화하기 위해서는 클라이언트의 실수나 한계보다 장점과 능력을 강조해야 한다. 클라이언트의 자기결정의 원리는 사회복지사가 클라이언트를 위해 무엇을 해 주는 것이 아니라, 클라이언트와 함께 해결해나가는 것을 의미하므로 전문적 관계의 파트너십을 강조하게 된다. 예를 들어, 10대 미혼모에게 "당신이 선택할 수 있는 최선의 방법은 입양밖에 없습니다."라고 하는 것은 자기결정권을 침해하는 것이므로, "혹시 입양에 대해서는 어떻게 생각하십니까?"라고 제안하는 것은 필요하다. 즉, 문제해결에 대한 다양한 의견을 제시할 수 있다.

물론 자기결정에도 한계는 있다. 우선 지적·정신적 장애로 인해 클라이언트가 스스로 결정할 능력이 없는 경우, 자기결정의 기회가 제한될 수 있다. 뿐만 아니라, 클라이언트의 결정이 법적·도덕적 규범에 어긋날 경우, 자기 결정의 원리에 한계를 갖게 된다. 이럴 경우 사회복지사는 환경을 조정하고 클라이언트의 수준에 맞는 대안을 제시함으로써 클라이언트의 결정권이 최소한 침해되면서 덜 파괴적이고 더 기능적인 방향으로 결정을 내릴 수 있도록 도와주어야 한다(양옥경, 2005).

(7) 비밀보장

비밀보장은 사회복지실천 과정에서 클라이언트가 사회복지사에게 노출한 정보를 사회복지사가 전문적인 치료 목적 외에 타인에게 알려서는 안 된다는 것으로 사회복지실천의 가장 기본적인 원리 중 하나이다. 사회복지실천 과정에서 자신에 관한 정보(예, 클라이언트의 명예를 훼손시키거나 난처하게 만드는 정보-전과, 범죄경험, 비행사실, 양자나 사생아 등)가 타인에게 알려질 수 있다고 생각한다면 클라이언트는 아마 사회복지사에게 자신의 개인적인 정보들을 절대로 말하지 않을 것이다. 만일 사회복지사가 비밀보장의 원칙을 어겼다는 사실을 클라이언트가 알게 될 경우, 클라이언트와 사회복지사 간의 관계는 갈등이 생기게 될 것이고, 지금까지 쌓아온 신뢰감은 한순간에 무너지게 되어 결국 사회복지실천 전반은 파국을 맞게 될 것이다(양옥경, 2005). 예를 들어, 어떤 클라이언트가 사회복지사에게 자신을 괴롭히는 옆집 사람을 죽일 계획이 있다고 이야기한다면, 비밀보장에 앞서 그에게 사전 경고를 함으로써 희생이 예상되는 생명이 우선적으로 보호받아야 할 것이다. 살인이나 자살 외에도 학대 및 방임, 절도 등의 범죄행위와 관련된 비밀은 보장하기 어려우므로, 면담 초기에 비밀보장의 한계를 분명히 해주는 것도 필요하다. 현재 우리나라는 법적으로 사회복지사와 클라이언트의 관계에서 모든 정보에 대해 비밀보장의 권한을 갖고 있지 않다.

03 사회복지실천의 기술

사회복지사가 해결해야 할 인간의 문제는 복잡하고 다양하기에, 이에 대처할 수 있는 고도의 기술이 무엇보다도 중요하다. 많은 타 전문직들에 비해 사회복지사는 인간을 돕는 상황에서 구체적이고 유형적인 자원들을 많이 동원하지 않는다. 즉, 단순히 인간에 대한 지식의 체계, 일련의 가치관 그리고 사용 가능한 기법 내지 기술의 체계로부터 가장 확실성 있고 효과적이라고 생각되는 도움의 방법이나 개입 전략을 신중히 선택해서 사용하게 된다. 따라서 인간복지분야에 종사하는 사회복지사는 클라이언트와의 전문적 관계를 통해 세워 놓은 목표 달성을 위해 나름대로 사용할 수 있는 광범위한 지식, 전략, 기법 및 기술의 체계를 가져야 한다(조휘일 외, 1999).

사회복지사가 복지대상자와 전문적인 관계를 형성하여 복지서비스를 제공할 때, 가장 구체적인 기술 중에는 면접, 기록, 사정, 평가 등이 포함된다.

1) 면접

사회복지실천의 목적은 클라이언트가 도움을 받기 위하여 최초로 사회복지사를 만날 때부터 시작하여 종결될 때까지 계속되는 면접을 통해 달성될 수 있다. 즉, 정보를 얻고 원조를 제공하는 중요한 수단이 되는 면접은 사회복지의 중요한 실천방법 중 하나이다.

현실적으로 사회복지사에게 가장 요구되는 기술은 복지대상자와 올바른 의사소통을 할 수 있는 면접 기술이다. 면접은 단순한 대화가 아니라, 욕구와 문제가 있는 클라이언트를 돕기 위해 사용되는 목표 지향적 활동이다(최옥채, 2007).

사회복지사는 면접을 통해 클라이언트의 욕구와 문제를 파악하고, 적합한 자원을 제공할 수 있어야 한다. 클라이언트와의 면접이 효과적으로 이루어지기 위해서 사회복지사는 관찰, 경청, 질문, 이야기, 해석, 통솔과 지도의 측면에서 잘 조직화된 지식과 기술 등을 갖추어야 한다. 이를 좀 더 구체적으로 살펴보면 다음과 같다.

첫째, 사회복지사는 면접상황에서 비언어적으로 전해 오는 클라이언트의 의사를 충분히 받아들이기 위해 실제 상황을 있는 그대로 파악하는 관찰태도를 지녀야 한다. 관찰은 면접과정에서 정보를 수집하는 기본적인 수단이다. 사회복지사가 유의해야 할 클라이언트의 비언어적 메시지 중에는 신체언어(얼굴표정, 목소리 등), 처음 하는 말과 끝내는 말의 내용, 화제의 이동, 반복적인 주제의 제시, 진술 간의 불일치 등이 포함된다. 만약 클라이언트의 말과 비언어적 메시지가 다를 경우에는 후자가 더 클라이언트의 진의를 포함할 가능성이 많다.

둘째, 클라이언트로 하여금 긴장을 풀고 마음 편하게 느낄 수 있도록 한 다음 이야기하도록 격려해 주고 경청을 해야 한다. 특히 클라이언트가 이야기하는 동안 틈틈이 짧고 적절한 의견이나 질문을 던지고, 요점을 파악하여 클라이언트가 미처 충분히 강조하지 못한 점까지도 이해의 말을 덧붙여 주는 등의 반응을 해야 한다. 또 클라이언트의 안색이나 눈을 보고 이야기함으로써 감정의 교류를 일으키고 감정을 발산시키도록 도와야 한다. 흔히 사회복지사는 클라이언트가 말하는 것을 듣고, 말하지 않는 것을 들을 수 있어야 하며, 몸짓으로 말하는 것을 듣고, 말속에 숨은 뜻을 들어야 한다고 말한다.

셋째, 면접 중에는 클라이언트의 보조에 맞추어 그가 많은 것을 말하도록 함과 동시에 도움을 주기 위해 질문을 하며, 돕고자 하는 열의를 보여야 한다. 사회복지사가 좋은 질문을 하기 위해서는 질문하는 법을 알아야 한다. 질문은 크게 개방형과 폐쇄형으로 나눌 수 있다. 개방형 질문은 클라이언트에게 감정을 표현할 기회를 주고, 주제에 대한 대상자의 인지상태를 확인할 수 있다. 예를 들면, "배우자가 왜 이혼을 제의했다고 보십니까?" 등이다. 폐쇄형 질문은 주로 사실적 정보나 구체적인 대답을 구할 때 쓰는데, 예컨대, "배우자와 함께 살고 있습니까?" 등이다. 또한 폐쇄형 질문은 클라이언트와 면접의 주제를 구체화시키고, 너무 말이 많은 클라이언트의 말을 중단시키는 데도 활용할 수 있다.

넷째, 이야기를 할 때는 가능한 한 클라이언트의 언어로 이야기하고 그 용어들이 지닌 뜻 그대로 이해되도록 해야 한다.

다섯째, 때로는 클라이언트가 사적 질문을 해올 때가 있는데, 이런 경우 당황하거나 피하지 말고 솔직하고 간단하게 그리고 정직하게 답하는 것이 좋다. 그러나 클라이언트가 왜 사적 질문을 했는지 그 의미를 바로 이해하는 노력이 있어야 하며, 이러한 사적 의견이나 감정의 주입이 전문적 수준의 관계를 벗어나게 할 수도 있다는 것을 간과해서는 안 된다.

여섯째, 사회복지사는 클라이언트의 상황이나 문제를 명료화시키고 진술한 여러 문제나 상황의 관계를 스스로 발견하도록 표현을 도와주거나 격려해 주어야 한다. 또한 클라이언트로 하여금 의식적으로 자기감정을 표현하도록 하며 클라이언트의 이야기를 시종 경청하면서 표면에 나타나지 않게 면접을 지도하며 통솔해 나가야 한다.

마지막으로 면접의 주도권은 사회복지사가 가지고 클라이언트로 하여금 자기표현을 하도록 도와야 한다. 사회복지사는 클라이언트에 대한 원조의 여부와 그 방법을 결정할 수 있는 방향으로 면접을 주도해 나가야 한다.

이 외에 면접장소는 조용하고 아늑하며 자유로운 분위기로 마련하고 면접의 시간도 사전에 약속을 해 두어야 하며, 면접 길이도 주 1회 1시간 이내가 가장 적당하므로 이러한 구조적 준비도 고려해야 한다(양정남 외, 2007).

2) 기록

담당하는 사례를 관리하기 위해서 매일 기록하고, 각종 회의록을 쓰며, 사회의 계획·진행과정·결과보고서도 모두 기록으로 남겨진다. 일반적으로 기록의 목적은 클라이언트의 욕구 확인, 사례의 지속성 유지, 기관이 실시하는 서비스의 정당성 입증, 전문가 간 의사소통의 원활화, 클라이언트와 정보 공유, 사례에 대한 지도감독의 자료, 교육훈련의 자료, 행정적 과업을 위한 자료제공, 조사를 위한 자료제공 등으로 활용하는 데 있다(양정남 외, 2007).

기록의 유형은 클라이언트에 따라서 달라질 수 있지만, 대체로 사회복지사는 클라이언트와의 활동일시와 장소, 활동목표, 프로그램과 목표달성 전략, 활동내용, 평가, 다음 활동계획, 발견사항 등을 기록해 두어야 할 것이다. 또한 사회복지실천기록은 사회복지사와 클라이언트 그리고 기관이 상호 밀접한 관계를 가질 뿐 아니라 이들에게 매우 유용한 문서이므로 비밀보장, 객관성, 논리성이 갖추어지고, 사회복지사는 근면하게 기록해야 한다(이준우 외, 2004).

3) 사정

사회복지실천에서 사정이란 사회복지사가 사례에 개입하기 전에 개입계획을 위해 복지대상자 체계의 문제 혹은 욕구와 사회복지사 활동에 요구되는 자원을 파악하는 과정이다. 사정의 목적은 클라이언트의 문제와 욕구해결을 위해 필요한 자원을 조사하여 사회복지사의 개입계획을 세우기 위한 토대를 마련하는 것이다(백은령 외, 2009).

따라서 합리적인 사정을 위해서는 복지대상자의 문제와 욕구를 파악하고, 문제해결을 위해 사회복지사가 가진 능력을 점검하며, 기관과 지역사회로부터 동원할 수 있는 자원을 바탕으로, 클라이언트에게 주어질 서비스의 수준과 방법을 결정해야 한다. 사회복지실천에서 올바른 사정을 위해서는 개입 초기부터 끝까지 지속성, 수집된 자료와 정보의 객관성 그리고 클라이언트의 현재 상황과 의견이 존중되는 참여의 원칙이 지켜져야 할 것이다(최옥채, 1999).

4) 평가

사회복지실천의 평가는 미리 정해진 틀에 의해 사회복지사가 개입하여 투입된 내용과 결과를 토대로 개입의 효과성과 효율성 그리고 클라이언트의 변화 정도를 점검하는 것이다. 사회복지현장에서 평가는 그 현장과 사회복지사의 업무 특성에 따라 서로 다른 부분이 강조될 수 있다(Sheafor et al., 1997; 서울대사회복지실천연구회 역, 2001). 즉, 평가는 정책의 결정자에게, 기관의 운영자에게, 사회복지사에게 그리고 클라이언트에게 중요한 관심사이다.

사회복지사가 합리적인 평가를 하기 위해서는 사례에 맞는 평가틀을 만들고, 객관적인 절차에 의해서 평가하며, 사례별 평가와 종합적인 평가를 정리하고, 평가내용을 지도감독자, 관련인에게 공표하여 환류(피드백)를 받아야 할 것이다.

04 사회복지실천의 개입모델

실천의 대표적인 모델은 심리사회적 모델, 기능적 모델, 문제해결모델, 행동수정모델, 가족치료모델, 위기개입모델, 사회화모델 등이 있다. 각 모델은 클라이언트의 문제를 해결하기 위해 개인과 환경을 보는 관점이 조금씩 다르고, 문제해결을 위해 사회복지사가 동원할 기술과 자원의 강조점에 차이가 있다.

1) 심리사회적 모델

심리사회적 모델(psychosocial model)의 등장배경은 특정 이론에만 근거해서 발달한 모델이 아니라, 사회복지실천활동이 체계를 갖추는 과정에서 직·간접적으로 영향을 미친 여러 요소들이 절충되어 만들어진 이론이다. 이 이론은 메리 리치몬드(Mary Richmond)를 기원으로 보며, 자선조직협회에서 체험한 사실들을 체계적으로 정리하여 자선사업활동을 전문사회복지실천으로 승화시키는 데 결정적인 영향을 제공하였다. 이후 고든 해밀턴(Gordon Hamilton)은 심리사회이론이라고 언급하면서, '상황 속의 인간(person-in-situation)'이라는 개념도 함께 설명하였다. 이는 인간을 단순히 심리적인 측면만으로 보는 것이 아니라 심리적인 측면과 사회적인 측면 그리고 양자의 상호작용에 의한 결과도 동시에 고려하면서 이해한다(이준우 외, 2004).

이 모델의 주요 전제는 인간은 태어나면서부터 존엄성을 가지고 있으며, 모든 인간은 성장하고, 학습할 수 있으며, 적응하고, 사회 또는 물리적 환경을 변화시킬 수 있는 능력을 가지고 있다는 것이다. 이로써 인간의 심리체계는 독립적으로 존재하는 것이 아니라 생물학적 체계, 사회적 체계와 끊임없이 상호작용한다는 것이다. 이는 동일한 상황의 문제라 해도 클라이언트마다 발생하는 상황이 다르기 때문에 문제의 차별성이 강조되는 것이다. 실천원칙으로 수용[10]과 개별화[11] 그리고 클라이언트의 현재 상황에서 문제를 접근해야 한다.

2) 기능적 모델

기능적 모델(functional model)은 1930년대 펜실베이니아 사회사업대학원의 교수들에 의해 개발되었으며, 인간을 스스로 결정할 수 있는 존재로 보고, 치료라는 용어보다는 원조(helping)라는 용어를 사용하였다. 클라이언트가 건전한 개인적·사회적 생활조건을 갖추도록 그에게 영향을 미치는 것으로 보는 모델이다. 진단주의학파는 프로이트(S. Freud) 정신분석의 영향을 받아 인간을 기계적·결정론적 관점에서 보는 반면, 기능주의학파는 인간을 의지적·낙관적 관점에서 바라보며 인간을 '자신의 창조자'로 보고 있다.

3) 문제해결모델

문제해결모델(problem-solving model)[12]은 시카고 대학의 펄만(H. Perlman)

10) 수용이란 클라이언트의 태도와 행동이 사회복지사 개인에게 호감이 가든지 그렇지 않든지 간에 온화함과 선한 의지를 보여주는 태도를 사회복지사가 유지하는 것을 말한다.

11) 개별화란 각 클라이언트가 개별적인 독특한 특성을 가지고 있다는 것을 인정하고 이해하여, 개별 클라이언트를 원조하는 내용과 방법, 과정에서 개별적으로 다루어져야 한다는 원칙이다.

12) 통합적 방법 모델로서 가장 많이 논의되는 문제해결모델은 1950년대 펄만(Perlman)에 의해 개발된 모델이다. 이 모델은 "인간의 삶 자체가 끊임없는 문제해결과정이라는 가정에서 최초로 문제를 사회복지실천의 변화 표적으로 제시"한 모델이다. 그는 1957년

교수가 창안한 것으로, 진단주의와 기능주의의 관점을 절충한 모델이다. 개인의 적극적·자율적 자아를 강조하며, 문제해결모델의 활동적 구성요소로는 문제(problem), 사람(person), 장소(place), 과정(process) 등의 4P 개념으로 이루어져 있다. 이 모델의 특성은 복지대상자가 문제해결자가 되어야 하고, 복지대상자의 자아는 퍼스낼리티 문제의 해결을 시도해야 하므로 자아개념이 중요시된다.

4) 행동수정모델

행동수정모델(behavioral modification model)은 1950년대 초에 프로이트의 정신분석에 회의를 느낀 학자들이 연구한 행동주의적 접근방식이다. 행동수정의 기본원칙으로 정상적이든 비정상적이든 행동은 모두 같은 원칙하에 발달된다는 것과, 모든 행동은 학습원리에 의해 수정되거나 변화될 수 있다고 보는 모델이다. 대표적 학자인 스키너(B. Skinner)는 인간의 행동이 '긍정적 강화'와 '부정적 강화'에 의해 결정된다는 '행동강화이론'을 제시했다.

5) 가족치료모델

가족치료모델(family therapy model)은 1950년대부터 1975년까지 약 25년

「케이스워크」를 발간하면서 문제해결모델을 사회복지분야에 소개하였으며, 개별사회사업의 목적은 "치료가 아니라 현재의 문제에 대처하는 개인의 능력 향상"이라고 정의하였다. 즉, 클라이언트는 현재의 위기극복을 통해 미래에도 더욱 효과적으로 문제를 다루는 방법을 습득할 수 있다고 가정한 것이다.

펄만은 문제해결과정을 4P로 표현하였는데, ① 문제(problem): 어떤 욕구, 장애, 욕구불만이나 부적응 상태 또는 이 모든 것들이 복합적으로 얽힌 상태를 말한다. ② 사람(person): 생활상에서 정서적·사회적인 어떤 면에 도움을 받을 필요가 있다고 스스로 인정하거나, 받을 필요가 있다고 전문가에 의해 판단된 어떤 사람을 말한다. ③ 장소(place): 사회시설 또는 기타 여러 종류의 복지기관 및 부서를 말한다. ④ 과정(process): 원조를 전문적으로 하는 사람과 클라이언트 간에 진전되는 업무과정, 의미 있는 인간관계 및 상호작용을 통해 진행되는 일련의 문제해결 작업이다.

즉, 문제를 가지고 있는 사람이 어떤 장소에 자신의 문제를 가지고 도움을 얻기 위해 찾아오게 되며, 사회복지사는 이때 클라이언트와 문제해결기능에 관여하게 되고, 나아가 문제해결에 필요한 자원을 보완해 주는 과정을 활용한다는 것이다.

동안 미국을 중심으로 발전되어 온 이론으로, 가족을 단위로 하여 개개인, 개인 간 유형, 의사소통 유형의 전체 체계에 초점을 맞춘다. 가족치료는 가족성원 속에서 역할과 상호의무를 명확히 하고, 성원 간에 더욱 적합한 행동을 북돋아주려고 한다. 사회복지사는 언어적・비언어적 행동에 관심을 갖고, 가족사(family history)보다는 '지금 이곳(here and now)'에 초점을 맞춘다.

6) 위기개입모델

위기[13]개입모델(crisis intervention model)은 1960년대 이후 단기적 개별사회사업의 치료에 관심을 두고 개인이나 가족에게 접근하는 이론이다. 이 모델은 긍정적인 성장과 변화를 유도할 수 있는 효율적인 대처기술을 개발시켜줌으로써 위기에 처해 있는 복지대상자를 원조하는 기술이다. 효과적인 대처기술의 개발은 복지대상자에게 문제를 인식시켜주고, 그 문제가 가져올 충격을 깨닫게 하며, 유사한 경험에 직면했을 때 이에 대처하는 새롭고 더욱 효과적인 행동을 학습시킴으로써 이루어진다.

7) 사회화모델

사회화모델(socialization model)은 1960년대에 개별사회사업의 새로운 지식과 기법개발, 전문교육의 재조직 차원에서 인식된 이론이다. 이 모델에서 대상 집단은 사회화되지 못한 경우, 불충분하게 사회화된 경우, 특정 하위문화에 사회화된 경우 세 가지로 나뉜다. 따라서 사회화의 대행자는 사회복지사이고, 사회화의 목표는 클라이언트가 사회화 능력을 갖게 하는 것이며, 사회복지사의 기법은 교육, 모델제공, 참여권유, 피드백 제공 등이다.

---

13) 위기란 개인의 현재 자원과 대처기제로는 감당하기 어려운 상황을 지각하거나 경험하는 것이다. 이에 개인이 어떤 문제를 평상시의 방법으로는 해결하지 못하는 심각한 정서적 혼란을 경험하는 상태를 말한다.

05 구사회복지실천기술의 정리

사회복지실천기술(skill for social work practice)이란 대인기술로써 습관이나 경험, 직감이나 재능뿐 아니라, 인간과 사회생활에서의 가치실현을 추구하기 위한 과학적 방법을 말한다. 여기서 기술은 인간의 욕구에 반응하고자 행동으로 전환하는 실천의 한 요소이며, 기술적 전문성은 지식을 효과적으로 사용하는 능력으로 간주하고 있다(Bartlett, 1970).

사회복지실천기술은 하나의 예술(art)인 동시에 과학(science)에 기본적인 근거를 두고 있다. 즉, 기술성과 과학성을 전제로 한 영역으로서 사회복지실천에 기대되는 전문적 방법이다. 최근 사회복지실천기술이 목적이냐 수단이냐를 둘러싼 논쟁의 여지가 있지만, 사회복지실천기술은 단지 수단이 아닌 기술 자체에 깊은 가치와 목표가 부여되고 있다. 그러므로 사회복지실천기술은 사회복지라는 가치실현을 목표로 한 고유적인 방법으로 이해할 수 있다(岡本民夫·小田兼三 編, 1992).

모렐스와 시포(A. Morales & B. Sheafor)에 의하면 사회복지실천기술은 특정 상황에서 적합한 기술의 선택과 기술을 효과적으로 사용하는 능력이라고 정의하였다(Morales & Sheafor, 1987). 즉, 사회복지사가 클라이언트의 문제상황에 사회복지의 가치와 지식을 기반으로 심리사회적 변화과정을 이끌고자 하는 움직임을 말한다. 그리고 사회복지실천기술은 하나의 대인원조기술로써 인간을 통제하고 조작하는 수단이나 기법이 아니라, 사회복지대상자의 일상적인 사회생활의 회복을 위해 전개되는 원조기법 그 자체라고 말할 수 있다. 전문용어로서 원조기술이란 어떠한 일의 가치나 상황을 내포한 실체 그 자체로서 인식하고 통찰하는 것을 의미하고 있다. 그렇다면 대인원조기술이라는 측면에서 볼 때, 사회복지대상자가 처해 있는 현실생활의 특수성을 일반화하여 해석하고 평가하는 것보다는 그 대상자의 고유한 특수사정을 이해하고 파악하는 것에 초점을 두고 있다.

따라서 사회복지실천기술은 사회복지정책에 의하여 공급되는 여러 가지 사회복지자원이나 서비스가 사회복지전문가를 매개로 하여 생활 곤란에 처해 있는 사회복지대상자, 즉 개인, 집단, 지역사회 등에게 효과적으로 대처하는 전문적 원조활동이라 할 수 있다. 사회복지실천기술에서 대상자를 인식하고 이해한다는 것은 실존적이고 현상학적 관점에서 접근할 필요가 있다. 즉, 사회복지대상자를 있는 그대로 생각하고 체험하며 현실이나 과정을 중요시하는 것이다. 이에 따라 사회복지대상자의 실존과 진실한 존재로서 진정한 인간으로 살아가는 힘을 찾아내고 발견하는 데 있다. 사회복지실천기술은 사회복지사가 주관적인 경험에서 사실들을 인식하고 문제해결에 접근하는 것이 아니라, 보편타당한 전문가적 입장에서 접근하는 방법체계이다. 그러므로 사회복지실천기술은 대인원조기술의 진수로서, 대상자들이 내재하고 있는 최선의 가능성과 진정한 삶의 발견을 위한 기대와 성장에 가치를 두고 인식하는 서비스체계라 할 수 있다.

06 구사회복지실천기술의 구성요소

1) 가치

사회복지실천기술은 기본적으로 대상자의 인권존중이 전제되어야 한다. 즉, 개인의 능력, 신체적 특징, 사회적 지위 등에 의하여 차별받지 않고 공평하게 권리를 인정해 준다는 것이다. 모든 인간은 독자적인 성격과 특징은 물론 구별된 환경에 처해 있으므로, 그들의 주체성을 개별적으로 이해하고 존중하는 것이 중요하다. 인간은 각자의 능력이나 성장의 가능성을 지니고 있다. 따라서 사회복지실천기술은 각자의 능력과 기능성에 따라 자립을 조장하고 지원하는 것이 핵심적인 과제이다. 즉, 각자의 인권을 존중하는 가운데 자기실현을 위해 원조하는 것이 사회복지실천기술의 궁극적인 목적이다(福祉士養成講座編纂委員會 I, 1999).

이러한 사회복지실천에서 기본적인 가치는 다음과 같다.

① 사회복지대상자를 하나의 인간으로서 존중하고 개별화시킨다.

② 대상자 스스로가 자신의 문제를 인식하고 원조를 결정하도록 한다.

③ 대상자의 비밀적인 사항을 최대한 보장해 준다.

④ 사회적 약자들의 입장에 서서 옹호해 주고 사회행동을 고취시켜 준다.
⑤ 사회복지실천프로그램의 수행에 있어서 도의적 책임성을 강조한다.

이에 따라 사회복지사는 사회복지전문직의 가치에 투철해야 한다. 전문가는 자신의 개인적인 가치나 신념을 분명히 인식하고, 클라이언트에게 전문적인 도움을 주는 지렛대로서의 역할을 수행할 필요가 있다. 전문가가 사명감을 갖는다는 것은 자신의 가치를 사회복지전문직의 가치에 접근시키는 논리적인 결단이라 할 수 있다(권육상, 1999).

2) 기술

사회복지실천기술은 일반적으로 개별원조기술, 집단원조기술, 지역원조기술 등을 포함하는 통합적인 실천기술을 의미한다. 이와 같은 각 영역별 원조기술들의 그 역사적 배경이나 기초를 이루는 이론의 숙지가 요구된다. 즉, 원조기술의 이론에 근거하여 현장에서 활용할 수 있는 능력을 갖추기 위해서는 실제적인 실천경험을 가져야 한다. 또한 사회복지기관이나 시설, 단체 등에서 현장실습을 통한 이론과 지식을 실제로 활용하는 체험학습의 기회가 제공되어야 한다. 사회복지실천기술은 인간에 대한 과학적인 지식의 바탕에 근거로서 끊임없는 교육과 훈련을 통하여 습득되고 있다. 사회복지실천에서 네 가지 기술적 요소를 제시해 보면 다음과 같다.
① 자료수집과 사정의 기술
② 전문적인 자아의 발달과 활용의 기술
③ 개인, 집단, 지역사회와의 전문적 활동의 기술
④ 전반적인 실천결과에 대한 평가의 기술 등

이러한 실천기술은 상황 속의 개인을 사고하고 개인과 상황을 이해하며, 사용될 지식을 확인하고 개입의 계획을 세우며 평가를 수행하는 데 이용되고 있다.

3) 지식

사회복지실천기술을 수행하기 위해서는 기초지식이 필요하다. 인간의 본질과 사회현상에 대한 이해를 돕기 위해 사회학·인류학·정치학·경제학 등 사회과학적인 지식이 요구된다. 특히 인간 간의 상호작용이나 인간의 역기능적 상황에 대한 충분한 기초지식으로서 사회과학은 물론 자연과학의 이론이 습득되어야 한다. 즉, 정서적·인지적·행동적·발달적·사회적 측면에서 사회복지대상자를 이해하기 위한 지식이 필요하며, 인간의 다양성 문제에 대한 이해가 필수적이다. 그리고 사회복지의 역사나 이론에 관한 지식이 요구된다. 사회복지는 하나의 응용학문으로서 심리학·성격학·교육학 등 원조기술과 관련된 여타 학문으로 구축되어 있다. 그러므로 사회복지실천기술은 사회복지의 원조기술로서 다른 학문들을 활용하며, 이러한 지식을 겸비한 사회복지사는 전문가로서의 위치를 확립하는 데 매우 중요하다.

사회복지실천기술은 원조과정에 있어서 인간의 심리와 행동이나 사회현상에 관한 지식이 필요하다. 사회복지는 인간 사회생활의 일탈문제와 해체문제 등과 관계가 있으며, 이러한 문제해결을 위하여 인간의 심리, 행동, 사회현상 등에 관한 지식을 습득해야 한다. 특히 인간의 심리나 행동을 이해하기 위해서는 심리학이나 정신의학의 이론이 필요하고 또한 사회생활의 형태나 기능을 이해하기 위해서는 사회학이나 인류학, 법학 등의 지식 습득이 필요하다. 사회복지의 제반 제도에 대한 존재성, 특성, 이용방법 등을 숙지해야 하며, 지역사회의 자원, 주민의 특성, 민간단체, 자원봉사 등에 대한 정보도 획득할 필요가 있다.

07 사회복지실천기술의 유형

1) 원조기술

사회복지사가 클라이언트를 돕는다는 것은 계획되고 목적적인 하나의 과정이라 할 수 있다. 사회복지사는 도움을 필요로 하는 사람 내지 변화를 요구하는 상황을 발견하고, 새로운 시각에서 문제를 해결하는 실천기술을 발전시켜야 한다. 전문가와 클라이언트 간에 관계를 발전시키는 것은 그들 현존문제의 원인을 밝혀내는 데 있고, 궁극적으로 문제해결에 접근하는 것이 원조기술(Helping Skill)의 기본적인 과제이다. 이처럼 전문가는 긍정적인 효과와 영향을 위해 좋은 관계성을 발전시켜야 한다.

따라서 원조기술은 전문가가 클라이언트와의 관계를 위하여 자신을 적절하게 목적적으로 활용하는 것이 가장 중요하다. 원조과정에서 필요한 기초적 기술들을 몇 가지 제시해 보면, ① 대상자를 있는 그대로 수용(accept)하는 것이고, ② 대상자를 독립적인 개인으로 취급하는 것이고, ③ 대상자의 자기결정권(self-determination)을 존중하는 것이며, ④ 대상자 각자의 보조에 맞추어 활동하는 것(Morales & Sheafor, 1987: 144) 등을 강조할 수 있다.

2) 관여기술

사회복지사는 클라이언트를 도움의 상황에 효과적으로 참여시키도록 약속하고, 계약이 성립되도록 노력해야 한다. 전문가는 자신의 목표나 역할이 명확히 드러나야 하며, 클라이언트의 목표와 역할 및 위치를 명확하게 구분하여 도움의 과정에 장애물이 없도록 관여해야 한다. 전문가는 클라이언트의 모든 사소한 면들에 관한 이해와 배려를 하고, 그들의 저항이 최소화가 되도록 관여기술(Engagement Skill)이 요구된다. 따라서 전문가는 계약과정(engagement process)을 형성하기 위하여 부정적 요소들을 제거하고 개방적이 되려고 노력하며, 정직하고 비심판적(nonjudgemental)이며 현실적(realistic)이고 신뢰성(dependable) 있게 관여해야 한다. 이러한 사회복지사의 관여기술은 기본원칙으로써 인내, 이해, 가치관, 생활형태 등을 수용할 필요가 있다(Morales & Sheafor, 1987: 146).

3) 관찰기술

사회복지사로서 개발해야 할 가장 중요한 실천기술은 바로 관찰기술(Observation Skill)이다. 대부분 사람들은 의식적·무의식적인 편견에 의해 자신의 기호 내지 사회적으로 조건 지어진 것만을 선택적으로 관찰하는 경향이 있다. 관찰기술은 단순히 보는 것(seeing)이 아니다. 즉, 클라이언트가 이야기하는 것과 동시에 이야기하지 않는 것은 물론, 클라이언트의 이야기에 숨겨진 의미도 해석해 보아야 한다. 그 외에도 클라이언트의 신체적 표현, 몸의 긴장, 얼굴의 변화, 땀 흘리는 것, 떠는 것, 흥분하는 모습, 낙담하는 모습 등도 통찰력으로 이해해야 한다. 또한 관찰기술은 무엇을 볼 것인가를 선택하는 것도 포함한다. 즉, 관찰기술은 항상 목표 지향적(goal-directed)이어야 하고, 관찰자의 참여가 관찰되는 사람에게 큰 영향을 미치고 있다는 사실도 알아야 한다(Morales & Sheafor, 1987: 146). 따라서 사회복지사는 이러한 관찰을 통하여 조사, 진단, 치료의 과정을 구체화하고 과학화해야 한다.

4) 의사소통기술

사회복지사는 대상자와의 생각, 정보, 감정 등을 전달하고 돕는 상황에서 의사소통을 가장 중요한 도구로 활용하고 있다. 클라이언트는 자신에게 무엇이 문제가 되는가를 솔직히 이야기할 수 있어야 하며, 전문가는 상대방이 이야기한 것을 이해하도록 노력해야 한다. 이와 같은 상호 간 의사소통과정을 통하여 클라이언트는 새로운 정보를 행동으로 전환시킬 수 있게 된다. 의사소통기술(Communication Skill)은 클라이언트의 성격 내지 일반적 관심에 상응해서 이해가 되어야 하며, 이는 언어와 비언어적인 방법들에 의해 이루어질 수 있다. 특히 비언어적인 의사소통의 방법은 중요한 정보뿐 아니라, 말로 표현할 수 없는 감정도 전달하게 된다(Morales & Sheafor, 1987: 146-147). 따라서 사회복지실천기술은 관계성의 학문이며 기술이기 때문에, 의사소통의 기술은 사회복지실천기술의 핵심이 된다고 할 수 있다.

08 사회복지실천기술의 방법

1) 개인중심의 개입

개인중심의 개입기술은 기존의 개별사회사업(casework)에 해당하는 사회복지실천기술로서, 최근에는 그 개념을 개별원조기술, 개별실천기술이라는 용어로 원조기술을 개별적으로 제공하는 방법을 말한다.

첫째, 개별원조기술의 이론은 자아심리학, 가족역동학, 학습이론, 행동요법 등의 인접분야로부터 영향을 받아 구축되었으며, 전체적인 특징은 대상자와 이를 둘러싼 상황으로서 사회적 기능, 사회적 역할, 사회적 시스템 등의 용어와 더불어 사용해 왔다(福祉士養成講座編輯委員會, 1989).

둘째, 개별실천기술은 현실적인 문제에 대응하기 위하여 개인이나 가족을 대상으로 그들의 입장에서 환경을 조성하고, 사회복지서비스를 통하여 당면과제의 극복을 가능하게 하는 원조기술의 과정을 말한다. 여기서 개별실천기술의 강조점은 개별적인 면접의 장을 통한 대인원조활동을 중심적 특징으로 하고 있다. 또한 개별실천기술은 대인원조기술을 중심으로 대상자의 고유한 능력배양과 사회적 자율성의 육성과 지원을 목표로 하고, 환경을 정비하고 사회복지서비스를 제공하면서 개별적인 문제해결을 전개하는 과정이라 할 수 있다. 즉, 개별실천기술은 "사회복지대상자가 고유한 사회생활에서 당면한 여러 가지 과제를 사회복지서비스의 제공과 환경조성을 통하여 해결하고 극복하기 위한 전문원조기술의 전개과정"을 말한다(福祉士養成講座編輯委員會 II, 1999).

따라서 개별실천기술의 특성을 몇 가지 제시해 보면 다음과 같다.

① 대상자를 중심으로 한 시점
② 사회생활의 전체적 관점에서 원조
③ 목표로서의 과제 개념
④ 사회복지서비스의 제공과 지원
⑤ 주체적인 문제로서 개별적 해결
⑥ 환경의 조정

⑦ 목표로서 사회적 자율성의 육성
⑧ 면접을 중심으로 한 전문적 원조기술의 전개과정 등을 의미한다.

2) 집단중심의 개입

집단중심의 개입기술은 기존의 집단사회사업(social group work)에 해당하는 사회복지실천기술로서, 개인, 집단, 지역사회의 여러 가지 문제를 보다 효과적으로 대처하도록 사람들을 원조하는 기술로 정의하고 있다(古川孝順·定藤丈弘·しょうじ洋子, 1993). 집단실천기술은 집단사회사업의 동일한 개념으로서, 인간이 유아기, 학년기, 청년기, 성년기, 노년기로 성장·발전되는 과정에서 여러 가지 집단생활을 경험하는 가운데 나타나는 문제에 접근한다. 이는 가정에서 부모와 자식관계, 형제자매의 친밀한 관계로부터 근린이나 학교의 친구, 연배, 직장이나 취미집단 등에 이르기까지 포함하고 있으며, 생활권의 확대와 소속되어 있는 집단에서의 상호작용을 통하여 정서적·사회적 욕구충족과 사회생활의 제기능을 발달시키고 있다. 전문가는 집단의 영향력을 활용하여 당면한 문제를 해결하는 집단원조의 개입기술을 습득해야 하며, 의도적인 집단경험을 통하여 개인의 사회적 기능력을 높이도록 원조해야 한다. 이와 같이 전문가는 집단구성원의 집단경험을 의식적으로 활용하여 그들의 생활과제를 달성시키며, 자발적인 문제대처 능력을 증강시키도록 전문적인 원조를 실천해 가는 과정에 개입한다.

집단실천기술의 기본적 성격은 사회복지실천기술에 근거하고 있으며, 원조자의 역할은 실천과정을 통하여 집단의 구성, 구성원의 집단활동, 목표달성 등을 가능하게 한다. 집단구성원은 집단실천기술을 통하여 자신의 과제를 스스로 해결하는 기회를 만드는 주체적인 참여자가 된다. 이러한 집단실천기술을 구성하는 요건은 다음과 같다.

① 구성원 간의 원조관계
② 구성원 간의 상호작용
③ 집단과정에서 전개되는 원조프로그램
④ 활용 가능한 사회자원 등이 있다.

집단실천기술은 시설의 입소자, 기관의 이용집단에서부터 취미나 학습활동, 치료 지향의 집단, 아동모임, 노인클럽 등 기능 목적별·계층별 등 다양한 종류에 개입하게 된다. 사회복지사는 집단프로그램에 참가하는 구성원이 효과적인 집단활동의 경험을 통하여 구성원의 사회적 성장이나 과제해결이 가능하도록 원조하는 것이다.

따라서 집단실천기술은 집단경험을 통하여 사람들 간의 원조관계를 형성하고, 타인과의 신뢰나 이해 속에 자신의 행동이나 태도를 수정하는 과정이라 할 수 있다. 집단실천기술의 모델은 세 가지로 구분할 수 있는데 (Pappell & Rothman, 1966: 66-77), 첫째는 '사회적 목표모델'로서 집단을 통해 자신의 활용과 사회적 기능을 강화하는 것이고, 둘째는 '치료적 모델'로서 집단을 통해 개인의 전문성을 발휘하여 치료적인 집단 활동을 하는 것이며, 셋째는 '상호작용적 모델'로서 집단을 통해 개인 간의 상호작용에 근거를 두고 통합해 가는 것을 말한다. 이와 같이 각 모델에는 집단실천기술의 목적이나 과정에 대한 특징이 있으며, 집단구성원과 프로그램의 활동 등에 어느 정도 차이가 있다.

3) 지역사회중심의 개입

지역사회중심의 개입기술은 사회복지실천기술의 간접적인 원조기술로서 기존의 지역사회조직(community organization)에 해당하는 실천방법이다. 지역사회실천기술은 지역사회에 개입하는 기술로서 지역 내에 생활하는 주민이나 사회복지대상자에게 개별적이고 공통적인 생활과제를 조직적으로 해결하고자 하는 실천적인 기술이다. 이는 개인실천기술 및 집단실천기술과 마찬가지로, 사회복지실천기술로서 공식적인 인정을 받고 있다.

지역사회실천기술이 지니고 있는 공통적인 특성을 몇 가지 제시하면 다음과 같다.

① 지역사회 내의 사회복지프로그램이다. 지역사회의 욕구파악과 사회복지서비스 공급을 위한 자원의 획득은 물론, 지역복지를 실천하는 서비스프로그램이다.

② 지역사회 내의 복지기관과 단체 간의 조정이다. 지역사회 내에 존재

하는 각종 조직들의 서비스 조정이나 새로운 자원의 공동개발을 위해 조정적 기능을 수행한다. 특히 각각 독립한 기관이나 단체에 횡적인 연계와 원만한 운영을 위하여 모든 활동을 집결한다.

③ 지역사회 내의 집단에 대한 개입이다. 지역사회 내 근린집단을 중심으로 주민의 욕구를 발견하여 주민 스스로 해결할 수 있도록 원조하고, 이들 욕구를 충족하기 위한 개입이 가능하도록 집단을 조직화한다. 지역사회실천기술의 과제는 주민에 의한 활용 가능한 서비스, 자원의 활용능력의 육성, 지역자원의 조직과 분배 등의 근본적인 변혁까지 포함하고 있다.

따라서 지역사회실천기술은 현존의 지역문제에 대해 협동적인 해결을 지향하고자 하는 사회복지방법으로써 그 독자성이 있다. 지역사회의 문제해결을 위해서는 지역 내의 여러 가지 사회자원의 확보와 서비스체계가 정비되어야 하고, 개인이나 집단의 사회적 성장을 저해하는 사회환경적 장애물이 제거되어야 한다. 특히 지역사회실천기술은 주민들의 생활에 필요한 사회자원을 동원하고 개발하는 것이며, 대상자의 사회적 성장을 저해하고 생활문제를 발생시키는 여러 가지 사회적 요인을 실천기술을 통해 제거하는 데 목적이 있다.

09
CHAPTER

사회복지실천방법론

이 장에서는 지역사회복지, 사회복지행정, 사회복지정책으로 구분하여 설명하였다. 이는 사회복지전공 과목 중에 지역사회복지론, 사회복지행정론, 사회복지정책론을 통해 여러분이 각 교과목별로 학습하는 부분이다. 이에 이 장에서는 각 교과목별 구체적인 내용의 정리가 아닌 사회복지학의 기본서인 사회복지개론을 학습하면서 사회복지학의 구성을 이해할 수 있는 내용으로 구성하였다.

01 지역사회복지

사회복지에서 지역사회복지사업은 기존의 3대 방법론(개별사회사업, 집단사회사업, 지역사회조직) 중의 하나로서, 지역사회를 구성하고 있는 전체 구성원들의 복지를 지역사회의 수준에서 향상시키는 것으로 다른 전문직과 사회복지전문직이 대별되는 매우 고유한 개입방법이라고 할 수 있다.

1) 지역사회복지의 정의

지역사회복지(community welfare)란 단어는 지역과 사회복지의 합성어로서, 지역 차원에서의 사회복지라는 의미를 가진다. 지역사회복지의 의미를 보다 명확히 파악하기 위해서는 '지역' 혹은 '지역사회'로 불리는 'community'란 낱말에 주목할 필요가 있다. 영어의 'community'는 'common', 'communal'과 같은 어원을 가지고 있으며, 이것은 공동소유, 공동체, 공동운명체 등의 뜻을 지니고 있다. 맥키버(R. M. Maciver)는 지역사회를 공동생활권이라고 말하고, 지역사회의 기초는 지역성과 지역사회의식이 수반되어야 한다고 하였다. 지역사회에서 특정한 지리적 기반이 중요하지만, 그 지역에 소속되어 있다는 의식도 중요하다는 것이다. 따라서 시대와 장소에 따라 생활양식이 바뀌면 지역사회도 바뀐다. 자본주의 사회 이전에는 사회의 지역적 한계를 규정하는 것은 토지소유였다. 서구 봉건사회에서 영주의 지역지배는 그의 토지소유에 의해 규정되었고, 그곳에서 지역사회도 영주적 토지소유 아래에서 토지의 공동이용을 단위로 하여 이루어졌다. 그러나 자본주의 사회가 생기자 자급자족적 단위로써의 공동체는 해체되고, 자본의 단일지배에 의해 지역성은 급속히 상실되어 갔다. 이같은 상황에서 지역은 정치적 지배의 단위로서만 의미를 가지게 되었고, 지역사회 또는 공동체는 전과 다른 역사적 의미와 내용을 지니게 되었다.

오늘날 주민의 지역적 구분은 크게는 국가 또는 민족국가의 형태로 나누어지고, 작게는 그 속에서의 행정적 구분, 즉 시·도, 시·군·구, 읍·면·동의 형태로 나누어진다. 이처럼 현재의 지역사회는 예전과 같은 자생적·자연적 단위가 아니고, 인위적·행정적 단위로 성립되어 있다. 이러한 변화에도 불구하고, 일상 생활권으로서 지역사회의 중요성은 남아 있다. 즉, 생활권을 시장권, 통학권, 종교생활권, 통근권 등으로 측정하여 볼 때, 지역사회가 자연마을에서 읍·면·동을 거쳐 시·군·구로 확장되었지만, 시민들의 일상생활은 지역사회를 크게 벗어나지 않고 있다. 시대와 장소에 따라 지역사회의 크기와 소속감은 조금씩 달라지지만, 대부분의 지역사회가 공통으로 수행하는 주요한 기능이 있다. 그 대표적인 기능은 생산과 분배 그리고 소비의 기능, 사회화의 기능, 사회통제의 기능, 사회통합의 기능, 그리고 상호부조의 기능이다(최일섭 외, 2000). 그중 지역사회의 상호부조 기능은 복지적 관점에서 볼 때 매우 중요하다. 즉, 개인과 가족은 누구나 질병, 사망, 실업, 산업재해 등 사회적 사고에 노출될 수 있고, 경제적 제도의 부적절한 운용에 의해서 자립할 수 없는 경우에 놓이게 될 때, 외부의 도움을 받지 않을 수 없다. 전통사회에서 상호부조는 주로 가족과 친척, 동네사람 등 일차적 집단에 의해서 이루어졌지만, 현대사회에서 이러한 기능이 정부와 민간 사회복지기관 등으로 옮겨졌다. 빈곤, 노령, 사망 등에 대한 현금급여는 주로 중앙정부 차원에서 획일적으로 이루어지지만, 환자, 장애인, 노인 등에 대한 복지서비스는 지역사회를 단위로 하여 사회복지기관에 의해서 이루어진다는 점에서 볼 때 지역사회는 여전히 중요하다.

2) 지역사회복지의 역사

지역복지의 역사적 기원은 19세기 후반 자선조직협회와 인보관운동에서 찾을 수 있지만, 미국에서는 제1차 세계대전 후 지역공동모금, 대공황 후 공공복지사업, 그리고 1960년대 빈곤과의 전쟁으로 정착되었다.

지역사회복지의 초기 형태는 지역사회조직을 강조하였는데, 지역사회조직은 지역개발, 사회계획, 사회행동 등을 포괄한다. 그중 지역사회개발은 정부가 지역사회의 개발을 위해서 정책을 정하여 지도 및 실시함을 말한다. 1950년대에 국제연합이 개발도상국에 대한 개발계획의 일환으로써 제창한 것이지만, 오늘날에는 선진국도 포함하여 지역 활동을 통한 복지향상을 도모하려는 것이다. 이는 지역활동을 통한 사회생활의 향상이라는 점에서 새마을운동과도 상통한다.

1970년대 후반 이후 지역복지가 새롭게 강조된 것은 사회복지의 관심사가 경제적 빈곤의 해결에서 각종 생활문제의 해결로 바뀐 것과 밀접히 관련되었다. 전통사회에서 사회복지는 오직 경제적 빈곤을 해결하기 위해서 노력할 수밖에 없었다. 그러나 경제사회의 변동, 국민생활과 의식의 변화에 따라 경제적 빈곤뿐 아니라 각종 생활문제가 사회복지의 과제로 대두하게 되었다. 이때부터 사회복지의 과제는 경제적인 결핍과는 상이한 것으로, 그 성격도 개인, 가족, 지역사회의 형태와 상황에 따라 각기 다르게 나타나며, 그 발생도 개별적이면서도 다양하게 나타나게 되었다.

이러한 사회복지욕구의 변화와 함께 가족부양기능의 감퇴, 사회 연대성의 결여 등이 심각한 사회문제로 대두되어 사회적으로 해결해야 할 생활상의 욕구가 확대되어 전체적으로 사회복지 수요를 증대시켰다. 이런 의미에서 지역복지는 새로운 양식의 사회복지이기도 하다. 즉, 전통사회에서 사회복지는 부랑인과 빈민 등 일부 소외계층의 사회적응을 목표로 한 것이라면, 현대사회에서 사회복지는 노인, 장애인, 환자 등을 포함하여 모든 사람이 자신이 살고 있는 지역사회에서 행복하게 살 수 있는 재가복지(일본 '재택복지') 시스템을 구축하고 있다.

따라서 지역복지는 요보호대상자를 복지시설에 수용하여 보호하는 방식을 벗어나서, 자신이 살고 있는 집에서 혹은 지역에서 적절한 서비스를 받을 수 있고, 극히 일부 대상자에게 선별적으로 제공되는 것이 아니라 대부분의 시민에게 보편적으로 제공되어야 한다는 점이 특징이다. 이는 빈곤과 같은 화폐적 욕구에 대한 대응이 아니라, 수발이 필요한 노인과 장애인에 대한 각종 대인서비스는 지역사회에서 상시적으로 제공되어야 하기 때문에 재가복지를 중심으로 한 지역복지가 꾸준히 개발되었다.

3) 지역사회복지기관

(1) 사회복지관

우리 사회에서 지역사회복지를 가장 종합적으로 하는 기관은 사회복지관이다. 흔히 지역사회복지관, 종합사회복지관 등으로 불리는 사회복지관은 "지역사회 내에서 일정한 시설과 전문 인력을 갖추고 지역사회의 인적·물적 자원을 동원하여 지역사회복지를 중심으로 한 종합적인 사회복지사업을 수행하는 사회복지시설"이다.

사회복지관은 19세기 말 영국과 미국에서 일어난 인보관운동에서 그 뿌리를 찾을 수 있는데, 우리나라에서는 1906년 원산 인보관운동에서 사회복지관사업이 태동되었고, 그 후 종교기관이나 대학교 그리고 외국의 원조를 받은 민간사회복지단체가 사회복지관을 운영하였다가, 1983년부터 국고보조를 받기 시작하였다. 특히 1989년에 「주택건설촉진법」 등에 의해 저소득층 영구임대아파트를 건립할 때 일정규모의 사회복지관을 의무적으로 설치하고, 이를 사회복지법인에게 위탁하면서 사회복지관은 지역사회복지의 중추기관으로 정립되었다.

사회복지관은 사회복지서비스 욕구를 가지고 있는 모든 지역사회 주민을 대상으로 보호서비스의 제공, 자립능력 배양을 위한 교육훈련의 기회제공 등 그들이 필요로 하는 복지서비스를 제공한다는 점에서 장애인복지관, 노인복지회관 등 특정 인구층을 위한 종별 복지관과 구분된다. 사회복지관은 전체 주민을 대상으로 가정기능 강화와 주민상호 간의 연대감 조성을 통하여 각종 지역 사회문제를 예방 및 치료하고, 주민의 복지증진을 위한 종합복지센터의 역할을 수행하는 것을 목표로 한다. 또한 사회복지관은 가족복지사업,[1] 저소득가정의 자립지원,[2] 아동과 청소년복지,[3] 노인과 장애인복지,[4] 지역복지사업,[5] 이웃돕기,[6] 자원봉사활동[7] 등을 조직적으로 수

---

1) 저소득층과 일반가정의 자녀문제, 건강문제, 취업문제 등에 관한 의견을 교환하고, 이들의 가정문제를 예방 및 치료하거나 자립능력을 배양하기 위해 필요한 제반 서비스를 제공하거나 다른 서비스 체계와 연계 및 알선한다.

2) 저소득가정의 자립지원을 위해 국민기초생활보장 수급권자 상담 지원, 직업기능훈련, 취업알선, 보건의료서비스, 물품지원, 교양교육 등을 실시한다.

3) 아동과 청소년을 위해 어린이집 운영, 독서실, 기능교실 운영, 아동과 청소년 상담, 장학금지원, 진로지도, 방과후 공부방 운영, 교양교육 등을 실시한다.

4) 노인과 장애인을 위해 가정봉사원 서비스, 무료급식, 노인학교, 물리치료실 운영, 노인문제상담과 장애인을 위한 자립작업장 등을 설치 및 운영한다.

5) 일반주민과 지역발전을 위해 편의시설을 제공하고 지역사회문제를 예방 및 해결한다.

6) 불우노인, 소년소녀가장, 장애인 등 불우이웃에게 관심을 가지고 있는 사람을 찾아 연결

행하고 있다. 사회복지관[8]의 기능은 그 규모(가형 종합사회복지관, 나형 종합사회복지관, 사형 사회복지관)와 복지관의 소재지(영구임대아파트단지, 도시저소득층 밀집지역, 도시 일반주거지 등), 그리고 복지관을 운영하는 법인의 성격(사회복지법인, 종교법인 등)에 따라서 사업의 강조점이 달라지기도 한다.

(2) 재가복지봉사센터

재가복지봉사센터는 가정에서 보호를 요하는 장애인, 노인, 소년소녀가장가정, 결손가정 등 가족기능이 취약한 소외계층과 지역사회 내에서 재가복지서비스를 원하는 가정에 사회복지사와 자원봉사자들이 방문하여 가사, 간병, 정서, 결연, 의료, 자립지원, 교육 등의 서비스를 제공하는 사회복지시설이다.

재가복지사업은 1992년의 '제7차 경제사회발전 5개년 계획'에서 사회복지서비스 분야의 기본 방향을 시설보호에서 재가보호서비스의 확충, 선별적인 서비스 중심에서 보편적인 서비스의 제공, 사후치료적 서비스 중심에서 사전·예방적 서비스 강화 등을 설정하면서 보편화되기 시작하였다. 이에 앞서, 재가복지는 한국노인복지회에서 1982년부터 노인복지분야의 노인결연, 상담, 전화벗사업을 추진하면서 비롯되었고, 1987년 정부의 가정봉사원 파견사업으로 확대되었으며, 1991년에 시·도 사회복지협의회에 지역복지봉사센터를 설치하여 본격적으로 실시되었다.

재가복지봉사센터는 기존 복지관이 가진 시설, 인력, 장비를 공동으로 활용하기 위하여 사회복지관, 노인복지회관, 장애인복지관, 사회복지협의회의 부설기관으로 설립되었다. 또한 이 센터를 효율적으로 운영하기 위하여, 사회복지사 2인(과장급 1명 포함), 운전기사 1인 등 총 3명을 전담인력으로 배치하였다. 센터의 역할은 재가복지서비스 대상자와 가정의 욕구조사와

하여 정기 또는 부정기적으로 후원금과 생활용품 등을 지원하고, 이들의 정서적 안정을 위해 결연사업을 진행한다.

7) 지역사회 주민들 중 불우한 이웃을 돕고자 하는 자를 자원봉사자로 모집 및 양성하여 이들을 교육시킨 후, 희망하는 복지사업 분야에서 활동할 수 있도록 연계한다.

8) 사회복지관은 시설의 규모와 지역의 특성에 따라 종합사회복지관 가형(2,000m^2 이상)과 나형(1,000m^2~2,000m^2 미만), 사형(사회복지관, 500m^2~1,000m^2 미만)으로 구분하고 있다.

문제의 진단, 욕구와 문제의 진단내용에 따라 직·간접적 서비스의 제공, 지역사회 자원동원과 활용, 사업평가, 자원봉사자와 주민에 대한 복지교육, 지역사회 연대의식 고취 등으로 나누어 볼 수 있다. 주된 대상자는 지역사회 내 저소득 계층으로, 국민기초생활보장 수급권자, 기타 저소득층 가정으로서 재가복지서비스가 필요하다고 인정되는 자(무의탁 국가유공자와 유족 등), 미인가시설 수용자(장애인, 부녀, 아동, 노인 등), 재가복지서비스를 원하는 지역주민 등을 우선적으로 적용한다. 서비스의 내용은 요보호대상자의 인구학적 특성과 욕구유형에 따라 필요하다고 판단되는 서비스인데, 가사(집안청소, 식사준비와 취사, 세탁, 청소 등), 간병(안마, 병간호 수발, 병원안내와 동행, 통원 시 차량지원, 병원수속대행, 보건소 안내, 약품구입, 체온측정, 신체운동, 집안소독 등), 정서적 서비스(말벗, 상담, 학업지도, 책 읽어주기, 여가지도, 취미활동 제공, 행정업무 등), 결연(서비스 대상자에 대한 생활용품과 용돈 등의 재정적 지원 알선, 의부모·의형제 맺어주기 등의 서비스), 의료(지역의료기관·보건기관과의 연계와 결연을 통한 정기 또는 수시방문 진료(링겔 투약, 혈압체크, 질병상담과 치료 등)), 자립지원(탁아, 직업보도, 기능훈련, 취업알선 등 자립능력을 배양할 수 있는 내용의 서비스 등), 주민교육(보호대상자의 가족·이웃·친지 등을 포함한 지역주민을 위한 재가보호 서비스요령과 방법 교육, 기타 사회복지관 내 시설을 활용한 서비스 등), 기타 등이다.

4) 지역사회복지의 기술

(1) 조사와 문제분석

지역복지를 효과적으로 실천하기 위해서는 다양한 기술이 필요하다. 대표적인 기술로 조사와 문제분석, 집단토의와 회의, 홍보와 정보활동, 원조활동 등을 들 수 있는데, 이러한 기술은 사안에 따라서 개별적으로 혹은 종합적으로 필요하다(김현훈 외 역, 2000).

지역복지를 실천하기 위해서는 먼저 지역의 문제와 복지욕구를 파악하는 것이 시급하다. 어떤 지역사회나 나름대로 사회문제가 있고, 주민들이 절실히 바라는 것이 있지만, 이를 해결할 수 있는 자원이 한정되어 있기에 욕구를 명확히 하고 우선순위를 정하는 일은 매우 중요하다. 지역문제를 파악하고 복지욕구를 측정하고자 할 때, 사회복지사가 흔히 사용하는 방법은 사회조사이고 이를 통해서 문제를 분석한다. 지역의 복지욕구를 파악할 때 쉽게 사용할 수 있는 조사기법은 문헌조사, 관찰법, 면접조사, 설문조사 등이다.

지역문제에 관심을 갖고 욕구를 파악하고자 할 때, 가장 쉽게 구할 수 있는 공식정보는 국가와 지방자치단체 혹은 공공기관이 발간한 공식 통계자료이다. 예컨대, 인구 및 주택총조사는 인구의 수, 인구변동, 연령별 인구의 구조, 가족의 형태, 주거상황 등을 포괄적으로 알려준다. 특정 지역의 노인문제와 노인욕구에 관심을 가진다면, 인구총조사를 통해서 노인인구의 수, 노인인구의 비율, 노인인구의 연령별 분포, 노인의 가족구조, 노인의 취업 여부, 노인의 주거양식 등을 파악할 수 있다. 또한, 지방자치단체는 매년 통계연보를 발간하고, 사회복지분야에 대한 내부 통계자료를 갖고 있기에 이러한 공식자료를 활용할 필요가 있다. 그러나 공식자료는 일반적인 목적을 위해서 발간된 것이 많기에 특정한 사회문제와 욕구를 파악하기 위해서 적합성이 떨어질 수 있다. 즉, 인구총조사는 해당 지역의 치매인구의 수, 치매환자의 주된 부양자, 부양자가 호소하는 문제, 치매환자에 대한 의료서비스의 실태와 문제점 등을 알려주지 못한다. 이 경우 치매가족협회와 같은 자조조직이 만든 자료가 더 유익할 수 있다. 또한 지역문제는 현재 진행형이기에 기존 문헌자료로 알기 어렵고, 바로 현장을 방문하거나 관찰을 통해서 파악해야 하는 경우도 많다. 치매환자와 그 가족을 위한 재가복지를 구상하고 있다면, 치매환자의 집을 방문하여 가족이 호소하는 고충을 듣는 것이 한 방법이다. 이뿐만 아니라, 치매가족모임 등에 참가하여 이들이 공통으로 바라는 것은 무엇인지 파악하고, 동원 가능한 자원을 고려하여 서비스를 모색해 볼 수 있다.

면접조사와 간담회는 해당되는 모든 사람들에게 할 수 없으므로, 각 분야에서 지도적 역할을 수행하거나 여론을 형성하는 사람을 대상으로 이루어진다. 주민회의나 전문가회의 등을 통해서 파악된 의견은 보다 과학적으로 검증될 필요가 있다. 이 점에서 설문조사는 지역문제와 욕구를 파악하고, 사업의 우선순위를 정할 때 가장 흔히 사용되는 방법이다. 설문조사는 사태를 정확히 파악하기 위해서 사용되지만, 많은 경우 가장 적합한 프로그램을 선택하기 위해서도 활용된다. 조사대상자를 모두 조사하는 전수조사도 있지만, 흔히 표본조사를 하게 된다. 설문조사는 표본설계, 설문지 작성, 설문지 배포와 수집, 통계처리 등이 과학적으로 이루어져야 신뢰도와 타당도를 높일 수 있다. 이러한 조사활동은 문제를 정확히 파악하고, 욕구를 측정하며, 적합한 원조활동을 개발하기 위해서 꼭 필요한 일이다. 조사기법은 상황에 따라서 한 방법만 적용될 수도 있고, 시간을 두고 여러 가지 방법이 활용될 수도 있다. 중요한 것은 조사를 통해서 문제의 진실을 파악하고, 적합한 대안을 찾는 일이다.

(2) 집단토의와 회의

수많은 지역문제는 객관적인 자료만으로는 파악하기 어려운 경우가 많다. 각자의 입장에 따라서 주장하는 바가 다르기 때문에 하나의 대안을 선택하기보다는 서로 다른 입장을 조정하는 것이 더 적절할 수 있다. 지역문제를 파악하고 적절한 프로그램을 개발하기 위해서 흔히 사용되는 방법이 집단토의와 회의이다. 따라서 지역사회복지사는 주민좌담회, 전문가회의 등에 참가하여 다른 사람의 의견을 경청하고, 필요한 여론을 수렴하며, 자신의 주장을 펼 수 있는 기술을 습득해야 한다.

지역문제를 해결하기 위해서 전체 주민회의를 갖는 경우도 있지만, 대부분의 경우에는 각 분야의 대표자로 구성된 위원회 혹은 대책회의를 갖는다. 사회복지사가 여론을 수렴하기 위해서는 필요한 회의에 참여하면 되지만, 여론을 주도하고 문제해결의 중심에 서기 위해서는 회의를 기획하고 진행하며, 회의결과를 실천하는 데 중추적인 역할을 담당해야 할 것이다. 이때 주민의 대표와 전문가집단을 적절히 활용할 필요가 있다. 대부분의 지역문제가 생활문제이기에 거주 지역이나 사회계층에 따라서 그 입장이 달라질 수 있으므로, 주민대표를 구성할 때 그 대표성을 적절히 반영해야 한다. 또한 환경, 교육, 교통, 보건의료 등 특정 지역문제는 해당 분야의 전문가집단의 의견을 충분히 고려해야 한다. 따라서 사회복지사는 주민대표와 전문가집단의 의견을 수렴할 수 있는 능력, 주민과 전문가집단을 효과적으로 동원할 수 있는 능력을 갖추어야 한다.

(3) 홍보와 정보활동

지역복지를 효과적으로 실천하기 위해서 홍보와 정보활동이 점차 강조되고 있다. 전통사회는 대면집단이 중심이 된 지역공동체가 많았지만, 현대사회는 지역 구성원 간의 상호관계가 적은 익명사회가 되어가고 있기에 홍보와 정보활동은 더욱 강조된다. 특히 주민의 참가를 통해서 지역의 가용자원을 동원하고, 궁극적으로 지역문제를 해결하기 위해서는 주민을 설득하고, 행정기관, 언론기관 등 외부 기관과 대중을 설득하기 위해서도 홍보활동이 절실하다.

홍보활동은 문제를 발견할 때부터 사업의 기획, 자원의 동원, 지역사회사업의 실천, 평가 등 모든 단계에서 필요하다. 홍보는 하고 있는 일을 알려서 그 정당성을 확보할 뿐만 아니라, 하는 일에 대한 저항을 줄이기 위해서도 필요하다. 홍보활동을 효과적으로 수행하기 위해서는 인쇄매체, 시청각매체, 특히 대중매체를 적절히 활용할 필요가 있다. 또한 컴퓨터와 인터넷을 적극 활용하여 홈페이지 제작, 메일진 개발, 포털사이트와 연계 등을 시도하는 것이 좋다. 예컨대, 장애인복지를 위해서 자원봉사자를 발굴하는 일이라면, 학교, 종교기관, 장애인단체, 장애인 관련 산업 등과 유기적인 관계를 형성하면서 홍보하는 것이 좋다.

홍보를 효과적으로 수행하기 위해서는 정확한 정보를 파악하고, 부정확한 정보를 수정하는 일을 지속적으로 실천해야 한다. 많은 복지활동은 부정확한 정보나 신화와 싸우면서 일을 해야 한다. 예컨대, 학대받은 아동을 보호하기 위해서는 "학교 주변 불량배가 아동을 학대한다."는 사회통념이나 잘못된 신화를 극복해야 한다. 사실 대부분의 아동학대자는 부모, 보호자, 교사 등 아동과 밀접한 관계를 맺고 지도감독을 하는 위치에 있는 사람이므로, 이들을 변화시켜야 아동학대를 줄일 수 있다.

(4) 원조활동

지역사회복지를 효과적으로 수행하기 위해서는 원조활동을 잘해야 한다. 앞서 말한 조사와 문제분석, 집단토의와 회의, 홍보와 정보활동은 모두 원조활동을 보다 효과적으로 수행하기 위한 전제조건이라고 말할 수 있다. 그런데 현실적으로 지역복지를 효과적으로 수행하는 일은 그리 쉽지 않다. 지역복지는 상근 직원뿐만 아니라 자원봉사자와 주민 등 비상근자가 함께 일을 해야 하고, 다양한 외부 전문가의 도움을 받아야 하기 때문에 계획한 대로 실천하기가 쉽지 않다.

특히 지역복지에서 자원봉사자를 모집하고 교육하여 적재적소에 활용하는 것은 매우 중요하다. 지역복지의 중추기관이라고 할 수 있는 사회복지관, 재가복지봉사센터 등은 학생, 주부, 직장인, 은퇴한 노인, 전문가 등 다양한 인구집단을 자원봉사자로 활용하여야 한다. 자원봉사자의 관리뿐만 아니라, 자원봉사자와 직원의 조화, 내부 직원과 외부 전문인력의 협력방안 등을 모색하기 위해서 사회복지사는 상당한 수준의 행정능력을 갖추어야 한다.

원조활동을 위해서 필요한 재원을 확보하고 분배하는 일도 만만치 않은 일이다. 미리 책정된 예산이 충분하지 않는 경우에는 참여 인물과 단체가 갹출금을 내서 사업비를 조성해야 하고, 후원금, 외부의 협찬 등을 받아야 한다. 적정한 예산의 편성, 사업비의 조성, 사업비의 집행과 책임성의 확보는 원조활동의 정당성을 확보하기 위해서 꼭 필요한 일이다.

대개의 원조활동은 초기단계에서는 문제를 발견하고 상담, 위기개입을 하는 수준이지만, 점차 자원봉사자의 파견, 후원자의 발굴, 전문가의 개입 등을 조정하게 되고, 관련 예산의 확보, 법적 제도적 장치의 마련을 해야 할 경우도 있다. 하나의 원조활동이 종료되기도 전에 또 다른 원조활동을 기획해야 하는 경우가 많기 때문에 기획, 집행, 평가가 혼재되어 이루어지기도 한다. 따라서 지역사회복지사는 지역복지실천을 위한 다양한 기법을 체득할 뿐만 아니라, 적절한 동료와 후임자를 교육 및 훈련시키고, 다른 사람들과 역할분담을 하면서 협력과 연대방안을 찾아야 한다. 사회복지사가 전반적인 분야에 대한 상식을 가지면서도 특정 분야에 대한 전문성을 갖추어야 할 이유가 여기에 있다.

02 사회복지행정

사회복지행정은 사회복지의 제반 활동을 조직하고 관리하는 것으로, 사회복지 이념이나 정책목표를 실천적인 서비스로 전환시키는 역할을 한다. 즉, 사회복지행정은 사회복지정책과 서비스를 연결하는 매개체로서의 역할을 한다.

1) 사회복지행정의 정의

사회복지행정은 '사회복지'와 '행정'이라는 두 개념이 합성된 것으로, 한 사회의 사회복지 이념이나 가치가 그 사회의 사회복지행정의 성격을 규정한다. 그러나 강조하는 대상이나 내용, 전달방식에 따라 다양하게 표현되거나 기술되고 있다. 예를 들어, 노인의 소득수준 향상이 정책이라면 그에 따른 빈곤노인 파악과 대책을 실행하는 것이 복지행정이라고 할 수 있다.

이러한 행정개념을 협의의 개념으로 본다면, '사회사업행정(social work administration)', '사회사업기관행정(social work agency administration)', '사회서비스행정(social service administration)', '인간서비스조직의 관리(management in human service organization)' 등으로 지칭될 수 있고(장인협·이정호, 1999: 3), 광의의 개념으로 보면 사회복지정책을 사회복지서비스로 전환시키는 복지조직의 총체적인 활동으로 정의할 수 있다.

표 9-1 사회복지행정의 개념

사회복지행정	주체	대상
사회사업기관행정 (협의의 사회복지행정)	민간복지기관	요보호자
공공복지기관행정 (광의의 사회복지행정)	국가 및 지방자치단체	전 국민

이러한 사회복지행정의 광의와 협의의 개념을 살펴보면 다음과 같다.

(1) 협의의 사회복지행정

① 사회복지조직의 목표달성을 용이하게 하기 위해 관리자에 의해 수행되는 상호의존적 과업과 기능 및 관련활동 등의 체계적 개입과정이다.

② 일명 사회사업행정으로 불리는데, 이는 전통적 개별사회사업, 집단사회사업, 지역사회조직사업과 같은 하나의 실천방법으로 보는 것이다. 사회사업행정은 사회사업서비스를 계획하여 전달하는 사회사업조직을 대상으로 변화를 초래하려는 과정이라 할 수 있다.

③ 사회사업행정도 사회사업조직의 구성원에게 개입하여 사회복지서비스 전달을 촉진시키는 과정이라는 의미에서 사회사업의 중요한 하나의 방법이다.

(2) 광의의 사회복지행정

① 조직의 모든 활동과정에서 다양하게 기여하는 조직구성원들의 협동적·조직적 노력으로 볼 때, 사회복지행정은 사회복지정책을 사회복지서비스로 전환시키는 데 필요한 사회복지조직에서의 총체적 활동이라고 볼 수 있다.

② 오늘날 사회복지는 국가의 주요한 제도로 발전하고 있고, 이에 따라 사회복지서비스도 공적 및 사적 사회복지조직을 통해 전달되기 때문에 사회복지의 행정은 협의의 사회복지행정보다는 광의의 사회복지행정의 개념을 취하는 것이 바람직하다고 할 수 있다.

2) 사회복지행정의 이념

사회복지행정의 이념은 사회복지행정이 지향하는 최고의 가치와 사고를 의미한다. 이러한 이념은 사회복지정책을 서비스로 전환하는 행정과정의 기준이 되고 목표가 되며, 그 실천적 방향을 제시해 준다. 따라서 사회복지행정의 이념을 몇 가지로 제시하면 다음과 같다.

(1) 효과성

효과성(effectiveness)이란 목적과 수단을 변경한 상태에서 현실적인 산출이 처음의 목표를 어느 정도 달성했는가 하는 개념이다. 그러나 사회복지행정 조직 내의 인력과 재정, 전달체계의 효율화 등이 극대화되고, 사회복지사업의 목표가 달성된다는 것은 그렇게 용이하지 않다. 따라서 사회복지행정의 효과성은 욕구의 충족이나 문제해결에 있어서 어느 정도 유효한가를 의미하는 것이다. 즉, 사회복지대상자의 욕구충족을 위해 선택된 서비스가 어느 정도 적합한가를 가늠해 볼 수 있다.

(2) 형평성

형평성(equity)이란 사회질서의 가치관을 반영하는 것으로, 자유와 평등을 종합한 개념이며 동등한 자유와 합당한 평등을 의미한다. 이에 따라 형평성은 사회복지행정의 모든 측면에서 기본적으로 가능하며, 개인의 자유를 최대한 보장하고 소득재분배정책 등을 통하여 합당한 평등적 분배를 이룩하려는 이념이다. 따라서 사회복지행정의 형평성은 동일한 욕구를 가진 사회복지대상자가 동일한 서비스를 받아야 한다는 것이다. 다시 말해, 특히 사회복지서비스에서는 욕구에 따라 형평성 있게 제공되어야 한다.

(3) 효율성

효율성(efficiency)의 개념은 투입과 산출 간의 합리적인 비율을 의미한다. 즉, 최소의 비용으로 최대의 업무효과성을 기하려는 행정과정의 절차가 효율적으로 수행될 것을 강조한다. 따라서 사회복지행정의 효율성은 최소의 자원으로 최대의 효과를 어떻게 거둘 것인가 하는 것이다. 이것은 자원의 희소성에 입각하여 항상 대두되는 문제로써, 사회복지서비스의 공급에 중요시되고 있다.

(4) 접근성

접근성(accessibility)이란 이용자가 충분한 설비와 기능을 쉽게 활용이 가능하도록 거리상 편리해야 한다는 의미이다. 특히 사회복지행정의 접근성은 사회복지대상자가 항상 서비스를 쉽게 이용할 수 있도록 해야 한다는 것이다. 즉, 대상자의 욕구충족에서 시설서비스가 요구된다면, 그 시설이 이용자에게 접근할 수 있는 위치에 있어야 한다.

이상의 관점에서 사회복지서비스는 '보편주의(universalism)'와 '선별주의(selectivism)'에 따라 제공할 수 있다. 즉, 전자의 운영방법은 서비스의 공급을 사회복지대상자에게 특정의 자격 또는 조건을 부여하지 않는 것을 원칙으로 하며, 후자의 운영방법은 사회복지대상자에 대한 수급 자격이나 조건을 붙여 서비스 제공을 행하는 것이다. 그렇다면 보편주의의 서비스방법은 형평성과 접근성의 측면에서 적합하고, 선별주의의 서비스방법은 효과성과 효율성의 면에서 보다 우월한 특징을 갖고 있다.

3) 사회복지행정의 기초이론

사회복지행정의 실천 이론과 원칙은 공공행정, 병원행정 및 산업관리 이론, 그리고 조직행동에 관한 사회과학 및 행동과학 이론으로부터 도입되었다. 이에 따라 사회복지행정에 관하여 다양하고 때로는 상호 모순되는 이론이 존재한다. 그러나 대부분의 문헌은 사회복지행정을 보다 일반적인 조직 이론이 적용되어야 하는 실천분야로서 다루고 있다.

(1) 고전적 이론(합리-합법적 모델)

고전적 이론(Classical Theory)의 근거는 조직구성원들이 대부분 경제적으로 동기부여가 된다고 본다. 즉, 조직구성원들은 경제적 유인이 주어질 때 조직의 목표를 위해 노력한다는 것이다. 이 이론은 '기계이론'이라고도 지칭한다(Katz & Kahn, 1978: 259-263).

합리 합법적 관점에서 조직을 이해하자면, 조직이란 특정한 목적을 추구하기 위해 정형화된 구조를 갖는 사회집단으로 규정한다. 조직은 명확하고 구체적인 목적을 갖추고 있으며, 조직의 구조와 과정은 그러한 목적을 성취하기 위해 합리적으로 디자인된 것으로 본다.

'합리적(rational)'이란 조직의 내부 분업이나 역할 및 지위 규정, 권한의 배분 등이 매우 정형화되고 위계적이며, 이러한 것이 조직의 목적 성취를 위해 가장 효과적이고도 효율적인 수단이라는 것을 의미한다. '합법적(legal)'이란 지위의 배정, 권한의 배분, 각 지위에 따른 권리와 의무 등이 보편적이고도 비인격적인 법칙에 근거하고 있음을 의미하는 것이다. 합리합법적 모델에 포함될 수 있는 이론으로는 관료제 이론, 과학적 관리론, 행정적 관리론 등이 대표적이다.

과학적 관리학파(scientific management school)의 관점은 조직 최상의 목표로서 합리성과 효율성을 강조한다. 과학적 관리론의 창시자인 테일러(Frederick W. Taylor)는 작업의 효과성과 효율성을 향상시키기 위하여 여러 가지 제안을 한다. 그는 저서 『Shop Management』에서 작업의 효율이 노동의 분업, 작업유인 및 시간의 효율적인 사용에 의해서 얻어질 수 있다고 주장하였다. 테일러는 또한 기능적 관리(functional management)를 주장하였는데, 이것은 작업을 분담하여 각자가 수행할 수 있는 사건의 통일성, 구조적 형태의 불변, 권위와 책임의 정확한 할당을 가정하고 있다. 따라서 사회적 조직과 비공식적인 관계의 중요성은 거의 무시된다. 테일러는 일에 대한 '시간과 동작의 연구(time-motion study)'에 기초해서 과학적 관리의 원리를 발전시켰다. 이러한 원리는 현대 조직에서 생산성의 가치와 기법의 기초를 제공하였다. 사회복지조직에서 이와 같은 개념의 적용은 업무 부담과 과업분석의 영역에 속한다. 예컨대, 업무 부담이 많은 공공복지기관에서 직원능력, 과업기대, 보상체계 등을 검토해 보는 효과가 있다(최성재·남기민, 1993: 57). 그러나 사회복지조직에서 이 이론의 문제점은 클라이언트와 관련하여 규범적 선택을 필요로 하는 데 과학적 관리방법으로써 이러한 규범적 선택이 애매하게 될 수 있다는 점이다.

(2) 인간관계 이론

인간관계이론(Human Relation Theory)은 능률성, 생산성, 합리성, 조직 구조에 주로 관심을 두었던 고전이론 혹은 기계적 조직이론의 한계점을 보충하기 위해 개발된 이론이다. 인간관계론자는 경제적 수단적 능률보다는 사회적 능률을 더 강조하였으며, 조직 구성원의 감정적 정서적 측면을 중요시하고 공식적 관계보다는 비공식적인 관계에 관심을 집중한다.

인간관계이론의 창시자인 메이요(A. Mayo)는 호손(Hawthorne) 실험[9]을 통하여 생산과 관리에서 인간적 요소의 중요성을 강조하였다. 이 이론은 개인의 욕구가 충족되더라도 조직에서의 개인은 조직의 목표를 위해 활동할 것이라는 기본적인 가정은 고전적 이론과 같다. 하지만 개인의 욕구에 관심을 보여준다면, 조직의 목표와 개인의 목표가 일치한다는 것이다.

인간관계이론에 있어서 메이요를 중심으로 전개된 호손 공장의 실험결과에 대한 몇 가지 특징을 제시하면 다음과 같다. 첫째, 근로자의 작업능률은 물리적 환경조건보다는 집단 내 동료와의 인간관계에 의해 좌우되고, 둘째, 조직에는 비공식 집단이 개인의 태도와 생산성에 지대한 영향을 미치고, 셋째, 근로자는 개인으로서보다는 집단의 일원으로서 행동하며 집단 내의 인간관계는 정서적 요소에 따라 이루어지고, 넷째, 근로자는 경제적 동기보다는 비경제적 요인인 사회적·심리적 동기에 입각한 행동을 중시하고 있다는 점이다. 따라서 이와 같은 인간관계이론은 사회조직의 관리자들이 선호하는 이론이라 볼 수 있다.

(3) 구조주의 이론

구조주의이론(Structuralist Theory)은 고전적 이론과 인간관계이론을 종합화한 것이다. 이 이론은 개인과 조직의 목표가 일치한다는 가정을 하지 않으므로, 인간관계이론과 고전적 이론과는 다르다. 따라서 구조주의이론은 경험적 연구의 결과에 따라 규범적(prescriptive)이라기보다는 기술적(descriptive)이다. 또한 구조주의이론은 고전적 이론과 인간관계이론을 조화시키고 종합화하는 여섯 가지 요인적 접근을 제시하고 있다.

첫째, 조직의 공식적 요인과 비공식적 및 그 관련성, 둘째, 비공식적 집단의 범위와 조직 내적·외적에서 비공식집단들 간의 관계성, 셋째, 하위자와 상위자, 넷째, 사회적 보수와 물질적 보수 및 그 상호 간의 영향력, 다섯째, 조직과 환경 간의 상호작용, 여섯째, 업무조직과 비업무조직 등이

---

9) Mayo 교수의 Hawthorne(호손) 공장에서의 실험 ① 과학적 관리론에 입각하여 물리적인 작업조건(작업장의 밝기, 온도, 휴식시간, 임금 인센티브)이나 작업자의 자질 등이 생산성에 어떻게 영향을 미치는가에 대한 연구이다. ② 실험결과 조직 내에서의 작업자는 고립된 개념으로서의 '개인'이 아니라 다른 개인과 사회적 관계를 맺는 '집단 속의 개인'임을 발견 ③ 양계장의 닭은 군집되어 있지만 상호작용을 통해 생산성에 영향을 미치지 않는다.

다. 이에 따라 구조주의자들은 조직에 대한 환경의 영향을 강조하고 있다. 따라서 구조주의이론은 외부환경과 관련된 다양한 유형의 행정과 조직의 역할에 역점을 두고 있다.

(4) 체계 이론

체계이론(system theory)의 핵심은 조직이나 사회현상을 생물학적 비유에 기반을 둔 것인데, 체계는 서로 상호작용하는 여러 하위체계 요소에 의하여 통일된 전체를 형성하고 있다고 본다. 따라서 체계 이론은 조직을 다양한 역동성과 메커니즘에 기초를 둔 구체적 기능을 수행하는 많은 하위체계로 구성된 복합체이다. 체계이론은 관리자에게 조직의 문제를 분석하고 진단하기 위한 방법을 제공해 줌으로써 조직의 어느 부분이 잘못 기능하고 있는가를 찾아내어 개선하도록 한다. 또한, 조직의 각각 하위체계가 어떠한 기능, 역동성 및 기제를 수행하는가의 표준을 제시함으로써 특정한 조직의 성과를 그 표준과 비교 평가해 볼 수 있게 한다.

체계 이론에 기초한다면, 사회복지조직은 크게 5가지의 하위체계로 구성된다(Neugeboren, 1985: 80). 생산 하위체계, 유지 하위체계, 경계 하위체계, 적응 하위체계, 관리 하위체계이다. 이 이론에서 각각의 하위체계는 생존과 발전을 위한 경쟁의 역동성 때문에 부단히 활동하고 있으며, 하위체계 간 갈등과 모순은 불가피하다는 것을 가정한다. 5가지 하위체계가 수행하는 기능을 살펴보면 다음과 같다(최성재·남기민, 1993: 77-84).

첫째, 생산 하위체계(production subsystem)는 생산과 관련된 업무를 수행한다. 즉, 사회복지조직에서 클라이언트에게 서비스를 제공하는 형태이다. 사회복지조직에서 생산 하위체계는 조직 안으로 유입되는 자원(물질적 및 비물질적 형태의 자원)을 서비스로 생산(전환)하여 클라이언트에게 전달하는 기능을 수행한다. 조직의 역할과 과업을 설계하는 데 숙련과 합리성을 강조하는 고전 이론의 가정에 기초한다. 사회복지서비스의 전환과 전달과업은 사회복지조직의 핵심기능이라고 할 수 있으며 이를 통해서 조직의 목적이 달성된다.

둘째, 유지 하위체계(maintenance subsystem)의 목적은 현재 상태대로 조직의 계속성을 확보하는 것이며 이로 인해 조직의 안정성이 유지된다. 이 목적을 위해 사용될 수 있는 기제로는 활동의 공식화, 보상체계의 확립, 새로운 구성원의 사회화, 직원의 선발과 훈련 등이 있다. 개인의 욕구를 조직의 욕구에 통합시키는 데 강조를 두는 인간관계 이론에 기초한다. 조직의 이러한 활동은 조직의 목표와 개인의 목표를 일치시키는 기능을 수행함으로써 조직을 안정되게 유지한다.

셋째, 경계 하위체계(boundary subsystem)는 조직의 외부환경과의 관계를 유지하여 이에 영향을 미치고 적응하는 기능을 수행한다. 사회복지조직이 생존하고 발전하기 위해서는 일반환경의 변화를 이해하여야 하고 이러한 변화에 적극적으로 반응할 수 있어야 한다는 구조주의 이론에 기초한다. 사회복지조직이 개방체계인 이상 환경의 변화는 사회복지조직의 실천활동에 지대한 영향을 미친다. 따라서 사회복지조직은 환경으로부터 자원을 보다 효과적으로 획득하고 이를 서비스로 전환하여 소비자인 클라이언트에게 효과적으로 전달하기 위해서 환경을 관리할 필요가 있다.

넷째, 적응 하위체계(adaptive subsystem)는 조직의 목적 및 실천활동에 관한 연구, 계획, 집행, 평가와 관련되어 있다. 적응 하위체계는 변화하는 환경의 요구에 신속하게 반응하기 위해서 클라이언트의 욕구, 지역사회의 욕구, 정부의 요구조건, 자금조달의 우선순위를 파악하여 사회복지조직 행정가에게 조직의 관리와 활동에 필요한 정보를 제공한다. 적응 하위체계는 고전 이론과 구조주의 이론에 기초한다.

다섯째, 관리 하위체계(managerial subsystem)는 조직이 최적으로 목표를 달성하도록 조직의 목표에 모든 하위체계가 기능하도록 조정하고 통합하는 리더십을 제공하는 것이다. 고전 이론(통제 강조), 인간관계 이론(타협 강조), 구조주의 이론(환경 강조)에 기초한다. 따라서 조직 구성원 간 혹은 부서 간 갈등의 해결과 조정, 적절한 업무환경의 제공, 외부환경의 영향에 대한 조직의 대응책을 모색하기 위해 노력하는 것 등은 관리 하위체계에서 중요한 과업이다. 이러한 체계 이론은 사회복지 관리자에게 복잡한 조직현상을 포괄적으로 거시적 관점에서 파악할 수 있도록 하는 데는 효과적이지만 이론의 추상화 수준이 지나치게 높아 구체적인 연구방향의 제시가 어렵고, 고려해야 하는 변수가 너무 많다는 문제점이 있다.

(5) 의사결정 이론

의사결정이론(Decision Making Theory)은 사회복지행정의 지식발전에 공헌한 이론 중의 하나이다. 이 이론의 권위자인 시몬(A. Simon)은 조직의 합리성 원칙을 지나치게 강조한 고전적 이론과 이 원칙을 과소평가한 인간관계이론의 두 가지 극단적인 상황을 의사결정모델을 통하여 연결시키려고 하였다(성규탁, 1985: 46).

이 이론의 초점은 조직 속에서 상이한 지위를 가지고 있는 구성원들의 의사결정에 두고 있다. 즉, 의사결정자들은 과거의 경험, 현존의 선택적 인식, 관습적 대안들을 토대로 하여 단순한 현실모델을 구성함으로써 만족한 해결모델을 모색한다는 것이다. 따라서 의사결정이론은 사회복지조직 내에 개인의 의사결정을 정하는 조직적 요인에 초점을 두고, 인간서비스조직의 구성원들이 클라이언트에 대해 내리는 결정을 이해하고 설명할 수 있는 분석적 도구를 제공해 준다.

4) 사회복지행정의 관리과정

사회복지행정의 과정은 기본적으로 기획, 조직, 인사, 지시, 조정, 보고, 재정, 평가 등으로 전개된다. 따라서 영어의 알파벳 약자를 인용하여 'POSDCORBE'로 표현하고 있다. 이와 같은 과정의 구체적인 내용을 제시하면 다음과 같다.

(1) 기획(P)

기획(Planning)은 행정가에 의해 수행되는 최초의 과정으로서 ① 목표설정, ② 과업활동, ③ 방법결정 등을 말한다. 사회복지기관의 목적에서 공공기관은 그 목적이 해당 법령에 기술되고, 사적 기관은 그것이 정관에 기술된다. 사회복지기관의 목표에 관한 일반적인 진술은 기관활동에 따라 분명해진다. 또한 과업수행을 위하여 필요한 방법은 변화하는 목표에 따라 달라질 수 있다. 따라서 행정가는 변화하는 목표에 따라 과업을 계획하고 목표달성을 위해 필요한 방법을 선정해야 한다.

(2) 조직(O)

조직(Organization)은 작업활동이 규정되고 조정되는 공식적인 조직의 설정을 필요로 한다. 사회복지기관의 구조는 일반적으로 정관의 규정이나 운영지침서에 기술되어 있다. 이에 조직에서 그 역할과 책임이 불분명할 경우, 구성원 간에 갈등이 초래되어 비효율적이고 비효과적인 결과가 나타난다. 따라서 행정가는 효과적이고 생동력이 있는 조직을 유지하기 위해 구성원들에게 조직의 목표를 명백하게 이해하도록 하고, 기관목표의 변화와 능력, 과업과 수행방법의 변화 등에 적응하고 보조를 맞추어야 한다.

(3) 인사(S)

인사(Staffing)는 세 가지 활동으로 제시되는데, 즉 ① 직원의 채용과 해고, ② 직원의 교육과 훈련, ③ 협력적인 활동조건의 유지 등이다. 일반적으로 사회복지기관에서 행정책임자는 공공기관의 경우에 행정기관의 장이 선정하고, 민간기관의 경우에 이사장 또는 회장이 선정한다. 행정책임자는 직원의 임명에 대해 책임을 지며, 그들의 교육 및 훈련, 분위기 조성 등에도 책임을 진다. 특히 기관의 우호적인 분위기 조성을 위해서는 행정책임자가 조직 내 구성원 간에 개방적인 의사소통의 망을 유지하고, 대인 간의 갈등을 해소해야 한다.

(4) 지시(D)

사회복지기관의 행정책임자는 기관을 효과적으로 지시(Directing)하는 지도자로서 자신의 능력을 발휘해야 한다. 이에 행정책임자의 능력을 몇 가지 제시하면 다음과 같다. 즉, ① 사회복지기관과 관련된 모든 사실들을 면밀히 검토한 후 합리적인 결정을 내리는 능력, ② 기관의 목적에 대한 적극적인 관심과 목표달성을 위한 헌신적인 능력, ③ 기관 내 구성원의 공헌에 칭찬하고 그들의 지위향상을 도와주는 능력, ④ 자신의 책임과 권한을 효과적으로 위임하는 능력, ⑤ 행정책임자로서 기관 내 개인과 집단의 창의성을 고취하는 능력 등이다.

(5) 조정(CD)

조정(Coordinating)은 사회복지기관의 활동에서 다양한 부분들을 상호 연결시키는 중요한 기능이다. 즉, 행정책임자는 기관 내의 조정기능을 위해 여러 부서와 구성원들 간의 효과적인 의사소통의 통로를 마련해야 한다. 예컨대, 의사소통의 통로는 현재 가장 광범위하게 사용되는 위원회(committee)의 발족과 활용을 말한다. 이에 위원회는 상설위원회나 특별위원회가 있는데, 전자는 사회복지프로그램, 인사, 재정 등과 같은 활동에 관한 문제를 취급하고, 후자는 사회복지기관의 긴급한 과업이나 단기간 내에 수행 가능한 임시적인 활동을 다루게 된다.

(6) 보고(R)

행정책임자는 보고(Reporting)의 기능을 수행하기 위해 기관의 직원, 이사회, 지역사회, 여타 기관 등에 대하여 본 기관에서 일어나는 상황을 알려주어야 한다. 특히 사회복지기관의 보고기능을 위한 세 가지 주요활동을 ① 기록의 유지, ② 정기적인 감사, ③ 조사연구 등이다.

주요활동에 대해 살펴보면 첫째, 기록유지는 인사기록, 위원회의 활동, 대상자의 케이스 기록 등 전반적인 기관활동의 보고를 말한다. 둘째, 정기적인 감사는 기관이 어떻게 기능하고 있는가를 살펴보고, 이에 따라 전반적인 이해를 얻어 새로이 요청되는 부분을 개선토록 한다. 셋째, 조사연구자는 기관의 서비스 수행 여부, 현존서비스의 필요성 여부, 새롭게 요구되는 서비스의 종류, 서비스 전달의 효과성 여부 등을 조사한다.

(7) 재정(B)

재정(Budgeting)은 사회복지기관의 운용에 있어 핵심적인 요소이다. 기관의 재정행정은 세 가지 요소로 구성되는데, 이는 ① 건전한 조직상의 계획, ② 재정계획, ③ 재정운영의 통제 등이다. 기관조직의 구조는 재정적 관점에서 건전해야 한다. 건전한 재정운용은 기관 내 모든 부서에서의 지출을 위한 권위와 책임의 기초를 분명하게 규정함으로써 목적을 달성할 수 있다. 기관의 재정계획은 장기적인 목표로서 예산정책에 기초하여 수립해야 한다. 이에 예산정책은 세 가지 측면에서 제시될 수 있는데, 이는 ① 급여 스케줄, ② 수입확보의 방법, ③ 지출통제의 방법 등이다.

(8) 평가(E)

평가(Evaluation)는 사회복지기관의 목표에 따라 전반적인 활동결과를 사정하는 과정이다. 기관의 목표달성을 정확하게 평가하기 위해서는 다음의 두 가지 척도를 적용하게 된다.

첫째, 효과성의 척도로써 복지서비스에 대한 욕구에 관련하며 기관의 서비스가 수행된 정도를 평가한다. 둘째, 효율성의 척도로써 기관의 가용한 자원과 관련하여 기관의 서비스가 수행되는 정도를 평가한다. 따라서 사회복지기관의 평가기능을 효과적으로 수행하기 위해서는 기관의 구성원들이 평가활동을 자유롭게 하도록 하며, 기관의 프로그램을 창의성을 갖고 제안하도록 분위기를 조성하는 노력이 필요하다.

03 사회복지정책

사회복지정책에 대한 개념 정의는 결론이 쉽지 않다. 이는 학자들마다, 각 나라마다 정치·사회·경제적인 여건과 시대적인 상황을 반영하는 역사적 결과물이기 때문일 것이다. 따라서 사회복지정책 개념은 변화하는 개념으로 생각해야 하며, 접근해야 한다.

1) 사회복지정책의 개념

정책(policy)이라는 의미는 'policy'라는 그리스어에서 파생된 것이다. policy의 원래 의미는 도시국가를 뜻한다. 이후 라틴어와 만나면서 'politia'라는 의미로 변화되었으며, 중세에 이르러 "공공문제의 처리" 또는 정부의 행정관리를 뜻하는 'police'라는 의미로 변화하였다(Dunn, 1981: 7-8). 따라서 어원적으로 볼 때, 정책이라는 의미에는 도시국가, 경찰, 정치와 같은 의미가 내포되어 있다. 이것은 곧 정책이 정치의 영역에 속하는 것임을 말해 준다. 정치가 국가 또는 정부의 활동이 라는 점에서 정책 역시 국가나 정부의 활동이라고 볼 수 있다(최봉기, 2004: 91). 그러나 정책의 개념은 정책의 종류, 정책의 기능, 정책연구자의 관점이나 연구목적에 따라 개념도 다양하다.

사회복지사전에 의하면, 사회복지정책이란 넓은 의미에서는 사회복지의 추진및 수행을 위한 국가·지방공공단체 혹은 기타 공사의 여러 단체·기관의 방침(계획)으로 간주될 수 있으나, 협의로는 국가·지방공공단체가 계획하는 사회복지의 목적달성을 위한 방법, 절차 등을 포함한 방침으로 한정하는 경우가 많다. 또한 이 정책을 구체적으로 수행하기 위한 방법, 절차 등을 명확히 정한 것을 일반적으로 제도라고 부르고 있다.

사회복지현장에서 실천 대상자의 다수는 국가나 지방공공단체의 보호대상자로 대상이 사회복지정책에 규정되며, 그 제도적인 체계 속에서 행해지고, 사회복지의 정책과 실천은 현실문제로서 불가분의 결합관계에 있게 된다. 즉, 사회복지정책이란 산업자본주의 사회가 발전하면서 발생하는 문제를 해결하고, 사회적 약자와 사회적 위험에 처한 사람들을 보호하기 위한 사회적인, 즉 국가적인 대책이다. 이는 사회복지라는 목표와 일련의 원리와 행동지침과 계획 등을 포함하고 있게 되는데, 간단하게 사회복지정책이란 사회복지를 실현하기 위해 마련된 사회적이고 국가적인 계획과 원칙이라고 할 수 있다.

이러한 개념들을 종합하여 사회복지정책의 개념을 살펴보면, 사회복지의 목표를 이루기 위하여 필요한 행동들에 관한 원칙이다. 즉, 각 개인의 최저생계를 보장하고 사회적 위협에 대비하여 일상 생활보호, 나아가 삶의 질을 향상시키기 위한 사회적·실천적 수단과 방법이라고 정의할 수 있다.

2) 사회복지정책의 영역

사회복지정책의 영역에 대해에서는 학자마다 견해가 다양하다. 영국의 베버리지(Bereridge, 1942)는 사회보장, 의료보장, 교육보장, 주택보장, 고용보장을 사회복지정책의 영역으로 보며, 영국의 타운센트(Townsend, 1970)는 소득보장, 건강, 교육, 주택 그리고 대인적 사회서비스 등을 사회보장정책의 영역으로 본다. 디니토(DiNitto, 1995: 3)는 소득보장, 영양, 건강, 사회서비스 등 네 가지 항목을 사회복지정책 영역으로 구분한다. 티트머스(Titmuss)는 복지의 『사회적 분화』라는 저서에서 사회보장과 비영리대인서비스를 포함하는 사회복지뿐만 아니라 조세정책을 사용하는 재정복지(fiscal welfare)와 기업복지를 포함한다. 칸(Kahn, 1979)과 힐(Hill, 1980)은 여기에 노동시장정책(고용정책)을 포함시키고 있다(임정문, 2006: 97).

이러한 학자들의 견해를 종합하여 사회복지정책의 영역을 구분하면 사회복지정책의 영역은 협의의 사회복지정책영역과 광의의 사회복지정책영역으로 구분할 수 있다. 첫째, 협의의 사회복지정책영역은 협의의 사회복지 개념과 대응되는 것으로서, 소위 사회사업정책이라고 할 수 있다. 어려움을 가진 사람들에 대한 기본적 생활의 보장을 위한 정책으로 즉, 소득보장, 건강, 주택, 대인적 사회서비스 등 네 가지 영역으로 볼 수 있다. 둘째, 광의의 사회복지정책영역은 협의의 사회복지정책영역에 더하여 국가에 있어서 최저 수준 또는 평균적 욕구가 충족되지 않은 개인, 가족 또는 집단 등에 제공되는 서비스 정책이라고 할 수 있다. 즉, 소득보장, 건강, 주택, 교육, 대인적 사회서비스, 조세정책, 노동시장정책 등 일곱 가지 영역으로 볼 수 있다.

표 9-2 사회복지정책의 영역 및 내용

정책의 영역		정책의 내용
협의의 사회복지 정책	소득보장정책	사회보험, 공공부조, 사회수당, 보육수당, 장애수당, 양육수당 등
	건강보장정책	국민보건서비스, 건강보험, 의료급여 등
	사회서비스	영유아복지, 아동복지, 노인복지, 모부자복지, 장애인복지 등
	주택정책	주택담보대출제도, 영구임대주택, 주거환경개선사업 등
광의의 사회복지 정책	교육정책	저소득 중고등학생 학비 지원, 학교급식 지원, 산업체 부설학교, 장학금 등
	조세정책	부의 소득세, 근로소득공제제도 등
	노동시장정책	고용정책, 최저임금제도, 산업복지 등

자료: 송근원·김태성(1999: 32) 재구성.

3) 사회복지정책의 형성과정

사회복지정책의 형성과정은 사회구성원의 욕구가 생성되고, 이로 인해 사회 문제가 발생하게 되어 사회의 여론형성을 통해 해결하고자 하는 문제에 따른 제도가 형성되는 과정이다(Heffernan, 1992).

문제의 형성 → 아젠다의 형성 → 사회복지 정책대안 형성 → 사회복지 정책결정

그림 9-1 사회복지정책의 형성과정

(1) 문제의 형성

인간으로서의 기본적인 생활을 누리지 못하여 고통을 받고 있는 사람들이 그러한 상황이나 조건을 해결해야 할 문제로 인식할 때 사회복지문제로 성립하게 된다. 사회복지문제로 성립된 문제가 사회복지정책의 문제로 이슈화되기 위해서는 공공의 관심을 끌어야 하고, 공공정책상의 논점으로 제시되어야 한다.

이 문제를 이슈화하기 위해서는 첫째, 이슈를 어떻게 정의할 것인가? 둘째, 언제 제기할 것인가? 셋째, 누가 이슈를 제기할 것인가? 넷째, 어떠한 방법을 통해 제기할 것인가? 마지막으로 사회복지 이슈를 정책의제로 등장시키는 것을 막기 위한 견제전략은 무엇인가를 고려해야 한다.

(2) 아젠다의 형성

아젠다(Agenda)란 공공정책으로 전환되기 위하여 정책 결정자들의 관심을 불러일으키고 논의될 수 있는 상태에 있는 문제나 이슈, 곧 의제들의 목록을 말한다. 아젠다 설정 시 고려되어야 할 일반적인 요인으로는 ① 의제설정의 성격과 관련하여, 다루고자 하는 이슈를 어떻게 규정하며, 이슈를 규정하는 데 있어서 영향을 미치는 요인들은 어떠한 것들이 있는지, 그리고 그 요인을 어떻게 다루어야 할 것인지 고려되어야 한다. ② 의제설정의 절차와 관련하여, 의제를 설정하기 위하여 어떠한 과정을 거치며, 누구를 참여시킬 것이며, 그 범위는 어느 정도로 잡을 것인지에 해서도 분명히

해야 한다. ③ 의제설정의 결과와 관련하여 의제설정에 따라 생기는 이익은 무엇이며, 어느 집단에게 그 이익이 돌아갈 것인지, 이익이 배분되는 과정에서 나타날 비효율적인 문제는 어떤 것들이 있는지에 해서도 분석해야 한다. 또한 아젠다 설정 시 고려되어야 할 정책적인 요인으로는 정책적용의 단위와 규모, 정책적용 상층의 특성과 해결범위 등으로, 정책적용 상층의 사회·경제·정치적 특성은 무엇이며, 이들이 직면하고 있는 문제의 규모는 어느 정도인지 그리고 정책실행으로 인해 상층이 직면하고 있는 문제를 어느 정도 해결할 것인지에 한 목표를 정할 필요가 있다.

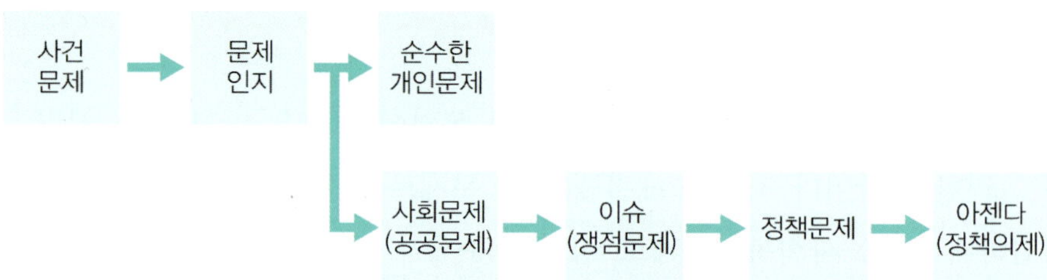

그림 9-2 **아젠더의 형성과정**

정책아젠다의 형성과정을 다이(Dye)와 디니토(Dinitto)는 정책문제 확인 → 정책대안 형성 → 공공정책 입법화 → 공공정책 집행 → 정책평가의 과정을 거친다고 하였으며, 송근원과 김태성(1995)은 사회복지 정책문제 형성 → 사회복지 정책아젠다 형성 → 대안 마련 → 사회복지 정책결정→ 집행 → 평가 및 환류(feedback) 과정 등 여섯 개의 과정으로 제시했다.

(3) 사회복지 정책대안 형성과정

정책대안의 형성과정이란 정책문제가 무엇인지 파악하고 문제를 둘러싼 상황을 파악하여 정책목표를 세우고, 그 목표를 달성할 수 있는 정책수단으로서의 정책대안을 개발하며 어떠한 정책대안이 가장 바람직한 것인가를 분석하는 과정을 말한다.

① 사회복지문제와 상황의 파악

사회복지문제는 그 문제가 나타날 수밖에 없는 객관적인 상황 또는 조건이 존재하고, 그것이 문제라고 생각하며 해결되어야 한다고 믿는 사람들이 있으며, 문제를 해결하는 데 필요한 비용이나 자원을 제공해 주는 사람들이 존재한다. 따라서 사회복지문제를 파악하기 위해서는 먼저 문제를 일으키는 조건이 무엇이며, 그것을 문제라고 인식하는 사람들이 생각하는 욕구가 무엇인가를 정확하게 파악하여야 한다.

② 미래의 예측 및 목표의 설정

문제와 상황을 파악한 다음에 해야 할 일은 미래에 관한 예측을 통한 정책목표의 설정이다. 이는 문제와 상황의 파악이 현재 상태에 관한 파악이라고 한다면, 앞으로 다가올 상황의 변화에 관한 예측 속에서 바람직한 미래의 상태인 목표를 설정하는 일은 미래지향적인 활동이다.

미래를 예측하는 과정에는 여러 가지 방법들이 사용된다.

㉠ **유추**: 비슷한 구조의 사례를 통해 미래 상황이나 문제를 추정하는 방법이다. 기존에 존재하는 선례를 적용해 보는 것이다.

㉡ **경향성 분석**: 과거의 경향이나 추세를 미래에 연장시켜 추측하는 방법이다. 예를 들어, 과거 10년간의 출산율 변화나 노령 인구의 증가 추세를 가지고 앞으로의 출산율 변화와 노령화 경향을 예측하는 방법이다.

㉢ **마르코프 모형**: 어떤 상황이 시간의 흐름에 따라 일정한 확률에 따라 변해가는 경우에 최종적 상태를 예측하여 도움을 줄 수 있는 확률적 정보를 제공해 주는 방법이다.

㉣ **회귀분석**: 변수들 간의 인과관계를 활용하여 만들어낸 회귀방정식을 통해서 미래를 예측하는 방법이다. 독립변수와 종속변수 간의 관계 형태와 크기를 추정하는 방식이다.

㉤ **델파이 기법**: 어떤 분야의 전문가 한 사람이 아니라 전문가 집단의 의견을 모으고 교환해서 발전시킴으로써 대안이나 미래 예측을 묻는 방법이다. 예측하려는 현상에 대한 선례나 자료가 없는 경우 활용될 수 있다. 전문가를 선정한 다음 전문가들에게 익명으로 의견을 조사하여, 수집된 의견을 되풀이해서 공유하면서 반복하는

과정을 거친다. 미래에 대한 광범위한 지식을 얻을 수 있고 연구자의 주관과 편견을 일정하게 배제할 수 있지만, 한편으로 전문가의 이해관계나 전문가들의 고집에 따라 비합리적으로 의견이 모아질 수 있는 한계도 있다.

③ 정책대안의 설정

대안의 탐색 및 개발 목표가 설정되면, 그 정책수단으로써의 해결방법들, 곧 정책안을 만들어 내야 한다. 정책안을 만들기 위해서는 문제, 상황, 미래에 한 정보를 수집하여 종합적으로 검토 및 분석하여야 한다. 정책안을 개발하는 방법으로는 그 문제와 관련된 과거의 정책이나 현존하는 정책 및 다른 나라나 다른 지역의 정책 등을 검토하는 방법과 다른 방법으로는 사회과학적 지식이나 이론모형으로부터 안을 추론해 내는 방법이 있다.

④ 대안의 비교 분석

정책안들이 형성되면 여러 가지 기준에서 분석되고 안의 시행 시 나타날 결과를 예측하며 다른 안들과 비교 평가된다. 실현가능성에는 기술적[10]·정치적 실현가능성[11], 사회적 효과성[12], 효율성,[13] 사회적 형평성[14] 등의 검토를 통해 분석하게 된다.

---

10) 정책대안의 기술적 문제뿐만 아니라 집행 가능성을 포함한다. 예를 들어, 집행기관의 전문화 수준, 재정 능력, 행정 능력에 비추어 정책대안이 제대로 시행될 수 있을 것인가를 비교하는 것이다.

11) 정책대안의 정치적 수용 가능성과 관련이 있다. 정치세력들의 반대와 반발을 받지 않고 지지와 지원을 받을 가능성을 말한다. 예를 들면, 국회 통과 가능성, 주민들의 수용 가능성 등이 고려되어야 한다.

12) 정책대안의 시행으로 나타나는 사회적 유대감의 확대 등 사회적 통합의 기능과 관련된다.

13) 투입과 산출의 비율을 의미한다. 예를 들어, 동원할 수 있는 자원이 한정되어 있다면, 그 자원을 가지고 문제해결을 위한 복지서비스를 최대한으로 창출해내는 것이 효율적인 것이다. 또한 현재 제공되는 복지서비스수준이 만족스럽다면 복지서비스를 창출해내는 데 소요되는 자원을 최소화하면서 동일한 수준의 복지서비스를 유지하는 것이 효율적인 것이다.

14) 정책대안의 시행으로 사회계층 간 불평등이 어느 정도 수정될 수 있는가와 관련된다. 사회적 약자인 클라이언트에게 좀 더 많은 복지서비스가 제공되는 것이 사회적 형평성을 달성할 수 있는 방법이 될 수 있다.

(4) 사회복지정책의 결정

정책결정이란 권위 있는 정책결정자가 문제해결을 위해 제시된 여러 가지 안들 가운데 하나를 선택하는 행위 또는 과정을 의미한다. 이 과정은 정책결정자가 하나의 안을 정책으로 채택하는 행위나 과정 자체가 될 수 있지만, 대안 간 비교분석 행위 및 과정이 포함되는 것이 보통이다. 따라서 정책결정과정은 ① 문제의 인지와 목표설정, ② 정보의 수집 및 분석, ③ 대안의 탐색 및 평가, ④ 최선의 정책안의 선택 등으로 이루어진다. 사회복지정책결정에 영향을 미치는 요인을 살펴보면 다음과 같다.

① 인적요인(정책과정에의 참여자)

이는 정책꾼(policy actor)들이 정책결정에 많은 영향을 미치는데, 이들 가운데 정책 결정자의 의지가 가장 큰 영향을 미친다고 할 수 있다.

② 정책결정 구조

정책결정이 이루어지는 조직의 구조로서 조직이 가지는 구조적 특성이 정책결정을 제약한다.

③ 정책대안의 존재

사회복지에 관한 정책대안은 사회복지실무를 담당하는 관료나 사회복지 전문가, 또는 사회복지정책을 연구하는 학자들의 활동에 의하여 제시되는 것이 보통이다.

④ 다른 정책과의 관계

사회복지정책의 형성과 밀접한 관계에 있는 정책분야는 경제정책과 국방정책이라고 볼 수 있는데, 경제적으로 호황인 경우에는 복지재원이 충분한 까닭에 사회복지정책이 촉진되고, 경제적으로 불황이면 사회복지정책은 뒷전으로 밀리고 말게 되는 것이다. 국방정책과 사회복지정책의 관계는 서로경쟁적인 관계에 있다고 볼 수 있는데, 예를 들면 사회복지정책의 예산이 증가하면 국방예산이 감소하게 되고, 국방예산이 증가하면 사회복지예산이 감소하는 경향이 있다.

4) 사회복지정책의 결정이론

정책결정이론은 1940년과 1950년을 기점으로 하여 형성되기 시작하였다. 정책결정에 관한 이론모형을 살펴보면, ① 참여자 중심(과정지향적) 정책결정이론모형, ② 의사결정론적(산출지향적) 정책결정이론모형이 있다.

(1) 참여자중심(과정지향적) 정책결정 이론모형

참여자중심(과정지향적) 정책결정 이론모형으로 ① 엘리트 모형, ② 이익집단 모형, ③ 제도 모형, ④ 공공선택 모형 등이 있다.

① 엘리트모형

엘리트모형의 가정에 의하면 일반 국민들은 정책에 대해서 무관심하고 올바른 정보를 갖고 있지 못하기 때문에 통치엘리트의 가치나 이해관계에 의해 결정된다고 보는 이론모형이다. 즉, 엘리트 모형에서 정책은 엘리트에 의해 결정되어 대중으로 내려가며, 정책은 대중의 욕구를 반영하는 것이 아니라 엘리트의 지배적 가치관을 반영, 소수의 권력을 가진 자만이 정책을 분배할 수 있고, 대중이 엘리트로부터 영향을 받는다고 주장하는 이론이다.

② 이익집단 모형

정책결정이 집단 간의 상호작용이나 균형관계에 의해 이루어지는 것으로 일정한 시점에서 결정되는 정책은 이들 집단들 간의 투쟁, 경쟁, 상호작용에 의해 이루어진 최종산물이며 집단 간의 균형으로 파악한다. 이러한 균형은 각 집단의 자원, 규모, 응집력 등에 의해 이익집단들이 갖게 되는 상대적인 영향력에 따라 조정되고 결정되는 것이라고 본다.

③ 제도 모형

정책결정을 수행하는 유일한 합법적인 제도는 정부이며, 정책(결정)이란 이들 정부기관의 활동이라고 파악한다. 그러므로 정부 각 기관의 조직, 법적 권한, 절차규정, 구조와 기능 등 주로 공식적·법적 측면에 관심을 집중시킨다. 이 모형은 정부제도의 구조와 특징이 정책결정에 어떠한 영향을 미치는지 파악하지 못하는 약점이 있다.

④ 공공선택 모형

1986년도 노벨 경제학상을 받은 부캐넌[15](Buchanan) 교수가 주장한 이론이다. 정부 재정부분의 정책결정에서 바람직한 민주적 의사결정이 어떻게 이루어져야 하는가를 주요내용으로 하는 공공선택모형은 첫째, 분석의 단위로서 전통적인 경제적 인간이 아니라 정책결정자로서의 개인을 가정하고 있다. 즉, 개인들은 각자 상이한 개인적 선호를 가지고 있고, 모든 정책대안들의 우선순위를 측정할 수 있는 능력을 가지고 있고, 자기의 선호에 비추어 가장 큰 이익을 가져다 줄 수 있는 전략을 선택할 수 있다는 것이다. 둘째, 각종의 정부기관들이 제공하는 공공재화와 서비스를 중시하는 이 모형에서 공공재화와 서비스는 사적 부문의 서비스와는 성격을 달리한다. 어떤 개인이 공공재화와 서비스가 필요하여 돈을 지불했다고 하여 사적 부문에서의 재화와 서비스의 경우처럼 자기만이 서비스를 독점으로 사용할 수 없는 특성을 갖는다. 셋째, 정책의 파급효과를 강조하는 것으로, 하나의 정책이 나오면 그것의 영향은 단순히 정치·행정체제 내부에만 머무는 것이 아니라 사회의 모든 부문에 영향을 미친다는 것이다. 이런 파급효과는 긍정적 효과와 부정적 효과로 나눌 수 있다.

공공선택모형의 기본전제는 다음과 같이 살펴볼 수 있다. 첫째, 개인은

---

15) James McGill Buchanan Jr.(1919～): 미국의 경제학자·교육가로서, 경제적·정치적 의사결정을 분석하는 독특한 방법인 '공공부문의 선택이론'을 발전시켜 1986년 노벨 경제학상을 받았다. 1940년 미들테네시주립대학의 이학부를 졸업하고 1941년 테네시대학교에서 문학석사학위를 받았다. 이후 5년간 해군에서 복무한 다음, 다시 시카고대학교에 진학해 1948년 박사학위를 받고, 1950년～69년 많은 대학에서 강의를 했다. 이후 1969년～83년 버지니아 종합과학기술연구소의 경제학교수로 활약하다가, 1983년에는 버지니아 주 페어팩스 시에 있는 조지메이슨대학교의 경제학교수가 되었다. 그는 공동으로 혹은 혼자서 수많은 중요저서들을 저술했는데, 그 가운데 가장 잘 알려진 저서로는 고든 털럭과 공동집필한 『동의의 산술: 입헌 민주주의의 논리적 기초(The Calculus of Consent: Logical Foundations of Constitutional Democracy)』(1962)를 꼽을 수 있다. 그는 이 책에서 정부의 경제정책에 영향을 미치는 정치가의 자기 이익과 다른 사회적 힘 등의 비경제적 강제에 대해 논했다. 그 밖의 저서로는 『공공재의 수요와 공급(The Demand and Supply of Public Goods)』(1968)과, 로버트 D. 톨리슨과 함께 편집한 『공공부문의 선택이론: 경제학의 정치적 적용(Theory of Public Choice: Political Applications of Economics)』(1972), 리처드 E. 와그너와 함께 쓴 『적자 속의 민주주의: 케인스의 정치적 유산(Democracy in Deficit: The Political Legacy of Lord Keynes)』(1977), 제프리 브레넌과 함께 쓴 『조세권(The Power to Tax)』(1980) 등이 있다. 또한 부캐넌은 1969년 공공선택연구소를 공동으로 설립해 소장으로 일했다.

민간부문에서와 같이 공공부문에서도 자기 이익을 극대화시키려고 한다. 둘째, 이기적인 개개인이 공동 참여하여 정책을 결정하는 것이 정치과정이며 이 경우에도 개개인은 자기의 이익을 극대화시키고자 노력한다. 셋째, 가장 바람직한 것은 집합적 정책결정이라는 것이다. 넷째, 정치인들은 공익보다는 자신의 사익을 증대시키려고 하는 까닭에 정부재정은 적자를 면치 못한다. 다섯째, 공공정책의 결정은 이에 참여하는 국민의 수가 많을수록 효율적이고 민주적이어야 한다.

공공선택모형은 국민의 대표적 참여와 상황 적응적인 행정 구조를 강조한다. 동시에 공공선택모형은 합리모형이 갖는 정책의 경직성과 비인간성의 난점을 극복할 수 있는 가능성을 제시하고 있다.

(2) 의사결정론적(산출지향적) 정책결정 이론모형

의사결정론적(산출지향적) 정책결정 이론모형으로는 ① 합리모형, ② 만족모형, ③ 점증모형, ④ 혼합모형, ⑤ 쓰레기통모형 등이 있다.

① 합리모형

합리모형은 인간이 이성과 고도의 합리성에 따라 행동하고 결정한다는 것으로 정책 결정자나 정책 분석가가 고도의 합리성을 가지고 주어진 목적의 달성을 극대화하기 위해서 최선의 정책대안을 찾는다는 것을 전제로 한다.

반면, 이러한 합리모형은 다음과 같은 문제점이 있다. 첫째, 의사결정을 할 때 가능한 모든 정보를 수집할 수 있고 또한 모든 대안을 분석할 수 있지만, 현실적으로 이러한 작업들이 쉽지 않다는 것과 더 나아가 의사결정이 그 당시에는 합리적으로 이루어졌을지라도 이 후 상황의 변화로 인하여 효과적인 결정이 아닐 수 있다는 것이다. 둘째, 어떤 대안이 최선의 것으로 판명되었더라도 이미 많은 자원이 투입되어 있는 경우에 합리적인 새 대안을 채택하기가 어렵다는 것이다.

이 모형은 비판도 많지만 합리적인 현실적·객관적 평가가 가능하고, 소수 엘리트의 정치영향을 배제하여 정책대안선택에 합리성을 높일 수 있다는 긍정적인 측면도 있는 모형으로 평가되고 있다.

② 만족모형

합리모형과는 달리 보다 현실적인 의사결정의 측면을 강조하고 있는 이 모형은 첫째, 합리모형이 주장한 완전무결한 합리성이 아닌 '제한된 합리성'을 기반으로 하고 있다. 모든 대안이 초래할 결과를 완전히 예측하기에는 인간의 인식능력이 한계가 지니고 있다고 본다. 둘째, 의사결정과 관련하여 목표의 설정도 비교적 세분화된 내용으로 구체화하는데, 수단과 목표의 분석을 통해 목표를 상위목표와 하위목표로 나눈다. 셋째, 현실적으로 가능한 모든 대안이 고려되는 것이 아니라 주위에서 쉽게 찾을 수 있는 대안이 우선적으로 검토된 후에, 그 대안이 어느 정도 만족할 만한 수준이면 최종적으로 선택하게 된다.

하지만, 만족모형이 갖는 문제점은 다음과 같다. 첫째, 지나치게 주관적이라는 것이다. 둘째, 만족모형의 대안선택이 현실에 만족하는 수준에서 다소 일률적으로 이루어진다. 셋째, 이 모형은 어디까지나 개인의 의사결정 문제를 설명하려는 의도에서 나온 것이기 때문에 이것을 그대로 조직의 의사결정문제에 적용시키기에는 무리가 있다. 조직차원에서의 의사결정 문제를 설명하기에는 미흡하다는 것이다.

③ 점증모형

밴필드(Banfield), 린드블롬(Lindblom), 윌다프스키(Wildavsky) 등이 주장한 모형이다. 기존의 정책과 크게 다르지 않은 대안들을 뽑아, 이들 중에서 서로 다른 부분을 검토하여 최종 대안을 선택하는 것으로, 대안을 분석·평가할 경우 정보가 충분한 몇 개의 대안에 국한시킨다. 각 대안에 대하여 예상되는 결과도 몇 가지에 국한시켜 분석한다. 목표설정에서부터 최종 선택에 이르는 분석·평가 작업은 반복해서 연속적으로 행해진다는 것이다. 이 모형을 '지속적이고 제한적인 비교에 입각한 모형'이라고 부른다.

점증모형의 대표적인 예로는 국가예산을 들 수 있다. 전년도의 예산에 준하여 작성되며, 금년도의 예산은 그 전년도 예산에 비해 큰 차이는 없지만 조금씩 증가시킨다.

점증모형은 첫째, 만족모형과 같이 제한된 합리성을 기본적으로 인정한다. 둘째, 정치적 요인을 중시한다. 셋째, 기존의 정책을 기초로 하여 정책결정이 이루어지는 만큼 기존의 정책에는 이미 상당한 정도의 투자가 이루어져 있으므로, 특별한 경우가 아니면 이미 적지 않은 투자가 된 과거의 정책을 계속 유지시키거나 아니면 약간의 수정만을 한다.

점증모형이 실제적으로 정책결정에 잘 적용되기 위해서는 첫째, 기존의 정책을 기초로 하는 만큼, 토대로 사용되는 기존의 정책이 바람직한 것이어야 한다. 둘째, 과거의 정책이 해결하려 했던 문제와 새로이 제기되는 문제 간에 상당한 정도의 유사성과 일관성이 있어야 한다. 셋째, 문제를 취급하는 방법에 있어서도 과거의 것과 현재의 것 사이에 상당한 정도의 유사성과 일관성이 있어야 한다. 이런 전제조건이 충족되지 않으면 점증모형의 실효성은 상당히 훼손된다.

④ 혼합모형

혼합모형은 합리모형과 점증모형을 혼합시킨 모형으로, 에치오니(Etzioni)가 주장한 모델이다. 이 모형은 중요한 문제이거나 위기적 상황인 경우 포괄적 관찰을 통해 대안을 탐색하여 기본적 결정을 하고, 이를 수정·보완하면서 세부적(점증적) 결정을 한다는 논리이다. 기본적 결정이 중대한 영향을 미치고 후속적인 세부 결정의 범주와 방향을 제시하는 것이다.

⑤ 쓰레기통모형

코헨(Cohen), 마치(March), 올슨(Olsen) 등의 학자들에 의해 제시된 이 모형은 갖가지의 쓰레기가 우연히 한 쓰레기통에 모여지듯이 4가지 흐름의 요인이 우연히 동시에 통(can) 안에 흘러들어올 때에 의사결정이 이루어진다는 것이다. 즉, 문제의 흐름, 해결책의 흐름, 선택기회의 흐름, 참여자의 흐름이 우연히 만나게 되면 그때 정책 결정이 이루어진다고 본다. 첫째, 문제의 흐름은 일상생활에서 발견되어 우리의 관심을 끄는 무수한 모든 사건들이 이 모형에서 문제가 된다. 둘째, 해결책의 흐름은 해결책은 누군가가 이미 찾아낸 것인데 문제가 발생한 경우에 그 해결을 위한 해답을 필요로 하게 되지만, 현실 사회에서는 해답이 먼저 발견되고 이것이 오히려 해결해야 할 문제를 찾으려고 하는 경우도 있다. 셋째, 선택기회의 흐름은 선택기회라는 것은 개인이나 집단이 정책결정을 하기 위하여 모이는 것을 의미한다. 참여자들이 우연히 특정한 시간에 같은 모임 속에 모여 서로 만나는 상태이다. 넷째, 참여자의 흐름은 참여자는 문제와 해결책을 알든지, 모르든지 상관없이 결정에 관여하는 모든 사람들을 가리킨다. 이들 참여자들은 정책결정의 과정을 통해 계속 바뀌게 된다.

쓰레기통 모형의 기본적인 전제는 다음과 같다. 첫째, 문제의 선호로서, 의사결정에 참여하는 사람들은 서로 다른 관심과 선호를 가지고 있으며, 어떤 경우에는 자기의 선호가 무엇인지조차 모르고 있다가 결정과정이 어느 정도 진행되면서 차츰 자기의 선호가 구체적으로 어떤 것인가를 깨닫게 된다는 것이다. 둘째, 불투명한 기술로서, 기술은 고안된 대안과 그 대안이 초래하는 결과 간의 인과관계를 의미하며, 조직은 그러한 기술을 분명하게 알고 있다기보다는 시행착오를 통해서 조직에 관련된 문제를 해결하는 방법을 학습하게 된다는 것이다. 셋째, 일시적 참여자로서, 사람들은 자신의 시간적 제약 때문에 아주 짧은 시간 동안에만 결정과정에 참여하며, 내용에서도 의사결정의 일부분에만 관여한다는 것이다.

이 모형은 보다 "복잡하고 혼란한 상황" 속에서 조직이 어떠한 의사결정 형태를 나타내는가에 연구의 초점을 두는데, 이 모형은 복합적이고 급변하는 상황 속에서 일어나는 의사결정을 설명하는 데 적합하다는 것이다.

쓰레기 모형이론을 발전시킨 킹돈(Kingdon)은 정치의 흐름, 문제의 흐름, 정책(대안)의 흐름이 따로 존재하다가 이들이 우연히 만날 때 정책의 창문(policy window)이 열리며, 이때 정책 결정을 하지 않으면 정책의 창문은 닫히게 되고, 세 개의 흐름은 제각기 흘러가게 된다고 주장하고 있다. 예를 들어, 어느 순간 번뜩하고 떠오르는 순간적인 생각이나 아이디어를 메모해 두거나 붙잡으면 매우 좋은 일이지만 그냥 흘려보내버리면 다시 생각나지 않는다는 것이다.

5) 사회복지분석틀

길버트와 스펙트(Gillbert & Specht)는 사회복지 정책틀로서 1974년 『사회복지정책의 차원』이라는 저서에서 ① 사회적 할당, ② 사회적 급여, ③ 전달의 전략, ④ 재원조달 방법의 4가지를 제시하였다. 길버트와 테럴(Gilbert

& Terrell: 2002)은 사회복지정책을 분석하는 틀로서 ① 대상체계: 누구에게 급여가 제공되어야 하는가? ② 급여체계: 무엇을 주어야 하는가? ③ 전달체계: 어떻게 전달되어야 하는가? ④ 재원체계: 어떻게 재원을 마련할 것인가? 의 4가지를 제시하였다.

(1) 할당(대상)체계

누구에게 사회복지급여를 줄 것인가? 복지의 혜택을 얼마만큼 줄 것인가의 문제로서 할당의 원칙은 누가 혜택을 받을 자격이 있는가에 있다. 이는 보편주의와 선별주의로 구분하여 볼 수 있다(Gilbert & Terrell, 1998).

사회복지급여 할당의 보편주의란 하나의 사회적 권리로서 전 국민에게 사회복지서비스가 사용될 수 있어야 한다는 것이다. 최저소득을 보장함으로써 궁핍을 미연에 방지해 주며, 인권에 대한 침해를 받지 않고, 행정 및 시행절차가 간단하고 복지서비스의 균일성을 보장할 수 있고, 시민들의 구매력을 일정한 수준에서 유지시켜줌으로써 경제적 안정과 성장에 이바지할 수 있다는 장점이 있다. 즉, 보편주의를 주장하는 사람들은 불필요한 사람에게까지 사회복지서비스를 제공하는 낭비와 함께 복지대상자들의 자활의지를 저하시킬 수 있다는 문제점을 가지기도 한다. 이는 기본권적인 입장으로 모든 사회구성원들을 사회복지 급여의 대상자로 간주한다.

사회복지급여 할당의 선별주의란 사회복지서비스가 개인적 욕구에 근거를 두고 제공되며 자산 조사에 의하여 결정된다는 원리이다. 즉, 도움을 가장 필요로 하는 사람에게 집중적으로 사회복지서비스를 제공해 줌으로써 자금 및 자원의 낭비가 적으며, 따라서 경비가 적게 들고 불필요한 의존심을 키워주지 않는다는 장점이 있다. 하지만 자산조사를 통한 개개인의 욕구에 기초하여 사회복지급여가 제공되므로, 이에 대한 여러 가지 비용이 발생한다.

(2) 급여체계

사회복지급여는 어떤 형태로 제공되는가의 문제로서 급여의 기본적인 형태에 따라 현물 급여와 현금 급여로 볼 수 있으며, 거의 모든 사회복지

재화나 서비스를 차지한다. 하지만 사회복지정책의 대상자에게 무엇을 제공할 것인가를 결정하는 데는 가치적인 부분까지 포함하고 있어 쉬운 문제만은 아니다.

사회복지정책을 통하여 제공되는 재화나 서비스의 형태들은 다양한데, 이들을 현금, 현물(물질적 재화, 서비스), 증서, 기회, 권력 등으로 나눠볼 수 있다. 이 가운데 현금, 현물의 세 가지 형태가 실질적으로 거의 모든 사회복지 재화나 서비스를 차지한다. 그러므로 위의 급여의 형태 중에 현금, 현물(물질적 재화, 서비스)을 중심으로 살펴보면 다음과 같다.

① 현금급여

오늘날 복지국가에서 제공되는 사회복지재화나 서비스 가운데 가장 큰 서비스 형태로 수급자의 욕구의 충족을 금전에 의해 행하는 것이다. 현금급여의 종류에는 국민연금(노령연금, 장애연금, 유족연금), 질병보험의 질병수당, 산재보험의 장애수당, 실업급여, 공적부조, 아동수당, 주택수당 등이 있다.

현금 급여의 형태로는 첫째, 금전의 지급(수당, 연금 이외의 부가수당)으로 수당, 연금, 급여금 등의 여러 가지 명칭으로 불리고 있다. 이것은 대상자의 소득에 얼마간의 소득을 새롭게 첨가시켜, 그 가처분 범위를 증대시키는 것이므로 플러스수당(부가수당)이라고 할 수 있다. 금전 급여는 일시적 지급과 정기적 지급으로 구분된다. 일시적 지급은 일시금과 같은 형태로 일반적으로 금액이 많게 되고 가처분의 재량 폭이 크며, 계획적으로 사용하지 않는 경우 남용하게 될 우려가 있고, 정기적인 지급은(월별, 분기별, 연별 등 기간 차이는 있으나) 그 금액이 어느 정도 한정되어 있기 때문에 남용의 폐는 방지할 수 있다. 둘째, 감면 또는 대불의 형태로써 욕구의 충족에 필요한 비용(경비)을 소득 등의 조건이나 사정에 따라서 감액 또는 감면하거나, 제3자가 그 비용을 대불해 주는 방법이다. 이 형태는 어떤 일정량의 소득 중에서 필요한 지출을 하는 것이 아니라, 그 필요한 지출을 감면 또는 대불하는 것으로서 화폐적 욕구의 충족이라는 점에서 같은 효과를 가진다. 금전의 지급의 경우 각종 수당, 연금 이외의 급여를 수급자가 자유롭게 소비할 수 있는 대신에 필요한 욕구충족에 유효하게 기능한다고 볼 수 없는 결함이 있다. 이에 대해서 감면 또는 대불의 경우 사용방법이 특정화되어 있기 때문에 금전의 지급의 비효율성을 통제하는 것이 가능하다. 활용 면에서는 현물 급여와 비슷한 형태이며, 이러한 장점으로 인해 대불방식이 현행 사회복지제도에서 널리 사용되고 있다. 셋째, 융자 및 대여의 형태로써 필요로 하는 자금 수요에 대해서 자금을 제공하고 나중에 그 자금을 반환받는 것이다. 그런 의미에서 엄밀히 구분할 때에는 급전급여라고 할 수 없으나, 자금을 제공받아 필요한 재화 및 서비스를 구입한다는 점에서 금전급여와 같은 효과를 가진다. 예를 들면, 일본의 공익전당포를 들 수 있는데, 고금리로부터 빈민을 보호하기 위하여 필요한 생활자금의 융자를 저금리로 간편하게 이용할 수 있도록 설치하고 있다. 또한 일본의 세대자활자금, 모자복지자금은 비교적 저소득세대이기 때문에 필요한 생활자금을 다른 곳에서 얻을 수 없는 사람들에서 자립을 도모하기 위하여 저금리의 자금을 공공적으로 제공하고 있다.

② 현물급여(물질적 재화와 서비스)

현물 급여는 현금 대신 수급자에게 필요한 물품이나 서비스 등이 직접적으로 지급되는 것으로 급여를 대량으로 저렴하게 제공할 수 있다. 공공부조의 경우 쌀이나 의복 등이 현물로 제공되는 경우가 있으며, 비화폐적인 서비스형태이다.

이는 또한 대상자에게 정확하게 사용될 수 있는 장점이 있다. 현물 급여가 필요한 경우는 첫째, 수급자의 욕구 충족에 필요한 서비스나 재화를 자유롭게 구입할 수 없을 때, 다시 말해 시장경제를 매개로 해서는 필요한 서비스나 재화의 조달이 곤란한 경우이다. 둘째, 현금을 받아도 수급자가 아동이거나 노인으로서 현금을 자유롭게 사용할 수 있는 능력을 가지고 있지 못한 경우이다. 현물 급여의 종류에는 의료서비스, 교육서비스, 음식, 주택, 에너지, 각종 직업훈련, 상담 등을 볼 수 있다.

(3) 전달체계

사회복지정책 공급주체의 유형은 기준에 따라 매우 다양하다. 길버트와 테럴(1988: 3)은 모든 사회에 존재하는 제반 제도의 기능적 측면과 사회복지가 공급기능을 수행한다는 입장에서 사회복지 공급주체, 전달체계의 주체로 구분하여 '가족을 포함하는 친족', '종교', '기업', '시장', '상호부조', '정부'로 구분하였다.

근대적 사회복지가 발달하면서 사회복지에 대한 일차적 책임은 국가에 있지만 사회복지의 구체적인 실시관점에서 보면 정책주체, 운영주체, 실천주체로 구분할 수 있다.

① 정책주체

■ 국가(정부)

사회복지의 정책을 계획하고 책정하여 실행하는 주체로서 사회 전체에 산재해 있는 보편적인 문제를 파악, 그 문제를 사회적 맥락 속에서 해결하는 방책을 고려하여 그 실시를 가능하게 하는 구체적인 방법을 입안하는 기능을 한다.

■ 지방자치단체

국가의 정책을 위탁받아 시행, 독자적으로 지역주민의 복지 욕구에 대응하는 정책수립 및 프로그램을 실시한다. 최근에는 지방화 정책의 추세에 따라 이러한 경향이 더욱 확대되고 있다.

② 운영주체

사회복지사업을 운영하고 경영하는 주체이며 사회복지사업을 행하는 시설, 단체, 기관들로서 공영기관과 민영기관으로 구분할 수 있다. 다음의 세 가지 유형으로 구분할 수 있다. 첫째, 국가나 지방자치단체가 직접 사회복지시설을 설치하여 운영하는 경우. 둘째, 사회복지법인, 재단법인, 종교단체, 의료단체 등이 시설을 설치하여 운영하는 경우. 셋째, 국가나 지방자치단체의 위탁을 받아 민간단체들이 운영하는 경우이다.

③ 실천주체

사회복지서비스를 직접 대상자에게 실시하는 주체로 사회복지사나 사회복지시설종사자 등으로 구분할 수 있다. 최근에는 자원봉사자들에게 사회복지실천 주체로서의 역할이 확대되고 있다.

(4) 재원체계

재원이란 사회복지정책을 실현하는 데 있어서 사용되는 제반비용과 관련된 것을 의미한다. 사회복지정책에 있어서 사회복지 재정에 대한 관심은 사회복지정책의 목표를 당성하기 위해 필요한 재원을 어떻게 얼마만큼 조달하느냐라는 문제와 함께 재원을 어떻게 배분하느냐 라는 문제로 대별될 수 있다. 그것인 재정이 사회복지 실행을 뒷받침할 뿐만 아니라 그 결과를 좌우하기 때문이다.

20세기 이후 복지 국가의 성정과 발전은 복지비용의 증가로 나타나게 되었고 그로 인하여 국가와 개인에게 중요한 관심이 되었다. 중요한 사실은 사회복지재정운영 자체가 사회복지 정책적 효과와 함께 한다는 것이다. 즉, 사회복지 욕구의 증가와 이로 인한 재정적 악화가 나타나고 있는 오늘날의 시기에 얼마만큼 재원조달을 할 것이며, 또 중앙정부와 지방정부의 배분과 분담은 어떻게 할 것인지의 선택 자체가 국가가 감당할 수 있는 '지속가능한 복지 수준'에 영향을 미치게 되는 것이다.

사회복지재원의 유형은 다음과 같이 구분할 수 있다.

① 공공재원

공공부문의 재원은 일반적으로 사회복지가 발달할수록 사회복지정책에 사용되는 재원 가운데 공공부문의 비중이 커지고, 20세기 들어와서는 점차로 공공부문의 비중이 높아져 오늘날 복지선진국들의 사회복지정책재원은 거의 대부분 공공부문에서 나오고 있다. 하지만 조세부담률이 높으면 일반적으로 사회복지정책에 사용될 재원이 증가하지만, 조세부담률이 계속 높아진다고 해서 반드시 조세수입이 커져 사회복지재원에 쓰일 재원이 증가되는 것은 아니다. 공공재원에는 조세로 이루어지는 정부의 일반예산, 5대 사회보험을 위한 보험료 그리고 조세지출이 포함된다. 복지서비스의 제공에 필요한 조직, 인재, 물질 등의 운용에 드는 제반 경비 중 법률의 근거 또는 예산조치에 기초하여 국가와 지방 공공단체에 의해 지출되는 재원이다. 여기에 대응하는 용어로 민간 복지재원, 민간자기(自己)자금이 있다.

② 민간재원

복지서비스의 제공에 필요한 제반 경비 중 세금 등에 의한 공적 재원 이외의 민간에서 조달되는 재원을 말한다. 공적인 복지서비스에 대해서는 법정화된 사회복지사업에 대한 시설정비 및 서비스의 실시경비를 법률의 규정에 의해 그 경비의 부담자 및 부담비율이 정해져 있다. 그중에서 민간 사회복지법인이 설치, 운영하는 사업에 대해서는 원칙적으로 민간재원이 충당되며 금융시장으로부터의 예산조치의 범위에 들어가지 않는 부분에 대해서도 자기부담으로 민간으로부터 자금조달이 이루어진다. 민간재원은 매년 정기적으로 실시되는 국민운동으로서의 공동모금, 기부금에 의한 배분, 기업 등의 사업자로부터의 직접적인 기부, 기업 등이 설치하는 조달단체로부터의 조성금, 개인의 기부, 경륜, 경정 등의 공영경기의 수익금으로부터의 조성 등을 들 수가 있다. 이 민간복지재원에 대해서는 첫째로 복지의 가치관에 기초한 자발적 자금제공의 가치를 강조함과 동시에 손금불산입(損金不算入) 등의 세제상의 우대조치의 제도화가 민간 재원조달에 있어서의 조건이 된다. 민간재원은 최근 서구의 공공재원이 한계에 도달하면서 그 중요성이 부각되고 있다.

민간 재원을 자발적 기여, 기업복지의 재원, 사용자 부담, 가족 간 소득이전의 4가지로 나누어 살펴볼 수 있다. 첫째, 자발적 기여로써 개인이나 기업, 재단 등이 사회복지를 위해 강제적으로가 아닌 자발적으로 기여한 재원을 말한다. 둘째, 기업복지의 재원으로 대기업을 중심으로 기업에서는 피고용자를 위하여 다양한 복지급여를 마련하고 있다. 셋째, 사용자 부담으로 사회복지서비스를 받는 사람이 서비스 비용의 일부를 본인이 부담하는 것을 말한다. 넷째, 가족 간 소득이전으로써 비공식적 지원체계에서 제공되는 재원 등이 있다.

10
CHAPTER

사회보장

사회보장이란 국가가 국민의 생존권을 실현하기 위해 소득의 중단이나 영구적 상실 및 질병 혹은 부상 등 생활의 곤란에 대해 소득재분배를 통해 최저생활의 확보를 전제로 소득을 보장하기 위한 총체적 국가정책으로 볼 수 있다. 사회보장제도는 일반적으로 사회보험과 공공부조, 사회복지서비스를 포함한다. 이 장에서는 5대 보험으로서의 사회보험과 공공부조로서의 국민기초생활보장제도, 기초연금에 대하여 간략하게 살펴보도록 한다.

01 사회보장의 이해

사회보장은 사회정책의 핵심이 되는 제도이다. 사회보장은 사회보험, 공공부조, 사회복지서비스로 구성되어 있으며 빈곤의 예방, 사회통합, 사회적 불평등 완화, 소득재분배를 목표로 한다. 사회보장은 1880년 독일에서 출발한 사회정책에 기원을 들 수 있고, 사회보장이라는 용어는 1935년 미국의 사회보장법(Social Security Act)을 통해 공식적으로 사용되었다. 이 법은 1929년 대공황에 대처하기 위해 루즈벨트 대통령이 실시한 뉴딜정책의 일환으로 도입되었으며 연방정부와 주정부가 다양한 보장제도를 실시할 것을 의무화한 법이다.

1) 사회보장의 개념

베버리지(1942년)는 그의 보고서에서 사회보장은 "결핍, 질병, 무지, 불결, 나태 중 결핍으로부터의 자유를 지향하며 빈민과 같은 특정 집단뿐만 아니라 모든 국민을 대상으로 최저한의 소득을 보장해 주기 위한 제도"라고 하였다. 최저소득보장정책은 실업, 질병 및 재해로 인한 소득의 중단 또는 노령, 은퇴, 부양자의 사망, 출산, 결혼 및 사망 등의 예외적인 지출에 대비할 수 있는 조치를 의미한다. 베버리지 보고서에서는 사회보험을 강조하였으며 사회보험의 성공을 위한 전제로써 완전고용, 포괄적 보건서비스, 가족수당 등을 제시하였다.

국제노동기구(ILO)의 사회보장의 개념은 "사람들이 여러 가지 위험들로 인해 소득이 일시적으로 중단되었거나, 소득이 영원히 중단되거나, 지출이 크게 증가하여 사람들이 이전의 생활을 하지 못할 경우, 이전의 생활을 유지할 수 있도록 지원하는 국가의 모든 프로그램"을 의미한다.

미국의 사회보장은 사회보장법에서 "일반복지의 증진을 위하여 연방정부가 관장하는 노령급여제도의 실시와 주정부가 관장하는 노인, 맹인, 요보호아동, 장애아동을 위한 복지, 모자복지, 공중보건, 실업보장의 관리운영을 지원하며 사회보장청의 신설과 재정 조달 및 기타 목적을 추진하기 위한 법"이라고 규정하고 있다.

우리나라의 「사회보장기본법」에서는 “출산, 양육, 실업, 노령, 장애, 질병, 빈곤 및 사망 등의 사회적 위험으로부터 모든 국민을 보호하고 국민 삶의 질을 향상시키는 데 필요한 소득·서비스를 보장하는 사회보험, 공공부조, 사회서비스”라고 규정하고 있다.

2) 사회보장의 형태

(1) 비기여·비자산조사 형태

이러한 유형은 국적이나 인구학적 조건만 충족시키면 별도의 보험료 등의 기여나 소득·재산조사 등의 자산조사 없이도 급여를 지급하는 형태이다. 사회수당 또는 데모그란트(demogrant)라고 불린다. 보편주의 원칙에 가장 가까운 형태로써 사회적 권리를 가장 강하게 보장하는 장점이 있다. 그러나 재원이 많이 들고 제한된 자원에서는 급여수준이 높지 못한다는 한계점이 있다. 아동수당, 장애수당, 노인수당 등을 들 수 있다.

(2) 비기여·자산조사 형태

소득과 재산이 기준 이하인 가구 혹은 개인에게 별도의 기여없이 급여를 지급하며 최저한의 생활을 보장하는 형태로써 사회보장제도 중 가장 오래된 유형이다. 주로 공공부조 프로그램을 들 수 있다.

(3) 기여·비소득/자산조사 형태

위험에 대한 예방의 차원에서 소득이 있을 때 보험료를 납부하고 위험이 발생했을 때 급여를 제공받는 형태로써 사회보험이 이에 해당된다. 현재 우리나라의 경우 국민연금, 건강보험, 고용보험, 산업재해보상보험, 노인장기요양보험 등의 5대 보험이 실시되고 있다.

3) 사회보장의 목적

사회보장의 목적은 다음과 같다.

첫째, 기본생활의 보장이다. 사회보장의 목적은 국가의 존재 근거 중의 하나인 국민의 생존권보호와 국민의 기본적 욕구를 보장하기 위한 것이다.

둘째, 소득재분배이다. 정부의 재정지출 중 소득재분배의 효과가 가장 두드러진 것이 사회보장에 관한 지출이다. 정부의 사회보장 지출은 고소득층에서 저소득층으로의 수직적 재분배의 효과가 크지만 보험료를 분담하는 동일계층 간의 수평적 재분배의 기능도 담당한다. 연금의 재정 운영 방식 중 적립방식은 연금을 적립하였다가 장래에 지급하는 방식으로 장기적 재분배의 효과를 가지며 부과방식은 현재 노인세대에게 지급할 연금을 미래세대인 근로계층이 부담하는 방식으로 세대 간 재분배 효과가 발생한다. 공공부조는 누진적 조세를 재원으로 저소득층에게 제공하기 때문에 수직적 재분배의 효과를 갖는다.

셋째, 사회적 연대감의 증대이다. 소득상실의 위험에 노출된 사람들에게 사회적 연대감을 통하여 사회통합을 도모하는 제도적 장치이다.

02 사회보장기본법

우리나라는 「사회보장기본법」에서 사회보장에 관하여 사회보험, 공공부조, 사회복지서비스로 분류하고 있다.

1) 사회보험

사회보장제도 가운데 가장 중요한 것은 사회보험이다. 사회보험은 사회보장정책의 주요 수단으로서 상해·질병·노령·실업·사망 등의 위협으로부터 국민을 보호하기 위하여 수혜자로부터 보험료를 미리 거두었다가 지급사유가 발생했을 때 필요한 비용을 지급해 주는, 일종의 사전·예방적 공공보험이다. 즉, 국민에게 발생하는 사회적 위험을 보험의 방식으로 대처함으로써 국민의 건강과 소득을 보장하는 것을 목적으로 한다.

(1) 사회보험의 개념

사람이 살아가다 보면 필연적으로 질병에 걸리거나 늙게 된다. 또한 산업재해를 당하거나 일자리를 잃어서 소득을 상실할 수도 있는데, 사회보험은 이러한 상황에 대비하여 질병, 산업재해, 실업, 노령 등을 대비하기 위한 사회복지제도이다. 비 오는 날을 대비해서 우산을 준비하듯이, 일찍 산업화된 국가에서는 이미 백 년 전(1883년)[1]부터 사회보험을 도입하였다. 우리나라도 1963년에 제정된 산업재해보상보험을 비롯하여 건강보험, 국민연금, 고용보험, 노인장기요양보험을 시행하고 있다.

「사회보장기본법」에 따라, 사회보험이란 국민에게 발생하는 사회적 위험(질병, 장애, 노령, 실업, 사망 등)을 보험방식에 의하여 대처함으로써 국민의 건강과 소득을 보장하는 제도이며, 특성으로는 강제가입, 최저생활의 보장, 국가 독점운영 등이다. 현재 우리나라의 사회보험은 질병을 대비한 국민건강보험, 노령을 대비한 국민연금, 산업재해를 대비한 산업재해보상보험, 실업을 대비한 고용보험, 마지막으로 2007년 4월 제정하여 2008년 7월 시행된 노인장기요양보험이 있다.

(2) 사회보험의 원리

① 최저생활보장의 원리

사회보험에서 보장하는 소득보장의 수준은 최저생계비[2]에 근거하여 최

1) 사회보험의 시행초기에는 육체적인 노동자가 주된 대상이었으며, 자본주의 사회에서 발생되는 문제인 사회적 위험(실업, 산업재해, 질병, 퇴직 등)에 대한 대응책이었다. 노동자와 자본가가 공동부담의 재정으로 운영이 되었으며, 세계 최초의 사회보험은 독일의 비스마르크 사회입법(1883년 건강보험, 1884년 산재보험법, 1889년 노령폐질보험)이었다. 이어 1911년 영국의 국민보험, 1935년 미국의 사회보장법이 시행되었다.

2) 국민이 건강하고 문화적인 생활을 유지하기 위하여 소요되는 최소한의 비용으로서, 보건복지부장관은 중앙생활보장위원회의 심의·의결을 거쳐 매년 9월 1일까지 다음연도의 최저생계비를 공표한다.

(단위: 원)

기준년도	1인 가구	2인 가구	3인 가구	4인 가구
2016	649,932	1,106,642	1,431,608	1,756,574
2021	1,096,699	1,852,847	2,390,370	2,925,774

저생활보장을 한다. 연금보호에서 보장하려는 소득보장 수준은 최저생활보장에 있고, 그 상한선은 퇴직 전의 생활수준을 보장하려는 것으로 하고 있다.

② 소득재분배의 원리

사회보험제도는 소득재분배의 원리를 기초로 하고 있다. 기여금 납부 시에는 소득에 비례하거나 소득에 누진율을 적용하여 기여율을 책정함으로써 재분배효과를 거두며, 보험료의 징수나 급여의 지급은 소득과 계층에 따라 차등하게 적용함으로써 소득재분배의 효과를 거두고 있다.

③ 보편주의 원리

사회보험의 적용범위는 전 국민을 대상으로 하며 일반적인 것을 원칙으로 한다. 이는 특정한 신분·지위·성별·종교 등에 관계없이 모든 국민에게 평등하게 국가가 복지증진 노력을 기울여야 한다는 헌법상의 기본원리와도 부합된다.

④ 비용분담의 원리

사회보험의 운영에 필요한 재원은 사용자, 피용자, 국가가 분담하여 조달하여야 한다는 원리이다. 피용자는 자기책임의 원리에 입각하여 기여금을 분담하고, 사용자는 무과실책임원리에 근거하여 비용을 분담하게 되는 것이다. 또한 국가는 헌법상 기본권 보장 의무자로서, 기본권의 하나인 생존권적 기본권을 보장하여야 할 의무가 있으므로 비용의 일부를 부담한다.

(3) 사회보험제도

가. 국민연금

① 국민연금의 의의와 목적

국민연금은 국가가 보험의 원리를 도입하여 만든 사회보험의 하나로 가입자, 사용자로부터 보험료를 받고 국가도 일정한 운영에 필요한 비용을 부담하여 이들을 재원으로 소득능력의 상실 또는 감퇴된 경우 가입자 본인이나 그 유족에게 일정액의 급여를 행하여 안정된 생활을 할 수 있도록 국가가 운영하는 장기적 소득보장을 위한 제도이다. 또 단일한 연금체계 안에서 소득재분배를 통한 퇴직 전 생활수준 유지 기능을 조화시켜서 궁극적으로 사회적 위험으로부터 안정된 노후소득을 보장하는 것을 목적으로 한다. 노령인구의 증가, 노인부양의식의 약화, 각종 사회적 위험의 증대에 따른 생계안정대책으로 국민연금의 정책 형성이 필요했던 것이다. 국민연금의 도입으로 가족을 통한 노인부양에서 연금제도를 통한 노인부양으로 부양방식이 이행되었다(강희갑, 2016: 238).

「국민연금법」상에서 국민연금정책의 목적은 다음과 같다. 국민의 노령, 장애 또는 사망에 대하여 연금급여를 실시함으로써 국민의 생활 안정과 복지증진에 이바지하는 것을 목적으로 한다(국민연금법 제1조). 우리나라의 국민연금 사업은 보건복지부장관이 맡아서 관장하고(국민연금법 제2조), 국민연금관리공단을 설립하여 위탁·운영되고 있다(국민연금법 제25조).

이러한 국민연금 제도는 국가가 운영하는 장기적인 소득보장제도로서 건강보험제도와 함께 우리나라 사회보장정책의 대표적인 두 축이다.

② 국민연금의 필요성

산업화 이전의 사회에서도 인간은 질병·노령·장애·빈곤 등과 같은 문제를 겪어 왔다. 그러나 이 시기의 위험은 사회구조적인 차원의 문제라기보다는 개인적인 문제로 여겼고, 이에 따라 문제의 해결 역시 사회구조적인 대안보다는 개인이나 가족의 책임 아래에서 이루어졌다.

그러나 산업사회로 넘어오면서 환경오염, 산업재해, 실직 등과 같이 개인의 힘만으로는 해결하기 어려운 각종 사회적 위험이 부각되었고, 부양공동체 역할을 수행해오던 대가족 제도가 해체됨에 따라, 개인 차원에서 다루어지던 다양한 문제들이 국가개입 필요성이 요구되는 사회적 문제로 대두되기 시작하였고 이에 대한 해결방안으로써 국민연금의 필요성이 대두되었다. 국민연금의 필요성을 살펴보면 다음과 같다.

첫째, 급속히 진행되는 저출산·고령화에 대비하기 위해 국민연금이 필요하다. 우리나라는 매우 빠른 속도로 노령화가 진행되고 있는데 생활수준의 향상과 의료기술의 발달로 평균수명이 늘어나고, 출산율은 급속도로 감소하고 있기 때문이다. 우리나라의 65세 이상 노령인구비율은 2000년 7.2%로 고령화사회(UN 기준: 7%)에 2019년에 고령사회에 진입하였으며(UN 기준: 14%) 2026년에는 초고령사회(UN기준: 20%)로 진입할 것으로 예상되고 있다. 특히 고령화사회 → 고령사회 → 초고령사회로의 이행기간이 짧아 세계에서 유례를 찾아볼 수 없을 정도로 빠르게 진행되고 있다. 또 다른 이유로 평균수명은 늘어난 반면, 신생아 출산율이 빠른 속도로 감소하기 때문이다. 통계청 자료에 따르면 1980년 2.83명이던 한국의 출산율은 2019년에 0.92명으로 떨어졌으며, 이 수치는 세계에서 최하위권에 해당될 뿐만 아니라, OECD 국가의 인구 통계상 최저 수준으로 고령화사회로의 진입은 부양해야 할 노령인구가 증가한다는 것을 의미하는데, 통계청의 자료에 따르면 2019년 고령인구는 총인구의 14.9%로 매년 증가하는 추세로 현재 생산가능인구 약 6.5명이 노인 1명을 부양하고 있다. 현재의 저출산이 지속될 경우 베이비붐 세대의 고령인구 진입 및 기대수명 증가로 2030년에는 2.6명이 1명을, 2050년에는 1.3명이 노인 1명을, 2065년에는 0.9명이 1명을 부양해야 하는 실정이다.

둘째, 부모부양의 가족이 줄어들고 있다. 과거에는 평균수명이 짧고 노년인구의 수가 적어 노인은 농경사회 지혜의 원천으로, 대가족 제도의 어른으로 존경의 대상이었으나 오늘날에는 노년인구가 많아지고 산업화 사회, 핵가족 제도의 영향으로 노인을 존경의 대상보다는 부양의 대상으로 부담스럽게 생각하는 시각이 더 커지고 있다. 통계청 조사에 따르면 경제적인 어려움이 노인들에게 가장 해결이 어려운 문제로 나타나고 있으나 가족구조, 부양의식 변화 등으로 인해 사적 부양의 역할은 축소되고 있다. 따라서 젊고 소득활동 능력이 있을 때 체계적으로 자신의 노후를 준비해야 하며 이러한 맥락에서 대표적인 공적부양제도인 국민연금의 중요성이 증가하고 있다.

셋째, 스스로 미래를 준비하는 사람이 적다. 가난한 사람은 "지금 먹고살기도 힘든데 무슨 노후 준비인가?"하며 노후준비를 하지 않게 되고, 젊은 사람들은 "20, 30년 후의 노후준비를 왜 벌써부터 하는가?"라며 노후준비에 대한 인식이 부족하다. 실제로 "노후준비방법(19세 이상 가구주 대상)"에 대한 2015년 통계청 사회 조사 결과에 따르면, 응답자의 1/4가량은 노후준비를 전혀 하고 있지 않았고, 그 이유로는 노후준비능력이 없기 때문이라는 응답이 절반가량을 차지하는 것으로 나타난다. 노후준비를 하고 있는 경우에도, 국민연금이나 공무원·군인·사립학교 교직원 연금 등의 공적연금을 이용하는 사람들은 63.6%로, 나머지 1/3 이상은 예금·적금·저축성 보험(17.7%), 사적연금(9.0%), 퇴직금(3.9%) 등에 의존하고 있었으며, 특히 60세 이상 가구주의 경우 공적연금 이용 비중은 50% 미만인 것으로 나타났다. 퇴직금금융소득이나 퇴직금만으로는 노후생활이 어렵고 개인연금제도 또한 대다수가 중도해지 하는 등 노후보장수단으로는 한계가 있기 때문에 노후빈곤문제는 앞으로 심각한 사회문제로 대두될 것이다.

넷째, 증가하는 사회적 위험에 대비한 생계대책으로써 국민연금이 필요하다. 사고나 질병은 누구에게나 예고 없이 다가온다. 특히 현대사회는 도시화, 산업화로 인해 교통사고나 산업재해 등 각종사고의 위험이 크게 증가하고 있어 이러한 위험에 대한 대책 마련이 시급하다.

이러한 위험을 개인 또는 가족 스스로 해결하기에는 어려움이 많기 때문에 국가가 나서서 사회구성원간의 공동체적 연대와 세대 간의 부양시스템에 기초를 둔 국민연금제도가 도입되었다.

③ 국민연금의 연혁

우리나라는 1960년 공무원연금, 1963년 군인연금, 1973년 사립학교교원연금 등의 특수직역연금이 먼저 만들어졌고, 일반국민을 대상으로 하는 국민연금은 1986년 만들어졌다. 그 후 「국민연금법」은 여러 차례 개정을 거쳤으며, 1998년 이후 경제성장에 따라 주로 연금급여의 대상자 확대, 연금재정의 안정을 위한 급여조정 등을 중심으로 개정이 이루어졌다. 우리나라 국민연금의 변천은 상시근로자 10인 이상 이상의 사업장 근로자 대상(1988년)으로 하다가 5인 이상의 사업장으로 확대(1992년)되었으며, 농어촌지역주민 대상(1995년 7월)에서 도시 지역주민으로 확대(199년 4월)됨으로써 전국민연금이 달성되었으며, 2003년 7월부터 1인 이상 사업장은 당연 가입장이 되었다. 국민연금의 중요 개정 사항은 표 10-1과 같다.

표 10-1 국민연금법의 연혁

시기	내용
1973. 12. 24.	국민복지연금법[3] 제정
1986. 12. 31.	국민연금법 제정
1988. 01. 01.	국민연금제도 실시(상시 근로자 10인 이상 사업장)
1992. 01. 01.	• 적용범위 확대(상시근로자 5인 이상 사업장) • 특례노령연금 지급 개시
1995. 07. 01.	적용대상 확대(농어민과 농어촌지역 자영업자까지 확대)
1999. 04. 01.	적용대상 확대(도시지역자영업자까지 확대로 전 국민 연금실현)
2000. 07. 01.	농어촌지역 특례노령연금 지급
2003. 07. 01.	적용범위 확대(근로자 1인 이상 사업장)
2007. 07. 23.	• 급여산정기준 변경(표준소득월액 → 기준소득월액) • 군복무, 출산에 대한 가입기간 추가산입
2009. 05. 21.	• 연금보험료 징수업무(국민건강보험공단 위탁) • 국민연금공단은 연금보험료 부과업무 수행(2011년 시행)[4]

자료: 나직균 외(2011: 253).

④ 국민연금의 특성

국민연금은 사회보험으로써, 사회보험의 일반적 특성에 따라 국가 관장원리, 강제가입 및 위험분산, 소득재분배, 수정적립방식을 특성으로 하고 있다.

첫째, 사회보험의 특징으로 국민연금은 국민의 생활안정과 복지증진을 위하여 보험의 원리를 도입하여 만든 사회보험의 일종이며 가입자, 사용자로부터 일정한 보험료를 받고 여기에 국가의 비용부담을 재원으로 하여 여러 가지 정형화된 보험금의 지급을 특징으로 하는 사회보장제도이다.

둘째, 국가관장원리는 연금제도의 관리 운영은 국가가 관장함으로써 제

3) 「국민복지연금법」은 1960년대 추진된 경제개발계획으로 인하여 산업화, 도시화, 핵가족화, 노령화가 빠른 속도로 진행되고, 이로 인하여 발생된 사회문제의 해결방안으로 1973년 제정·공포되었다. 하지만 1973년 발생한 석유파동의 영향으로 인해 경제 불황으로 무기한 시행이 연기되었으며, 1986년 국민연금법 제정의 모태가 되었다.

4) 사회보험의 보험료 징수업무는 성격이 유사함에도 불구하고 개별적으로 운영되어 국민의 불편을 초래하고 사회보험의 비효율이 발생하는 원인이 되고 있으므로, 사회보험 징수업무를 국민건강보험공단으로 일원화하는 데 필요한 사항을 정하는 것으로 「국민연금법」이 2009년 5월 21일 일부 개정되어 2011년 1월 1일부터 시행된다.

도의 영속성과 안정성을 도모하는 것이다.

셋째, 강제 가입 및 위험 분산은 사회적 위험의 분산을 목적으로 역의 선택(보험시장에서의 역의 선택은 사고위험이 높은 그룹의 집중적으로 보험에 가입하는 현상으로, 공적 사회보험에서는 이를 방지하기 위해 강제가입)과 같은 현상을 방지하기 위해 민간보험과 달리 강제가입이 되고, 탈퇴나 보험료 징수 및 급여 등에 관한 사항은 법에 따라 엄격히 규정한다는 것이다.

넷째, 소득재분배는 국민연금은 노령, 폐질, 질병, 사망 등으로 소득이 상실되거나 감퇴된 경우에 빈곤에 빠지지 않도록 연금을 지급하여 본인이나 유족의 기본생계를 보장하고, 소득이 높은 계층으로부터 낮은 계층으로 소득이 재분배 되는 기능을 가진다.

다섯째, 수정적립방식은 국민연금의 재정방식으로, 제도의 도입초기에는 불충분한 제정구조에 따른 "저부담－고급여" 방식으로 제정을 운영한 뒤, 제도가 점차 정착되어감에 따라 보험료를 상향조정하는 방식이다.

⑤ 국민연금의 가입대상과 가입자 종류

국민연금의 가입대상은 국내 거주하는 국민으로서 18세 이상 60세 미만인 자로써 국내에 거주하는 국민이 가입 대상이 된다(국민연금법 제6조). 다른 법률에 의해 공적연금을 받는 자(공무원, 군인, 사립학교 교직원 등), 기타 대통령령이 정하는 자(거택·시설보호자), 특수직종근로자(광업법에 의한 갱내작업 광부, 선원법에 의한 어로작업 선원) 등은 제외된다. 외국인의 경우 그 외국인의 본국법이 우리나라 국민에게 연금혜택을 주는 경우에 한하여 우리나라의 「국민연금법」의 적용을 받도록 하는 정책을 펴고 있다(국민연금법 제6조, 제126조 참조). 대한민국이 외국과 사회보장협정을 맺은 경우에는 이 법에도 불구하고 국민연금의 가입, 연금보험료의 납부, 급여의 수급 요건, 급여액의 산정, 급여의 지급 등에 관하여 그 사회 보장협정에서 정하는 바에 따른다(국민연금법 제17조).

국민연금은 가입자 종류를 사업장가입자, 지역가입자, 임의가입자 및 임의계속가입자로 구분한다(국민연금법 제7조). 사업장가입자란 사업장[5]에 사

5) 사업장이란 「국민연금법」에 의해 국민연금에 의무적으로 가입되어 있는 사업장. 당연적용사업장에 해당되는지 여부는 그 사업장 근로자 수를 기준으로 하는데, 2006년 1월부

용되는 근로자와 사용자로서 국민연금에 가입된 자를 말한다. 여기에는 당연적용사업가입자와 가입이 임의에 맡겨진 임의적용사업장 가입자로 나누어진다.

표 10-2 국민연금 가입자 형태

구분	유형	내용
당연가입자	사업장 가입자 (법 제8조)	• 국민연금에 가입된 사업장의 18세 이상 60세 미만의 사용자 및 근로자로서 국민연금에 가입된 자 • 1인 이상의 근로자를 사용하는 사업장 또는 주한외국기관으로서 1인 이상의 대한민국 국민인 근로자를 사용하는 사업장에서 근무하는 18세 이상 60세 미만의 사용자와 근로자는 당연히 사업장가입자가 됨 • 따라서 지역가입자가 사업장에 취업하면 자동적으로 사업장가입자가 되고 지역가입자 자격은 상실됨
	지역가입자 (법 제9조)	• 국내에 거주하는 18세 이상 60세 미만의 국민으로서 사업장가입자가 아닌 사람은 당연히 지역가입자가 됨 • 다만, 다른 공적연금에서 퇴직연금(일시금), 장애연금을 받는 퇴직연금 수급권자, 국민기초생활보장법에 의한 수급자 중 생계급여 또는 의료급여 또는 보장시설 수급자, 소득활동에 종사하지 않는 사업장가입자 등의 배우자 및 보험료를 납부한 사실이 없고 소득활동에 종사하지 않는 27세 미만인 자는 지역가입자가 될 수 없음
임의가입자	임의가입자 (법 제10조)	• 사업장가입자와 지역가입자가 될 수 없는 사람도 60세 이전에 본인의 희망에 의해 가입신청을 하면 임의가입자가 될 수 있음 • 즉, 다른 공적연금에서 퇴직연금(일시금), 장애연금을 받는 퇴직연금 수급권자, 국민기초생활보장법에 의한 수급자 중 생계급여 또는 의료급여 또는 보장시설 수급자, 소득활동에 종사하지 않는 사업장가입자 등의 배우자 및 보험료를 납부한 사실이 없고 소득활동에 종사하지 않는 27세 미만인 자는 본인의 선택에 따라 임의가입자가 될 수 있음
	임의계속 가입자 (법 제13조)	• 납부한 국민연금 보험료가 있는 가입자 또는 가입자였던 자로서 60세에 달한 자가 가입기간이 부족하여 연금을 받지 못하거나 가입기간을 연장하여 더 많은 연금을 받기를 원할 경우는 65세에 달할 때까지 신청에 의하여 임의계속 가입자가 될 수 있음

자료: 김경우 외(2014: 365).

⑥ 국민연금의 연금보험료

연금보험료는 연금급여를 지급하기 위한 재정 마련을 목적으로 법률에 근거하여 납부되는 것으로서 국민연금의 주된 재원이 된다. 법에 근거하기 때문에 연금보험료를 납부기간 내에 납부하지 않으면 다른 공과금과 마찬가지로 연체금(연금보험료의 3~9% 단, 2020년 1월 16일부터는 1~5%로 인하)이

터 1인 이상의 근로자를 사용하는 사업장 또는 주한외국기관으로서 1인 이상의 대한민국 국민인 근로자를 사용하는 사업장은 모두 당연적용 사업장이 된다.

가산되며, 또한 일정기간 납부하지 않을 경우는 국세체납처분의 예에 따라 납부의무자의 재산에 압류처분 등 강제징수를 통하여 연금보험료로 충당하게 되므로 재산상의 불이익이 가해질 수도 있다. 이런 점에서 국민연금이 세금처럼 인식되기도 하는데 세금은 국가의 운영경비로 사용되는데 비하여 국민연금은 본인이 납부한 보험료에 높은 수익률을 더해 나중에 본인에게 지급이 된다는 점에서 분명한 차이가 있고, 국민연금의 연금보험료는 기본적으로 자신의 미래를 위해 납부되는 것으로 세금과는 다른 특징이 있다.

가입자 자격취득시의 신고 또는 정기결정에 의하여 결정되는 기준소득월액에 보험료율을 곱하여 산정한다.

> 연금보험료 = 가입자의 기준소득월액[6] × 연금보험료율

사업장가입자 보험료율은 2021년 현재 9.0%(근로자 4.5% + 사용자 4.5)로 근로자와 사용자가 각각 4.5%씩을 부담한다. 지역가입자, 임의가입자, 임의계속가입자의 보험료율은 9.0%로 모두 자신이 부담한다. 농어업인의 경우 일정한 조건에 해당되면 보험료의 일부를 국고에서 지원받을 수 있다.

⑦ 국민연금의 급여의 종류

국민연금은 나이가 들거나 장애 또는 사망으로 인해 소득이 감소할 경우 일정한 급여를 지급하여 소득을 보장하는 종신보험 성격의 사회보험으로서, 연금급여로 노령연금(분할 연금), 장애연금, 유족연금과 일시금급여로 반환일시금과 사망일시금이 있다.

---

6) 기준소득월액이란 국민연금의 보험료 및 급여 산정을 위하여 가입자가 신고한 소득월액에서 천 원 미만을 절사한 금액을 말하며, 2021년 현재 최저 32만 원에서 최고 503만 원까지의 범위로 결정하게 된다. 따라서, 신고한 소득월액이 32만 원보다 적으면 32만 원을 기준소득월액으로 하고, 503만 원보다 많으면 503만 원을 기준소득월액으로 한다.

표 10-3 연금급여의 종류

연금 급여(매월 지급)		일시금 급여	
노령연금	노후 소득보장을 위한 급여 (국민연금의 기초가 되는 급여)	반환일시금	연금을 받지 못하거나 더 이상 가입할 수 없는 경우 청산적 성격으로 지급하는 급여
장애연금	장애로 인한 소득감소에 대비한 급여	사망일시금	유족연금 및 반환일시금을 받지 못할 경우 장제부조적·보상적 성격으로 지급하는 급여
유족연금	가입자(였던 자) 또는 수급권자의 사망으로 인한 유족의 생계보호를 위한 급여		

자료: 국민연금공단(2021).

⑧ 국민연금의 연금급여액 구성과 수준

연금급여는 기본연금액과 부양가족연금액을 합산한 금액으로 받는다. 기본연금액이란 모든 연금의 산정의 기초가 되며, 가입자 전체의 소득(소득재분배 기능), 가입자 본인의 소득(소득비례 기능) 및 가입기간에 따라서 산정된다. 부양가족연금액이란 연금급여를 지급받는 수급자가 일정한 가족을 부양하고 있는 경우 가족수당 성격으로 지급하는 부가급여를 의미한다.

연금급여액의 수준은 전체가입자 평균소득에 해당하는 사람이 40년간 납부 시 가입기간이 속한 연도에 따라 소득의 40~70%(소득대체율)를 받게 된다.

⑨ 국민연금제도의 운용

국민연금제도에 관한 정책의 수립과 집행의 지도, 감독의 책임은 보건복지부가 맡고 있으며, 직접적인 사업의 운영은 보건복지부의 위탁을 받은 국민연금관리공단에서 담당하고 있다.

나. 국민건강보험

① 국민건강보험의 의의와 목적

국민건강보험은 질병이나 부상으로 인해 발생한 고액의 진료비로 가계에 과도한 부담이 되는 것을 방지하기 위하여, 국민들이 평소에 보험료를 내고 보험자인 국민건강보험공단이 이를 관리·운영하다가 필요시 보험급여를 제공함으로써 국민 상호 간 위험을 분담하고 필요한 의료서비스를 받을 수 있도록 하는 사회보장의 의의와 목적을 가진다. 건강보험업은 보건복지부장관이 관장하고, 보험자는 국민건강보험공단이 된다.

② 국민건강보험의 연혁

「국민건강보험법」은 1999년 2월에 제정되었지만, 그 전신인 「의료보험법」은 1963년 12월 16일 「의료보험법」이 제정되어 1977년 7월 1일에 본격적으로 시행되었다. 1963년 당시 「의료보험법」은 일부 관계자들의 노력으로 입법화되었으나 강제적용을 전제로 하지 않았기 때문에 경제사회적 미비로 인해 큰 성과를 거두지 못하였다.

우리나라의 건강보험 운영방식은 1997년 이전까지는 조합방식의 사회보험방식이었다. 조합방식은 지역별·직업별·직장별로 여러 개의 조합으로 자유롭게 구성되어 소규모 동질 집단 내에서 위험분산을 강조하는 방식이다. 우리나라의 경우 지역과 직장조합의 재정 차이가 너무 크게 나타나 여러 가지 문제가 지적되었다. 따라서 단계적으로 의료보험조합을 통합하여 재정과 운영의 효율성을 도모하고 전국적인 위험분산을 통해 저소득지역이나 노령화지역의 부담을 분산하였다. 이 과정에서 여러 부작용과 반발로 인해 200년 7월 통합과정에서 건강보험의 운영을 하나로 통합하였으나 일시적으로 재정을 따로 운영하는 과도기를 거쳐 2003년 7월, 재정까지 하나로 통합된 통합건강방식을 도입하게 되었다(김경우 외, 2014: 272).

표 10-4 국민건강보험법의 연혁

시기	내용
1963. 12.	의료보험법 제정 (300인 이상 사업장의 근로자와 농어민 대상으로 임의가입)
1977. 01.	전 국민 강제 가입
1977. 07.	상시 500인 이상 고용 사업장에 당연적용(486개 조합 설립)
1979. 01.	공무원 및 사립학교교직원 의료보험 실시
1985. 01.	1종 의료보험 → 직장의료보험 명칭변경 2종 의료보험 → 지역의료보험 및 직종의료보험으로 명칭변경
1988. 01.	농어촌지역 의료보험실시 5인 이상 사업장 근로자 확대적용
1989. 07.	전 국민 의료보험(도시지역 의료보험 확대적용) 시대

1997. 12.	국민의료보험법[7] 제정
1998. 10.	지역의료조합(227개)과 공·교 의료보험관리공단 통합 국민의료보험관리공단 출범
1999. 02.	국민건강보험법[8] 제정
2000. 07.	국민의료보험관리공단과 직장의료보험조합(139개) 통합 국민건강보험공단 출범(의료보험 완전 통합)
2001. 07.	국민건강보험법 개정 (5인 미만 사업장 근로자 직장가입자로 편입)
2002. 01.	국민건강보험재정건전화특별법 제정
2003. 07.	직장과 지역의 재정 통합 (조합주의 운영방식을 통합주의 운영방식으로 변경)
2005. 07.	노인장기요양보험 시범사업 실시
2006. 12.	표준보수월액 및 부과표준소득의 등급구분을 폐지 (실제 보수 및 소득 등에 따라 보험료 부과)
2007. 04.	노인장기요양보험법 제정(법률 제 8403호)
2008. 03.	사업장 신고의무 부과(사용자는 건강보험 적용되는 사업장에 해당된 경우나 휴업·폐업하는 경우에는 그 사유 발생일부터 14일 이내에 보험자에게 신고)
2008. 07.	노인장기요양보험 실시
2011. 01.	사회보험 징수통합(건강보험, 국민연금, 고용보험, 산재보험)
2012. 07.	포괄수가제 병·의원급 의료기관 당연적용(7개 질병군 입원환자)
2015. 01.	간호·간병통합서비스 보험급여 적용 - (2015.12.「의료법」 개정으로 기존 포괄간호서비스에서 간호·간병통합서비스로 명칭 변경)
2019. 07.	외국인 지역가입자 당연적용 실시

자료: 임정문 외(2016: 239), 재구성. 국민건강보험홈페이지(2021) 참조.

③ 국민건강보험의 특성

국민건강보험은 사회보험으로써의 특성을 가진다. 건강보험이 가지는 특성은 다음과 같다.

---

7) 1997년 12월 31일에는 일시적 통합, 국민의료보험공단 신설(공무원 및 사립학교 교직원 의료보험관리공단과 지역의료보험조합 업무를 포괄적으로 수행하는 역할을 함)로 인한 집단 간의 갈등을 최소화하면서 점진적으로 통합운영 방식의 의료보험제도를 도입하기 위해 국민의료보험법을 제정하였다.

8) 1999년 2월 8일 제정, 2000년 1월 1일 시행된 국민건강보험법은 다보험자 방식으로 운영되고 있던 기존의 의료보험 관리체계를 단일보험자(국민건강보험공단)로 통합운영 방식으로 변경하였다.

첫째, 법률에 의한 강제가입과 납부의 강제성이다. 보험가입을 기피할 수 있도록 제도화될 경우 질병위험이 큰 사람만 보험에 가입하여 국민 상호 간 위험분담 및 의료비 공동해결이라는 건강보험제도의 목적을 실현할 수 없기 때문에 일정한 법적요건이 충족되면 본인의 의사와 관계없이 건강보험가입이 강제되며 보험료 납부의무가 부여된다.

둘째, 부담능력에 따른 보험료의 차등부담(형평성)[9])이다. 민간보험은 보장의 범위, 질병위험의 정도, 계약의 내용 등에 따라 보험료를 부담하는 데 비해, 사회보험방식으로 운영되는 국민건강보험은 사회적 연대를 기초로 의료비 문제를 해결하는 것을 목적으로 하므로 소득수준 등 보험료 부담능력에 따라서 보험료를 부과한다.

셋째, 보험급여의 균등한 수혜이다. 민간보험은 보험료 수준과 계약내용에 따라 개인별로 다르게 보장되지만, 사회보험인 국민건강보험은 보험료 부담수준과 관계없이 관계법령에 의하여 균등하게 보험급여가 이루어진다.

넷째, 단기보험의 특성을 가진다. 국민건강보험은 국민연금과 같이 장기보험이 아니라 1년인 단기보험에 속한다. 이는 1년 단위의 회계연도를 기준으로 수입과 지출을 예정하여 보험료를 계산하여 지급하는 것이다.

④ 국민건강보험의 가입대상

건강보험 사업은 보건복지부장관이 관장한다. 건강보험의 보험자는 국민건강보험공단으로 한다.

건강보험은 직장가입자와 지역가입자로 적용대상을 구분하는데, 국내에 거주하는 국민(의료급여법에 따라 의료급여를 받는 자 제외, 국가 유공자 등 의료보호를 받은 자 제외)은 건강보험의 가입자 또는 피부양자[10])가 된다. 직장가입자는 직장가입자 적용 사업장의 근로자 및 사용자, 공무원·교직원, 그리고

---

9) 국민건강보험의 형평성은 사회적 연대를 기초로 의료비문제를 해결하려는 것으로 소득수준 등 보험료부담 능력에 따라 차등적으로 보험료를 부담한다는 것이다. 이를 통해 부담한 보험료 부과수준에 관계없이 균등하게 보험급여가 이루어진다.

10) 피부양자는 직장가입자의 배우자, 직장가입자의 직계존속(배우자의 직계존속 포함), 직장 가입자의 직계비속(배우자의 직계비속 포함) 및 그 배우자, 직장가입자의 형제 · 자매 중 직장가입자에 의하여 주로 생계를 유지하는 자로서 보수 또는 소득이 없는 자를 말한다.

그 피부양자로 구성된다.

외국인 등에 대한 특례로서 임용 또는 채용된 외국인 및 재외국민도 직장가입자가 되며, 이 외의 외국인 및 재외국민은 보건복지부령에 의해 체류자격이 있으면 지역가입자가 될 수 있다. 또한 외국인 등에 대한 특례로서 정부는 외국 정부가 사용자인 사업장 근로자의 건강보험에 관하여 외국 정부와 합의에 의해 이를 따로 정할 수 있으며, 국내에 체류하고 있는 외국인 및 재외국민으로서 대통령령이 정하는 사람은 제5조의 "국내에 거주하는 국민"이라는 적용대상의 규정에도 불구하고 이 법의 적용을 받는 가입자 또는 피부양자가 된다. 지역가입자는 직장가입자를 제외한 자를 대상으로 한다.

⑤ 국민건강보험의 재원과 보험료

국민건강보험제도 운영에 소요되는 재원은 보험료와 정부지원금(국고, 기금) 및 기타 수입으로 구성되며 「국민건강보험법」에서 다음과 같이 규정하고 있다.

첫째, 보험료(국민건강보험법 제69조 보험료)로 구성된다. 보험자는 건강보험사업에 드는 비용에 충당하기 위하여 보험료의 납부의무자로부터 보험료를 징수한다.

표 10-5 국민건강보험의 재원

직장 가입자	직장가입자 보수월액보험료	• 보수월액보험료는 가입자의 보수월액에 보험료율을 곱하여 보험료를 산정한 후, 경감률 등을 적용하여 가입자 단위로 부과 • 사용자와 근로자 50%씩 부담	• 건강보험료 = 보수월액 × 건강보험료율(6.86%, 2021년도) • 보수월액은 동일사업장에서 당해연도에 지급받은 보수총액을 근무월수로 나눈 금액을 의미 • 장기요양보험료 = 건강보험료 × 장기요양보험료율(11.52%, 2021년도)
	직장가입자 소득월액보험료	• 보수월액의 산정에 포함된 보수를 제외한 직장가입자의 소득'(이하 '보수외소득')이 연간 3,400만 원을 초과하는 직장가입자는 소득월액보험료 부과대상자가 된다. • 소득월액보험료는 '보수외소득'에서 3,400만 원을 공제한 나머지 금액을 12로 나누어 소득종류에 따른 금액비율로 곱해 산정한 소득월액보험료 부과	• 소득월액보험료: {(연간 "보수외소득" - 3,400만원(공제금액)) × 1/12} × 소득평가율 × 보험료율(6.86%, 2021년도) • 장기요양보험료: 소득월액보험료 × 장기요양보험료율(11.52%, 2021년도) • 소득월액보험료는 직장가입자 본인이 부담한다.

지역 가입자		• 지역가입자의 건강보험료는 가입자의 소득, 재산(전월세 포함), 자동차 등을 참작하여 정한 부과요소별 점수를 합산한 보험료 부과점수에 점수당 금액을 곱하여 보험료를 산정한 후, 경감률 등을 적용하여 세대 단위로 부과	• 건강보험료 = 보험료부과점수 × 점수당 금액(201.5원, 2021년도) • 장기요양보험료 = 건강보험료 × 장기요양보험료율(11.52%, 2021년도)

둘째, 정부지원으로 구성된다. 정부지원금은 국조지원금 14%(국민건강보험법 제108조)와 건강증진기금 6%(국민건강증진법 부칙 제6619호 ②항)으로 보험료 수입의 20%에 상당하는 금액을 지원한다.

⑥ 국민건강보험의 급여종류

가입자 및 피부양자의 질병과 부상에 대한 예방, 진단, 치료, 재활, 출산, 사망 및 건강증진에 대하여 법령이 정하는 바에 따라 현물 또는 현금의 형태로 제공하는 서비스를 말한다.

건강보험의 급여종류에는 현물급여 형태의 요양급여, 건강검진과 현금급여 형태의 요양비, 장애인보조기기 급여비, 임신·출산진료비 지원사업 등이 있다. 또한 고액 중증질환의 의료비 부담을 덜기 위하여 환자가 부담한 연간 본인부담금 총액이 가입자 소득수준에 따른 본인부담 상한액을 초과하는 경우, 그 초과금액을 전액 환자에게 돌려주는 제도로 본인부담상한액 제도가 실시 중이다.

표 10-6 건강보험 급여의 종류

구분		수급권자
현물급여	요양급여	가입자 및 피부양자
	건강검진	가입자 및 피부양자
현금급여	요양비	가입자 및 피부양자
	장애인보조기기	가입자 및 피부양자 중 장애인복지법에 의해 등록한 장애인
	본인부담액 상한제	가입자 및 피부양자
	임신·출산 진료비	가입자 및 피부양자 중 임산부

자료: 국민건강보험홈페이지(2021) 참조.

⑦ 건강보험제도의 운용

보험료 징수와 급여 지급 등 건강보험 관리운영을 맡아 하는 기구를 보험자라 한다. 정부가 보험자가 되는 국가는 소수이고(영국, 일본, 스웨덴 등), 대부분의 국가에서는 공법상의 기구 또는 준 자치적인 비정부기구가 관리운영을 맡고 있다. 각 기구는 공신력을 담보하기 위하여 법적인 요건을 갖추어야 하고 피보험자와 사용자인 기업은 관리운영기관에 대표자를 보내어 업무에 관여할 수 있도록 한다. 사회주의 국가에서는 노동조합이 관리운영에 중요한 역할을 하고 있다. 그리고 보험자가 하나로 단일화되어 있는 경우도 있고 여러 개의 건강보험조합으로 분립되어 있는 경우도 있다. 전자를 통합방식, 후자를 조합방식이라고 한다(원석조, 2010: 287-288).

우리나라의 경우 2000년부터 중앙집중 관리방식(통합방식)으로 전환하면서 그 명칭을 국민건강보험제도로 변경하였으며, 모든 관리와 운영업무를 국민건강보험공단에서 맡게 되었다.

표 10-7 건강보험의 통합과정

<table>
<tr><th colspan="2" rowspan="2">종류</th><th rowspan="2">1998.10.1. 이전</th><th rowspan="2">1단계 통합
(1998.10.1.)</th><th colspan="2">2단계 통합(2000.7.1.)</th><th rowspan="2">3단계 재정통합
(2003.7.1.)</th></tr>
<tr><th>조직</th><th>재정</th></tr>
<tr><td rowspan="3">조직</td><td>지역</td><td>지역의보조합</td><td rowspan="2">국민의료보험
관리공단</td><td rowspan="3">국민건강
보험공단</td><td rowspan="2">지역건보
재정</td><td rowspan="3">국민건강보험공단
(단일재정)</td></tr>
<tr><td>공무원
사립학교</td><td>공교의보공단</td></tr>
<tr><td>직장</td><td>직장의보조합</td><td>직장의보조합</td><td>직장건보
재정</td></tr>
</table>

자료: 사회복지교육연구센터(2015:263).

다. 산업재해보상보험

산재보험이란 산업재해를 당한 근로자에게 신속한 보상을 하고, 사업주에게는 재해발생 시 보상에 따른 경제적 부담을 덜어 주기 위해 국가에서 관장하는 사회보험이다. 국가(근로복지공단)는 근로자를 사용하는 모든 사업주로부터 보험료를 징수하여 산업재해로 부상 또는 사망한 근로자와 그 가족에게 보험급여를 지급하며, 이때 지급하는 보험급여는 요양급여, 휴업급여, 상병보상연금, 장해급여, 장의비, 유족급여, 간병급여 등이다.

① 산업재해보상보험의 의의와 목적

근로자의 업무상 재해를 신속하고 정확하게 보상하고, 불의의 재해를 입은 근로자나 그 가족의 생활을 보호하기 위한 보험시설을 설치하여 운영하고, 재해예방과 그 밖에 근로자의 복지증진을 위한 사업을 시행하여 근로자 보호에 이바지하는 것을 목적으로 한다.

산업재해보상보험제도는 불의의 재해로 인한 사업주의 경제적 부담을 위험결합에 의해 산재보험 가입자들에게 분산시켜 부담을 경감시켜주는 데 의의가 있으며, 보험료를 전액 사업주에게 부담하도록 한다는 측면에서 다른 사회보험과 차이가 있다. 또한 보험사업은 노동부장관이 관장하고, 근로복지공단이 집행하고 있다.

② 산업재해보상보험의 연혁

산업재해보상제도는 대부분의 국가에서 가장 오래된 사회복장제도이며, 한국에서도 가장 먼저 발달된 제도이다. 산업재해보상제도는 업무상재해와 질병으로 인한 소득상실을 보전함과 동시에 충분한 요양과 재활서비스를 제공하여 직업복귀를 도모하기 위한 제도이다. 한국에서 산업재해보상제도는 이러한 목적을 달성하는 방향으로 발전되어 왔다. 선진국의 경우 산업재해에 대한 보상제도가 「민법」에 의한 보상, 근로기준법 등에 의한 사용자의 개별적 책임, 산재보험제도 도입으로 발전되어 왔는데, 한국에서도 이와 유사한 경로로 발전되어 왔다.

표 10-8 「산업재해보상보험법」의 연혁

시기	내용
1963. 11. 05.	「산업재해보상보험법」 제정[11)
1964. 07. 01.	「산업재해보상보험법」 시행(상시 근로자 500인 이상을 사용하는 광업 및 제조업 적용)
1994. 12. 22.	5인 이상 사업장 적용
1999. 12. 31.	• 보험급여의 최고·최저 보상한도설정(보험급여 수준의 형평성 제고) • 간병급여 신설
2010. 01. 27.	보험료 징수업무를 국민건강보험공단 위탁

자료: 나직균 외(2011: 258).

11) 「산업재해보상보험법」(1963년)은 우리나라 사회보험 중에서 최초로 제정된 법이다. 사

③ 산업재해보상보험의 특성

산업재해보상보험은 사회보험 중에 가장 먼저 도입되었으며, 강제가입이 원칙이다. 또한 업무로 인한 부상, 질병, 신체장애, 사망 등에 해당될 때 급여를 받을 수 있다.

첫째, 무과실 책임주의로써 사용자의 고의나 과실의 유무를 불문하고, 업무상의 재해에 대하여 사용자에게 무과실 책임주의로 운영이 되며, 현행 산업재해보상보험제도의 사용자 재해보상책임은 생존권 보장의 이념에 근거하고 있다. 예를 들어, A 사회복지사가 직원용 출근버스를 이용하여 출근 중 교통사고가 발생하게 되면, 업무상 사고에 해당되어 산업재해에 해당되는 것이다.

둘째, 타 사회보험제도와 달리 사업장 단위로만 가입이 이루어지고, 개별 근로자의 관리는 별도로 이루어지지 않는다.

셋째, 자진 신고 및 자진 납부의 특성으로 보험관계 성립 및 제반 행정이 자진신고하고 보험료를 자진 납부해야 하는 의무가 있다.

넷째, 보험료의 사업주 전액부담이다.

다섯째, 종합적 보상제도로써 현금급여(휴업급여, 장해급여, 유족급여, 상병보상연금 등)와 현물급여(요양급여)가 모두 제공된다.

④ 산업재해보상보험의 가입대상

산업재해보상보험의 가입대상은 당연적용사업, 임의적용사업(임의가입자), 적용특례로 구분한다.

첫째, 당연적용사업은 근로자를 사용하는 모든 사업 또는 사업장에 적용된다. 즉, 1인 이상 근로자가 있는 사업주는 의무적으로 가입된다. 다만, 다음의 경우에는 「산업재해보상보험법」(산재보험법)의 적용이 제외된다(산재보험법 시행령 제2조).[12)]

회보험의 제정순서는 산업재해보상보험, 의료보험, 국민연금, 고용보험, 노인장기요양보험이다.

12) 1. 공무원연금법 또는 군인연금법에 따라 재해보상이 되는 사업
2. 선원법, 어선원 및 어선 재해보상보험법, 사립학교교직원 연금법 등에 따라 재해보상이 되는 사업
3. 가구내 고용활동

둘째, 임의적용사업(임의가입자)으로 사업의 위험률, 규모 및 사업장소 등을 참작하여 대통령령에 의하여 「산재보험법」의 적용이 배제되는 사업의 사업주도 근로복지공단의 승인을 얻어 산재보험에 가입할 수 있다. 이러한 영우에 그 사업을 임의적용사업이라고 한다.

셋째, 적용특례로써 근로자가 아닌 사람도 「산재보험법」에서 특별히 정한 사람은 산재보험의 혜택을 받을 수 있으며, 현재 「산재보험법」에 특별히 정하고 있는 사람은 현장실습생, 산업연수생, 해외에 근무를 하는 근로자, 중소기업의 사업주 등이다.

⑤ 산업재해보상보험의 급여의 종류

산업재해보상보험의 급여에는 요양급여,[13] 휴업급여,[14] 장해급여,[15] 간병급여,[16] 유족급여,[17] 상병보상연금,[18] 장의비,[19] 직업재활급여,[20] 특별

---

4. 농업 · 임업(벌목업 제외) · 어업 및 수렵업 중 법인이 아닌 자의 사업으로서 상시근로자수가 5명 미만인 사업

※ 보험설계사, 콘크리트 믹서트럭 운전사, 골프장 경기 보조원, 학습지 교사 등 산재보험법에 규정된 자(특수형태근로종사자)의 노무를 제공받는 사업 또는 사업장은 산재보험의 적용을 받음이 원칙이나, 산재보험법의 적용을 원하지 않는 경우에는 적용제외를 신청할 수 있다. <2008.7.1 개정법률>

13) 요양급여는 근로자가 업무상의 사유에 의하여 부상을 당하거나 질병에 걸린 경우에 당해 근로자에게 지급하는 것이다. 산재보험에서의 요양급여는 건강보험과는 달리 본인부담금이 없이 요양비의 전액을 급여로 지급하되, 공단이 설치한 보험시설 또는 공단이 지정한 의료기관에서 요양을 하게 된다.

14) 휴업급여는 업무상의 사유로 인하여 부상을 당하거나 질병에 걸린 근로자에게 요양으로 인하여 취업하지 못하는 기간에 대하여 지급하는 소득보상 성격의 급여이다. 1일당 지급액은 평균임금의 70% 수준이다. 요양 중 회복단계에 있는 근로자 또는 경미한 부상으로 취업하면서 주기적으로 요양을 받을 수 있는 근로자의 조기 취업 및 직업촉진을 위해 요양 중 부분 취업 중인 근로자를 위해 부분휴업급여를 지급한다.

15) 장해급여는 근로자가 업무상의 사유에 의하여 부상을 당하거나 질병에 걸려 치유 후 신체 등에 장해가 있는 경우에 당해 근로자에게 지급하는 급여이다. 장해등급(제1급~제14급)에 따라 장해보상연급 또는 장해보상일시금으로 지급한다.

16) 간병급여는 요양급여를 받은 자가 치유 후 의학적으로 상시 또는 수시로 간병이 필요하여 실제로 간병을 받는 자에게 지급하는 급여이다.

17) 유족급여는 근로자가 업무상의 사유로 인해 사망 또는 사망추정 시 유족에게 지급하는 급여로써 유족급여는 유족보상연금 또는 유족보상일시금으로 한다.

18) 상병보상연금은 요양급여를 받는 근로자가 요양 개시 후 2년이 경과되어도 치유가 되지 아니하고 중증요양상태(1~3급)에 해당되는 경우 휴업급여 대신 지급하는 제도이다.

19) 장의비는 근로자가 업무상의 사유로 인하여 사망한 경우에 지급하되, 평균임금의 120

급여(장해특별급여, 유족특별급여)[21]가 있다.

⑥ 산업재해보상보험제도의 운용

산업재해보상보험사업을 관장하는 부서는 고용노동부이며, 구체적인 사업은 고용노동부장관이 위탁을 받아 근로복지공단에서 행하고 있다.

라. 고용보험

① 고용보험의 목적

고용보험은 실업의 예방, 고용의 촉진 및 근로자의 직업능력의 개발과 향상을 꾀하고, 국가의 직업지도와 직업소개기능을 강화하며, 근로자가 실업한 경우에 생활에 필요한 급여를 실시하여 근로자의 생활안정과 구직활동을 촉진함으로써 경제 및 사회 발전에 이바지하는 것을 목적으로 한다(고용보험법 제1조).

② 고용보험의 연혁

한국의 1980년대 후반부터 고용보험제도 도입이 논의되었는데, 고용보험의 도입배경은 국내·외 경제상황 변화에 대응하여 적절한 경제·고용정책을 마련하고 노동자의 실업에 의해 상실된 소득을 보전하기 위한 것이었다. 전통적 의미의 실업보험사업을 비롯하여 고용안정과 직업능력사업 등의 노동시장 정책을 적극적으로 연계·통합적으로 실시하는 사회보장보험이다.

선진국의 경우처럼 사회보험이 산재보험, 건강보험, 국민연금, 고용보험 순으로 발전되어 왔는데, 우리나라의 경우도 이와 같은 순서로 도입되었다.

일 분에 상당는 금액을 그 장제를 행하는 자에게 지급한다.

20) 직업재활급여는 장해급여를 받은 자 중 취업을 위하여 직업훈련이 필요한 자에 대하여 실시하는 직업훈련비용 및 직업훈련수당과 업무상의 재해가 발생할 당신의 사업장에 복귀한 장해급여 자에 대하여 사업주가 고용을 유지하거나 직장적응훈련 또는 재활운동을 실시하는 경우에 각각 지급하는 직장복귀 지원금, 직장적응 훈련비 및 재활운동비 등이 있다.

21) 장해급여는 근로자가 업무상의 사유로 부상을 당하거나 질병에 걸려 치유되었으나 신체에 정신적 또는 육체적 장해가 남아 장해급여 지급대상에 해당될 경우 장해등급에 해당되는 지급일수에 평균임금을 곱하여 지급한다.

표 10-9 고용보험법의 연혁

시기	내용
1993. 12. 27	「고용보험법」 제정
1995. 07. 01	「고용보험법」 시행
1998. 09. 17	「고용보험법」 개정(1인 이상 전 사업장으로 고용보험 적용확대)
2001. 11. 01	모성보호급여(육아휴직, 산전후휴가급여) 지급
2002. 12. 30	일용직 근로자 고용보험 적용
2004. 02. 25	고용보험법 시행령 개정 (선원과 비전문취업 체류자격을 갖는 외국인 근로자에게 확대 2006.2.2.부터 시행)
2005. 12. 07	• 자영업자에 대한 고용보험 임의가입제도 도입 • 「고용보험법」 개정(고용안정사업과 직업능력개발사업을 고용안정·직업능력개발사업으로 통합)
2010. 01.	4대 사회보험 통합에 따라 보험료 산정기준을 임금에서 보수로 변경
2011. 09.	육아기 근로시간 단축 급여제도 시행
2012. 01.	자영업자 고용보험 실업급여 혜택 확대
2016. 05.	'실업크레딧' 제도 도입
2017. 01.	고용장려금 제도 개편(통합지원금 서비스 시행)

자료: 나직균 외(2011:260). 임정문 외(2016 : 245).

③ 고용보험의 특성

고용보험은 실직 근로자에게는 실업급여 지급과 고용촉진 등을 위한 고용안정사업, 직업능력개발사업을 연계 실시하는 사회보장제도로서, 이를 통해 실직 근로자의 생활보장과 고용대책을 통합적으로 운영하고 있다. 따라서 고용보험은 실직자에 대한 생계지원을 포함하여 근로자의 재취업을 촉진, 실업의 예방 및 고용안정, 노동시장의 구조 개편, 직업능력개발을 강화하기 위한 사전적·적극적 차원의 종합적인 노동시장정책이라 할 수 있다. 실업률은 경기변동과 밀접한 관계가 있으며, 보험사고의 예측이 어려운 사회보험으로 경기변동과 밀접한 관계가 있다.

④ 고용보험의 가입대상

고용보험은 근로자를 사용하는 모든 사업 또는 사업장에 적용된다. 다만, 산업별 특성 및 규모 등을 고려하여 제외되는 사업장[22]이 있다.

2020년 12월을 시작으로 정부는 전국민을 대상으로 고용보험을 확대·

시행할 예정이며 대상별 고용보험 확대계획은 소득기반 고용보험 체계로 전환하여 모든 취업자가 가입할 수 있도록 전면 개편하여 노동시장 지위변동 및 불안정 취업 등에 대해 원활한 보호제공을 실시할 예정이다. 개편과 확대에 대한 고용노동부의 보도자료에 의하면 첫째 2020년 12월 10일부터 예술인 고용보험실시 되고, 둘째, 단계별로 시행되는 특수형태근로종사자 및 플래폼 종사자 관련 고용보험실시,[23] 셋째, 자영업자 고용보험 적용방안(~'25) 등이 포함되었다.

⑤ 고용보험의 급여

고용보험제도는 실업자에 대한 급여를 통해 생활안정을 지원하는 동시에 노동시장에 좀 더 빨리 진입할 수 있도록 돕고, 고용되어 있는 근로자들의 고용안정을 지원하며 직업능력을 높이기 위한 다양한 프로그램을 가지고 있다.

표 10-10 고용보험의 급여

종류	서비스	
고용안정 및 직업능력개발사업	고용안정사업	• 고용조정 지원 • 고용창출 지원 • 고용촉진 지원 • 고용촉진 시설 지원 • 건설근로자 고용안정 지원
	직업능력개발사업	• 사업주 지원 • 근로자 지원

---

22) 1. 농업 · 임업 및 어업 중 법인이 아닌 자가 상시 4명 이하의 근로자를 사용하는 사업
2. 「주택법」에 따른 주택건설사업자, 「건설산업기본법」에 따른 건설업자, 「전기공사업법」에 따른 공사업자, 「정보통신공사업법」에 따른 정보통신공사업자, 「소방시설공사업법」에 따른 소방시설공사업자 또는 「문화재수리 등에 관한 법률」 제2조 제5호에 따른 문화재수리업자가 아닌 자가 시공하는 다음 각 목의 공사
가. 총공사금액이 2천만 원 미만인 공사
나. 연면적이 100제곱미터 이하인 건축물의 건축 또는 연면적이 200제곱미터 이하인 건축물의 대수선에 관한 공사
3. 가구 내 고용활동 및 달리 분류되지 아니한 자가소비 생산활동

23) (1단계) 특수현태근로종사자 고용보험관련('21.7~)
(2단계) 플래폼 종사자 고용보험관련('22.1~)
(3단계) 기타 특고 및 플래폼 직종('22.7~)

종류	서비스	
실업급여사업	구직급여	
	취업촉진수당	• 조기재취업수당 • 직업능력개발수당 • 광역구직활동비 • 이주비
	기타 연장급여	• 훈련연장급여 • 개별연장급여 • 특별연장급여
	상병급여	
모성보호급여	육아휴직급여	
	출산전후휴가급여	
	육아기 근로시간 단축급여	

자료: 나직균 외(2011: 261). 재구성.

⑥ 고용보험제도의 운용

고용보험제도의 운영에 관한 주요사항의 결정이나 기획에 관한 업무는 고용노동부에서 관장하며, 업무의 실제 집행은 근로복지공단에서 담당한다.

마. 노인장기요양보험

① 노인장기요양보험의 목적

노인장기요양보험은 고령이나 노인성 질병 등으로 인해 일상생활을 혼자서 수행하기 어려운 노인 등에게 신체활동 또는 가사지원 등의 장기요양급여를 제공하여 노후의 건강증진 및 생활안정을 도모하고, 그 가족의 부담을 덜어줌으로써 국민의 삶의 질을 행상하도록 함을 목적으로 한다.

② 노인장기요양보험의 제정과정

노인장기요양보험제도는 2008년 7월 1일부터 시행되었다. 그동안 장기간에 걸쳐 외국의 법과 제도를 연구하여 국내에서도 3차 시범사업을 거쳐 시행되었고, 향후 시행과정에서 요양서비스 수요가 지속적으로 증가할 것으로 예측된다. 노인장기요양보험제도의 제정과정은 표 10-11과 같다.

표 10-11 「노인장기요양보험법」의 제정과정

2001년 8월 15일	대통령 경축사에 노인장기요양보장제도 도입제시
2002년 대선	대통령 공약사항에 포함
2003년 3월 ~ 2004년 2월	공적노인요양보장추진기획단 설치·운영
2004년 3월 ~ 2005년 2월	공적노인요양보장제도실행위원회 구성·운영
2005년 10월 ~ 2005년 11월	입법 예고
2005년 7월 ~ 2006년 3월	1차 시범사업 실시: 광주 남구, 강릉, 수원, 부여, 안동, 북제주(6개 시·군·구 65세 이상 기초생활보장수급노인대상 시범사업 실시)
2006년 2월	정부입법 국회제출
2006년 4월 ~ 2007년 4월	2차 시범사업 실시: 광주 남구, 강릉, 수원, 부여, 안동, 북제주, 부산 북구, 전남 완도(8개 시·군·구 65세 이상 노인대상 시범사업 실시)
2007년 4월	국회 통과
2007년 5월 ~ 2008년 6월	3차 시범사업 실시: 광주 남구, 강릉, 수원, 부여, 안동, 북제주, 부산 북구, 전남 완도, 인천 부평구, 대구 남구, 청주, 익산, 하동(13개 시·군·구 65세 이상 노인대상 시범사업 실시)
2007년 6월 8일 ~ 2007년 6월 28일	시행령 및 시행규칙 입법예고 완료
2008년 7월 1일	노인장기요양보험 시행
2014년 7월 1일	노인장기요양보험 개정(치매특별등급)

자료: 나직균 외(2011: 262). 재구성.

③ 노인장기요양보험의 특성

㉠ 사회보험제도로서의 장기요양보호서비스

기존의 국민건강보험제도의 가입자들이 정기적으로 납부하는 장기요양보험료를 기반으로 하는 사회보험(현재 국가부담(정부지원)과 장기요양급여 이용자가 부담하는 본인일부 부담금으로 재원을 충당)이다. 현재 보험료는 건강보험료에서 장기보험료율을 곱하여 산정하며, 2021년 현재 보험료율은 11.52%이다.

㉡ 급여의 장기성과 복합성

고령자의 만성질환과 장애에 대응한 서비스이므로 급여기간이 장기적으로 주어지고, 급여는 재가급여, 시설급여, 특별현금급여 등으로 분류하여 지급하는 다양(복합적)한 형태의 급여를 포함한다.

㉢ 급여 제공과 사례관리

급여의 신청에서 판정까지의 절차는 여러 가지 단계를 거치는데, 이를 통해 사례관리(직접 방문조사, 욕구조사 등)를 중시하는 보험제도이다.

④ 노인장기요양보험의 신청 대상

소득수준과 상관없이 65세 이상의 노인 및 65세 미만으로 노인성 질병(치매, 뇌혈관성질환, 등)을 가진 자로서 장기요양보험가입자 또는 그 피부양자이거나 의료급여법에 따른 수급권자여야 한다. 「장애인복지법」에 따른 1·2급 등록 장애인이 활동지원 급여를 이용 중이거나 이용을 희망하는 경우, 장기요양 등급이 인정되면 장애인 활동지원 신청이 제한되며, 장애인 활동지원 신청을 위해 이미 인정된 장기요양 등급을 취소할 수 없다.

표 10-12 장기요양 등급판정 기준

등급	인정점수 구간	등급별 기능상태
1등급	95점 이상	심신의 기능상태 장애로 일상생활에서 전적으로 다른 사람의 도움이 필요한 자
2등급	75~95점 미만	심신의 기능상태 장애로 일상생활에서 상당부분 다른 사람의 도움이 필요한 자
3등급	60~75점 미만	심신의 기능상태 장애로 일상생활에서 부분적으로 다른 사람의 도움이 필요한 자
4등급	51~60점 미만	심신의 기능상태 장애로 일상생활에서 일정 부분 다른 사람의 도움이 필요한 자
5등급(치매등급)	45~51점 미만	치매환자(「노인장기요양보험법」 제2조에 따른 노인성질병)

자료: 노인장기요양보험 홈페이지(2016).

⑤ 재원조달방식

장기요양급여에 소요되는 비용은 국민이 납부하는 장기요양보험료와 국가부담(정부지원) 그리고 장기요양급여 이용자가 부담하는 본인일부부담금으로 충당한다. 노인장기요양보호사업은 보건복지부장관이 관장하며, 국민건강보험공단이 보험자이다. 가입자는 국민건강보험 가입자로서, 건강보험료와 통합하여 장기요양보험료를 징수하되, 각각 구분하여 고지해야 하고,

통합 징수한 각 보험료를 독립회계로 관리하여야 한다.

㉠ 장기요양보험료

장기요양보험료는 건강보험료액에 장기요양보험율을 곱한 금액으로 장기요양보험료율은 보건복지부장관 소속 장기요양위원회의 심의를 거쳐 대통령령으로 명시한다('15년 장기요양보험료율 : 6.55%). 노인장기요양보험 가입자는 국민건강보험 가입자와 동일, 건강보험료와 통합·징수한다.

㉡ 국가지원

국가는 예산의 범위 안에서 당해 연도 장기요양보험료 예상수입액의 20%에 상당하는 금액을 부담(국고)하고 국가와 지방자치단체는 의료급여수급권자의 장기요양급여비용, 의사소견서발급비용, 방문간호지시서 발급 비용 중 공단이 부담하여야 할 비용 및 관리운영비의 전액을 부담한다.

㉢ 본인일부부담

급여를 받는 자가 본인이 부담하는 일부부담금은 시설급여 20%(비급여: 식재료비, 이미용료 등은 본인부담), 재가급여 15%이다. 다만, 의료급여수급권자 등 저소득층은 각각 1/2로 경감(시설: 10%, 재가: 7.5%)하고 국민기초생활수급권자는 무료이다.

⑥ 급여종류

장기요양급여의 제공 시기는 장기요양인정서가 도달한 날부터 장기요양급여를 받을 수 있다. 단, 돌볼 가족이 없는 등 대통령령이 정하는 부득이한 사유가 있는 경우에는 장기요양인정신청서를 제출한 날부터 장기요양인정서가 도달되는 날까지의 기간 중에도 장기요양급여를 받을 수 있다.

급여이용 대상은 1~5등급의 장기요양인정을 받은 자로써 장기요양수급자는 시설 또는 재가 장기요양기관과 계약을 체결하고 급여를 이용하여야 한다. 공단은 수급자가 자율적으로 장기요양기관을 선택할 수 있도록 객관적인 정보제공 및 안내, 상담하여야 한다. 급여이용의 절차는 장기요양인정서와 표준장기요양이용계획서에 따라 수급자와 가족이 자율적으로 장기요양기관을 선택하여 급여계약체결을 하고, 장기요양기관에서는 표준장기요양이용계획서와 계약 내용을 반영하여 세부급여제공 계획(일정)을 수립하고 급여를 제공하여야 한다.

표 10-13 노인장기요양보험의 급여종류

종류	서비스
재가급여	방문요양, 방문목욕, 방문간호, 주·야간보호, 단기보호, 기타재가급여
시설급여	노인의료복지시설(노인전문병원 제외)에 장기간 입소하여 제공되는 요양급여
특별현금급여	가족요양비, 특례요양비, 요양병원간병비

자료: 나직균 외(2011: 263).

2) 공공부조의 이해

공공부조는 사회보험과 더불어 국민의 최저생활보장을 목적으로 한다. 즉, 공공부조는 국가의 조세를 재원으로 생활능력을 상실한 자들에 대해 국가의 책임하에 소득보장, 의료보호, 교육, 주택, 기타 서비스 등의 프로그램을 무기여급부의 형태로 제공하여 최저한의 생활보장을 보장하고 자립을 촉진시키기 위한 일련의 정책들을 의미한다. 공공부조는 최후의 사회안전망으로서의 기능을 담당하는데, 공적 부조(public assistance), 국가부조(national assistance), 사회부조(social assistance)라고도 한다.

(1) 공공부조의 개념

공공부조는 「사회보장기본법」에 의하면, 국가와 지방자치단체의 책임하에 생활유지능력이 없거나 생활이 어려운 국민의 최저생활을 보장하고 자립을 지원하는 제도를 말한다. 즉, 빈곤이 자본주의의 구조적 모순에 의해 발생한다는 것을 전제로 하여, 국가의 책임하에 법령에 입각해 조세로 생활이 곤궁한 자에게 최저한의 생활을 보장해 주는 제도를 말한다. 우리나라의 공공부조제도에는 국민기초생활보장제도, 의료급여제도, 기초연금제도, 재해구호법, 긴급복지지원제도 등이 있다.

(2) 공공부조의 원리와 원칙

공공부조제도는 다른 사회보장제도와는 달리 몇 가지 원리와 원칙을 가지고 있다.

공공부조의 원리로써 첫째, 최저생활보장의 원리이다. 최저생활보장의 원리는 생활이 어려운 자에게 생계·주거·의료·교육·자활 등 필요한 급여를 행하여 이들의 최저생활을 보장하는 것이다. 둘째, 보충급여의 원리로써 급여수준을 생계·주거·의료·교육 급여액과 수급자의 자산조사를 통해 소득인정액을 포함한 총금액이 최저생계비 이상이 되도록 지원하는 것으로, 가구별 최저생계비와 소득인정액의 차액을 급여한다. 셋째, 개별성과 자립지원의 원리로써 수급권자의 개별적 특수상황을 최대한 반영하여 급여수준을 정하고, 근로능력이 있는 수급자에게는 자활사업에 참여할 조건으로 생계급여를 지급하는 것이다. 넷째, 가족부양과 타 급여 우선의 원리로써 부양의무자(수급권자의 1촌의 직계혈족 및 그 배우자)에 의하여 부양될 수 있는 경우에는 기초생활보장급여에 우선하여, 부양의무자에 의한 보호와 급여 신청자가 다른 법령에 의한 보호를 받을 수 있는 경우에는 기초생활보장급여에 우선하여 보호를 시행한다. 타 급여의 예로는 주민세, 건강보험료, TV 시청료 등이다.

공공부조의 원칙으로 첫째, 신청주의 원칙이다. 수급권자와 그의 부양의무자, 친족, 기타 관계인의 신청에 의해 개시하는 것을 원칙으로 한다. 국민기초생활보장제도의 경우, 사회복지전담공무원은 이 법에 의한 급여를 필요로 하는 자가 누락되지 아니하도록 하기 위하여 관할지역 내에 거주하는 수급권자가 누락되지 않도록 급여를 직권으로 신청할 수 있는데, 이 경우에는 수급권자의 동의를 구하여야 하며, 이를 수급권자의 신청으로 볼 수 있다. 둘째, 조사 및 확인의 원칙으로 보호대상자 또는 피보호자의 자산상황·건강생활 또는 부양관계 등에 대하여 조사를 실시하여 수급자로 결정이 된다. 또한 수급자는 매년 1회 이상 정기적으로 조사를 실시한다. 보장기관은 수급자 또는 부양의무자가 조사를 2회 이상 거부·방해 또는 기피하거나 검진지시에 따르지 아니한 때에는 수급자의 급여결정을 취소하거나 정지 또는 중지할 수 있다.

(3) 공공부조의 종류

가. 국민기초생활보장제도

① 국민기초생활보장제도의 목적

국민기초생활보장정책은 국민들의 기초생활을 보장하기 위한 공공부조 제도로써 「국민기초생활보장법」 제1조에서 "생활이 어려운 자에게 필요한 급여를 행하여 이들의 최저생활을 보장하고 자활을 조성하는 것을 목적으로 한다"고 밝히고 있다. 국민기초생활보장정책은 무갹출로 국가에 의해 수급자에게 일반적으로 제공되는 급여를 포함하고 있다. 이것은 국민이라는 자격으로 생존권을 보장받을 수 있다는 데에 근거를 두고 있으며, 따라서 수급권 역시 권리로써 인정된다.

② 국민기초생활보장제도의 연혁

1961년 12월 제정된 생활보호법을 폐지하고 「국민기초생활보장법」(1999.9.7)에 근거하여 2000년 10월부터 시행된 제도이다. 본 제도는 일할 능력이나 소득원이 없는 사람에게는 최저생활비를 지급하지만 일할 능력이 있는 사람에게는 자활 사업에 참여를 조건으로 급여를 지급한다.

표 10-14 국민기초생활보장제도의 연혁

시기	내용
1944. 03. 01.	조선구호령24) 실시
1961. 12. 30.	「생활보호법」25) 제정
1999. 09. 07.	「국민기초생활보장법」 제정
2000. 10. 01.	「국민기초생활보장법」 시행
2005. 12. 23.	부양의무자 범위 축소(수급권자의 1촌 직계혈족 및 그 배우자)
2006. 12. 28.	차상위계층에 대한 주거, 교육, 의료, 강제 및 자활급여 등 부분급여 지급
2015. 07. 11	맞춤형 급여체계 시행

자료: 나직균 외(2011: 266).

---

24) 조선구호령(1944년 3월)은 일본에서 1929년 제정되어 1932년부터 실시하던 구호법을 원용하여 실시하였는데, 형식상으로는 근대적 의미의 공공부조가 우리나라에 최초로 제도화된 것이며, 「국민기초생활보장법」의 전신인 「생활보호법」의 모태가 되었다.
① 적용 대상: 65세 이상의 노쇠자, 13세 이하의 유아, 임산부, 불구, 폐질, 질병, 상이, 기타 정신 또는 신체의 장애로 인하여 노동을 하기에 지장이 있는 자

③ 국민기초생활보장제도의 수급권자

국민기초생활보장제도는 생활이 어려운 사람에게 필요한 급여를 실시하여 이들의 최저생활을 보장하고 자활을 돕는 것을 목적으로 하여 수급권자와 수급자를 보호한다. 수급권자란 이 법에 따른 급여를 받을 수 있는 자격을 가진 사람을 말한다(국민기초생활보장법 제2조 제1호). 수급자란 이 법에 따른 급여를 받는 사람을 말한다(동법 제2조 제2호). 외국인에 대한 특례에 관하여는 국내에 체류하고 있는 외국인 중 대한민국 국민과 혼인하여 본인 또는 배우자가 임신 중이거나 대한민국 국적의 미성년 자녀를 양육하고 있거나 배우자의 대한민국 국적인 직계존속(直系尊屬)과 생계나 주거를 같이하고 있는 사람으로서 대통령령으로 정하는 사람이 이 법에 따른 급여를 받을 수 있는 자격을 가진 경우에는 수급권자가 된다(동법 제5조 제2호).

④ 국민기초생활보장제도의 수급자 선정기준

국민기초생활보장제도의 급여를 받을 수 있는 수급자로 선정되기 위해서는 2가지 조건을 동시에 만족시켜야 한다. 첫째, 부양의무자 기준으로써 부양의무자[26]가 없거나, 부양의무자가 있어도 부양능력이 없거나 부양을 받을 수 없는 자로서 둘째, 기준 중위소득으로 산정한다. 기준 중위소득은 「통계법」에 따라 통계청이 공표하는 통계자료의 가구 경상소득(근로소득, 사업소득, 재산소득, 이전소득을 합산한 소득을 말한다)의 중간 값에 최근 가구소득 평균 증가율, 가구규모에 따른 소득수준의 차이 등을 반영하여 가구규모별로 산정한다.

단. 2021년 1월부터 수급(신청)자 가구에 노인 또는 한부모가 포함된 경

---

② 급여: 생활부조, 의료, 조산, 생업부조, 장제부조 등

③ 원칙: 신청주의에 의하며, 자산조사를 거치도록 규정하였다. 거택보호가 원칙이며, 예외적으로 구호시설수용, 위탁수용을 할 수 있도록 규정하였다.

④ 재정: 국가가 1/2 또는 7/12 이내를 보조하고, 도는 1/4을 보조할 수 있으며, 이하는 읍·면에서 부담하도록 규정

25) 「생활보호법」(1961. 12. 30.)은 조선구호령과 유사한 측면이 많은 법으로, 인구학적 기준(18세 미만, 65세 이상)에 따라 지원을 하였다. 「생활보호법」 제정을 통해 우리나라 빈곤 구제정책이 정착되고, 공공부조 사업이 본격적으로 실시되기 시작하였으며, 급여로는 생계보호, 의료보호, 자활보호, 교육보호, 해산보호, 장제보호를 하였다.

26) 부양의무자의 범위는 수급권자의 1촌의 직계혈족(부모, 아들·딸 등) 및 그 배우자(며느리, 사위 등)이다.

우에는 생계급여 부양의무자 기준 적용이 폐지되는데, 고소득(연1억, 세전)·고재산(9억) 부양의무자가 있는 경우에는 기준이 지속 적용된다.

표 10-15 각 급여별 자격 조사와 급여 지급범위

구분	생계급여	의료급여	주거급여	교육급여
근로능력평가	○	○	X	○
소득조사	○	○	○	○
재산조사	○	○	○	○
부양의무자 조사	○	○	○	X
해산급여지급	○	○	○	X
장제급여지급	○	○	○	X

자료: 보건복지부(2016).

⑤ 국민기초생활보장제도의 급여

수급자 선정을 위한 기준은 기준 중위소득[27])을 적용한다. 급여별 선정기준을 중위소득(모든 가구를 소득순으로 매겼을 때, 가운데를 차지한 가구의 소득)과 연계한다.

표 10-16 국민기초생활보장제도의 급여

종류	내용	중위소득
생계급여	수급자에게 의복·음식물 및 연료비와 기타 일상생활에 기본적으로 필요한 금품을 지급하여 그 생계를 유지하게 한다.	100분의 30 이상
주거급여	수급자에게 주거안정에 필요한 임차료, 수선유지비 기타 대통령령이 정하는 수급품을 지급한다.	100분의 43 이상
의료급여	수급자에게 건강한 생활을 유지하는 데 필요한 각종 검사 및 치료 등을 지급하는 것으로 한다. 「의료급여법」을 따른다.	100분의 40 이상
교육급여	수급자에게 입학금·수업료·학용품비, 기타 수금품을 지원하는 것으로 한다.	100분의 50 이상
해산급여	수급자에게 조산, 분만 전과 분만 후의 필요한 조치와 보호에 대한 급여를 행하는 것으로 보건복지부령이 정하는 바에 따라 보장기관이 지정하는 의료기관에 위탁하여 행할 수 있다.	

27) 기준 중위소득은 「통계법」 제27조에 따라 통계청이 공표하는 통계자료의 가구 경상소득(근로소득, 사업소득, 재산소득, 이전소득을 합산한 소득을 말한다)의 중간값에 최근 가구소득 평균 증가율, 가구규모에 따른 소득수준의 차이 등을 반영하여 가구규모별로 산정한다.

종류	내용	중위소득
장제급여	수급자가 사망하는 경우 시체의 검안·운반·화장 또는 매장, 기타 장제조치를 행하는 것으로 한다.	
자활급여	수급자의 자활을 조성하기 위하여 자활에 필요한 금품의 지급 또는 대여, 자활에 필요한 근로능력의 향상 및 기능습득의 지원, 취업알선 등 정보의 제공, 자활을 위한 근로기회의 제공, 자활에 필요한 시설 및 장비의 대여, 창업교육·기능훈련 및 기술·경영지도 등 창업지원, 자활에 필요한 자산형성 지원, 기타 대통령령이 정하는 자활조성을 위한 각종 지원을 행하는 것이다.	

자료: 나직균 외(2011: 267).

⑥ 국민기초생활보장제도의 운용

국민기초생활보장제도의 재원은 일반조세를 통한 재원조달이 주류를 이루고, 재정부담은 원칙적으로 중앙정부와 지방정부가 분담하고 있으며, 제도를 관장하는 주무부처는 보건복지부이다.

나. 의료급여제도

① 의료급여제도의 목적

생활이 어려운 자에게 의료급여를 실시함으로써 국민 보건의 향상과 사회복지의 증진에 이바지함을 목적으로 한다. 이는 건강보험과 더불어, 국민의 건강한 생활을 보장하기 위한 의료보장제도로서 특히 저소득층을 대상으로 하는 의료급여는 어려운 국민들에게 발생하는 질병, 부상, 출산 등에 대해 의료서비스를 현물로 제공하고 있다.

② 의료급여제도의 연혁

의료급여의 역사는 1961년 제정된 「생활보호법」에서 시작한다. 당시 「생활보호법」은 의료보호에 관한 규정이 포함되어 있었으나 시행령이 마련되지 않아 실시되지 못하였다. 그 후 사회적 취약계층에 대한 보호의 필요성이 대두되어 1977년 12월 「의료보험법」이 제정되고, 1979년부터 시행되어 생활보호대상자, 이재민, 국가유공자, 무형문화재에 대하여 1종은 무료, 2종의 경우 1차 진료는 무료, 2차 진료는 70%를 본인이 부담하였다. 김대중 정부 이후인 2000년 5월에 「의료급여법」으로 전면 개정되었고, 의료급여는

「국민기초생활법」상의 수급자에게 생계급여, 주거급여, 교육급여와 함께 제공되었다. 1997년 270일이었던 의료급여 기간을 1998년 300일, 1999년에는 330일로 연장하였고, 2000년에는 기간제한을 폐지하였으나 의료급여대상자의 의료남용 등의 문제가 발생하여 2002년부터 연간 365일로 급여기간을 제한하였다. 2003년부터 수급자의 연령도 61세에서 65세로 상향, 2002년 5월에 보건복지부의 의료급여과 신설, 2002년 4월에는 건강보험심사평가원에 의료급여실을 신설하여 의료급여체계를 대폭 강화하였다.

표 10-17 의료급여제도의 연혁

시기	내용
1961. 12. 30.	「생활보호법」 제정으로 의료급여(제5조) 규정
1977. 12. 31.	「생활보호법」에서 분리하여 「의료보호법」 제정
1993. 12. 01.	2종 보호대상자 외래진료비 1,000원 부담 (과잉진료 및 수급의 남용을 방지하는 동시에 전국민 의료보험의 실시에 따라 의료부조제도 폐지)
2000. 05. 24.	「의료급여법」으로 개정 (의료급여 수급기간 폐지, 예방·재활 의료급여 실시)
2007. 02. 28.	1종 수급권자 외래진료 시 부담금 도입

자료: 나직균 외(2011: 268).

③ 의료급여제도의 수급권자

의료급여 수급권자 중 「국민기초생활 보장법」에 의한 수급자는 1종 및 2종 수급권자로 구분하여 본인부담금에 차등을 두고 있는데, 1종과 2종을 구분하는 근거는 근로능력의 유무인데 수급자 중 근로능력이 없는 자는 1종, 근로능력이 있는 자는 2종이 된다.

첫째, 1종 수급권자는 「국민기초생활 보장법」에 의한 수급자 중에서 근로능력이 없는 자가 해당되는데, 18세 미만의 자와 65세 이상인 자 그리고 중증장애인, 임신 중에 있거나 분만 후 6개월 미만의 여자, 병역법에 의한 병역의무 이행 중인 자, 희귀난치성 질환을 가진 자가 속한 세대의 구성원 등이 해당된다. 또한 타법에 의한 의료급여 수급권자로서, 「재해구호법」에 의한 이재민, 「의사상자예우에 관한 법률」에 의한 의상자 및 의사자의 유족, 「입양특례법」에 의하여 국내에 입양된 18세 미만의 아동, 「독립유공자

예우에 관한 법률」과 「국가유공자 등 예우 및 지원에 관한 법률」 및 「보훈보상대상자 지원에 관한 법률」의 적용을 받고 있는 자와 그 가족으로서 국가보훈처장이 의료급여가 필요하다고 요청한 자 중 보건복지부장관이 의료급여가 필요하다고 인정한 자, 「문화재보호법」에 의하여 지정된 중요무형문화재의 보유자(명예보유자를 포함) 및 그 가족으로서 문화재청장이 의료급여가 필요하다고 요청한 자 중 보건복지부장관이 의료급여가 필요하다고 인정한 자, 「북한이탈주민의 보호 및 정착지원에 관한 법률」의 적용을 받고 있는 자와 그 가족으로서 보건복지부장관이 의료급여가 필요하다고 인정한 자, 「5·18민주화운동 관련자 보상 등에 관한 법률」 제8조의 규정에 의하여 보상금 등을 받은 자와 그 가족으로서 보건복지부장관이 의료급여가 필요하다고 인정하는 자, 「노숙인 등의 복지 및 자립지원에 관한 법률」에 따른 노숙인으로 보건복지부장관이 의료급여가 필요하다고 인정하는 자, 그 밖에 생활유지의 능력이 없거나 생활이 어려운 자로서 대통령령이 정하는 자 등이 해당된다.

둘째, 2종 수급권자는 「국민기초생활 보장법」에 의한 수급자 중 1종 수급권자에 해당하지 아니하는 자와 보건복지부장관이 2종 의료급여가 필요하다고 인정하는 자이다.

④ 의료급여제도의 급여

수급권자의 질병·부상·출산 등에 대한 의료급여의 내용은 진찰·검사, 약제·치료재료의 지급, 처치·수술과 그 밖의 치료, 예방·재활, 입원, 간호, 이송과 그 밖의 의료목적의 달성을 위한 조치이다.

⑤ 의료급여제도의 급여기관

의료급여는 「의료법」에 따라 개설된 의료기관과 「지역보건법」에 따라 설치된 보건소, 보건의료원 및 보건지소, 「농어촌 등 보건의료를 위한 특별조치법」에 따라 설치된 보건진료소, 「약사법」에 따라 등록된 약국 및 한국희귀의약품 센터에서 제공된다. 의료급여기관별 진료범위는 보건복지부령으로 정한다.

다. 기초연금제도

우리나라 노인 인구는 500만 명 정도로 전체 인구의 10%를 넘어섰다. 통계청이 발표한 2008년 고령자 통계에 따르면, 65세 이상 노인 인구는 지난해보다 20만 6,000명 늘어난 520만 6,000명으로 전체 인구의 10.3%를 차지했다. 이런 추세라면 우리나라는 10년 뒤 고령사회(65세 이상 인구 비중 14%)로 넘어가 2026년 초고령사회(20%)에 진입할 전망이다. 젊은이들의 노년인구 부양 부담도 갈수록 커질 수밖에 없으며, 65세 이상 노인 1명을 지금은 15~64세 생산 가능 인구 7명이 부양하는 것으로 나타났지만 2020년에는 4.6명, 2030년에는 2.7명이 노인 1명을 부양해야 할 것으로 전망되고 있다. 더구나 노년기에는 퇴직 등으로 인한 소득의 격감 또는 상실에도 불구하고, 기본적인 생계유지를 위한 일상생활비 지출은 다소 감소한 선에서 지속적으로 유지되며, 질병치료에 소요되는 의료비의 증가로 인하여 적자 가계상태로 전락하게 될 것이고, 따라서 노년기에는 많은 경제적 어려움을 겪게 된다.

현재 우리나라는 경제적으로 많이 풍요로워졌지만, 단시간의 산업화로 노인들은 국가적 차원에서 제도화된 사회보장에 대한 사회적 기여의 부재, 그리고 가족구조의 변화 해체로 인한 실제로 재산이나 소득이 전혀 없는 노인가구가 전체의 32%에 이를 만큼 경제사정이 어려운 노인들이 많고, 이런 노인들을 부양하는 자녀들의 경제적 부담이 매우 크다.

① 기초연금제도의 목적

기초연금은 어려운 노후를 보내시는 노인들을 지원하는 제도로서, 노인에게 기초연금을 지급하여 안정적인 소득기반을 제공함으로써 노인의 생활안정과 복지를 증진시킴을 목적으로 하며, 현재의 심각한 노인 빈곤문제를 해결하면서, 미래세대의 부담을 덜고 노후에 안정된 혜택을 누릴 수 있도록 2014년 7월부터 기초노령연금제도[28]가 폐지되고 기초연금제도가 시행되었다.

---

28) 2008년부터 국민연금의 사각지대에 있는 노인빈곤층을 위하여 기초노령연금을 지급함으로써 노후의 생활안정을 지원하고 복지증진을 도모하는 사회보장제도로서의 측면에서 기초노령연금제도는 중요하다는 것이다. 2007년 4월 25일 신규 제정된 법률로, 2008년 1월 1일부터 실행되었다(김귀환·나직균, 2010).

② 기초연금제도의 수급자

기초연금은 만 65세 이상이고 한국 국적을 가지고 주민등록이 되어 있는 노인 중 가구의 '소득인정액'[29]이 '선정기준액(보건복지부 장관이 정하여 고시하는 금액)'[30] 이하인 자에게 지급된다. 공무원연금, 사립학교교직원연금, 군인연금, 별정우체국연금 수급권자 및 그 배우자는 원칙적으로 기초연금 수급자에서 제외된다. 다만, 직영재직기간이 10년 미만인 연계연금수급권자 및 그 배우자는 기초연금 수급이 가능하며 장해보상금, 유족연금일시금, 유족일시금(공무상 사망 등에 따라 유족연금 대신 받은 경우)을 받은 이후 5년이 경과된 직역연금 수급권자 및 그 배우자도 기초연금 수급대상에 포함된다.

③ 기초연금제도의 급여

기초연금의 급여는 첫째, 물가연동방식의 기준연금액[31]으로 산정하며, 둘째, 이에 해당하지 않는 사람들은 소득재분배급여(A급여)[32]에 따른 산식

---

29) 소득인정액이란 본인 및 배우자의 소득평가액과 재산의 소득환액을 합산한 금액이다.

30) 5세 이상 전체 어르신 중 소득과 재산이 적은 하위 70%를 선정하기 위한 선정기준액 (2015년 기준)

(단위: 원)

기준년도	단독가구	부부가구
2015	930,000	1,488,000
2021	1,690,000	2,704,000

31) 2014년 최대 20만 원에서 1,3% 인상된 202,600원 지급(2015. 4.~2016. 3.).
2021년 1월~2021년 12월: 월 최대 30만 원 지급
기준연금액 산정대상은 첫째, 국민연금을 받지 않고 있는 자(무연금자), 둘째, 국민연금 월급여액이 기준연금액의 150% 이하인 자, 셋째, 국민연금의 유족연금이나 장애연금을 받고 있는 자, 넷째, 장애인연금 수급권자 및 국민기초생활보장 수급권자.

32) 소득재분배급여(A급여)는 국민연금급여액 중 기초연금적 성격을 가진 부분으로서, 개인별 기초연금액을 결정하는 기준이 되는 급여이다. 기본적으로 가입기간이 길수록, 일찍 가입할수록 A급여액은 증가하지만, 가입기간이 동일하더라도 가입시기, 가입이력에 따라 급여액은 다른 수 있다.

(기준연금액 − 2/3 × A급여액) + 부가연금액
※ ( )의 계산결과가 음(−)의 값일 경우에는 '0'으로 처리

위의 산식으로 계산한 금액이 10만 원 미만일 경우 10만 원으로, 20만 원을 초과할 때에는 20만 원으로 기초연금이 산정되며, 위의 산식으로 산정된 기초연금액과 매원

에 의해서 산정한다. 셋째, 직역연금 특례대상자[33]와 넷째, 기초연금액의 감액[34]으로 구성되어 있다.

④ 기초연금제도의 운용

기초연금의 신정은 기초노령연금을 수급하고 있는 노인들은 자동신청이 되며, 기초노령을 받지 않고 있는 자는 2014년 7월 1일부터 주소지 읍·면 사무소 및 동주민센터 또는 가까운 국민연금공단 지사에 신청할 수 있다.

⑤ 타 제도와의 관계

장애인연금 수급권자 중 기초연금대상자에게는 장애인연금 기초급여를 실시하지 않는다.

라. 긴급복지지원제도

① 긴급복지지원제도의 목적

생계곤란 등의 위기상황에 처하여 도움이 필요한 자를 신속하게 지원함으로써 이들의 위기상황에서 벗어나 건강하고 인간다운 생활을 하게 함을 목적으로 한다. 기초생활보장신청 후 급여까지 절차를 밟는 데 걸리는 기간이 길기 때문에, 긴급한 경우 필요한 신속한 지원을 위해 선지원·사후조사의 절차로 신청 후 3~4일 이내에 급여를 지급한다.

② 긴급복지지원제도의 의의

이는 2005년 12월 23일 제정되어 2010년 12월 22일까지 5년간 효력을 갖는 한시법으로, 경제 양극화 및 이혼 증가 등 사회변화 속에서 소득상실,

---

받고 있는 국민연금액을 더한 금액이 50만 원 미만일 경우, 최대 20만 원의 범위 내에서 그 차액만큼을 보충하여 준다.

33) 부가연금액(기준연금액의 50%)

34) 부부감액: 부부 모두가 기초연금을 받는 경우, 각각의 기초연금에서 20%를 감액하여 지급.
소득역전방지 감액: 기초연금 수급으로 발생할 수 있는 불공평성 문제를 해결하기 위해 소득인정액과 기초연금액을 합산한 금액이 선정기준액 이상인 경우에는 선정기준액을 초과하는 금액의 범위에서 기초연금액의 일부를 감액할 수 있다(단독가구, 부부 1인 수급 가구는 기준연금액의 10%, 부부 2인 수급 가구는 기준연금액의 20%를 최저연금액으로 지급

질병과 같이 갑작스러운 위기상황이 발생한 경우, 누구든지 손쉽게 도움을 청하고 필요한 지원을 받을 수 있는 제도를 마련하기 위하여 지역사회의 각종 복지자원을 활용하여 위기상황[35]에 처한 자를 조기에 찾을 수 있는 체계를 갖추고, 이들에게 필요한 지원을 신속하게 실시하며 기존의 공공부조제도나 사회복지서비스와 연계되도록 하기 위해 제정되었다. 이후 2009년 5월 28일 개정을 통해 5년간 효력을 갖는다는 종전의 부칙조항을 삭제하였다. 2012년부터는 지원 위기상황에 해당하는 사유가 확대되었다. 기존에 관련 규정(긴급복지지원법령 및 고시)에 열거된 위기사유에 해당되지 않아서 지원받지 못했던 위기가구들이 혜택을 받는 것이 가능하게 되었고, 지역의 특성과 사정을 고려하여 지방의회에서 조례로 정하거나, 지방자치단체장이 인정하는 위기상황에 대한 긴급복지지원이 가능하게 되었다.

③ 긴급복지지원제도의 연혁

긴급복지제도의 연혁은 표 10-18과 같다.

표 10-18 긴급복지지원제도의 연혁

시기	내용
2005. 12. 23.	「긴급복지지원법」 제정
2006. 03. 24.	「긴급복지지원법」 시행 (5년간의 한시법)
2009. 05. 28.	시행일부터 5년간 효력을 갖는다는 부칙조항 삭제 (긴급지원 기간 최장 4개월 → 6개월로 연장, 위기상황에 처한 초·중·고등학생 입학금 및 수업료 등 지원)

자료: 나직균 외(2011: 275).

표현된 욕구 / 20

35) 「긴급복지지원법」의 위기상황은 본인 또는 본인과 생계 및 주거를 같이 하고 있는 가구구성원이 다음의 사유로 인하여 생계유지 등이 어렵게 된 것을 말한다.
① 주 소득자가 사망, 가출, 행방불명, 구금시설에 수용되는 등의 사유로 소득을 상실하고 가구구성원에게 다른 소득원이 없는 때
② 중한 질병 또는 부상을 당한 때
③ 가구구성원으로부터 방임·유기되거나 학대 등을 당한 때
④ 가정폭력을 당하여 가구구성원과 함께 원만한 가정생활이 곤란하거나 가구구성원으로부터 성폭력을 당한 때
⑤ 화재 등으로 인하여 거주하는 주택 또는 건물에서 생활하기 곤란하게 된 때
⑥ 그 밖에 보건복지부장관이 정하여 고시하는 사유가 발생한 때

④ 긴급복지지원제도의 대상

긴급복지지원제도의 대상은 갑작스런 위기상황으로 본인 또는 본인과 생계 및 주거를 같이 하고 있는 가구구성원의 생계유지 등이 어렵게 된 가구이다.

⑤ 긴급복지지원제도의 급여

긴급복지지원제도의 급여는 국가와 지방자치단체로부터의 금전 또는 현물 등의 직접지원인 생계지원, 의료지원, 주거지원, 사회복지시설이용지원, 교육지원, 그 밖의 지원과 민간기관·단체와의 연계 등을 통한 상담·정보제공 등의 지원을 받을 수 있다. 2020년 종류별 지원내용과 금액을 살펴보면 표 10-19와 같다.

표 10-19 긴급복지지원제도의 급여

종류	지원내용
생계지원	식료품비, 의복비 등 1개월 생계유지비
의료지원	각종 검사, 치료 등 의료서비스 지원(300만 원 이내)
주거지원	국가·지자체 소유 임시거소 제공 또는 타인 소유의 임시거소 제공
사회복지시설 이용 지원	사회복지시설 입소 또는 이용서비스 제공(시설 운영자에게 입소 또는 이용비용 지급)
교육지원	초·중·고등학생 수업료 등 필요하다고 인정되는 사람 학비지원
그 밖의 지원	• 위기사유 발생으로 생계유지가 곤란한 자에게 지원 - 동절기(10~3월) 연료비(월: 98천 원) - 해산비(70만 원)·장제비(80만 원)·전기요금(50만 원 이내): 각 1회
민간기관·단체 연계 지원 등	사회복지공동모금회, 대한적십자사 등 민간의 긴급지원프로그램으로 연계, 상담 등 기타 지원

11
CHAPTER

사회복지의 실천분야 Ⅰ

이 장에서는 사회복지의 실천분야 중에서 아동과 청소년복지, 노인복지로 구분하여 각 분야별 대상과 복지서비스에 대해 살펴보고자 한다.

01 아동과 청소년복지

1) 아동복지

(1) 아동복지의 개념

아동복지는 아동과 복지의 복합개념으로 아동을 위한 사회복지서비스를 의미한다. 일반적으로 '아동'의 연령은 '18세 미만'으로 알려져 있지만, 법과 사회적 통념에 따라 상당한 차이가 있다. 즉, 「아동복지법」에서는 "아동이라 함은 18세 미만의 자를 말한다."라고 규정하고 있지만, 「청소년기본법」은 '9세에서 24세까지'를 청소년으로 청하고 있다. 아동과 청소년 연령의 경계가 불분명하기 때문에 논란이 되기도 한다.

표 11-1에서 보듯이 아동에 대한 연령 구분이 각기 다르기 때문에 청소년과 혼란이 생기므로, 이에 대한 합의가 필요하다.

표 11-1 아동의 유사개념과 연령 구분

영역		아동의 유사 개념	연령 구분
발달심리학		아동기	5~12세
교육학		초등교육 대상자	6~12세
법률	민법	미성년자	20세 미만 (혼인적령 남자 만 18세, 여자 만 16세)
	형법	형사 미성년자	14세 미만
	아동복지법	아동	18세 미만
	청소년기본법	청소년	9세 이상 24세 이하
	청소년보호법/청소년의 성보호에 관한 법률	청소년	19세 미만
	소년법/소년원법	소년	20세 미만
	근로기준법	연소자	18세 미만
	영유아보육법	영유아	6세 미만의 취학 전 아동 (만 12세 미만까지~방과 후 보육)
	모자보건법	영유아	출생 후 6년 미만의 자
	한부모가족복지법	아동	18세 미만의 자녀
	국민기초생활보장법	아동	18세 미만의 자

아동복지의 개념은 아동과 복지를 어떻게 보느냐에 따라 달라진다. 좁은 의미의 아동복지는 특별한 문제나 욕구가 있는 아동(종전의 요보호아동)을 중심으로 한 복지활동으로, 비교적 개인이나 민간단체를 중심으로 이루어진다. 넓은 의미의 아동복지는 일반아동과 그 가족을 대상으로 다양한 복지 주체들이 서로 유기적 관리하에 체계적으로 복지활동을 전개하는 것을 말한다. 이는 모든 복지제도(민간, 개인, 국가)를 포함한다.

우리나라의 「아동복지법」[1] 제1조에 "이 법은 아동이 건강하게 출생하여 행복하고 안전하게 자라나도록 그 복지를 보장함을 목적으로 한다."고 규정하고 있다. 「아동복지법」 제2조에서 아동을 18세 미만의 자로 정의하고, 아동의 영양·교육·보호의 과정을 통하여 적절한 신체적·정신적 및 도덕적인 발전을 기하도록 하는 데 있다. 좁은 의미에서 아동복지의 개념은 빈곤, 방치, 질병, 결함 등으로부터 해방시키는 것이라 할 수 있고, 넓은 의미에서는 모든 아동의 신체적·지적·정서적 발달에 안전과 행복을 추구하는 것이다(김귀환·나직균, 2008: 63-64).

카두신(Kadushin, 1984)은 아동복지를 "부모가 자녀양육의 책임을 완수하지 못하거나 지역사회가 아동과 가족이 필요로 하는 보호와 자원을 제공하지 못하는 경우 아동에게 제공하는 서비스"라고 규정하였다. 이는 가정과 부모의 양육기능을 지지·보충·대리하며, 학대·방임의 경우에는 강제보호를 통해서라도 "모든 아동의 행복과 사회적응을 위해 심리적·사회적 및 타고난 잠재능력을 길러주는 각종의 활동"이 바로 아동복지라고 정의하였다.

또한 마틴(Martin, 1988)은 아동복지를 좁은 의미로 특수한 욕구를 가진 아동과 가족을 대상으로 특정기관에서 제공하는 서비스로 보았으며, 넓은 의미로는 모든 아동들의 행복을 위해 신체적·사회적·심리적 발달을 보호하고 촉진하기 위한 대책이라고 정의하였다. 보건복지부는 "사회의 특별한 보호가 필요한 아동을 포함한 모든 아동이 가족 및 사회의 일원으로서 육체적·정신적으로 건전하게 성장·발달할 수 있도록 보호·지원하여 그들의

1) 「아동복지법」은 ① 일제 식민지정책의 일환으로 등장, ② 아동을 치안과 사회통제의 대상으로 간주, ③ 미군정에 의해 14세 미만 아동고용 금지, ④ 6.25 전쟁 이후 전쟁고아들이 속출하면서 아동복지에 대한 전기 마련, ⑤ 1961년 「아동복리법」을 제정하여 1981년 「아동복지법」으로 전면 개정되었다.

건전육성을 도모하는 것”으로 정의하고 있다. 이에 따라 아동복지의 개념은 다음과 같이 정리할 수 있다.

> ① 국가와 지방자치단체의 책임이다.
> 민주국가로서 국가와 지방자치단체는 그 지역에 현재 거주하는 모든 국민의 복지에 대한 책임이 있다(「아동복지법」 제4조 제4항). 그러므로 아동복지의 수행기관으로서 그리고 아동의 복지나 안전이 위협받을 때 이를 보호할 수 있는 책임이 국가와 지방자치단체에 있다.
> ② 전체 국민으로서 모든 성인을 포함한다.
> 이는 아동복지를 수행하는 기관, 시설, 전문가에 의하여서 이루어지는 것이 아니라 모든 국가의 구성원이 다음 세대를 책임질 시민을 성장시켜야 하기 때문이다. 그리고 아동의 안전, 안녕, 권익, 복지 등이 일차적으로 모든 성인에 의하여 좌우되므로 이들이 그 대상이다.
> ③ 1차적 책임은 가족, 보호자, 친권자 혹은 후견인이다.
> 아동은 적절한 보호, 사랑, 훈육, 교육, 안전을 통하여 성장할 수 있으며, 이러한 환경의 제공자는 가족을 비롯한 보호자 혹은 지도 감독자이다.
> ④ 아동복지의 대상은 보호가 필요한 아동은 물론이며, 모든 아동이 우리가 보호해야 할 대상인 것이다.

(2) 아동복지의 출현과 발달

① 우리나라에서의 아동복지 출현과 발달

역사적으로 볼 때, 우리나라에서 아동복지라는 개념이 있었는지에 대하여 ‘그렇다’는 관점은 이미 삼국시대부터 민생구휼제도[2]가 존재하고 있었

---

2) 민생구휼사업은 삼국시대 이래로 통일신라시대, 고려시대, 조선시대에 이르기까지 긴 역사를 통하여 지속되어 온 사회제도였다. 삼국시대의 구휼사업은 그 자체가 고대국가 존립을 위한 목적에서 이루어졌으며, 그 당시의 사회문제, 경제와도 밀접한 관계를 가지고 있었다. 또한 이 시대는 농본주의, 귀족주의, 토지국유 내지 공유주의 등을 사회제도의 원칙으로 삼았었다. 이러한 사회제도에서는 백성들의 재난을 그대로 방치해 두는 것은 곧 백성의 황폐화를 의미하는 것이었다. 따라서 백성의 황폐화는 토지의 영주인 국왕과 귀족에게는 생산의 감소와 국력의 쇠잔을 초래하게 되어 타국으로부터 침략을 당할 경우 위험을 자초하는 것이었다.
그러므로 삼국시대에는 곤궁에 처한 자들에게 구휼사업을 행하는 것은 국왕의 은총으로써 매우 활발하게 실시되었던 기록을 찾아볼 수 있다. 「삼국사기」에 나타난 삼국에 공통된 기록들을 추출해 보면 구휼사업의 대상은 기민(饑民: 굶주린 백성)과 빈약자 및 인신매매대상자, 환과고독(鰥寡孤獨: 홀아비, 과부, 고아, 자식 없는 자로 가장 우선적으로 보호를 받아야 할 대상자)과 불능자존자(不能自存者), 역병자(疫病者: 악성(惡性)의 전염병에 걸린 사람), 수재민, 유망자(流亡者: 일정한 거처가 없이 떠돌아다니는 사람), 도적의 봉기에 관련되는 사항으로 분류할 수 있다. 이상의 삼국사기에 나타나 있는 구휼대상자는

으며, 고려시대에는 어린이 수양제도 그리고 조선시대에는 한층 구체적이고 본격적인 아동복지제도가 있었다는 것이다. '아니다'는 관점은 단지 복지라는 용어를 사용하지 않았다는 것과 아동의 권리를 고려하지 않은 시혜적이고 자선적 측면이었기 때문에 아동복지의 개념이 없었다는 것이다.

삼국사기 기록에 나타난 대부분의 구제사업을 천재지변과 같은 위기로 왕에 의한 시혜적 구제임을 알 수 있다. 신라 유리왕의 백성, 특히 고아와 노인에 대한 관심은 매우 높았다고 기록된다. 박혁거세의 부인이나 탈해왕은 입양되었다는 기록으로 미루어 보아 혈연관계가 아닌 입양이 이미 삼국시대에 있었다는 것을 알 수 있다. 고려시대에도 환과고독[3]에 대한 구제가 계속 이어져 내려오고 있으며, 특히 어린이 수양제도가 중요한 사회제도의 하나였다. 물론 계급 사회에서 고아를 수양한다는 명목으로 입양하여 인신매매, 유괴, 약탈 등을 하기도 했지만, 잦은 전쟁과 흉년으로 떠돌아다니는 유아, 기아, 고아, 빈곤아를 절에서 집단 수용하여 승려나 사역승으로 삼거나 민가에서도 이를 본받아 양자 혹은 노비로 삼았다고 한다. 민가에서도 고아나 걸식아를 수양하거나 양자 또는 노비를 삼는 것을 상황에 따라 국가에서 허가한 것은 현대적 관점에서의 아동의 권리와 똑같다고는 볼 수 없지만, 그래도 인권 존중의 한 방법이며 시작이라고 보았다. 조선시대 말에 천주교가 들어오기 시작하고, 가톨릭은 포교와 더불어 기아, 고아, 빈곤아를 위한 육아원(고아원)을 설립한 이후 개신교 선교사들에 의한 학교, 병원을 중심으로 시작되었다. 이후 한국전쟁으로 인하여 전쟁고아를 대거 양산하였고, 휴전 당시 440개의 시설에 53,964명의 아동이 수용 및 보호되고 있었다.

우리나라의 아동복지에 관한 사회적 관심은 1961년 「아동복리법」이 제정될 때까지 혹은 1959년 아동을 위한 어린이 헌장이 만들어질 때까지 유보되었다. 1961년 「아동복리법」이 제정되었지만, 급격한 사회변동으로 전쟁고아가 아닌 버려지는 아동, 즉 미혼모의 자녀, 기아, 미아, 방임아동이 급증하였다. 혼혈아동으로 시작된 해외 입양은 '고아 수출국'이라는 불명

모두 민(民) 또는 백성(百姓)이라는 말로 표현되어 있다.

3) 환과고독은 홀아비, 과부, 고아, 자식이 없는 사람을 말한다.

예를 지닌 한국이 동시에 올림픽을 개최할 수 있느냐는 국제적 여론으로 국내 입양을 추진하였으나, 매년 2,000명 수준으로서 공식적으로 발생하는 15,000명의 미아, 유기아의 대책에는 전혀 도움이 되지 못하였다.

② 서양에서의 아동복지 출현

아동복지라고는 할 수 없지만, 공식적 국가의 관심은 1215년 영국 존 왕이 선포한 마그나 카르타(Mangna Carta,[4] 대헌장)라고 보아야 할 것이다. 대헌장은 왕이 모든 아동의 부모(혹은 후견인)로서 책임을 갖겠다는 것을 선언한 것이다. 이러한 아동원호운동(Child-Saving Movement)은 구빈원,[5] 도제제도,[6] 아동수용시설 그리고 좀 더 발전하여 위탁가정 등으로 발전한다.

(3) 아동의 권리

아동도 성인처럼 권리를 가진 인격체라는 평범한 사실이 국제사회에서 보편적으로 인정된 것은 오래되지 않았다. 아동의 권리가 국제협약으로 제정된 것은 1989년 국제연합 총회에서 채택된 '아동의 권리에 관한 국제협

---

4) 1215년 존 왕이 승인한 국민의 자유 칙허장(勅許狀)으로 영국 헌법의 기초가 되었다. 일반적으로 국민의 권리와 자유를 보장하는 기본법이다.

5) 구빈원은 구빈법의 적용을 받는 빈민에게 일자리를 마련해 주거나 노약자를 수용하여 생계수단을 제공하던 기관이다. 17~18세기 영국은 빈민들뿐만 아니라 고아, 정신병자, 범죄자도 수용했기 때문에 교도소 등 교정시설과 구분하기 어렵다.

6) 도제제도는 서유럽 중세의 동직조합(同職組合: 길드)의 내부에 존재한 도장인, 장인, 도제의 계층 조직에 따라 도장인과 도제의 관계를 규정한 제도를 말한다. 장인, 도장인을 지망하는 자는 도제로서 도장인과 수업계약을 맺고 수업료를 지불하고 입문하여, 도장인의 집에서 기거하면서 작업하며 기술을 습득함과 동시에, 그 가정의 잡무도 돌보게 된다. 도장인은 도제에게 일상의 의식(衣食)과 약간의 용돈을 주고, 기술지도뿐만 아니라 도덕상의 감독에도 전 책임을 졌다. 한 사람의 도장인이 갖는 도제의 수는 1~2명으로 제한되어 있었으며, 도제의 연한은 보통 10세 전후에 시작하여 수업 기간은 대륙에서는 2~8년, 영국에서는 약 7년이었는데 이것이 끝나면 장인이 되었고, 3년 정도의 장인 과정을 거친 후 도장인 시작품(試作品)을 동업조합에 제출하여 기능 심사에 합격해야 했다. 그리고 그 이후라야 한 사람의 도장인으로서 독립할 수 있었는데, 15세기에 장인의 도장인으로의 진출이 저지된 이후에는 후계자 양성이란 이 제도 본래의 일면의 뜻도 없어졌다. 그 후 공장제수공업(工場制手工業)의 발전에 따라 도제제도는 해체되었으나, 동직조합의 자치(自治)와 긍지의 전통은 유럽사회에 오늘날까지 남아 있다. 도제제도의 교육적 특징은 교육자(도장인)와 도제와의 관계가 인격적 관계였다는 점이며, 기술교육과 인간교육이 병행하여 이루어졌다는 점 그리고 장래의 지위를 보장하는 교육이었다는 점 등이 있다.

약(The UN Convention on the Rights of the Child)'에서 비롯된다.

역사적으로 볼 때 시민의 인권이 확인되고 선언된 것은 18세기 후반이었지만, 아동은 시민의 한 사람으로 인식되지 않았다. 아동이 차별받지 않고 평등하게 존중되어야 한다는 사상은 루소에 의해 전개되었다. 그는 프랑스 사회가 아동을 '어린 인간'으로 보지 않고 '작은 어른' 또는 '어른의 축소판'으로 취급하고, 인간성을 무시하며 형식적인 교육을 한데 대해서 비판하고 인간으로서 아동의 고유한 가치와 인권을 주장하였다.

아동의 권리가 국제적 문서로 된 것은 1924년 국제연맹 총회에서 '아동의 권리에 관한 제네바 선언'이 채택됨으로써 공식화되었는데, 이 선언은 전문과 5개조의 본문으로 구성되었다. 전문에는 "모든 나라의 남녀와 인류가 아동에 대하여 최선의 것을 주어야 할 의무를 진다는 것"을 기본이념으로 하고 있다.

1959년 유엔 총회에서 채택된 '아동의 권리선언'은 전문과 10개조의 본문으로 구성되었는데, 이 선언은 아동을 단순한 구제나 보호의 대상으로서뿐 아니라, 인권이나 자유의 주체로서 파악하였다. 아동의 권리를 '선언'에서 '협약'으로 바꾼 아동의 권리에 관한 국제협약은 오랫동안의 논쟁을 거쳐서 채택되었다. 국제인권규약이 발효된 1976년 유엔총회에서는 아동의 권리선언 20주년인 1979년을 '국제 아동의 해'로 결정하였다. 국제 아동의 해는 아동의 인권 실현을 촉진할 목적으로 결정되었고, 아동권리협약의 채택에 결정적인 계기가 되었다. 아동의 권리에 관한 국제협약은 그 심의과정에서 '아동관'에 획기적인 변화를 가져왔다. 아동을 권리향유의 주체로 파악하는 아동관에서 권리행사의 주체로 인식하는 아동관으로 변화되었다. 그 단적인 예가 아동의 사상 양심 종교의 자유에 관한 조항이고 또한 매스미디어에 대한 아동의 접근에 관한 조항이다. 이 협약은 1989년 11월 20일 유엔총회에서 전원 일치의 찬성으로 채택되었고, 1990년 9월 2일부터 국제법으로 발효되었다.

한편, 우리나라는 아동의 권리[7]에 관한 국제협약을 1990년에 서명하고,

---

7) 아동권리의 주요 내용을 요약하면 다음과 같다.
① 생존의 권리: 적절한 생활수준을 누릴 권리, 의료서비스를 받을 수 있는 권리
② 발달의 권리: 교육, 놀이, 여가, 정보를 누릴 권리, 문화활동, 사상, 양심, 종교의 자유

1991년 11월 20일에 비준하였다. 우리 정부는 비준과정에서 "부모와의 면접교섭 유지권, 입양허가, 상소권보장 등 3개 조항"을 유보하였다. 국제조약은 「헌법」에 의해서 국내법과 동일한 효과가 있다고 할 때, 아동의 권리에 관한 국제협약은 일반적으로 승인된 국제법규로서 국내법과 같은 효력을 갖는다(「헌법」 제6조).

(4) 아동복지서비스

아동복지의 대상이 요보호아동을 포함한 일반 전체 아동으로 확대되어졌을 뿐 아니라, 아동 개개인이 가진 욕구와 문제들이 매우 다양하기 때문에 아동복지서비스는 매우 다양하다. 다양한 아동복지사업은 대상, 장소, 기능, 방어선을 기준으로 분류할 수 있다.

① 대상을 기준으로 한 분류

대상을 기준으로 요보호아동과 일반아동을 위한 서비스로 분류된다. 먼저, 요보호아동을 위한 서비스는 양육 환경상의 문제, 장애, 방임과 학대 등에 의해 특별한 보호가 필요한 경우 등 위기상황에 처해 있거나 장기적인 보호와 치료가 필요한 아동들을 위한 서비스로 이러한 사업의 대부분은 선별적 서비스의 원칙에 따라 치료적 관점에서 제공되고 있다. 반면, 일반아동의 서비스는 가정 외부로부터 특별한 도움을 받지 않고도 생활할 수 있는 아동과 부모를 위한 서비스로 확대되며, 지속적으로 개발되어야 한다.

② 장소를 기준으로 한 분류

장소를 기준으로 가정 내[8]와 가정 외[9] 서비스로 분류할 수 있다.

를 누릴 권리

③ 보호받을 권리: 각종 착취와 학대, 가족과의 인위적인 분리, 형법 등의 폐습으로부터 보호받을 권리

④ 참여의 권리: 자신의 의사를 표현할 자유와 자기 생활에 영향을 주는 일에 대하여 말할 수 있는 권리, 책임감 있는 어른이 되기 위해 아동자신의 능력에 부응하여 적절한 사회활동에 참여할 기회를 가질 권리

8) 가정 내 서비스(in-home service, 재가서비스)는 아동이 부모 및 다른 가족구성원과 함께 자신의 가정에서 생활하면서 외부로부터 여러 가지의 도움을 제공하는 사업이다.

9) 가정 외 서비스(out-of-home service)는 아동이 자신의 가정을 떠나 다른 가정이나 또는 시설에서 생활하면서 여러 가지 도움을 제공 받는 사업이다.

③ 기능을 기준으로 한 분류

기능을 기준으로 한 분류는 카두신(Kadushin)의 분류로서 지지적 서비스[10], 보충적 서비스[11], 대리적 서비스[12]로 분류하며, 아동복지에서 가장 많이 사용하는 분류방법이다.

④ 방어선의 위치에 의한 분류

이는 쥬크만(Zuckerman)의 저서 『아동복지』(1974)에서 방어선의 개념에 의한 아동복지서비스를 분류한 것이다.

첫째, 제1차 방어선으로서 가정지원서비스이다. 아동복지의 기초가 되는 서비스로 예방 및 치료의 효과를 동시에 볼 수 있다. 따라서 상담 및 교육서비스, 보육서비스, 프로텍티브 서비스(protective services, 피학대아동보호사업), 지역사회 중심의 아동복지사업, 소득보완사업 등 대부분의 아동복지사업은 이에 속한다고 할 수 있다.

둘째, 제2차 방어선으로서 대리가정서비스이다. 가정이 정상적인 기능을 수행할 수 없을 경우, 대리부모를 통해 일반아동과 마찬가지로 가정생활을 누릴 수 있도록 하는 것이다. 위탁보호서비스와 입양서비스가 대표적이다.

셋째, 제3차 방어선으로서 시설보호서비스이다. 시설보호서비스는 아동이 받을 수 있는 최후의 서비스로서, 3차 방어선에 도달하기 전 예방차원의 아동복지서비스가 더욱 확대되어야 할 것이다.

---

10) 지지적 서비스는 부모에게 아동발달에 대한 지식과 기술이 부족한 경우, 부모-자녀관계, 부부관계 및 기타 사족관계가 원만하지 못한 경우와 주변 환경의 실조 때문에 올바른 양육을 하지 못하는 경우에 제공한다. 주요 서비스 기관에는 아동상담소, 가정상담소, 지역사회복지기관에서 제공하는 상담서비스, 학대, 방임아동을 위한 보호서비스, 미혼부모, 한부모를 위한 서비스가 있다.

11) 보충적 서비스로써 아동이 가정에서 부모와 함께 생활할 수 있도록 보장하기 위해 사회가 부분적으로 양육책임을 실제적으로 진다는 의의가 있다. 이는 부적절하거나 불충분한 부모의 보호를 보상하거나 아동이 받아야 할 보호를 보충하는 서비스로서 소득보충 프로그램, 가정봉사원 파견서비스, 보육서비스가 있다.

12) 대리적 서비스로써 부모의 사망이나 유기, 질병 등의 사유로 가정이 와해되거나 부모역할을 포기하게 되는 경우, 부모 역할의 전부를 대신하는 서비스가 주어지게 된다. 이는 아동의 개별적 욕구에 따라 부모의 보호를 부분 또는 전체를 대리하는 서비스로서 가정위탁서비스, 입양서비스, 시설보호(그룹홈, 쉼터, 생활시설) 등이 있다.

2) 청소년복지

(1) 청소년복지의 개념

청소년복지에 대한 합의된 정의는 없지만, 대체로 청소년복지는 가정이나 사회로부터 버려지거나 적응하지 못하는 청소년뿐 아니라, 모든 청소년[13)]의 안녕에 관심을 가진다. 청소년복지 활동은 청소년들의 기본적인 욕구를 충족시키며, 정신적·정서적·신체적으로 최상의 발달을 기하기 위해서 청소년 자신들에게 직접적으로 또는 가정이나 사회를 통해 간접적으로 제공되는 모든 사회제도적 · 전문적 활동을 말한다(한국청소년개발원, 1994: 6).

우리 사회에서 청소년복지란 낱말이 사용되기 이전의 청소년복지는 아동복지에 포함되거나, 아동복지의 연장선상에서 다루어져 왔다. 대학의 교과과정에서도 아동복지 속에 청소년복지가 다루어졌다가, 점차 아동 및 청소년복지로 개편되었으며, 최근에야 청소년복지란 독립된 교육과정이 설정되었다. 이처럼 청소년복지가 아동복지와 논란이 되는 것은 청소년과 아동의 연령을 어떻게 구분하느냐와 청소년복지의 정체성을 어떻게 확보하느냐에 달려 있다(이용교, 1993: 11). 이렇듯 청소년복지는 청소년기의 특성에 유의해서 개념을 정의할 필요가 있을 것이다. 청소년기는 인생의 발달주기상에서 아동에서 성인으로 가는 과정으로, 신체적으로 성숙해지고, 동성과 이성의 친구를 사귀며, 경제적으로 독립할 준비를 하는 발달과업을 갖는다. 따라서 청소년복지는 청소년이 성장하는 과정에서 보다 절실한 사회적 욕구인 교육, 보건, 직업에 관한 욕구 등을 충족시키면서 일탈, 불평등, 사회해체와 같은 사회문제를 극복하도록 돕는 사회적 서비스가 되어야 한다.

---

13) 청소년(靑少年)은 사전에 의하면 어른과 어린이의 중간 시기로 청소년에 대한 연령 규정은 법규마다 다르다. 「청소년기본법」에는 9세에서 24세 사이의 사람으로 규정되어 있다. 흔히 청소년이라 하면 만 13세에서 만 18세 사이의 사람을 칭하며, 이러한 경우에는 간단하게 학생이라는 말로 대신하기도 한다. 또한 사춘기를 겪고 있는 사람을 칭하기도 한다. 1985년 UN에 의한 청소년은 15~24세 사이의 집단으로, 국제식량기구(FAO)에 의하면, 청소년이란 10세부터 24세까지 사이의 결혼 여부를 불문한 남녀 인구 부문으로 규정한다. 우리나라의 경우는 중·고등학교 학생의 연령층 집단이 속하고 아동기에서 성인기로 넘어가는 과도기로 보고 있다.

(2) 청소년과 환경

① 가정

좁은 의미의 가정은 주로 가족이 살아가는 공간적 장소를 가리키지만, 넓은 의미의 가정은 인간관계에 초점이 주어지는 가족(family), 생활과 거주 장소에 초점이 주어지는 집(house), 공동의 소득에 근거한 생산 소비 활동의 단위인 가계(house hold), 의식주를 비롯한 일련의 가족자원 관리활동을 모두 포함하는 개념이다. 다시 말해, 가정은 가족이 안주할 수 있는 장소를 가리키되 오직 물질적인 환경만을 의미하는 것이 아니라 가족구성원들이 건전하게 성장·발달할 수 있도록 기본적인 생존욕구를 충족시켜주고, 안식과 애정을 제공하는 보금자리이다. 청소년 삶의 제1차 사회화 기관 역할을 하며, 가치관과 도덕관의 기본적인 교육을 하는 장소가 되므로 올바른 가정생활을 하는 것은 청소년 문제를 예방할 수 있다.

② 지역사회

지역사회(community)는 지역공동체(human community)라고도 풀이하는데, 이 말은 인구·생태학 등과 같이 생물학적 용어에서 빌려 온 말이다. 그 기본 뜻은 생물의 어떤 종이 지역적 또는 공간적으로 분리되어 한데 모여 생활하는 모습을 의미한다. 또한 인간의 공동생활은 생물학적인 삶에 그치지 않고 문화, 동일시 그리고 상호작용을 통한 공동생활의 맥락에서 이루어진다. 즉, 지역사회는 한 지역적 테두리에서 모여 사회조직을 이루고 문화를 공유하며, 그 공동체에 대한 일체감을 지니는 삶의 터전이라고 말할 수 있을 것이다.

③ 학교

바람직한 시민양성을 목표로 국가의 교육책임을 위탁받아 시행하는 기관으로 가정으로부터 자녀의 교육기능을 위임받은 곳이기도 하다. 청소년복지의 측면에서는 교육의 목적은 전인교육이며, 청소년의 삶과 복지를 향상시키는 학교의 사회복지적 기능을 담당해 주는 것이다. 학교사회복지는 학교교육의 목적을 달성하는 것을 지원하고, 학생들이 학교에 잘 적응할 수 있도록 도와주며 이를 위해 학교, 가족, 지역사회가 수행하는 노력을 조정하고 영향을 미치게 하는 활동을 말한다.

④ 교우관계

현대사회에서 청소년들은 가족보다 친구와 상호작용이 증가하는 것으로 나타나고 있다. 교우관계의 증대는 또래의 영향을 많이 받게 되고, 올바른 교우관계는 올바른 청소년 시절과 미래 사회를 짊어질 일꾼으로 성장하게 한다.

⑤ 대중매체

백과사전에 따르면 대중매체(mass media)는 신문사, 출판사, 방송국 등 특정 소수의 정보 제공자로부터 불특정 다수의 대중을 향한 정보 전달 수단이다. 전파를 이용한 대중매체에는 텔레비전과 라디오가 있으며, 인쇄를 이용한 대중매체에는 잡지와 신문이 있다. 1990년대 후반부터 인터넷을 이용한 정보 전달이 급격하게 늘고 있다. 대중매체를 통한 정보의 전달을 대중 전달이라 부른다. 현대사회에서 청소년들에게 가장 큰 영향력을 미치고 있고, 청소년 문화의 창조에 긍정적·부정적 영향력을 형성하고 있다.

(3) 청소년 관련법

① 청소년기본법

1990년 5월에 대한민국 청소년헌장[14)]을 제정·발표한 것에서 시작하여, 1991년 한국청소년기본계획을 수립하고, 이것을 토대로 같은 해에 「청소년육성법」을 폐지하고 「청소년기본법」을 제정하였다. 「청소년육성법」을 폐지하고 그 기본법을 제정한 것은 육성 정책을 소홀히 다루려고 한 것이 아니라, 청소년 정책에서 기본적인 원칙과 방향을 법적으로 체계 있게 정립함으로써, 오히려 육성 정책을 강화하고자 하는 데에 취지가 있었던 것이다. 「청소년기본법」은 그 육성법에서 미진하였던 청소년수련활동 실시의 필수 요소인 청소년지도자의 양성 및 지원, 청소년단체의 육성, 수련활동에서 사용될 수련거리의 개발에 관한 사항, 청소년 육성기금의 조성 등에 대하여 전면적으로 개정하거나 보완하였다. 「청소년기본법」에서는 청소년을 9세 이상 24세 미만인 자로 규정하고 있다.

② 청소년보호법

「청소년보호법」은 유해한 매체물과 약물 등이 청소년에게 유통되는 것과 청소년이 유해한 업소에 출입하는 것 등을 규제하고, 청소년폭력·학대 등 청소년유해행위를 포함한 각종 유해한 환경으로부터 보호·구제함으로써 청소년이 건전한 인격체로 성장할 수 있도록 함을 목적으로 하고 있다. 「청소년보호법」에서는 청소년을 9세 이상 19세 미만인 자로 규정하고 있다.

---

14) 청소년 헌장은 1990년 제정되었고, 1998년 선포되었다. 헌장에서는 청소년의 보호권, 평등권, 학습권, 여가권, 신체자유권을 명시해 주고, 청소년 자신이 삶의 주체이며 시민이라고 인정해 주고 있다. 헌장이란 백과사전에 따르면 일반적으로 어떤 모임의 기본적인 이념이나 목적, 혹은 원칙을 정리한 활동 준칙을 의미한다. 국제법에서는 이것을 'charter'라고 하는 말로써 표현한다. 이 말은 가끔 조약의 일종으로 해석되는 경우도 있다. 주로 국제기관의 설치 조약을 의미하는 것으로 많이 사용된다. 국제연합헌장, 국제노동기구헌장, 국제원자력기구헌장 등의 예가 있다.

③ 아동복지법

> 이 법은 "아동이 건강하게 출생하여 행복하고 안전하게 자라나도록 그 복지를 보장함을 목적으로 한다."고 규정하고 있다. 아동을 영양·교육·보호의 과정을 통하여 적절한 신체적·정신적 및 도덕적인 발전을 기하도록 하는 데 있다. 「아동복지법」에서 아동의 나이는 18세 미만으로 규정하고 있다.

앞에서 살펴본 것과 같이, 우리나라의 청소년 관련법들은 각 법에서 정하는 청소년 나이가 조금씩 차이가 나고 각기 다르게 적용하고 있다는 문제점이 있다.

02 노인복지

1) 노인복지의 개념

노인이란 말 그대로 "나이 들어 늙은 사람"이라는 의미이고, 늙어간다는 것, 노화[15)]는 "생물학적·심리적 그리고 사회적 기능이 쇠퇴해 간다."는 의미이다. 노인에 대한 개념을 정확하게 정의하는 것은 매우 어려운 작업이다. 문화와 역사, 사회적 맥락에 따라 다양하게 규정되었다. 노인의 개념은 국가나 사회 문화적·경제적 배경과 개인의 신체적·정신적·사회적 요인 등이 고려되어야 한다.

노인의 개념 정의를 국제노년학회(1951)는 다음과 같이 다섯 가지 특성을 가진 사람으로 설명한다.

---

15) 노화란 연령의 증가와 함께 점진적으로 발생하는 생체조직과 생체기능의 약화현상이다. 그러나 노년학은 노화현상을 단순히 생리적·신체적 상태와 기능의 변화만을 연구하는 것이 아니라 심리적 상태와 기능의 변화를 통해 노화현상을 관찰한다거나 사회적 상태와 기능의 변화를 통해 노화를 이해하는 등 다양한 영역을 통해 종합적으로 접근한다. 따라서 노화란 인간의 생리적 조직과 기능의 약화 현상 및 심리적·사회적 기능의 약화 현상 등을 포괄적으로 의미한다고 할 수 있다.

① 환경변화에 적절히 적응할 수 있는 조직기능이 감퇴되고 있는 사람이다.
② 생체의 자체 통합능력이 감퇴되고 있는 사람이다.
③ 인체의 기관, 조직, 기능에 쇠퇴현상이 일어나는 시기에 있는 사람이다.
④ 생활상의 적응능력이 결손되어 가고 있는 사람이다.
⑤ 조직의 예비능력이 감퇴하여 적응이 제대로 되지 않는 사람이다.

반면, 브린(Breen)은 노화의 생리적·심리적·사회적 세 영역을 동시에 고려하여 노인의 개념을 정의하였다.

① 생물학적 및 생리적 측면에서 퇴화기에 있는 사람이다.
② 심리적 측면에서 정신기능과 성격이 변화하고 있는 사람이다.
③ 사회적 측면에서 지위와 역할이 상실되어 가는 사람이다.

이러한 개념들을 종합하여 정리해 보면, 노인이란 노화의 과정 또는 그 결과로써 생리적·심리적·사회적 기능이 약화되어 자립적인 생활능력과 환경에 대한 적응능력이 약화되고 있는 사람이라고 규정할 수 있다.

2) 노인문제의 원인

노인문제의 원인은 현대화[16]의 핵심적인 요인과 연결된다고 할 수 있는데, 빈곤과 역할상실문제, 질병문제, 사회심리적 문제, 고독과 여가문제가 있다.

(1) 빈곤과 역할상실문제

노인[17]들은 심신의 기능이 쇠퇴하게 되면 노동능력이 감퇴되어 사회의 일선에서 물러나게 되고, 이로 인해 소득 및 지위상실에 다른 고통을 겪게 된다. 그동안 자녀부양 등으로 노후 대비에 미흡하여 경제적인 어려움과 현대사회의 급격한 사회변천에 따른 세대 간의 의식 및 가치관의 격차가 노인의 지위를 격하시키고 있다. 또한 노인은 직업생활로부터 떠나 사회의 일선에서 후퇴하게 되면, 역할상실과 함께 사회의 잘못된 고정관념에 의해 편견의 대상으로 시달리게 된다.

16) 현대화 현상은 건강 기술과 생산기술의 발전, 산업화, 도시화, 교육의 대중화로 인하여 노인의 지위가 급격히 저하되었다.

(2) 질병문제

노인은 신체적·정신적으로 매우 쇠약해져 가는 과정에 있는 사람으로, 심신의 장애가 발병하게 되며 질병에 쉽게 걸릴 뿐 아니라 만성적이어서 장기화되거나 다른 질병과 중복이 되어 나타나기 쉽다. 이는 의료비 부담의 과중과 간호, 보호의 어려움과 가족역할 문제 등을 가져온다. 또한 요양시설, 노인전문병원의 부족으로 고령화 사회의 노인환자 증가에 대한 대책이 시급히 필요한 상황이다.

(3) 사회심리적 문제

산업화, 도시화, 핵가족화, 여성의 사회진출 증가와 성인자녀와 노부모와의 지리적 분리 등으로 가족 부양기능에 변화가 나타나고 있다. 배우자, 정년퇴직으로 인한 사회적 지위와 특권 등 사회적 상실감의 증대, 소외와 고독감의 증가가 더욱 심화된다. 또한 가족해체로 인한 기능의 감소를 대체할 복지대책과 서비스의 부족 등 노인복지서비스 전반이 취약하다.

(4) 고독과 여가문제

정년퇴직제도에 의해 자신의 정든 직장으로부터 박탈되어 사회의 일선에서 물러나게 되면 고독하고 할 일 없는 노인으로 전락하게 된다. 노인들은 고독감, 소외감이 점점 심화되고 사회적 의미를 상실하면서 스스로 삶의 의욕을 잃고 죽음을 재촉하는 경우가 있다. 현재 노인들은 여가에 대한 인식이 부족하고, 재취업의 어려움이 있다. 비노인층들의 기본적 여가 사회화의 부족은 여가시설과 프로그램 발전의 저해요소로 작용하여, 여가시설과 여가프로그램의 미비로 이어지고 있다.

3) 노인복지실천의 개입수준

노인복지실천은 예방, 치료, 회복, 개선적 기능을 수행한다. 첫째, 예방은 문제가 발생하여 그 문제를 해결하기 이전에 노인의 사회적 기능을 향상시켜 문제로 인해 나타나는 사회적 부담을 줄여주는 것을 의미한다. 즉,

---

17) 노인인구의 급속한 증가로 65세 이상 인구 비율이 4% 미만은 유년 인구국(Young Population), 4~7%는 성년 인구국(Mature Popualtion), 7% 이상이면 고령화사회(Aging Society), 14% 이상이면 고령사회(Aged Society)로 분류한다.

노인복지실천은 노인의 건강과 복지증진을 위하여 현재의 신체·심리·사회적 기능상태를 유지하고 발달과업을 성공적으로 수행하며, 환경의 요구에 대처할 수 있는 능력을 강화하고, 필요한 자원을 제공하거나 연결하여 사전에 문제를 예방하는 기능을 수행한다. 둘째, 치료적 기능은 노인이 현재 겪고 있는 문제나 장애를 해결 또는 개선하는 것이며, 셋째, 회복은 신체 및 정신적 문제나 장애로 약화된 기능을 되찾을 수 있도록 원조하는 것이다.

다양한 노인복지실천의 개입수준을 1차적 개입수준, 2차적 개입수준, 3차적 개입수준으로 구분하면 다음과 같다(최원석, 2011: 139-140. 재인용).

(1) 1차적 개입수준: 예방

대부분의 노인들은 활동적이고 건강한 삶을 유지하고 있다. 하지만 건강한 노인들이 높은 기능의 상태를 유지하더라도 사회복지실천적 개입이 적용될 수 있다. 이런 집단에 대한 실천이 1차적 개입수준이다. 그러므로 1차적 개입은 노인의 건강과 안녕을 증진시키는 활동이다. 즉, 노인복지실천에서 1차적 개입의 목적은 질병이나 문제가 발현되기 전에 개입하여 문제나 질병의 발생 가능성을 감소시키는 데 있다.

1차적 개입에서는 건강한 노인을 대상으로 하여 건강증진과 특별한 보호를 실시한다. 건강한 노인의 분류에는 신체적 쇠퇴를 최소화하여 경험하는 사람들이 포함되고, 노화에 잘 적응한 사람, 자신을 거동 불가능한 자로 규정하지 않는 사람들이 포함된다.

1차적 개입은 지역사회에서 혹은 대중적으로 이루어져야 하며, 주로 건강한 노인에게 신체적·정서적·정신적 건강을 지속적으로 유지할 수 있도록 서비스와 프로그램이 제공돼야 한다. 첫 번째 유형으로는 노인들에게 적절한 건강증진 프로그램, 취미나 자원봉사, 사고예방을 위한 안전의식 증진 및 범죄예방, 운동 및 식이요법, 스트레스 대처 방안 및 약물과용 등에 대한 교육을 제공하고, 개인적으로 생활습관화 되도록 실천 방안을 제시하고 훈련시키는 것이다. 이러한 1차적 개입의 대표적인 프로그램은 건강증진캠페인 등이다. 건강증진캠페인은 일반적으로 노인에게 영향이 맞춰져 있고 전반적인 노인집단의 건강을 증진시키려고 한다. 두 번째 유형으로는 특별히 위험에 직면할 가능성이 높은 집단을 위한 홍보계획이다. 이 두 활동의 목표는 노인들의 건강을 위협하는 사건들을 줄이기 위한 활동이다.

(2) 2차적 개입수준: 치료

노인들이 어떤 문제에 직면하는 것에서부터 출발한다. 2차적 개입은 초기의 진단을 목표로 하고 상황의 치료를 증진시키는 것이다. 또한 2차적 개입은 최대한 문제를 해결하고 심각한 기능적 손상이 발생하는 것을 방지하는 것을 강조한다.

노인들이 직면하는 문제들은 일반적으로 신체적 건강과 관련되어 있는데, 노인들은 젊은 사람보다 낮은 건강 상태를 지니고 있다. 다양하고 축적되는 손상들은 노인으로 하여금 우울증을 비롯한 정신건강의 문제를 일으킬 수도 있다. 치료되지 않는 우울증은 영양실조나 알코올중독, 자살시도 등과 같이 엄청나게 위험한 문제를 일으킬 수도 있다. 이런 상황은 사회적인 고립감뿐만 아니라 다른 심각한 질병을 동반할 수 있다.

노인들은 또한 새로운 사회적인 문제를 경험한다. 외로움과 고립감은 사회적 기회와 자원들이 감소함에 따라 노인들에게 영향을 미치게 되는데 많은 노인들은 그들의 사생활을 가치 있게 여기는 반면, 상호작용에 따른 만족감의 상실은 심각한 신체적·정신적 문제를 수반하게 된다.

(3) 3차적 개입수준: 재활

3차적 수준은 장애극복과 재활활동을 포함한다. 이 수준에서의 실천은 심각한 기능적·행동적 문제가 현재에 있다는 것을 전제로 한다. 3차적 개입수준이 2차적 개입수준보다 더 심각하다. 목적은 장애상황을 호전시키고, 가능한 한 많은 기능을 유지하도록 원조하는 것이다.

일부 기능적으로 손상된 노인들은 장기요양시설에서 살기도 하지만, 3차 수준의 사회복지실천은 시설뿐 아니라 지역사회 내에서의 노인들을 포함한다.

노인들이 건강한 생활을 유지하고 병약한 노인의 가족을 지지하는 많은 전략들 안에 각각의 개입들을 포함한다.

노인사회복지실천의 1차적, 2차적, 3차적 개입유형은 개념과 목적, 대상, 사회 서비스와 프로그램, 사회복지사의 역할, 실천방법, 실천 모델 등에서 차별성을 갖는다. 각각의 개입 유형에 대해 구체적으로 살펴보면 표 11-2와 같다.

표 11-2 노인사회복지실천의 개입 유형

구분	1차적 개입	2차적 개입	3차적 개입
정의	노인들이 신체적·정서적인 건강과 안녕을 최적한 상태에서 가능한 한 오랫동안 유지하고 향상시킬 수 있도록 돕는 활동	문제의 징후가 보이기 시작하는 초기에 주어진 상황에서 더 이상 악화되는 것을 막기 위해 조기진단과 적절한 처치를 제공하며, 문제 상황에 대처하는 방법을 발달시키도록 돕는 활동	장애의 악화와 사회적 기능의 퇴보를 막고 잔존하는 기능을 극대화시켜 노인들을 재활시키는 데 필요한 장기적인 보호활동
목적	질병이나 문제가 발현하기 전에 개입하여 문제나 질병의 발생을 감소시킨다.	지역사회 내에서 자신의 삶을 독립적으로 보낼 수 있도록 도움으로써 노인들이 시설에 조기에 수용되는 것을 막는다.	신체적·심리적·사회적 기능의 손상이 심각한 노인들이 더 이상 기능의 장애가 확산되지 않고 재활할 수 있도록 한다.
대상	성공적으로 노후생활을 영위하는 노인	신체적·정서적·사회적인 변화로 인하여 위기상황에 처하거나 노후 만성질환이나 일상생활 수행능력에 약간의 제한을 가진 노인	도움 없이는 생활이 불가능한 신체적·정서적·사회적 기능에서 심각한 장애를 겪는 노인
사회 서비스 및 프로그램	건강증진 교육, 정보제공, 주택 및 법적 지원, 교통수단 지원	재가노인 복지서비스, 상담 및 치료서비스	장기요양보호 서비스, 치료서비스
사회복지사의 역할	자문가, 교육가, 대변자, 중개자, 대외추적자	클라이언트 발굴자, 임상가	사례관리자, 클라이언트 발굴가, 자원 동원가
실천방법	집단, 통합	개별, 집단	개별
실천모델	문제해결 모델	문제해결 모델, 치료 모델	개별, 사례관리, 치료 모델

자료: 김귀환 외(2012: 153).

4) 노인복지서비스

(1) 노인복지법

노인문제의 중요 분야인 보건, 질병치료, 생활안정 등의 해결을 법적 조치로 명시한 것으로 노인문제를 사회경제적 여건의 변화로 인해 발생한 사회문제로 인식하여 복지적인 측면에서 접근한 법이다. 이 법의 제1조 목적을 보면 "노인의 질환을 사전예방 또는 조기 발견하고 질환상태에 따른 적절한 치료·요양으로 심신의 건강을 유지하고, 노후의 생활안정을 위하여 필요한 조치를 강구함으로써 노인의 보건복지증진에 기여함을 목적"으로 한다.

(2) 소득보장정책

고령사회에서 대부분의 빈곤자는 노인으로 이에 대한 직접적·간접적 보장 정책을 살펴보고자 한다.

가. 직접적 보장정책

직접소득보장정책은 노인에게 직접 현금을 제공함으로써 불충분한 소득부분을 보충해 주는 제도이다. 현재 우리나라의 직접소득보장정책에는 국민연금과 공공부조제도가 있는데, 국민연금은 개인의 기여금과 기여기간에 따라 60(향후 65세)세 이후부터 지급된다. 공공부조제도는 국민기초생활보호대상 노인에게 국한하여 적용되고 있다.

① 데모그란트(demogrant)

데모그란트는 일정한 인구학적 조건만 갖추면(해당 국적을 가진 사람, 해당 국가에 일정기간 거주한 사람 등) 기여금을 지불하지 않았어도 소득조사나 자산조사 없이 연금급여를 제공하는 제도이다. 연금급여액은 과거의 경제활동 및 소득에 관계없이 동일한 금액이 지불되나 구체적인 내용은 법에 규정되어 있다. 연금급여에 필요한 재원은 일반조세에 의해 충당된다.

기여금을 지불하지 않고 자산조사나 소득조사를 받지 않고 연금급여를 제공한다. 즉, 연금수급권을 일정소득 이하의 저소득층에게 한정하지 않고 소득에 관계없이 모든 국민에게 제공한다. 현재 호주와 영국에서 실시하는 비기여제 노령연금을 예로 들 수 있으며, 우리나라에서는 아직 실시되고 있지 않으나 국가공무원이 받는 노인부양수당은 수급권자의 경제적 사정과 관계없이 일률적으로 지급되고 있으므로 데모그란트의 성격이라고 할 수 있다(최순옥 외, 2014: 111).

이 제도는 모든 노인에게 보편적으로 제공되므로 다음과 같은 몇 가지 장점이 있다. 첫째, 연금급여를 사회권으로 받을 수 있어 인간다운 삶을 누릴 수 있다. 둘째, 누구나 연금급여를 받을 수 있어 국민 간에 연대의식을 향상시키고 사회통합의 목적을 달성할 수 있다. 셋째, 인구사회학적 요건만 갖추면 급여를 제공하기 때문에 관리가 용이하다. 그러나 이 제도의 단점은 첫째, 가난한 사람들에게 연금급여를 집중적으로 제공하지 못하기 때문에 대상효율성이 낮고 둘째, 부자나 가난한 사람 모두에게 연금급여를 제공하므로 소득재분배의 효과가 낮으며, 셋째, 모든 사람들에게 연금급여가 제공되므로 재정이 많이 소요되고 재정확보가 어렵다는 점이다(채구묵, 2009: 117-118). 또한 국가의 재정 능력이 없으면 데모그란트 방식에 의한 노후 소득보장은 계속되기 힘든 방법이다.

② 연금보험

사회보험은 보험의 원리를 응용하여 사회적 위험이나 애로요인을 해결하는 것이다. 우리나라는 「사회보장기본법」 제3조에서 "국민에게 발생하는 사회적 위험(질병, 장애, 노령, 실업, 사망 등)을 보험방식에 의하여 대처함으로써 국민의 건강과 소득을 보장하는 제도"라고 규정하고 있다. 사회보험의 특성으로는 강제가입, 최저생활의 보장, 국가 독점운영 등이다. 현재 우리나라의 사회보험은 질병에 대비한 국민건강보험, 노령을 대비한 국민연금, 산업재해를 대비한 산업재해보상보험, 실업을 대비한 고용보험, 마지막으로 2007년 4월 제정, 2008년 7월 시행된 노인장기요양보험이 있다.

노인의 소득보장과 관련한 사회보험은 국민연금으로 그 특성은 다음과 같다.

국민연금은 사회보험으로써 사회보험의 일반적 특성에 따라 국가 관장원리, 강제가입 및 위험분산, 소득재분배, 수정적립방식을 특성으로 하고 있다.

첫째, 사회보험의 특징을 가진다. 국민연금은 국민의 생활안정과 복지 증진을 위하여 보험의 원리를 도입하여 만든 사회보험의 일종이며 가입자, 사용자로부터 일정한 보험료를 받고 여기에 국가의 비용부담을 재원으로 하여 여러 가지 정형화된 보험금의 지급을 특징으로 하는 사회보장 제도이다.

둘째, 국가관장원리는 연금제도의 관리 운영은 국가가 관장함으로써 제도의 영속성과 안정성을 도모하는 것이다.

셋째, 강제가입 및 위험분산은 사회적 위험의 분산을 목적으로 역의 선택(보험시장에서의 역의 선택은 사고위험이 높은 그룹의 집중적으로 보험에 가입하는 현상으로, 공적 사회보험에서는 이를 방지하기 위해 강제가입)과 같은 현상을 방지하기 위해 민간보험과 달리 강제가입이 되고, 탈퇴나 보험료 징수 및 급여 등에 관한 사항은 법에 따라 엄격히 규정한다는 것이다.

넷째, 소득재분배는 국민연금은 노령, 폐질, 질병, 사망 등으로 소득이 상실되거나 감퇴된 경우에 빈곤에 빠지지 않도록 연금을 지급하여 본인이나 유족의 기본생계를 보장하고, 소득이 높은 계층으로부터 낮은 계층으로 재분배되는 기능을 가진다.

다섯째, 수정적립방식은 국민연금의 재정방식으로, 제도의 도입 초기에는 불충분한 재정구조에 따른 "저부담－고급여" 방식으로 재정을 운영한 뒤, 제도가 점차 정착되어감에 따라 보험료를 상향조정하는 방식이다.

③ 공공부조

공공부조는 사회보험과 더불어 국민의 최저생활보장을 목적으로 한다. 즉, 공공부조는 국가의 조세를 재원으로 생활능력을 상실한 자들에 대해 국가의 책임하에 소득보장, 의료보호, 교육, 주택, 기타 서비스 등의 프로그램을 무기여급부의 형태로 제공하여 최저한의 생활보장을 보장하고 자립을 촉진시키기 위한 일련의 정책들을 의미한다. 공공부조는 최후의 사회안전망으로서의 기능을 담당하는데, 공적부조(public assistance), 국가부조(national assistance), 사회부조(social assistance)라고도 한다.

이러한 공공부조제도는 다른 사회보장제도와는 달리 몇 가지 특성을 가지고 있다.

첫째, 공공부조는 빈곤에 대한 최후의 국가적 대책이다. 자본주의사회에서 자기 자신의 삶은 스스로가 책임지는 '사적 가치의 원리'를 기반으로 하면서도, 현대 사회에서 빈곤의 사회적 배경을 감안하여 국가가 빈곤을 해결하는 최후의 보루로써의 사회적 안전망으로 기능한다. 따라서 자산조사와 같은 자격요건의 심사가 요청된다.

둘째, 공공부조는 그 대상자를 선정하여 원조를 제공하는 '선택주의(selectivity)' 제도이다. 자격요건을 갖춘 대상자를 제한하여 제반급여를 제공하므로 모든 사람을 대상으로 하는 사회보험적 성향과는 구별된다.

셋째, 공공부조에 필요한 재원조달은 일반 조세를 통하여 마련한다. 공공부조의 대상자들은 공공부조급여를 받기 위해 별도로 경제적인 기여를 하지 않고, 일방적으로 소득의 이전을 제공받는 측면이 있다. 이것을 '소득의 일방적 이전(unilateral transference)'이라고 한다.

넷째, 이러한 소득이전을 통해 소득의 재분배적 기능을 도모할 수 있는 제도이다. 특히 중·상류계층의 조세를 통해 빈곤층과 저소득층에 공공부조 재원이 지출되어 소득의 불평등을 완화할 수 있는 기회가 되기도 한다(현외성, 2013: 337-339).

④ 사적 연금 또는 퇴직연금

공적연금제도에 의해 퇴직 후 받는 연금 또는 일시금을 뜻한다. 피고용자가 퇴직한 경우 급여자격이 부여되며, 현금과 퇴직연금, 장해연금, 유족연금의 형태로 지급되고, 근로연수와 봉급수준, 기여금 부담 등에 따라 차등 분배된다. 재정은 기업체 운영과 퇴직급여 전달 등에 의해 충당된다. 특성으로 공적연금은 개인적 차원에서 보충하는 제도라는 점, 사회적 윤리의 표현이며 복지적 대책이고, 급여의 수급기간 근무연한에 한정되며, 위험성이 있다는 점이다. 이를 실현하기 위한 프로그램으로는 근로자퇴직급여보장제도가 있다(배기효 외, 2015: 116-117).

나. 간접적 보장정책

간접소득보장정책은 직접 현금을 제공하는 것이 아니라 각종 요금이나 이용금, 세금을 감면하여 줌으로써 소득을 간접적으로 보전하여 주는 제도이다. 현재 경로우대제도와 각종 세제혜택제도가 이 정책에 속한다. 노인의 간접적 보장정책에는 노인들의 지출 감소를 위한 경로우대제도와 급식서비스, 고용증진을 위한 노인고용권장, 각종 세제혜택 등이 있다.

① 경로우대제도

65세 이상 노인들의 교통이용을 돕기 위해 도시철도 무임승차, 철도 할인제도와 월 시내버스 이용 교통비 지원 등이 있다.

② 고용증진

퇴직한 노인이나 저소득층에 취업의 기회를 제공한다. 노인을 고용하는 것은 유휴인력을 적절히 활용하면서 그들의 경제적 욕구도 충족시켜 주는 것이므로 계속해서 연구, 발전되어야 할 것이다. 시간제 고용, 노인복지공장의 설치 운영 등이 있다(배기효 외, 2015: 117). 또한 노인들의 일자리 창출과 취업을 돕기 위해, 300인 이상 사업장에 대하여 55세 이상인 자를 3% 이상 고용 권장, 고령인력 채용 시 인건비 지원 등이 이에 해당한다.

③ 각종 세제혜택

재산세를 감면해 주고, 할인혜택을 부여하는 것 등 지출의 감소형태로 나타난다. 재정은 재산세 감면, 할인혜택 등으로 충당된다. 특징으로는 현금, 물품의 지급이 아니지만 지출을 감소시킨다는 것과 노인이 동거하는 가족의 재산세를 감면한다는 것이다. 주택상속세 공제, 상속세 인적 공제, 부양 가족 공제, 경로우대 공제, 주택자금 할증 지원 등이 이에 해당한다.

④ 기타

효행상, 장한 어버이상, 부모봉양 지원으로 공무원 중에 노부모를 모시는 자에게 노부모봉양수당을 지급하고 있다.

(3) 보건의료정책

우리나라는 현재 노인만을 위한 의료보장제도가 마련되어 있지 않은 실정이다. 대부분의 노인들은 일반 국민과 같이 의료보험과 의료보호에 의하여 의료보장을 받고 있다. 따라서 의료보험과 의료보호제도가 전체 노인의료보장에서 큰 비중을 차지하고 있으나 이에 대한 인식은 매우 미흡한 실정이라고 할 수 있다.

의료보험제도는 보험료로 재원을 조성하여 의료문제에 대처할 수 있도록 하는 사회보험제도로, 국민의 질병위험을 분산시키고 상호부조와 소득분배의 기능을 수행한다. 보험료를 부담할 수 있는 대부분의 일반국민을 대상으로 하는 의료보호제도는 스스로 보험료를 납부할 수 없는 장애인, 노인 등 생활 무능력자와 저 소득자를 대상으로 국가가 국가 재정으로 의료문제를 해결해 주는 공적부조제도라 할 수 있다.

우리나라의 노인을 위한 보건의료정책에는 국민건강보험(사회보험), 의료보호제도(공적부조), 노인건강진단(공적부조), 기타 의료서비스가 있다.

(4) 보호정책

노인복지정책의 두 가지 기본적 관점은 노인의 처우를 재가 중심으로 행하느냐, 아니면 시설 중심으로 행하느냐에 달려 있다. 이러한 관점은 오늘날 노인복지 정책을 고려함에 있어 중요한 문제로 대두되고 있는 노인의 지역사회보호(community care)와 어떻게 연결시킬 수 있는가의 문제와도 관련될 수 있다. 「노인복지법」 제31조에 따른 노인복지시설의 종류는 노인주거복지시설, 노인의료복지시설, 노인여가복지시설, 재가노인복지시설, 노인보호전문기관, 노인일자리지원기관, 학대피해노인전용쉼터로 분류된다.

표 11-3 노인복지시설의 종류

시설 종류	변경 전	변경 후
노인주거복지시설	양로시설	양로시설
	노인공동생활가정	노인공동생활가정
	노인복지주택	노인복지주택
노인의료복지시설	노인요양시설	노인요양시설
	노인요양공동생활가정	노인요양공동생활가정
노인여가복지시설	노인복지회관	노인복지관
	경로당	경로당
	노인교실	노인교실
재가노인복지시설	방문요양서비스	방문요양서비스
	방문목욕서비스	방문목욕서비스
	방문간호서비스	방문간호서비스
	주·야간보호서비스	주·야간보호서비스
	단기보호서비스	단기보호서비스
	재가노인지원서비스	재가노인지원서비스
	신규	복지용구지원서비스
노인보호전문기관	노인보호전문기관	노인보호전문기관
노인일자리지원기관	노인일자리지원기관	노인일자리지원기관
학대피해노인 전용쉼터	학대피해노인 전용쉼터	학대피해노인 전용쉼터

자료: 보건복지부(2020). 2020 노인복지시설 현황. p.3.

이러한 「노인복지법」의 시설을 노인의 주거형태로 구분하여 비교하면 크게 시설보호와 재가보호로 구분할 수 있다.

① 시설보호

사회적 보호를 필요로 하는 노인을 시설에 수용하여 서비스를 제공함으로써 이들의 기능을 유지·강화하는 보호 형태이다.

② 재가보호

재가보호(home care)는 사회적 보호를 필요로 하는 노인을 시설에 수용하지 않고 가정 또는 그와 유사한 지역사회 내의 환경에 머물도록 하면서 사회복지시설로 통원하게 하거나 가정봉사원 등을 파견해서 서비스를 제공하는 것이다. 재가보호는 노인들의 기능을 유지 및 강화하고, 나아가 자립을 돕는 사회적 보호의 한 형태이다.

(5) 가족지원정책

우리나라에서 시행되고 있는 가족지원정책으로는 노인봉양의식 제고와 경제적 부담 경감, 노부모와의 동거 자녀에 대한 세금 감면 등을 들 수 있다.

(6) 주택보장정책

산업화와 더불어 노부모와 자녀가 함께 사는 것이 노인에게는 자녀에게 부담을 초래한다는 강박감과 자녀에게는 노부모 부양으로 인한 경제적 부담과 사생활 침해라는 세대갈등을 가중시키고 있다.

노인 개인과 가장 밀착된 생활환경으로서의 주거환경은 노인이 일상생활을 영위하는 주된 삶의 터전이다. 평균수명의 증가와 저출산으로 인한 인구고령화, 노인단독가구의 증가는 노인주거시설의 확충이라는 시급한 과제를 안겨주고 있다. 또한 많은 노인들이 만성질환으로 인하여 식사, 외출, 용변 등의 일상생활에 있어서 한 가지 이상의 장애를 겪고 있다. 이러한 노인의 신체조건과 각종 의료관련서비스의 필요성, 노인부양의 문제 등이 제기되는 사회현실을 반영하여 노인의 독립생활을 보장하고 일정한 보건관리를 동반한 합리적인 주거시설의 개발, 노인을 돌보는 노인복지시설 등의 필요성이 증대되었다.

① 노년기 주거환경의 중요성

노년기 안정된 주거환경이 중요함은 다음과 같다.

첫째, 노년기에는 주된 생활영역이 가정환경으로 축소되는 경향이 있기 때문에 노년기의 주택은 중요한 삶의 터전이 됨과 동시에 노후생활 안정의 가장 중요한 요소가 된다.

둘째, 우리나라와 같이 주택가격이 비싼 상황에서는 주택의 소유가 중요한 노후 소득보장의 도구가 될 수 있으며, 자가를 소유한 노인은 추가적인 주거비용에 대한 부담이 줄어들게 되므로 안정적 경제생활을 할 수 있게 된다.

셋째, 동일 주택에서 지속적으로 거주할 경우 친구나 이웃 등과 같은 사회적 관계망을 유지하고, 지역사회 내에서 웃어른으로 대접받는 등 사회적 지위의 유지가 가능해진다.

넷째, 인간으로서의 존엄성을 유지할 수 있는 사생활의 자유를 공간적으로 확보할 수 있게 된다.

다섯째, 이전부터 생활해 온 주택에서 계속해서 살게 될 경우, 일생에 걸친 추억과 경험의 연속성을 유지할 수 있게 된다.

여섯째, 노인의 생활에 적합하도록 계획된 주거공간을 확보함으로써 신체기능 및 일상생활 기능 저하를 보완하고 수용하며, 안전생활을 보장하는 물리적 환경의 확보가 가능해진다. 이와 같이 노년기의 주거환경은 노인의 삶의 질과 노후생활 적응을 결정하는 중요한 요인이 되고 있다(최원석 외, 2011: 103-104).

② 노인주거보장의 의미와 원칙

주거보장이란 개인의 독립성 유지와 안전하고 안락한 일상생활을 위한 공간을 확보할 수 있도록 주거의 건설과 공급 그리고 이에 관련되는 서비스를 통하여 지원하여 주는 사회적 노력을 의미한다.

고령화 시대의 노인을 위한 주거정책은 노인이 적절한 주거공간에 거주하며 필요한 생활 관련 서비스를 제공받을 수 있도록 하는 것에 초점이 맞추어져야 한다. 따라서 노인이 보다 독립적이고 자율적이며 심리적으로 안정된 주거생활을 영위할 수 있도록 경제적 특성에서 큰 편차를 보이는 노인층의 주거수요에 부응할 수 있는 소득에 따른 노인주거공급프로그램 개발과 정부지원체계를 재정비해야 한다. 그러므로 주거의 수준을 측정하는데 있어서 중요한 원칙은 다음과 같다(이인수, 2000: 102).

첫째, 주거의 연속성이다. 주거의 구조가 사용하기 불편하여 혹은 적절한 의료복지서비스를 제공받을 수 없기 때문에, 태어나고 성장하며 오랫동안 생활하여 왔던 지역과 주거를 벗어나 노후에 전혀 다른 주거환경으로 옮겨가게 되는 것은 노인들에게 심리적·육체적 영향을 크게 줄 수 있다는 것이다. 따라서 가능한 한 생활해 왔던 지역사회와 주거에서 노후를 보낼 수 있도록 '주거의 연속성'을 보장해 주는 것이 필요하다. 특히 주거의 연속성은 복지정책 수립 시 강조되고 있는 정상화(normalization) 이념과도 일맥상통한다. 정상화란 노인이나 장애자가 지금까지 살아 왔던 환경에서 지금까지와 비슷한 리듬으로 살아갈 수 있게 해야 한다는 것이다.

둘째, 주거의 안정성이다. 아무리 자신의 주거에서 생활하고 싶어도 주거의 구조가 생활하기 어렵고, 안전사고의 위험이 높다면 오히려 입소시설에서의 생활보다 나을 것이 없다. 따라서 안전하고 편리한 주거를 보장하기 위한 주거의 공급이 필요하다.

셋째, 주거의 건강성이다. 고령자 주거실태를 보면, 낡고 협소한 주거에서 생활하는 경우가 많고, 게다가 주거 내부에 채광이나 통풍, 방음 등에 있어 열악한 환경에 있는 주거가 많으며, 이로 인하여 적절한 휴양이나 휴식을 취할 수 없어 오히려 고령자의 건강을 악화시키는 경우도 적지 않다. 따라서 건강하게 거주할 수 있는 고령자용 주거공간의 건설이 필요하다.

넷째, 주거의 요양 및 재활용성이다. 지역사회와 주거에서의 생활 지원을 전제로 한 복지이념의 변화에 따라 주거에서 생활하는 고령자가 증가하게 되고, 또한 주거 내에서 요양이나 재활을 하게 되는 경우가 늘어나게 될 것이다. 따라서 주거 내에서 요양이나 재활을 가능하게 하는 구조와 공간이 제공되어야 한다는 것이다.

우리나라는 기본적으로 집을 거주가 아닌 재산으로 간주하는 경향이 깊이 인식되어 있다. 그러므로 노인의 안락한 삶을 위한 주거보장보다 주택보장에 치중하고 있기 때문에 고령자들을 위한 주택의 공급이 이루어지지 못하고 있다. 또한 무주택 노인을 위한 주거 지원 정책이 거의 없다는 문제점이 있다.

③ 주거 형태의 분류

노인이 생활하는 주거의 형태를 분류하면 독립 거주형, 서비스형 거주, 복지시설 거주형, 의료시설 거주형, 일시 거주형 등으로 분류할 수 있다.

첫째, 독립 거주 유형은 가장 일반적인 주거형태로서 비교적 건강하고 보건의료서비스를 필요로 하지 않는 노인의 거주형태이다. 이러한 거주형태에는 일반주택, 3세대주택, 고령자주택 등의 주택형태가 포함된다. 우리나라의 경우 일반주택에서 노인이 거주하는 경우가 많지만, 세대 간의 가치관 변화와 생활양식의 다양화로 인하여 다양한 형태의 3세대주택이나 가까운 곳에서 살면서 생활을 공유하는 인거형의 주거형태가 늘어나고 있다.

둘째, 서비스형 거주는 비교적 경제적인 여유가 있는 동년배의 노인이 입주하여 노인을 위한 건강, 여가 등의 필요한 생활서비스를 제공하는 시설에서 거주하는 형태이다. 이러한 서비스형 거주시설에 입소한 노인은 공동생활을 할지라도 개인생활을 보장받게 되는데, 「노인복지법」의 노인복지주택이나 정부가 추진하고 있는 고령친화모델지역이 이에 속한다.

셋째, 복지시설 거주는 고령자들이 입소하여 보호적인 환경에서 집단생활을 하는 거주형태로서, 「노인복지법」상 노인 주거복지시설인 양로시설과 노인 의료복지시설인 노인요양시설이 이에 해당한다.

넷째, 의료시설 거주는 질병의 치료와 간호를 목적으로 한 의료서비스가 중점 제공되는 시설에 거주하는 형태로서 보건소, 병·의원, 노인전문병원 등이 이에 속한다. 현재 우리나라에서는 작은 병에도 장기입원하고 병원에서 임종을 맞으려는 사회적 입원이 증가하고 있는 실정이다.

마지막으로, 일시 거주형은 이용시설에 잠시 머무르면서 숙식이나 기타 필요한 서비스를 받는 주거형태로서 「노인복지법」상의 단기보호시설이 이에 속한다.

12
CHAPTER

사회복지의 실천분야 Ⅱ

이 장에서는 사회복지의 실천분야 중에서 장애인복지, 여성과 가족복지로 구분하여 각 분야별 대상과 복지서비스에 대해 살펴보고자 한다.

01 장애인복지

1) 장애인복지의 개념

(1) 장애인의 개념

사전에서의 장애란 신체기관이 본래의 제 기능을 못 하거나 정신능력에 결함이 있는 상태를 말한다. 일반적으로의 장애란 몸이나 정신에 이상이 있는, 다시 말해 의학적 차원의 이상으로 보는 경향이 있다. 의학적 시각에서 볼 때 장애가 질병과 같은 것으로 취급되기 쉽지만, 실제로는 치료를 통해 완쾌될 수 있는 질병, 즉 비교적 흔적 없이 질병이 사라질 수 있는 상태의 장애는 개선의 여지가 있으나, 흔적이 완전히 없어질 수는 없는 상태라고 할 수 있다.

「장애인복지법」의 제2조(장애인의 정의 등)에 의하면, ① "장애인"이란 신체적 · 정신적 장애로 오랫동안 일상생활이나 사회생활에서 상당한 제약을 받는 자를 말한다. ② 이 법을 적용받는 장애인은 제1항에 따른 장애인 중 다음 각 호의 어느 하나에 해당하는 장애가 있는 자로서 대통령령으로 정하는 장애의 종류 및 기준에 해당하는 자를 말한다.[1)]

또한 UN이 정한 장애인권리선언문 제1조에서는 장애인을 "선천적이든 후천적이든 신체적·정신적 능력의 불완전으로 인하여 개인의 일상생활이나 사회생활에 필요한 것을 스스로 완전히 혹은 부분적으로 해결할 수 없는 상태"라고 정의하고 있다.

(2) 장애인의 종류 및 기준

우리나라는 「장애인복지법」 제32조에 근거하여 신체적 장애와 정신적 장애로 분류하고 있다. 신체적 장애는 외부신체기능장애와 내부기관의 장애가 포함되며, 정신적 장애는 정신장애, 발달장애를 포함한다. 「장애인복지법 시행령규칙」 제2조 및 [별표 1]의 장애인의 장애등급표에 의한 장애

1) 1. "신체적 장애"란 주요 외부 신체 기능의 장애, 내부기관의 장애 등을 말한다.
2. "정신적 장애"란 발달장애 또는 정신 질환으로 발생하는 장애를 말한다.

등급 사정기준을 구체적으로 해석하고 표준진단방법을 제시한 보건복지부의 장애인 분류기준은 표 12-1과 같다.

표 12-1 장애인의 유형

대분류	중분류	소분류	세분류
신체적 장애	외부 신체기능의 장애	지체장애	절단장애, 관절장애, 지체기능장애, 변형 등의 장애
		뇌병변장애	뇌의 손상으로 인한 복합적인 장애
		시각장애	시력장애, 시야결손장애
		청각장애	청력장애, 평형기능장애
		언어장애	언어장애, 음성장애, 구어장애
		안면장애	안면부의 추상, 함몰, 비후 등 변형으로 인한 장애
	내부기관의 장애	신장장애	투석치료중이거나 신장을 이식 받은 경우
		심장장애	일상생활이 현저히 제한되는 심장기능 이상
		간장애	일상생활이 현저히 제한되는 만성·중증의 간기능 이상
		호흡기장애	일상생활이 현저히 제한되는 만성·중증의 호흡기기능 이상
		장루·요루장애	일상생활이 현저히 제한되는 장루·요루
		뇌전증장애	일상생활이 현저히 제한되는 만성·중증의 뇌전증
정신적 장애	발달장애	지적장애	지능지수가 70 이하인 경우
		자폐성장애	소아청소년 자폐 등 자폐성 장애
	정신장애	정신장애	조현병, 조현정동장애, 양극성정동장애, 재발성우울장애

※ '19.7.1일부터 종전 1~6등급은 폐지되고 중·경증으로 단순 구분됨에 따라 종전 1~3등급은 심한 장애인, 4~6등급은 심하지 않은 장애인으로 일괄 전환

자료: 보건복지부(2020). 2020 장애인복지사업안내(1권). p.60.

(3) 장애인복지의 문제

장애인복지의 문제는 일반적인 문제와 인식, 재활, 가정에 대한 문제로 크게 네 가지로 살펴볼 수 있다.

① 장애인의 일반적 문제

장애인이 가진 결함이나 장애가 만성적이고, 장애로 인한 의사소통의 문제가 발생한다. 또한 장애로 인한 소득의 어려움은 빈곤의 대물림과 생활의 전반적인 어려움을 가져오고 있으며, 이는 장애인문제는 곧 빈곤의 문제이며 필연적으로 복지가 요구되는 결과를 갖는다. 장애인의 사회적 소외와 부적응문제가 점점 심화되고 있으며, 이는 사회적 분리로서 물리적·사회적·문화적·심리적 환경에 의한 장애가 가져다 주는 결과라 할 수 있다.

② 장애인에 대한 인식의 문제(편견과 차별)

사회의 장애인에 대한 인식의 문제로 편견과 차별의 문제가 심각하게 나타나고 있다. 이는 외적으로는 장애인에 대한 동정적, 내적으로는 거부적 비호의적인 태도를 보이고 있으며, 장애인에 대한 차별 구조는 장애인에 대한 체계적 배제 구조로부터 발생하고 있다.

③ 장애인복지와 재활의 문제

장애인복지 향상에 필요한 재원 충당이 시급히 요청되고 있으며, 경증장애인들의 사회활동 및 적응을 위한 생활편의시설의 확충이 필요하다. 또한 중증장애인들의 생활시설의 확보, 장애인에 대한 국민 의식구조 개선이 필요한데, 수동적인 의지의 개발이 아닌 능동적인 의지에서의 개발이 요구된다.

④ 장애인 가정의 문제

이는 장애인들의 가정으로부터 소외현상이 가장 문제가 되는데, 가족의 구성원임에도 가정의 파괴자, 침입자로 인식하여 가정해체의 주 원인을 주는 등 시급히 해결해야 할 문제이다. 이는 장애아의 출산 가정의 큰 문제로 인식하고 있다는 것이다.

(4) 장애인복지관련법과 서비스

가. 장애인에 관련된 법

① 장애인복지법

이 법은 1981년에 「심신장애자복지법」이란 이름으로 제정되어, 개정을 통해 「장애인복지법」으로 변경되었다. 장애인의 인간다운 삶과 권리보장을 위한 국가와 지방자치단체 등의 책임을 명백히 하고, 장애발생 예방과 장애인의 의료·교육·직업재활·생활환경 개선 등에 관한 사업을 정하여 장애인복지대책을 종합적으로 추진하며, 장애인의 자립생활·보호 및 수당지급 등에 관한 필요 사항을 정하여 장애인의 생활 안정에 기여하는 등 장애인의 복지와 사회활동 참여증진을 통하여 사회통합에 이바지함을 목적으로 한다.

② 장애인 고용촉진 및 직업재활법

이 법은 1990년도 「장애인고용촉진에 관한 법률」로 제정되었으며, 개정을 통해 「장애인고용촉진 및 직업재활법」으로 변경되었다. 장애인이 그 능력에 맞는 직업생활을 통하여 인간다운 생활을 할 수 있도록 장애인의 고용촉진 및 직업재활을 꾀하는 것을 목적으로 한다.

나. 장애인복지서비스

① 장애예방서비스

장애에 관한 예방서비스를 모자보건, 산업안전, 교통안전 분야로 구분하여 살펴보면 다음과 같다.

■ 모자보건

모자보건사업은 임산부와 영유아를 대상으로 장애발생 위험요인을 사전에 발견하고 장애발생을 예방할 목적에서 실시되고 있는 사업으로, 전국의 보건소 및 모자보건센터를 중심으로 실시되고 있다. 선천적 장애의 발생 예방을 위해 1997년부터 모든 신생아에게 국고부담으로 선천성대사이상 검사를 무료 실시하며, 저소득층의 선천성대사이상 환아에게는 특수조제분유 무료지급 등 사후관리를 하고 있고, 임산부·영유아에 대한 무료 건강검진 및 예방접종, 임신·육아지침서의 발간과 보급 등 모자보건사업을 내실화하고 있으며, 유전성 질병관련 장애발생 방지대책을 강화하고 있다.

■ 산업안전

1960년대 이후 산업화 과정을 거치면서 산업재해로 인한 장애 발생이 늘어나는 양상을 보이고 있다. 산업재해보상보험이 1963년 도입된 이래 매년 10만여 명이 산업재해로 인하여 부상을 당하였으며, 이 중 3만여 명이 신체장애를 입은 것으로 나타나고 있다. 산업재해자 수와 산업재해율은 최근 들어 조금씩 줄어들고 있으며, 1980년대 후반부터 부상자 5명 중 1명이 신체장애인인 것으로 나타나 산업재해로 인한 신체장애인 수가 점차 많아지고 있다. 이러한 산업재해로 인한 장애 발생을 예방하기 위하여 「산업안전보건법」을 1990년에 개정하여 상시 100인 이상 사업체에 대하여 산업안전보건위원회의 설치를 의무화하고, 사업장에 보건안전관리 책임자를 선임하여 산업안전에 관한 사항을 관장하고 있다.

또한 노동부에서는 산업재해를 일으킬 수 있는 위험요인이 되는 불량 작업환경을 개선하기 위해 시설투자를 하는 산업체에 대하여는 산업재해예방시설자금을 융자하여 주고 있으며, 위험 기계·설비에 대한 기술적 안전평가제를 실시하고, 불량 작업환경 사업장에 대해 정기 감독과 개선지도를 실시하고 있다. 그리고 산업안전보건 전문 인력을 양성·배치하고, 산업재해에 대한 인식개선을 위하여 경영자와 근로자를 위하여 재해예방에 대한 교육을 실시하고 있다. 직업병을 조기 발견하여 장애상태에 이르는 것을 예방하기 위해서는 특수검진 지정기관과 근로자에 대한 검진항목을 확대하고, 검진 누락방지를 위한 검진계획서 제출과 심사를 강화하고 있으며, 직업병 예방대책을 수립하여 실시하고 있다.

■ 교통안전

교통 환경의 미비, 운전자와 보행자의 안전의식 미비, 자동차 보유대수의 증가 등으로 인하여 교통사고로 인한 사상자가 지속적으로 증가하고 있다. 자동차사고로 인한 장애발생실태를 알기 위해서는 자동차보험가입자 중 「자동차손해배상보장법」의 후유장애기준에 따라 후유장애자종합보험금을 수급한 자를 알아봄으로써 대략적으로 파악할 수 있다. 후유장애인을 등급별로 보면 1～3급이 가장 많고, 다음으로 4～6급, 7～9급, 10～14급 순으로 나타나고 있다. 정부에서는 교통사고의 예방과 교통안전 증진을 위하여 교통안전정책심의위원회를 설치·운영하고 있으며, 1983년부터 매 5년 단위로 교통안전기본계획종합대책 및 세부시행계획을 수립하여 시행하고 있다.

② 의료 및 소득보장서비스

■ 의료보장

장애인은 다른 일반 환자들에 비하여 장기간의 치료와 재활을 요하므로 의료부문에 대한 복지정책이 필수적으로 요구된다. 장애인 의료 및 재활 지원으로는 사회보험제로서의 국민건강보험, 공적부조제도로서의 의료보호, 저소득장애인 의료비 지원, 건강보험 지역가입자의 보험료 감경, 장애인 등록진단비 지급, 장애검사비 지원, 발달재활서비스, 언어발달 지원, 장애인보조기기 교부, 보장구건강보험급여(의료급여) 적용, 장애인 의료재활시설 운영, 여성장애인출산비용 지원 등이 있다.

첫째, 국민건강보험제도는 장애인 본인 또는 가구원이 평상시에 일정률의 보험료를 납부하고 의료서비스 이용 시 현물 또는 현금으로 급여를 받는 제도이다. 국가는 1996년 1월 1일부터 법 개정에 의거하여 연중 내내 급여가 가능하도록 하고 있다. 또한 장애인용 필수 보장구에 대한 보험 적용방안을 확정 및 시행에 들어갔으며, 보장구는 등록장애인이 의료기관에서 처방전을 발급받은 경우에 한해 보험급여를 받을 수 있다.

둘째, 의료보호제도는 공적부조제도로서 거택보호, 자활보호 및 시설보호 대상자 등 자력으로 의료문제를 해결할 수 없는 자를 대상으로 국가재정으로 의료혜택을 부여하는 제도이다. 장애인의 경우 생활보호대상자로 책정된 자에 한하여 의료보호의 혜택을 받을 수 있다.

셋째, 장애인의료비 지원제도는 생활이 어려운 저소득 장애인의 의료비를 지원함으로써 생활안정을 도모하고 의료보장을 실현한다는 데 목적을 두고 있다. 2017년 현재 장애인의료비 지원은 「의료급여법」에 의한 의료급여 2종 수급권자인 등록장애인과 건강보험의 차상위 본인부담 경감대상자인 등록장애인(만성질환 및 18세 미만 장애인)이 대상으로 의료기관 이용 시

발생하는 급여항목 본인부담금의 일부 또는 전액을 지원한다(비급여 제외). 또한 2차, 3차 의료기관 진료 시 의료(요양)급여수가적용 본인부담 진료비 15%(차상위 14%, 암환자 5%, 입원 10% 등) 전액을 지원하되 본인부담금 식대 20%는 지원하지 않는다.

넷째, 보장구 무료교부제도(장애인 재활보조기구 교부)는 1982년부터 생활이 어려운 저소득 장애인에게 보장구의 제조, 구매, 수리, 검진 및 적응훈련비를 지원함으로써 이들의 신체적 기능을 보완하고 생활능력을 향상시켜 장애인의 자활자립을 도모하는 데 목적을 두고 있다. 등록장애인 중 「국민기초생활보장법」 상의 수급자 및 차상위계층이 대상이 되며, 품목 및 교부대상은 장애의 유형에 따라 상이하게 교부된다. 교부되는 보장구 품목은 의수족, 보조기, 휠체어, 보청기, 흰 지팡이 등이다.

다섯째, 건강보험 지역가입자의 보험료경감으로 자동차분 건강보험료 전액면제, 생활수준 및 경제활동 참가율 등급별 점수산정 시 특례적용, 산출보험료 경감, 장기요양보험료 경감 등이 있다.

여섯째, 장애인 등록진단비 지급으로 「국민기초생활보장법」상의 생계급여 또는 의료급여 수급자로서 신규등록 장애인 및 재판정 시기가 도래한 장애인이 대상으로 진단서 발급비용을 지원한다.

일곱째, 장애검사비 지원으로 기존 등록장애인 중 장애인연금, 활동 지원 및 중증 장애아동수당 신청으로 인한 서비스 재판정 및 의무 재판정 등으로 재진단을 받아야 하는 수급자 및 차상위계층인 자와 행정청 직권으로 재진단을 받는 자가 대상으로 생계급여, 의료급여수급자는 소요비용이 5만 원 이상 초과금액 중 최대 10만 원 범위 내에서 지원하며, 주거급여, 교육급여 수급자 또는 차상위계층은 소요비용이 10만 원 이상 초과금액을 지원한다.

여덟째, 발달재활서비스로써 전국가구평균소득 150% 이하의 만 18세 미만 장애아동(뇌병변, 지적, 자폐성, 언어, 청각, 시각)으로 「장애인복지법」상 등록장애아동이 대상이 된다. 다만, 등록이 안 된 만 6세 미만 아동은 의사진단서(검사자료 포함)로 대체 가능하다. 매월 14만 원~22만 원의 발달재활서비스 바우처를 지원하며, 언어·청능, 미술·음악, 행동·놀이·심리, 감각

·운동 등 발달재활서비스를 선택하여 이용할 수 있다.

아홉째, 언어발달 지원으로 전국가구평균소득 100% 이하의 만 12세 미만 비장애아동(한쪽 부모 및 조손가정의 한쪽 조부모가 시각·청각·언어·지적·뇌병변·자폐성 등록 장애인)이 대상이 되며, 매월 16만 원~22만 원의 언어재활 등 바우처를 지원하며, 언어발달진단서비스, 언어·청능 등 언어 재활서비스, 독서지도, 수화지도 등 언어발달서비스를 이용할 수 있다.

열째, 보장구 건강보험급여(의료급여) 적용으로서 등록장애인이 보장구급여비 지급청구서 제출 시 건강보험대상자는 적용대상 품목의 기준액 범위내에서 구입비용의 90%를 공단에서 부담하며, 의료급여수급권자는 적용 대상 품목의 기준액·고시액·실구입가액 중 낮은 금액을 기금에서 부담한다.

열한째, 장애인의료재활시설 운영으로 등록장애인이 대상이 되며, 지원 내용은 장애의 진단 및 치료, 보장구 제작 및 수리, 장애인 의료재활상담 등이며, 의료급여수급권자 및 시·군·구청장의 무료진료 추천자는 무료, 그 외의 자는 실비를 부담한다.

열두째, 여성장애인 출산비용 지원 장애등급 1~6급으로 등록한 여성으로 출산(유산, 사산포함) 태아 1인 기준으로 1백만 원을 지급한다.

■ 소득보장

장애인의 경제적 문제를 해결하고자 국가에서 제공하는 직접적인 소득보장정책은, 공적부조의 일환으로 실시되는 소득보장(국민기초생활보장, 생계보조 수당지급사업 및 자립자금대여사업), 사회보험의 장애연금 또는 장애일시(보상)금, 조세감면 및 이용요금할인 등을 통한 경제적 부담 경감 시책이다.

첫째, 공적부조에 의한 소득보장으로 국민기초생활보장제도는 생활능력이 없어 생계가 어려운 국민을 대상으로 그들의 가족사항, 생활실태, 부양 및 근로능력, 소득·자산보유상황, 기타 사항들을 정확히 파악하여 국민기초생활보호대상자 선정기준을 결정하고, 이 기준에 미달하는 계층을 국민기초생활보호대상자로 선정하여 생계비 지원, 의료보호 등 각종 지원 사업을 수행하고 있다. 국민기초생활보호사업과 함께 장애인을 위한 대표적인 공적부조사업은 생계보조수당이라는 직접적 소득보장정책이다. 생계보조수당은 해당 장애인 본인을 기준으로 지급하므로 한 가정에 해당 장애인이 2

명 이상인 경우 해당 장애인 모두에게 지급한다.

장애인 가족을 위한 경제적 지원으로 경증장애수당 및 장애아동수당이 있다. 경증장애수당은 「국민기초생활보장법」에 의한 수급자 및 차상위 계층(기준중위소득 50% 이하)의 만 18세 이상 등록 장애인 중 장애등급이 3~6급인 자에게 지급하며, 장애아동수당은 「국민기초생활보장법」에 의한 수급자 및 차상위 계층(기준중위소득 50% 이하)의 만 18세 미만 장애아동에게 지급한다.

둘째, 장애인 자립자금 대여는 자활자립이 가능한 저소득장애인에게 자립자금을 대여해 줌으로써 자활자립 및 생활안정을 도모하는 데 목적을 두고 실시된다. 대여자금의 종류로는 생업자금, 취업에 필요한 지도 및 기술훈련비, 기능회복훈련에 필요한 고가의 재활기기 구입비, 고가의 사무보조기기 구입비, 기타 시·도지사가 장애인재활에 필요하다고 인정하는 비용 등이 있다. 성년(만19세 이상) 등록 장애인이 대상이 된다.

셋째, 사회보험에 의한 소득보장으로 우리나라의 대표적인 사회보험제도는 국민연금제도로서 1988년부터 시행되었다. 이 중 장애연금은 연금가입기간 중 장애가 발생했을 때 지급되는데, 질병으로 인한 장애는 초진일 현재 가입기간이 1년 이상이어야 하며, 부상으로 인한 경우는 가입기간 1년 이전에 완치된 경우에는 1년 이상이 되는 시점부터 장애연금이 지급된다. 장애연금은 장애등급 1~3급에 따라 기본연금액의 60~100%가 지급된다. 그리고 장애등급 4급인 경우에는 기본연금액의 150%가 장애일시금으로 지급된다.

다섯째, 경제적 부담경감에 의한 소득보장으로 장애인 또는 장애인을 부양하는 자의 경제적 부담을 경감하기 위해 각종 세금 또는 요금 등을 감면하는 시책이다. 이와 같이 간접적 방식을 통한 장애인 소득보장정책으로는 보건복지부에서 주관하는 시책, 보건복지부가 아닌 정부기관에서 주관하는 시책, 지방자치단체에서 주관하는 시책, 공공기관 또는 민간기업에서 자체 운용규정에 의하여 실시하는 시책 등으로 다양하다. 크게는 공공요금 관련 할인 및 감면과 세제혜택 등으로 구분할 수 있다.

- 공공요금 관련: ① 차량 구입 시 도시철도채권 구입 면제, ② 고궁, 능

원, 국·공립박물관 및 미술관, 국·공립공원, 국·공립공연장, 공공체육시설 요금 감면, ③ 공영주차장 주차요금 감면, ④ 철도·도시철도요금 감면, ⑤ 유선통신요금 감면, ⑥ 이동통신요금 감면, ⑦ 시·청각장애인 TV수신료 면제, ⑧ 항공요금 할인, ⑨ 연안여객선 여객운임 할인, ⑩ 고속도로통행료 50% 할인, ⑪ 전기요금 할인, ⑫ 도시가스요금 할인, ⑬ 장애인자동차 검사수수료 할인 등

- 세제혜택: ① 승용자동차에 대한 개별소비세 면제, ② 장애인용 차량에 대한 취득세(종전 등록세 포함) 및 자동차세 면제, ③ 승용자동차 LPG 연료사용 허용, ④ 차량 구입시 지역개발공채 구입 면제, ⑤ 소득세 공제, ⑥ 장애인의료비 공제, ⑦ 장애인특수교육비 소득공제, ⑧ 장애인 보험료 공제, ⑨ 상속세 상속 공제, ⑩ 증여세 과세가액 불산입, ⑪ 장애인보장구 부가가치세 영세율 적용, ⑫ 장애인용 수입물품 관세 감면, ⑬ 특허출원료 또는 기술평가청구료 등의 감면 등

③ 보육·교육

장애인에 대한 교육권리를 보장하기 위한 정책으로는 장애아 보육료지원과 여성장애인 교육지원, 특수학교 및 특수학급에서의 특수교육 실시 및 운영비 지급, 대학정원 특례입학제도, 특수교육 종합발전 계획 등이 있다.

첫째, 장애아 보육료 지원은 2017년 현재 만 0세~만 12세 장애아동이 대상으로 지원단가는 종일반(43만 8천 원/월), 방과후(21만 9천 원/월), 만 3~5세 누리장애아보육(43만 8천 원/월)으로 차등지원하고 있다. 장애아보육 지원은 가구소득수준과 무관하게 지원한다.

둘째, 여성장애인 교육 지원은 「장애인복지법」 제32조(장애인등록)에 의한 등록 여성장애인이 대상으로 기초학습, 인문, 사회 및 체험, 보건 및 가족 등의 서비스를 제공한다.

셋째, 장애인가구 자녀 교육비 지원은 1992년부터 정상인에 비하여 소득활동에 제한을 받으면서 의료비, 교통비, 보장구 구입비 등 교육 간접비용이 상대적으로 높은 저소득장애인 가구의 자녀에 대한 교육비를 지원하여 경제적 부담을 줄여 줌으로써 최소한의 교육기회 보장과 장애인 가구의 생활 안정을 도모하는 데 목적을 두고 있다.

넷째, 특수교육 실시 및 운영비 지원은 19세기 말 신교육의 성립과정과 더불어 그 기점을 찾을 수 있는데, 개신교 선교사들의 도래와 함께 시작된 특수교육은 선교사들이 선교사업을 위한 간접적 방편으로 교육사업과 의료사업에 주력함으로써 실시되었다. 주요 업무는 특수교육진흥 기본계획의 수립, 영재교육 및 특수교육의 장학기획, 각급 특수학교 및 특수학급의 운영지도, 장애유형별 특수학교별 교육과정 편성기준의 설정 지원, 특수학교 교원 연수 및 학습지도의 지원, 특수교육용 시설·설비의 확충·지원, 특수학교 직업교육 및 치료교육에 관한 사항, 국립특수교육원의 운영 지원, 기타 특수교육에 관한 사항 등의 업무를 한다.

다섯째, 대학특례입학제도는 1994년 10월 「교육법 시행령」과 대학 학생 정원령을 개정함으로써 장애인 중 일정한 기준에 해당하는 사람이 1995학년도부터 대학 및 전문대학에 정원 외로 특례입학할 수 있도록 하였다. 특례입학대상자는 「장애인복지법」에 의하여 장애인등록을 필하고 「특수교육진흥법」의 규정에 의해 특수교육대상자로 선정된 자로서 시각, 청각, 지체장애 중 어느 한 가지 장애에 해당하거나 이들 장애의 중복장애에 해당하는 사람이며, 이들에 대해서는 현행의 입학방법 외에 학교의 장이 정하는 방법에 의해 대학 및 전문대학에 입학할 수 있도록 하였다. 그러나 장애인 특례입학 실시 후 현재, 대학에 재학 중인 장애 학생들은 교육 관련 서비스 부재와 행정적 지원 부족, 편의시설 미비 등으로 대학생활을 하는 데 많은 불편을 느끼고 있다.

④ 직업재활정책

장애인 직업재활정책은 지난 1982년 당시 보건사회부가 사단법인 한국장애인재활협회로 하여금 장애인 취업알선업무를 위탁하여, 한국장애고용촉진공단이 설립되기 전인 1992년까지 약 1만 5,000명의 장애인을 취업시킴으로써, 1990년 「장애인고용촉진 등에 관한 법률」의 제정 및 한국장애인고용촉진공단의 설립에 기반을 다지게 되었다. 또한 동 법률은 300인 이상의 적용대상 업체보다는 300인 이하 업체에 많은 장애인을 고용하고, 사업주에 여러 가지 지원을 하여 장애인들의 직업 적응을 위한 노력을 하였다. 그러나 중증장애인의 고용한계와 정책의 한계를 드러내어 1999년 12월 「장애인고용촉진 및 직업재활법」으로 전면 개정되어, 장애인 고용정책이 직업재활정책으로 탈바꿈하는 계기를 마련하였다.

■ 고용정책

장애인 고용은 일반고용정책과 보호고용정책으로 나누어볼 수 있다.

첫째, 일반고용(의무고용제)은 「장애인고용촉진 및 직업재활법」에 의하여 300인 이상의 상시 근로자를 고용하는 사업체는 장애인 고용의무대상업체이며, 그 이하의 사업체는 장애인 기준고용율의 적용을 받지 않는 비적용사업체이다. 장애인 고용사업주에 대한 무상 지원 및 융자제도는 장애인을 고용하고 있거나 새로이 고용하고자 하는 사업주가 직접 사용할 목적으로 대상설비를 설치·구입·수리하는 경우, 이에 소용되는 비용을 무상으로 지원하거나 융자해 주고 있다.

둘째, 보호고용은 일반기업체에 취업하기 어려운 중증장애인을 위한 보호고용제도로 1986년 장애인복지시설 내의 자립작업장 설치운영계획에 의하여 22개의 보호작업장이 설치되면서부터 본격화되었다. 1981년 제정 당시 「심신장애자복지법」은 제15조에서 심신장애자 근로시설을 규정하고 보호작업장을 설립할 수 있는 기본적인 법적 근거를 마련하였다. 1989년 「장애인복지법」으로 개정되면서 본법 제37조에 근거하여 장애인근로시설과 보호작업장 운영지침을 제정하였다. 장애인을 위한 보호고용시설로는 보건복지부에서 운영을 지원하고 있는 장애인근로시설과 장애인 이용 및 수용요양시설에 부설된 보호작업장 그리고 노동부 산하 근로복지공단에서 운영하고 있는 산업재해근로자 자립작업장이 있다. 현재 우리나라 보호고용제도의 핵심이라 할 수 있는 보호작업장은 1999년도 개정된 「장애인복지법」에 근거하여 직업재활시설운영지침에 의거 직업활동시설, 보호작업시설, 근로작업시설, 직업훈련시설, 생산품판매시설을 구분하여 운영하고 있다.

■ 직업훈련정책

장애인에 대한 직업훈련은 국가와 지방자치단체의 고용촉진훈련과정, 한국산업인력관리공단 산하의 일반 직업훈련원, 특수학교, 장애인복지시설, 근로복지공단 산업재활원, 장애인전문 직업훈련원 등에서 실시되고 있다.

⑤ 편의시설정책

장애인의 접근성 보장을 위한 편의시설 설치에 있어서 대표적인 법적 근거로는 보건복지부가 1997. 4. 10. 법률 제5332호로 제정한 「장애인·노인·임산부 등의 편의증진보장에 관한 법률」을 들 수 있다.

■ 주거

공동주택 특별 분양알선은 주택공급에 관한 규칙 제19조에 의해 등록 장애인인 무주택세대주(정신지체인 경우 그 배우자 포함)에게 청약저축에 상관없이 공동주택 중 국민주택(국민주택과 국가, 지방자치단체, 대한주택공사 또는 「지방공기업법」 제49조의 규정에 의하여 주택사업을 목적으로 설립된 지방공사가 건설하는 주택 중 85제곱미터 이하의 주택) 등에 해당하는 주택을 공급 시 무주택세대주인 장애인에게 특별 공급할 수 있도록 알선하는 제도이다.

이 제도는 국민기초생활보호 대상자이며, 장애등급 1~3급 장애인인 주택청약적금가입자가 영구임대주택 입주 신청 시 가산점을 부여함으로써 장애인의 주거를 보장하려고 1991년부터 시행된 영구임대주택 입주 시 가산점부여제도의 문제점을 보완하여 시행되는 제도이다. 저소득 중증장애인 전세주택 제공 사업은 집 없이 월세 또는 무의탁 생활을 하는 영세, 중증장애인에게 전세주택을 제공하여 안정된 주거환경을 조성하고 장애등급이 1~2급이며, 장애인전세주택 입주자 선정당시 월세주택 거주 가구주를 대상으로 한다. 전세주택 입주자로 선정된 자의 거주기간은 입주시기로부터 2년으로 하되, 입주대상범위에서 벗어나게 되는 시기까지 2년 단위로 연장할 수 있다. 이 제도는 집 없이 월세를 살거나 무의탁 영세 중증장애인에게 전세주택을 제공함으로써 자활기반을 조성하는 것을 목적으로 하는 전세자금 융자사업(국비 50%, 시비 50%)이 실효성을 거두지 못함에 따라 전세자금 융자사업의 문제점을 보완하여 시행하는 제도이다.

■ 교통

우리나라의 교통(transportation) 수단에 대한 접근성은 승용차 관련, 공공교통수단 관련 접근성으로 나누어볼 수 있다. 장애인승용차와 관련하여 현재 우리나라에서 시행하고 있는 제도는 장애인 운전면허시험제도, 장애인 차량에 대한 각종 세금감면 및 면제제도, 자동차표지 발급 및 주차요금할인제도, 기타 비용부담 경감제도가 있으며, 공공교통수단 관련 제도로는 철도 및 지하철, 공공버스, 항공요금 등의 요금할인 및 감면제도가 있다.

■ 정보

개인과 기업의 생산성, 국가경제의 성장, 선진국과 후진국의 소득격차는 지식격차와 정보화 수준에 의해 결정되고 있어 지식정보사회에서 개인과 기업, 국가가 성공하기 위해서는 언제, 어디서나 유용한 정보를 획득하여 필요한 형태로 가공 및 활용할 수 있는 환경과 능력을 갖추는 것이 필요하다.

현대의 고도정보통신기술은 기회와 장벽을 동시에 제공하는 이중성을 갖고 있다. 즉, 기술의 발달이 어떤 계층에게는 이득을 주지만, 어떤 계층에게는 또 다른 장애나 장벽이 될 수 있다는 것이다. 예를 들면, GUI(Graphic User Interface) 기술의 발달은 비장애인이나 키보드 조작이 어려운 장애인에게는 사용의 편리성과 참여의 가능성을 제공해 주지만, 시각장애인에게는 사회에서 배제될 수 있는 위기적 상황을 초래할 수 있다. 보편적 서비스의 개념은 모든 국민들이 소득, 장애, 지역에 상관없이 고도정보 통신서비스에 쉽고 적절한 비용으로 접근할 수 있도록 보장해 주어야 한다는 개념이다. 이는 정보사회에서 지역, 계층, 산업, 연령 등에 따른 다양한 편차를 완화하고 공동으로 참여하는 네트워크 사회를 만들기 위해 보편적 서비스 정책은 효율과 형평을 동시에 추구하는 정보사회의 종합적인 공공정책이며, 정보화 사회의 사회복지개념이다. 일반적으로 정보화와 관련된 보편적 서비스의 분야는 정보서비스 이용료 문제, 설계 문제, 복지정보서비스 문제 등이다.

이에 따라 노인·장애인 등 사회취약계층을 위한 복지증진을 위한 중점 추진대책의 하나로 재활에 필요한 각종 정보를 신속하고 체계적으로 전달하기 위하여 한국장애인재활협회 내에 재활정보센터(rehabilitation information center)를 설치 및 운영하고 있다. 컴퓨터 통신망을 보다 효과적이고 효율적으로 이용할 수 있도록 컴퓨터 교육장을 설치하여 정규적인 교육을 실시하였다.

■ 통신

통신(communication) 분야의 접근성을 통신기기의 접근성, 수화통역, 매스미디어의 접근성으로 살펴보면 다음과 같다.

첫째, 통신기기의 접근성 측면에서 장애인에 대한 통신접근은 「장애인·

노인·임산부 등의 편의증진보장에 관한 법률」에 근거하여 편의시설의 세부설치기준과 대상 시설의 통신시설을 장애인용 공중전화대와 우체통만을 대상 시설로 규정하고 있는 형편이다.

둘째, 수화통역은 그 방법에 있어 순차통역과 동시통역으로 나누고 또 대상에 따라 음성－수화통역, 수화－음성통역, 수화－수화통역으로 구분할 수 있는데, 이러한 통역서비스를 보편적으로 실시해야 한다. 1997년부터 수화통역사제도가 시행되고 있다.

셋째, 매스미디어의 접근성 측면에서 「장애인복지법」 제20조(정보에의 접근)는 뉴스, 국가적 주요사항의 중계 등에 대하여는 수화 또는 폐쇄자막방송을 방영하도록 하고 있고, 국가적인 행사, 기타 교육, 집회 등에서는 수화통역을 하도록 하고 있다.

⑥ 기타서비스

장애인 가족을 위한 서비스 영역으로 장애인 활동 지원, 장애아 가족양육 지원(1~3급), 발달장애인 공공후견인 심판청구 비용 지원, 발달장애인 공공후견인 활동비용 지원, 발달장애인 부모상담 지원, 발달장애인 가족휴식 지원, 장애인거주시설 운영, 방송수신기 무료보급(자막방송수신기, 화면해설방송수신기, 난청노인용수신기), 실비 장애인 거주시설입소 이용료 지원, 장애인방송시청 지원, 장애인자동차표지 발급, 공동주택 특별분양 알선, 무료법률구조제도 실시 등이 있다.

장애인 가족을 위한 지역사회 복지사업(재활시설) 및 기타 관련 정책은 주간보호시설 운영, 장애인복지시설 치과유니트 지원, 장애인복지관 운영, 장애인재가복지봉사센터 운영, 장애인체육시설 운영, 장애인특별운송사업 운영, 여성장애인가사도우미 파견, 장애인생활이동지원센터, 수화통역센터 운영, 장애인재활지원센터 운영, 지적장애인자립지원센터 운영, 편의시설 설치 시민촉진단 운영, 시각장애인편의시설지원센터 운영, 지체장애인편의시설지원센터 운영, 청각장애아동 인공달팽이관수술비 지원 등이 있다.

02 여성과 가족복지

1) 여성복지

(1) 여성복지의 개념

여성복지의 개념에 대한 최초의 노력은 한국여성개발원의 "여성이 국가나 사회로부터 인간의 존엄성과 인간다운 생활을 할 권리를 동등하게 보장받음으로써 여성의 건강, 재산 행복의 조건들이 만족스러워지는 상태를 의미하며 동시에 가부장적 가치관과 이에 기초를 둔 법, 기타 사회제도들을 개선하는 것 등으로 여성의 인간다운 사람을 실현하기 위한 모든 실천적 노력을 포함하는 개념"이라는 정의이다(한국여성개발원, 1990).

일반적으로 여성복지라 하면 요보호자 또는 이들로부터 야기되는 문제만을 다루는 치료적 성격의 사회복지서비스로 다루어져 왔으며, 그 대상은 주로 「모자복지법」 제4조에 규정된 여성으로서 저소득 모자가정,[2] 미혼모, 가출여성, 요보호여성들에 대한 서비스로 간주되었으나, 최근에는 여성복지의 대상을 보다 포괄적인 의미로까지 그 범위가 확대되고 있다.

여성에 대한 서비스를 규정한 최초의 입법은 「윤락행위방지법」(1961)으로 1980년대 이전까지의 유일한 여성 관련 법이었다. 여성의 지위향상과 복지증진을 위한 법제도는 1980년대에 들어와서 변화를 갖는다. 보건복지부 산하에 한국여성개발원의 설립(1983), 국무총리 직속하의 여성정책심의위원회의 설치(1983)를 비롯하여 「남녀고용평등법」의 제정(1987), 여성문제 전담부서로서의 정무 제2장관실의 발족(1988), 지방자치단체의 가정복지국, 가정복지과의 신설(1988)이 이루어졌다. 또한 「모자복지법」의 제정(1988)과 「가족법」이 남녀평등보장으로의 개정(1989)이 이루어졌고, 1990년대 들어와 「여성발전기본법」(1995), 「성폭력범죄의 피해자보호 등에 관

---

2) 모자가정은 사별, 이혼, 별거, 유기 및 무능력 등의 사유로 인해서 아버지 없이 어머니와 18세 미만의 자녀로 구성된 가정을 말하는데, 1989년 4월 제정된 「모자복지법」(2002년 12월 18일 「모부자복지법」으로 법명변경, 2007년 10월 17일 「한부모가족지원법」으로 법명변경)에 의하면 남편과 사별, 이혼하거나 배우자로부터 유기된 여성, 정신 또는 신체장애로 인하여 장기간 노동능력을 상실한 배우자를 가진 여성을 말한다.

한 법률」[3]의 제정, 「모자복지법」[4]의 개정(1998) 등으로 여성복지에 대한 관심이 높아졌고 사회복지제도도 크게 확대되었다. 이러한 제도적 변화는 국민의 증대된 복지의 인식과 요구를 정부 차원에서 수용한 결과로 나타났으나, 여성복지사업의 중요성과 긴급성이 다양한 복지욕구에 비해 실질적인 서비스의 내용은 아직도 미흡한 수준에 머무르고 있다(전재일 외, 2001: 330). 2000년에는 양성평등 실현을 위하여 여성부가 신설되었다.

(2) 여성의 특성과 문제

여성의 특성을 신체적·심리적·사회적으로 구분해 본다면 신체적 특성은 피하지방이 많고, 근력·폐활량이 남성에 비해 낮으며 보행속도가 느리고, 활력과 속도를 요하는 작업에 있어서 남성에 비해 불리하지만 세심한 주의력을 요하는 작업에 있어서는 남성보다 유리하다. 심리적 특성은 감정적·소극적이라 할 수 있으며, 감수성이 예민하고, 자제력이 약하다. 사회적 특성은 여성은 가족 경제활동에 종사하고, 가족생활의 사적 역할을 담당한다. 남성은 시장경제활동에 종사하게 되고, 국가사회의 공적 역할을 담당한다. 여성 문제는 사회구성원으로서 모든 여성들이 가지고 있는 일반여성 문제와 사회적으로 인식된 그리고 구체적으로 욕구가 표출되고 있는 요보호 여성문제로서 여성에 대한 부당한 대우, 차별, 학대, 성희롱, 성차별, 성폭력[5] 등의 문제를 겪는다.

---

3) 「성폭력 범죄 처벌 및 피해 등에 관한 법률」은 1994년 1월 5일 제정된 법으로 성폭력범죄를 예방하고 그 피해자를 보호하며, 성폭력범죄의 처벌 및 그 절차에 관한 특례를 규정함으로써 국민의 인권신장과 건강한 사회질서의 확립에 이바지함을 목적으로 한다.

4) 1989년 4월 1일 제정된 「모자복지법」이 개정을 통해 2007년 10월 17일 「한부모가족지원법」으로 법명을 변경한 법으로, 이 법은 "한부모가족이 건강하고 문화적인 생활을 영위할 수 있도록 함으로써 한부모가족의 생활 안정과 복지 증진에 이바지함"을 목적으로 한다.

5) 성폭력은 강간, 윤간, 강도강간뿐 아니라 성추행, 언어적 희롱, 음란전화, 성기노출, 어린이 성추행, 아내 강간 등 상대방의 의사에 반(反)하여 가하는 성적 행위로 모든 신체적·언어적·정신적 폭력을 포괄하는 광범위한 개념이다. 따라서 상대방으로 하여금 성폭력에 대한 막연한 불안감이나 공포감을 조성할 뿐만 아니라 그것으로 인한 행동제약을 유발시키는 것도 간접적인 성폭력이라 할 수 있다. 성폭력의 범주는 우리가 생각하는 것보다 그 범주가 훨씬 넓으며 성 차별적 사회구조 속에서는 다양한 형태 "강간뿐만 아니라 성적 희롱, 성추행, 음란 전화, 성기노출, 아내(동거자)구타, 인신매매, 강제매춘, 포르

한국 사회에서 여성문제는 첫째, 산업화 과정을 통하여 여성의 의식상승과 사회참여의 증대, 가족구조의 변화로 인해 여성의 역할이 커지고 있으며, 둘째, 가부장적이고 권위적인 남성의 의식변화까지는 이루어지지 못하고 있다.

(3) 현대사회의 여성문제

① 가정폭력

가정에서 부부나 부모-자식 등 가족 사이에 일어나는 폭력행위로서 피해자의 대부분이 여성이다. 가족폭력의 사회 문제적 의미는 이혼율 증가의 원인으로 사회를 해체시킬 수 있으며, 원인으로 여성의 소외와 폭력을 부추기는 문화와 대중매체가 주 요인이다. 더 나아가 가정폭력에 관대한 사회적 분위기가 가장 큰 문제점이다.

② 여성의 빈곤(Feminization of poverty)

빈곤계층에서 여성의 비율이 증가하는 현상이 나타나고 있는데, 여성 빈곤의 원인을 살펴보면, 첫째, 사회적으로 여성에 대한 노동시장의 주변화 현상, 즉 저임금화(여성이 취업을 해도 충분한 소득을 마련할 수 없음)와 고용 차별이다. 둘째, 가계소득의 불평등한 지배권(재정적으로 남성의존)과, 모든 영역에서 여성들의 사회적 불평등 구조에 있다. 셋째, 가사노동에 무임금으로 종사하며 남성의 수입에만 의존하게 된다.

③ 모자가정의 증가

모자가정의 여성이 취업의 어려움을 겪는 것은 사회적으로 여성에 대한 저임금화 현상과 아버지의 부재로 인한 아동양육의 부담 때문이다. 또한 정부의 모자가정에 대한 관심 부족이다.

노 제작·판매 등이 모두 성폭력의 범주에 포함된다. 또한 신체에 가해지는 물리적 폭력뿐만 아니라 음란한 말이나 눈짓, 정신적인 학대도 모두 이 범주에 속한다."이다. 여기서 "상대방의 의사에 반한다."라 함은 원치 않거나 거부하는 행위를 상대방에게 계속하거나 강요한다는 말이다.

④ 성차별

성차별이란 남성과 여성 간의 생물학적인 성을 토대로 특정 성에 대한 사회적인 편견을 말하는데, 생물학적인 접근으로는 남성다움, 여성다움 그리고 성적 정체성에 대한 강조가 있다. 심리학적인 접근으로 성역할에 대한 고정관념, 사회문화적 접근은 성차별의 보편적인 의식구조, 문화적 상징구조, 사회구조적 원인으로 나타난다.

우리나라의 성차별 상황은 크다고 할 수 있는데, 여성권한척도(정치적인 측면에서 여성국회의원 수, 경제적인 측면에서 남녀 소득 차이)를 보면, OECD 국가들 중 하위 그룹에 속하고 있다. 남녀평등지수(교육수준, 국민소득 평균수명 등)는 남성과 여성 간의 차이가 크지 않다. 또한 여성들 사이에서도 장애인 여성에 대한 차별과 장애인들 사이에서도 장애인여성의 차별에 대한 이중적 고통을 겪고 있는 현실이다.

(4) 여성복지의 필요성

여성복지의 필요성이 강조되는 이유는 사회가 산업화, 핵가족화, 독신세대의 증가 등으로 ① 가족구조의 변화, ② 취업여성의 증가와 대우의 열악성, ③ 성 차별적 사회구조 문제, ④ 사회복지제도에서 성차별 문제, ⑤ 여성의 의식과 욕구의 변화로 인하여 점차 강조되고 있다.

2) 가족복지

(1) 가족복지의 개념

가족[6]은 인간의 성장과 발달은 물론, 문화 전달에 필요한 모든 것을 전수하고 양육하는 일차적인 집단이며, 이 사회를 구성하는 기본적인 단위이

---

6) 가족(家族, Family)이란 ① 혈연(어버이와 자식, 형제자매, 부부 등)과 혼인관계 등으로 한 집안을 이룬 사람들의 집단이다. ② 한 집안의 친족, 일가, 일문(一門)이다. ③ 이해관계나 뜻을 같이하여 맺어진 사람들을 비유하여 이르는 말로, 예를 들면 "우리 회사에 입사하신 여러분은 이제 한 가족입니다." 등이다. ④ 근친관계를 중심으로 구성되는 최소의 거주집단(사전적 의미), 가족구성원이다. ⑤ 의미와 관계의 산물로, 가족의식 또는 가족가치를 고려해야 한다.

다. 가족의 정의는 혈연, 입양, 혼인을 기반으로 하는 전통적인 가족구조에서 현대사회가 되면서 가족의 개념이 변하고 있다. 즉, 가족이란 동일한 가구[7]에 거주하고, 가족생활을 유지하기 위한 특정한 역할과 지위를 가진 자들이라고 할 수 있다.

가족복지는 인간의 공동체적인 노력으로 가족생활을 보호하고 강화시킬 뿐 아니라, 가족구성원이 사회인으로서의 기능을 높이기 위해 행해지는 서비스 활동을 말한다. 가족복지사업이란 가족이 사회로부터 기대되고 있는 고유의 기능, 즉 생산의 기능, 성적 욕구충족의 기능, 자녀양육과 사회화의 기능, 가족의 정서적 안정의 기능 및 공동의 가계유지의 기능을 그 가족이 실현할 수 있도록 원조하는 것이다.

가족복지의 대상으로는 현행 우리나라는 요보호 대상자 중심의 가족구성원인 개인이며, 가족문제란 빈곤과 이로 인한 소득의 상실 및 질병, 자녀양육문제 및 여성의 모성보호문제 그리고 노후대책문제와 장애인가족문제 등으로 분리, 제한된 잔여적 복지정책이다.

이를 구조상·기능상·욕구에 따라 분류해서 살펴보면, ① 가족구조상의 특성에 따른 대상으로 맞벌이, 미혼모, 재혼, 이혼, 소년소녀 가족, 노인 가족, 핵가족 등, ② 가족기능상의 문제에 따른 대상으로 학대, 알코올중독이나 약물중독, 청소년비행, 소득상실 등 가족이 지닌 병리적이나 경제적인 측면에서 기능상의 결손을 경험하는 가족과 장애로 인한 심리적·의료적 문제를 겪고 있는 가족, ③ 가족의 주기에 따라 발생하게 되는 다양한 욕구에 따른 대상으로 부부만의 시기, 자녀출산 및 양육기, 미취학아동기, 학령기, 청소년기, 독립기, 중년기, 노년기 등이 있다.

(2) 다양한 가족 형태

가족복지의 대상은 '전체로서의 접근'을 전제로 한다. 기존의 아동, 청소

7) 가구(家口, household)란 ① 주거(혈연관계와는 상관없이)와 생계를 같이하는 단위로서 각 살림을 하는 생계단위이다. ② 주거와 생계를 같이하는 사람의 집단을 세는 단위로서, 예를 들면 이 동네에 13가구가 산다. ③ 한 지붕 아래서 경제공동체를 이루고 살아가는 집단, 즉 거주와 경제의 단위이다. 가정(家庭, home, family, household)이란 가족이 함께 생활하는 사회의 가장 작은 집단으로, "결혼하여 한 가정을 이루다. 울타리, 안식처, 쉼의 터전"이다.

년, 여성, 노인 등으로 대변되던 개별적 복지의 개입은 다양화되고 복합적 문제를 지닌 현대의 가족 문제에 효과적으로 개입하기 어렵게 되었다. 즉, 가족이 갖는 문제와 가족의 욕구가 해결되지 않는다면 가족의 문제는 사회문제가 되고 이러한 사회문제에 국가의 개입이 필요하게 되었다. 가족복지의 대상은 가족의 구조와 기능 그리고 가족의 주기에 따라 다음과 같이 분류할 수 있다(김혜경, 2016: 54-55).

첫째, 가족 구조상의 특성에 따른 대상이다. 가구 구조상의 특성으로 분류하면, 취업부모 가족, 미혼모 가족, 이혼 및 재혼 가족, 소년소녀가장 가족, 노인 가족, 독신가구 등 가족의 구조상의 다양화를 고려하여 가족이 지닌 특성에 따라 복지 개입을 달리하는 경우로 분류한다.

둘째, 가족 기능상의 문제에 따른 대상이다. 학대, 알코올중독, 약물중독, 청소년 비행 및 실직으로 인한 소득의 상실 등 가족이 지닌 병리적이거나 경제적인 측면에서 가능상의 결손을 경험하는 가족과 장애로 인한 심리적 및 의료적 문제를 겪고 있는 가족의 경우를 말한다.

셋째, 가족의 주기에 따라 발생하게 되는 다양한 변화와 위기, 욕구에 따른 대상이다. 부부만의 시기, 자녀 출산 및 양육기, 미취학 아동기, 학동기, 청소년기, 독립기, 중년기, 노년기 등 가족 생활주기에 따라 가족구성원인 개개인은 물론 가족 자체가 당면하게 되는 복지욕구는 다양하며, 이에 따라 복지 개입을 달리하는 경우를 말한다.

다양한 형태의 가족이 생성되고 있는데, 가족구조상의 형태로 구분하여 설명하면 독신 가족, 자발적 무자녀 가족, 동거 가족, 집단 가족, 동성 가족, 다문화 가족이 있다(김영화 외, 2006).

① 독신가족

자신의 가치관과 인생의 목적에 부합되는 자유로운 생활을 하기 원하는 집단으로 일정한 나이가 되면 모두 결혼해야 한다는 사회적 통념을 거부한다. 이는 자발적이기도 하고 비자발적이기도 하며, 일시적이기도 하고 항구적이다. 하지만 현재는 가족이라는 굴레에 얽매이지 않으면서 자기 발전에 대한 욕구를 충족시킬 수 있는 사람들로 자발적으로 결혼을 하지 않는 사람들의 경우를 독신 가족으로 보는 것이 타당하다.

결혼 생활은 남성에게는 물론 특히 여성에게 많은 부담을 지우고 있으므로 자아성장의 욕구가 강한 사람의 경우에는 결혼을 거부하거나 포기하고 일반적으로 여성독신자들의 교육수준, 직업, 사회적 지위, 정신건강 등은 남성독신자보다 높다고 하는데, 이는 여성들의 경우 자발적인 독신자들이 많은 반면, 남성들의 경우는 비자발적 독신자 많다는 유추가 가능하다.

현재 남성 독신자들은 핵가족의 신화 속에서 양면성을 내포하는데, 개인적 자유와 성취감이 기혼자들보다 강하고, 가족에 대한 구속 없이 다양한 인간관계가 가능하다. 그러나 독신자들을 예외적인 존재 또는 사회적 이탈자로서 바라보는 사회인식으로 인한 합법성의 결여, 사회적 동의와 지지의 부족, 제도권 중심의 생활에서 오는 심리적 불안정감 등이 부정적 요소로 작용한다. 요즘 독신자가 증가하면서 독신자끼리의 사이버 모임, 동호회, 정기적 회합 등이 늘면서 소수집단이 가진 박탈감을 극복하려는 사회적 움직임이 강하게 일고 있다.

② 자발적 무자녀 가족

성인이 되어 결혼을 하면 자녀 출산은 필수적이고 오히려 자녀가 없는 경우를 비정상으로 인식하였다. 그러나 이제는 자녀 출산도 부부의 선택사항으로 변화하고 있는데, 이는 부부 두 사람의 동의하에 자녀를 가지지 않겠다고 자발적으로 결정한 경우이다. 지금까지 전통사회에서 자식은 생산을 위한 노동력을 의미했고, 노후보장과 가문을 잇는다는 혈연의 강한 의식이 자리 잡았었으나, 이제는 의식도 생산 활동의 경제구조도 변하였고, 사회보장제가 강화되었으므로 실용적 이유로 자녀의 필요성은 감소하였다. 무자녀를 결정하는 부부에게 가졌던 이기적·반사회적·비도덕적이라는 편견은 점차 감소하고 있다.

하지만 우리나라에서 자발적 무자녀 가족의 증가는 사회문제가 되고 있다. 이에 대한 대책과 자녀를 안심하고 양육할 수 있는 가족복지정책이 시급히 요청되고 있다.

③ 동거가족

동거 가족은 기존의 전통적인 가치관으로 본다면 비도덕적이라고 볼 수 있으며, 여성에 대한 혼전순결 개념이 아직도 지배적인 우리나라에서는 더욱 받아들이기 어려운 가족의 형태로 공식적인 결혼을 하지 않고 가족을 형성하는 것이다. 그러나 동거자들은 전통적인 결혼과는 다른 태도나 가치관을 가지는데, 우리나라에서 나타나고 있는 일시적인 동거나 성적 욕구의 해결과 경제적인 이유 등으로 인한 동거는 새로운 가족의 형태로 분리함에 있어 더 많은 논의가 필요하다.

④ 집단가족

경쟁적, 개인주의적인 사회 분위기 속에서 육아·탁아를 공동으로 해결하자는 움직임이 점차 늘어나고 있다. 이렇게 공동체 정신의 구현을 목적으로 인위적으로 만든 가족을 집단 가족이라 한다. 집단 가족은 남녀의 역할구분이 없으며, 자녀를 공동으로 양육하는 핵가족 형태를 지양한다. 지역공동체에 그 가치를 둠으로써 가사노동이 사회화되어 있고, 여성의 자율권과 지위가 높은 편인 가족형태이다.

⑤ 동성가족

동성애는 최근까지도 비정상적이고 병리적인 현상으로 인식되어 왔으나, 사회가 변화하며 개성과 자유의 존중, 진보적이고 자유주의적인 사회 분위기, 여성 운동 등으로 인하여 사회에서 수용하는 분위기가 생성되고 있다. 최근에는 네덜란드를 중심으로 벨기에, 독일 등 유럽 여러 나라에서 동성결혼을 합법적으로 인정하고 있으며, 자녀입양에 대해서도 점차 허용적인 방향으로 변하고 있다.

⑥ 다문화가족

결혼이민자 및 그 자녀 등으로 구성되는 다문화 가족은 언어 및 문화적 차이로 인하여 사회부적응과 가족구성원 간 갈등 및 자녀교육에 어려움을 겪고 있다. 다문화 가족의 구성원이 우리 사회의 구성원으로 순조롭게 통합되어 안정적인 가족생활을 영위할 수 있도록 하기 위해 「다문화가족지원법」이 2008년 3월 제정·공포되었다.

지금까지 살펴본 여러 형태의 가족들은 아직 우리 사회에서는 보편화되지는 않았다. 하지만 새로운 가족의 형태들로 인해 미래사회에서 고려되어야 할 유형들이다. 이들 새로운 가족들이 추구하는 가치는 전통적 성역할에 대한 거부, 개인의 자율성 보장, 개성의 존중, 다양한 가족생활에 대한 가치관의 추구 등 이들을 보는 사회적 인식은 아직 비도덕적이며 이기적·비사회적인 것이다. 따라서 육아시설이나 학교교육, 직장과 여가시설 등 사회제도들이 이들을 뒷받침해 주지 않고 있어 현실적으로 어려움에 당면하게 된다.

(3) 우리나라의 가족복지의 역사

우리나라 가족복지의 역사를 살펴보면, 1950~60년대에는 전쟁 직후의 시기로서 부녀 복지 차원에서 과부, 고아 중심의 구호사업이 중심을 이루어 진행되었다. 1961년 「생활보호법」이 제정되고, 1960년대 베이비붐 세대를 거치며, 1970년대 출산율 억제를 위한 가족계획사업 중심으로 진행되었다. 1980년대에는 「가족법」 개정과 출산억제의 가족계획사업 지속과 특정 가족 대상의 복지정책이 등장하였다. 1989년 「모자복지법」이 제정되고, 1990년대 보육서비스 지원이 시작되었고 가정폭력에 대한 공적 개입이 시행되었다.

1991년 「영유아보육법」이 제정되고, 1997년 「가정폭력방지 및 피해자보호 등에 관한 법률」이 제정되어 가족구성원의 역할과 보호가 강화되었다. 2000년대에는 가족의 역할이 사회적 책임으로 확대되면서 전체 가족 대상의 사회적 지원 체계가 마련되기 시작하였다. 2000년 「국민기초생활보장법」과 2004년 「건강가정기본법」이 실행되며 전국에 건강가정지원센터가 생기고, 가족에 대한 체계적인 지원과 정책이 마련되고 있다.

(4) 가족복지와 관련된 법

가족복지와 관련된 법에는 일반적인 법률과 사회보장법을 살펴볼 수 있다. 먼저 일반적인 법에는 「헌법」, 「민법」, 「소득세법」, 「남녀고용평등법」, 「형법」이 있고, 사회보장법에는 사회보험(연금보험, 고용보험, 산재보험, 의료보험)과 공공부조(「국민기초생활보장법」, 「의료급여법」), 사회복지서비스 관련법

(「아동복지법」, 「노인복지법」, 「장애인복지법」, 「한부모가족지원법」, 「영육아보육법」, 「성폭력특별법」, 「입양촉진 및 절차에 관한 특례법」, 「가정폭력방지법」, 「건강가정기본법」 등)이 있다.

(5) 가족복지정책

점점 더 가족복지정책에 관심이 증대하는 것은 가족의 역할이 위협받고 있거나 위협될 것이라고 전망되기 때문이다. 가족의 변화와 가족성원의 역할변화를 제시하는 인구통계학적, 사회적 추세는 하나의 제도로서 가족복지정책에 대한 지지를 이끌어 내는 데 일차적인 촉매제가 되었다. 일반적으로 노인은 가족복지정책의 한 부분으로 포함되지 않는데, 성인자녀로부터 고립되었기 때문이 아니라 주로 가족성원으로서가 아닌 개인적인 위치로서의 욕구를 가지고 있기 때문이다. 특히 아동이 있는 가족에게 영향을 주고자 고안된 공공정책과 비록 그러한 영향이 의도되지 않았다 하더라도 분명히 가족을 위한 정책임을 기술하기 위해 사용되었다.

가족복지정책을 뒷받침하는 전제는 아동이 미래사회가 필요로 하는 사람으로 성장하며, 건강하고 충분한 교육을 받아서 생산적인 노동자, 시민 및 부모가 되도록 하는 것이다. 또한 가족구성원 모두가 자신의 역할과 사회에 필요한 역할을 감당하도록 지원하는 데 있다.

가족복지정책분야는 가족법과 소득지원정책(아동이나 가족수당, 요보호아동을 가진 가족원조, 출산과 양육수당), 부양가족을 위한 세금혜택, 아동보호서비스 등과 같이 직접적으로 가족과 관련된 법을 포함한다.

(6) 가족치료의 모델

① 보웬의 세대 간 가족치료모델

보웬의 세대 간 가족치료(Bowen's family therapy)모델은 다세대적 현상으로 보아 다세대적 분석을 통해 현재 가족문제를 파악하려고 했는데, 대부분의 가족문제는 가족성원이 자신의 원가족에서 심리적으로 분리되지 못한 데에서 비롯된다고 보았다. 사람은 부모에 대해 해결되지 않은 정서적 반응을 가지고 있으며 새로운 깊은 관계를 형성할 때 과거의 유형을 반복하게 된다고 본다. 따라서 건강한 인격을 형성하기 위해서는 가족에 대한 해결되지 않은 정서적 애착을 적극적으로 해결해야 함을 강조한다. 주요 개념으로는 자아분화,[8] 삼각관계,[9] 핵가족 정서과정,[10] 가족투사과정,[11] 다세대 전수과정,[12] 출생순위, 정서적 단절[13]이며, 대표적인 기법으로는 탈삼각화[14]와 가계도[15]가 있다.

---

8) 자아분화는 정신 내적 측면과 외부관계(대인관계)에 관련된 개념이다. 정신 내적인 분화는 감정과 사고를 분리시키는 능력으로, 분화된 사람은 사고와 감정 사이에 균형을 이룰 수 있으며 자제력이 있고 객관적이다. 반면 분화되지 못한 사람은 자율성이 부족하며, 다른 사람과 융합되려는 경향이 있다. 정서와 지성 사이의 융합이 클수록 다른 사람의 정서적 반응에 융합되기 쉽다. 정서적 융합은 분리와 반대개념으로, 융합된 사람은 확고한 신념과 확신을 고수하지 못하며, 이성적 사고가 아닌 감성에 바탕을 둔 의사결정을 한다. 자아분화 수준이 낮은 부모는 자신들의 불안을 삼각관계를 통해 회피하려고 한다.

9) 삼각관계는 두 사람 사이의 스트레스나 긴장관계가 발생했을 때 제3자를 두 사람의 상호작용 체계로 끌어들여 긴장의 수준을 완화하려는 것을 말한다.

10) 핵가족 정서과정은 한 세대의 가족 내에서 보이는 정서적 기능을 설명한 것으로, 원 가족과 분화가 이루어지지 못한 부모는 자신의 부모와 정서적 단절이 생기면, 현재의 가족생활에서 융합을 이루어 안정을 찾으려 한다. 즉, 자아분화가 낮은 사람의 결합일수록 두 사람의 자아가 융합되어 공동자아를 형성하는데, 문제는 새롭게 형성된 이와 같은 융합은 불안정하며, 때로는 융합이 반대로 부부 간의 정서적 거리감을 증가시켜서 자녀에게 문제를 투사하는 등의 여러 가지 부적응을 초래할 위험성이 있다는 것이다.

11) 가족투사과정은 부모가 자신의 미분화를 전달함으로써 세대를 걸쳐서 진행되는데, 투사대상이 된 자녀는 최소한의 자아분화만을 한 채, 부모와 밀착관계를 가지게 된다. 자아분화 수준이 낮은 부모는 미분화에서 오는 불안을 삼각관계를 통해 회피하려고 하는데 공통적 현상은 어머니가 특정 자녀와 공생적 관계를 형성하여 미분화의 산물인 자기문제를 투사시킨다는 점이다. 투사는 어느 가정에서나 일어나는 것인데, 분화수준이 낮을수록 그 경향이 심하고, 심지어 다음 세대를 희생시키면서까지 이전 세대의 미분화에서 발생한 불안을 경감시키려고 한다.

12) 다세대 전수과정은 다세대를 통해 가족의 정서과정이 전수되는 것으로, 자아분화의 수준이 낮은 사람이 자신과 비슷한 분화 수준을 가진 사람과 결혼하면 다음 세대인 자녀에게 그들이 가진 미분화된 특징을 투사하게 되어, 자녀의 자아를 더욱 미분화상태에 놓이게 한다. 이러한 투사과정이 여러 세대에 걸쳐 계속되면, 3세대 또는 그 이상의 세대에 가서 정신분열증이나 정서적 질환이 발생되고, 이렇게 볼 때 정신분열증이나 역기능적 문제는 개인의 질병이 아니라 가족체계에서 누적된 자아의 미분화, 융합의 결과가 되는 것이다.

13) 정서적 단절은 한 개인과 자신의 원 가족 간의 미분화와 그것과 관련된 정서적 긴장을 설명한 것으로, 세대 간의 정서적 융합이 심할수록 정서적 단절의 가능성이 높다는 것이다. 융합이 심한 사람은 가족과의 정서적 접촉을 회피함으로써 문제를 해결하려고 하나, 고립된 소외에서 오는 불안으로 다른 사람과의 관계를 맺으면 또 다른 융합을 초래한다.

14) 삼각관계는 두 사람 사이의 스트레스나 긴장관계가 발생했을 때 제3자를 두 사람의 상호작용 체계로 끌어들여 긴장의 수준을 완화하려는 것을 말한다. 이에 탈삼각화는 제3자를 두 사람의 관계에서 분리시켜 삼각관계를 벗어나게 함으로써 가족원들이 자아 분화

② 미누친의 구조적 가족치료모델

구조적 가족치료(structural family therapy)모델은 미누친(Minuchin) 등을 중심으로 발달한 가족구조의 중요성을 강조하는 이론이다. 미누친은 가족을 하나의 체계로 보고 개인의 문제를 심리적인 요인보다 사회체계와의 관련성에 두고 있다. 즉, 가족구조의 불균형(경계가 불분명하거나 지나치게 밀착되어 있는 것, 위계질서의 모호함, 체계 간 경직성 등)의 결과로서 가족문제가 발생한다고 보고, 가족구조의 변화, 즉 가족의 재구조화를 목표로 한다. 다시 말해, 가족의 구조를 변화시킴으로써 체계 내 개인의 위치가 변경되고, 그의 경험이 변화되어 결국 개인에게 변화를 초래한다는 것이다.

구조적 가족치료는 역기능적인 가족구조를 제도화하는 구조변화에 목적을 두고 그 과정에 치료자가 적극적으로 개입하는 것이다. 따라서 이 모델은 소년비행이 있는 가족, 거식증이 있는 가족, 약물을 남용하는 가족, 사회경제적 수준이 낮은 가족, 알코올중독자가 있는 가족 등에게 주로 활용되고 있다. 대표적인 기법으로는 가족 간 경계 만들기[16]와 합류하기, 실연, 긴장고조 시키기, 과제부여, 균형 깨트리기[17] 기법이 있다.

③ 사티어의 경험적 가족치료모델

사티어(Satir)의 경험적 가족치료(experimental family therapy)모델은 의사소통의 증진을 통한 성장(growth)에 초점을 두고 있다. 즉, 의사소통의 방법을 통해 대인관계의 상호작용으로 상호존중과 신뢰할 수 있는 경험을 클라이언트가 직접 하도록 한다. 경험적 가족치료는 가족구성원들이 각자 자신의

하도록 하는 것이다.

15) 가계도를 통해 알 수 있는 정보에는 가족구성원에 대한 상세정보(성별, 나이, 출생 및 사망 시기, 직업, 교육수준, 결혼관계, 동거, 병력, 종교 등)와 사회적 정보(인종집단, 사회계층, 종교) 그리고 각 구성원과의 관계(단절 또는 융합, 밀착)와 가족관계(혈연 또는 인위적 관계)를 알 수 있다.

16) 경계 만들기 기법은 가족 간의 경계선이 모호하거나 너무 경직된 경우 이를 수정하는 개입이 필요한데, 이는 가족성원 각자가 체계 내에서 적절한 위치에 있도록 하위체계 간 경계를 분명히 유지하도록 하는 기법이다.

17) 균형 깨뜨리기 기법은 하위체계 간의 관계를 재배치함으로써 가족 내 하위체계들 간의 역기능적 균형을 깨뜨리기 위한 기법이다. 예를 들어, 권위적이고 지배적인 남편과 자기주장을 하기 시작한 아내 사이에서 사회복지사는 의도적으로 부인의 편을 들어줌으로써 역기능적 균형을 깨뜨린다.

감정과 욕구에 민감하므로 가족의 기쁨뿐 아니라, 실망, 두려움, 분노 등에 대해서 대화하고 수용할 수 있도록 돕는 데 있다. 이는 가족의 결속과 바람직한 의사소통으로서 치료자가 서로 배려하고 수용하는 방법을 가족에게 제시하여, 서로 간의 두려움을 극복하고 자신의 마음과 경험을 개방한다.

④ 전략적 가족치료모델

전략적 가족치료(strategic family therapy)모델은 할리(Haley) 등을 중심으로 발달한 이론으로서 가족의 문제해결에 초점을 두고 있다. 전략적 가족치료에서 사용하는 기법은 첫째, 역설적 지지기법(paradoxical tasks)으로 가족들이 치료자의 지시에 저항토록 하여 변화를 일으키게 하는 것이다. 둘째, 시련기법(ordeal technique)으로 클라이언트에게 힘든 시련을 체험하도록 하여 그 증상을 포기토록 하는 것이다. 셋째, 가장기법(pretend technique)으로 클라이언트에게 문제증상이 있는 것처럼 가장토록 지시하여 그 증상을 포기하도록 하는 것이다. 넷째, 순환적 질문(circular questioning)으로 치료자의 일방적인 지시보다는 가족의 의견을 이끌어 내는 것 등이 있다(조홍식 외, 1998: 123-129).

13
CHAPTER

사회복지의 실천분야 Ⅲ

이 장에서는 사회복지의 실천분야 중에서 의료 및 정신건강, 교정복지, 노동복지, 군사회복지로 구분하여 각 분야별 대상과 복지서비스에 대해 살펴보고자 한다.

01 의료 및 정신건강 사회복지

1) 의료사회복지

사례 1 얼마 전 교통사고로 한쪽 다리를 절단한 14세 된 김 군은 지금까지 살던 세계와는 다른 세계를 접하게 될 것이다. 김 군은 자신의 장애를 수용해야 하며, 주변 사람들의 차가울 수도 있는 시선을 극복해야 할 필요도 있을 것이다. 김 군에게는 장애인 등록 절차와 장애인 복지시책에 관한 정보가 필요하기도 하다. 앞으로 남은 재활치료를 잘 받는다고 하더라도 김 군이 원활히 사회에 재적응하기 위해서는 해결해야 할 과제가 많이 남아 있으며, 장애로 인하여 새로이 발생하게 된 욕구도 존재한다. 김 군의 이러한 문제의 해결이나 완화 및 욕구의 충족을 위하여 누가 도움을 줄 수 있을 것인가?

사례 2 80세 된 김 노인은 관절염으로 고생하고 있다. 김 노인은 2개월 전에 S 병원에 1주간 입원하여 재활치료를 받은 후 건강이 회복되어 퇴원하였다. 그러나 최근 관절염이 재발하여 다시 입원하게 되었다. 김 노인의 상황을 평가한 사회복지사는 김 노인의 주거환경과 교통편 등 물리적 여건이 재발의 주요 요인임을 밝혀 낼 수 있었다. 이러한 물리적 여건이 개선되지 않는다면 김 노인은 2회째의 입원에서 의학적 치료가 아무리 성공적이라 하더라도 재발요인은 잠재하고 있다고 할 수 있을 것이다.

위의 사례에서 보듯이 인간이 건강을 유지하고 회복하기 위해서는 의학적 서비스뿐만 아니라 심리사회적 및 환경적 지원이 필요하다. 바로 이러한 심리사회적 및 환경적 측면에 대한 지원을 수행하는 것이 의료사회복지사의 역할이라 할 수 있다.

(1) 의료사회복지의 정의

의료기관에서 의료사회복지사가 진료 팀의 일원이 되어 효과적인 진단과 치료에 지장을 주는 사회적·경제적·심리적 문제를 해결하도록 환자와 그 가족을 돕는 전문 분야이다.

(2) 의료사회복지의 대상

질병이나 장애로 인한 심리사회적 욕구를 가지고 있고, 기능이 손상되었거나 위기에 처한 사람들로서 자신에게 주어진 다양한 사회적 역할을 적절히 수행하지 못하는 사람들이다. 환자가 다양한 역할을 수행하는 데 직접적으로 관계가 있는 사람들도 다루게 된다.

(3) 의료사회복지의 목적

클라이언트, 가족 그리고 소집단의 사회적 기능이 실제적 또는 잠재적 질병이나 장애로 인해 손상 받을 때 그들을 최적의 사회적 기능으로 회복, 유지, 증진시키는 것이다.

(4) 의료사회복지의 역사

우리나라 의료사회사업의 기원은 1883년에 세브란스병원 여전도회 회원으로 구성된 자원봉사자들이 부녀봉사원(lady almoner)의 역할을 한 것으로 볼 수 있다. 이후 1958년에는 한노병원에서 사회사업을 전공한 사회사업가가 일하게 되었으며, 1959년에는 국립중앙의료원, 원주기독병원 등에서 의료사회복지가 시작되었다.

1973년 9월 20일에 대통령령 제6863호로 공포된 「의료법 시행령」 제24조 제2항 제5호[1]는 의료사회사업활동의 법적 근거가 마련되었다. 1973년에는 대한의료사회사업가협회가 창립되었고, 1981년에 의료사회사업직무의 표준화를 주제로 한 워크숍을 시작으로 연례적으로 워크숍을 실시하고 있다. 2000년에는 협회의 명칭을 대한의료사회복지사협회로 변경하고, 한국 사회복지사협의 산하단체로 등록하였다. 2000년에 협회 홈페이지(http://www.kamsw.org)를 제작하여 활용함으로써 회원 간의 교류를 활성화하고 있다.

1) 「의료법 시행령」 제24조 제2항 제5호에서는 "종합병원에는 「사회복지사업법」의 규정에 의한 사회복지종사자 자격을 가진 자 중에서 환자의 갱생, 재활과 사회복귀를 위한 상담 및 지도업무를 담당하는 요원을 1인 이상 둔다"고 규정하고 있다.

1977년에는 의료보험제도의 확대 실시로 정신의학적 사회사업과 재활사회사업의 활동에 대하여 보험수가를 청구할 수 있게 되었으며, 근간에는 모든 의료사회사업활동에 대하여 의료보험 수가를 적용받기 위하여 대한의료사회복지사협회가 주축이 되어 노력하고 있다. 1993년에는 한국정신보건사회사업학회가 결성되었으며, 1995년 「정신보건법」의 제정으로 정신보건 전문요원 자격제도와 수련제도가 실시되었다. 현재 전국 300여 개의 병원 등에서 800여 명의 의료사회복지사들이 활동하고 있다.

또한 「정신보건법」에서도 정신의료전문요원[2])으로 사회복지사를 임용하도록 규정하고 있으며, 광주의 성요한병원과 전남의 국립나주정신병원 등에서 사회복지사를 대상으로 정신의료사회복지사 수련과정(1년)을 개설하였다. 이 과정을 이수한 사회복지사는 정신보건 사회복지사 자격시험에 응시하여 합격 후 정신보건 사회복지사로서의 활동을 하고 있으며, 정신병원이나 지역사회정신보건센터에 우선적으로 채용된다. 2017년 5월 「정신보건법」은 「정신건강증진 및 정신질환자 복지서비스 지원에 관한 법률」[3])로

---

2) 현재 「정신보건법」이 「정신건강증진 및 정신질환자 복지서비스 지원에 관한 법률」로 변경되어, 제17조 "정신건강 분야에 관한 전문지식과 기술을 갖추고 보건복지부령으로 정하는 수련기관에서 수련을 받은 사람에게 정신건강전문요원의 자격을 줄 수 있다(1항). 정신건강전문요원은 그 전문분야에 따라 정신건강임상심리사, 정신건강간호사 및 정신건강사회복지사로 구분한다(2항)."

3) 「정신건강증진 및 정신질환자 복지서비스 지원에 관한 법률」
- 개정이유: 정신질환자의 범위를 중증정신질환자로 축소 정의하고, 전 국민 대상의 정신건강증진의 장을 신설하며, 비자의 입원·퇴원 제도를 개선하고, 정신질환자에 대한 복지서비스 제공을 추가하는 등 현행 법률상 미흡한 점을 개선·보완하려는 것임.
- 주요 내용
  가. 법률의 명칭을 「정신보건법」에서 「정신건강증진 및 정신질환자 복지서비스 지원에 관한 법률」로 변경함.
  나. 법 적용 대상인 정신질환자의 정의를 '독립적으로 일상생활을 영위하는 데 중대한 제약이 있는 사람'으로 한정함(제3조 제1호).
  다. 정신건강증진의 장을 신설하여 일반국민에 대한 정신건강 서비스 제공 근거를 마련함(제7조부터 제18조까지).
  라. 복지서비스 개발, 고용 및 직업재활 지원, 평생교육 지원, 문화·예술·여가·체육활동 지원, 지역사회 거주·치료·재활 등 통합 지원, 가족에 대한 정보제공과 교육 등 정신질환자에 대한 복지서비스 제공 근거를 마련함(제33조부터 제38조까지).
  마. 환자 본인 및 보호의무자의 동의로 입원을 신청하고, 정신과 전문의 진단 결과 환자 치료와 보호필요성이 인정되는 경우 72시간의 범위에서 퇴원을 거부할 수 있는 동의입원 제도를 신설함(제42조).
  바. 보호의무자에 의한 입원 시 입원 요건과 절차를 강화하여 진단입원제도를 도입하

변경되어 실행하고 있다. 의료사회복지사는 2018년 12월 11일 사회복지사업법 개정에 의해 2020년 12월 12일 국가자격제도로 시행되었다.

(5) 의료사회복지사에게 필요한 지식과 기술

우선 의료전달체계[4]에 대한 지식이 필요하고, 질병의 특성과 질병에 대한 사회·환경적 위기요인, 질병이 개인 및 가족의 사회적 기능에 미치는 심리사회적 영향에 대한 지식을 요구한다. 또한 전문가 간의 협력과 책임감에 대한 지식도 필요하다.

고, 계속 입원 진단 전문의 수 및 소속을 서로 다른 정신의료기관에 소속된 정신과 전문의 2명 이상(그 중 국공립 정신의료기관 또는 보건복지부장관이 지정하는 정신의료기관에 소속된 정신과 전문의가 1명 이상 포함되도록 함)으로 하며, 계속입원 심사 주기를 단축함(제43조).

사. 시장·군수·구청장에 의한 행정입원제도 개선을 위하여 보호의무자에 의한 입원의 유형 중 하나인 시장·군수·구청장이 보호의무자가 되는 경우를 삭제하고, 경찰관이 행정입원 신청을 요청할 수 있는 근거를 마련하며, 행정입원 기간을 보호의무자에 의한 입원 기간과 같이 조정함(제44조 및 제62조).

아. 각 국립정신병원 및 대통령령으로 정하는 기관 안에 입원적합성심사위원회를 설치하여, 보호의무자 또는 시장·군수·구청장에 의한 입원의 경우 입원사실을 3일 이내에 위 위원회에 신고하도록 하고, 위원회는 입원의 적합성 여부를 1개월 이내에 판단하도록 하는 등 입원 단계 권리구제 절차를 강화함(제45조부터 제49조까지).

자. 정신건강심의위원회의 결정 유형을 퇴원, 임시퇴원, 처우 개선 조치 외에도 외래치료명령 조건부 퇴원, 3개월 이내 재심사, 다른 정신의료기관 등으로의 이송, 자의입원 또는 동의입원으로의 전환 등으로 다양화함(제59조).

차. 입원 환자의 회전문 현상, 입원의 장기화, 반복되는 재입원의 문제를 통제하기 위하여 입원·퇴원 등과 관련된 관리시스템을 구축하도록 함(제67조).

카. 종전의 「정신보건법」상 정신질환자 범위 규정을 인용하고 있는 다른 법률의 경우에는 각 자격제도 등의 특성 및 법적 안정성을 고려하여 해당 법률의 규정이 개정되기 전까지는 종전의 「정신보건법」상 정신질환자 범위가 그대로 적용되도록 부칙에 경과조치 규정을 마련함(부칙 제7조).

4) 의료전달체계는 의료서비스를 생산 및 소비하는 체계로서 1989년에 정부시책으로 실시되었다. 1989년에 설정했던 의료전달체계의 실시 목적은 ① 의료기관의 기능 구분, 1, 2, 3차 의료의 적절한 이용과 단계적 진료체계의 확립과 1차 의료 공급기반 확립과 대형병원 외래환자 집중을 완화하기 위한 조치이다. ② 의료자원의 지역 간 의료기관 종별 균형분포와 의료자원의 낭비를 방지하고자 하였다. ③ 자원의 효율적 활용을 통한 의료공급의 효율향상, 의료비 절감, 의료재정 안정을 위한 조치이다. 의료전달체계는 하나의 시스템으로 볼 수 있는데, 1차 의료기관으로 의원, 보건소 등 보건기관, 2차 의료기관으로 병원, 요양병원, 종합병원과 3차 의료기관으로는 종합전문요양기관으로 분류된다.

보건 분야의 사회복지사는 개인과 가족, 지역사회가 건강문제를 해결하는 데 도움을 주기 위해 문제해결 방법을 잘 활용해야 한다. 또한 위기개입에 능해야 하고, 죽음의 문제를 편안히 다룰 수 있어야 한다. 의료사회복지사에게 필요한 지식과 기술은 다음의 다섯 가지로 요약할 수 있다.

첫째, 의학적 특성에 대한 이해가 필요하다. 이는 환자와 가족에 대한 이해의 향상 및 팀 협력을 위하여 필요한 부분이다. 예를 들어, 의학적으로 전혀 지식이 없다면 의사와의 상담이나, 환자와의 의사소통에 영향을 줄 것이다.

둘째, 질병의 원인이거나 결과가 되는 심리적·사회적·환경적 문제에 대한 이해가 필요하다.

셋째, 사회사업 실천과정에 대한 이해가 필요하다.

넷째, 팀 협력에 대한 이해가 필요하다. 의사와 간호사 등 관련 전문가와 협력적으로 일하는 경우가 대부분이므로, 관련 전문가들에게 의료사회사업의 가치와 효용성을 이해시키고 또한 관련 전문가들의 역할과 기능을 이해하는 것이 필요하다.

다섯째, 사회 환경 및 자원에 대한 이해가 필요하다. 법률과 서비스 전달체계 등의 제도적 환경에 대한 이해, 지역사회의 공식적 및 비공식적 자원에 대한 이해는 클라이언트의 사회적 기능을 향상시키고자 하는 우리의 노력이 결실을 맺는 데 큰 도움이 될 수 있다.

(6) 의료사회복지의 과제와 미래

① 의료사회복지의 과제

표준 직무의 개발 및 적용, 사회사업 서비스에 대한 의료보험수가 적용의 확대, 퇴원계획 지도의 성공적 이행 및 외래 및 응급환자에 대한 지원의 확대, 정보화 등을 의료사회사업의 향후 과제로 꼽을 수 있다.

첫째, 직무표준화는 사회복지사 간의 의사소통을 명확히 하여 전문성을 향상시키고, 직무평가의 기준으로 적용할 수 있으며 의료사회복지사의 활동영역을 확대하는 계기가 될 것이다. 표준직무의 개발은 의뢰된 문제의 목록, 사정된 문제의 목록, 지원방법 및 지원내용에 대한 학문적 및 실천적 개념 정립을 통하여 달성될 수 있을 것이다.

둘째, 사회사업서비스에 대한 의료보험수가 적용의 확대는 병원의 수익 증대를 가져옴으로써 의료사회사업의 활동 기반을 강화시켜 줄 것이다. 현재 대한의료사회복지사가 추진하고 있는 통합의료보험수가안의 실현을 위해서 꾸준한 노력이 필요하다고 할 수 있다.

셋째, 재원일수 단축을 통한 수익극대화를 추구하는 의료기관은 퇴원계획지도에 많은 관심을 기울이고 있다. 이는 장차 입원중심서비스에서 지역사회중심서비스로의 전환을 암시한다고도 할 수 있다. 따라서 의료사회복지사는 의료기관의 방침에 부응함과 동시에 환자의 원활한 사회복귀를 돕기 위하여 퇴원계획지도 업무를 성공적으로 수행해야 할 것이며, 나아가 외래 및 응급환자에 대한 사회사업서비스의 확대를 도모해야 할 것이다.

넷째, 의료사회사업의 정보화를 위한 노력은 사회사업실천을 효율적으로 이끌 것이다. 상담기록 등의 업무의 효율적 관리 및 공식적·비공식적 자원의 체계적이고 효율적인 관리는 정보화를 통하여 달성될 수 있다.

다섯째, 의료사회사업의 법적 인정을 획득하기 위한 노력이 필요한데, 이는 각종 서식의 일원화, 업무내용의 명확한 규정 등을 통하여 이룰 수 있을 것이다.

② 의료사업의 미래

첫째, 노인이나 장애인 등 만성적 질환과 관련된 욕구이다. 만성적 질환은 완전히 회복되지 않는다고 보아야 한다. 의사나 간호사들이 이러한 질환을 완벽히 치료할 수는 없다. 만성적 질환을 가진 사람들은 주로 자신의 가정이나 요양원, 주간보호센터 등에서 보호를 받는다. 대부분의 이러한 서비스는 사회복지사에 의해 계획되고 시행된다.

둘째, 빈곤, 실업, 폭력, AIDS, 약물남용 같은 사회적 문제의 희생자들과 관련된 욕구이다. 그러한 사람들의 현실을 이해하고 그들의 삶에 어떻게 개입해야 하는지를 알고 있어야 하며, 사회복지사는 그들과 관계를 맺고, 동기화시키며 자원을 동원하는 지식과 기술을 통해 다양한 프로그램과 계획을 만들어 나가는 데 커다란 공헌을 할 것이다.

셋째, 단순히 질환의 치료보다는 삶의 질과 예방 차원을 중시하게 되며,

보건전문가들이 이러한 영역에도 신경 써 주기를 바라게 된다.

넷째, 환자를 파트너로 보고 가족 중심으로 보호를 제공하기 위해 자신의 행동과 태도를 변화시키려는 보건서비스 제공자들의 욕구이다.

다섯째, 고급 테크놀로지를 적용하는 데 있어 윤리적 문제를 해결하기 위한 전문직의 욕구이다. 죽어가는 환자의 보호에 관한 질문(안락사 등), 미숙아의 생명연장에 관한 문제, 시설보호와 지역사회보호의 문제 등 민감한 문제가 발생하게 된다.

2) 정신건강 사회복지

(1) 정신건강 사회복지의 정의

정신건강 사회복지는 사회복지의 한 분야로서 정신의학의 이론 및 실천체계를 배경으로 정신적·정서적 문제를 가진 클라이언트를 대상으로 병원을 비롯한 정신관련 단체 및 시설에서 이루어지는 것이다. 이는 정신의학 관련 기관 내의 프로그램을 본격적으로 돕는 한 형태이며, 치료기관에서의 정신병에 관한 지식을 사회복지과정에 적용시킬 수 있는 치료 능력을 소유한 사람이 실시하는 것이다. 정신의학적 치료에 관련된 전문적인 사람들, 즉 정신과 의사, 심리학자, 정신과 간호사, 작업치료사 등의 치료팀 활동의 일부분으로 병원이나 진료소 그 외 정신과 관련 기관에서 실시되는 것으로 정의할 수 있다.

정신건강 사회복지의 목적은 정신적·정서적 장애로 고통받고 있는 사람들의 건강회복과 동시에 문제 발생을 예방하여 국민정신건강을 증진시키는 것으로, 그 대상은 정신적·정서적 장애가 있는 환자와 그들의 가족들이다. 실시 장소는 병원이나 진료소 그리고 정신의료기관과 나아가서는 지역사회로까지 확대되며, 활동은 전문 치료팀의 일원으로, 즉 정신과 의사, 심리학자, 정신과 간호사, 작업치료사 등으로 구성된 치료팀의 일원으로 활동하게 된다.

정신건강 사회복지사의 역할은 환자의 질병에 영향을 준 가정, 환경, 사회적 요소에 대한 평가 및 진단, 치료계획수립에 참여하며, 개별 또는 집단

상담 및 가족상담을 통한 치료, 퇴원 후의 추후 치료, 재활 및 지역사회와의 관계성 유지 등으로 적극적으로 역할을 수행하게 된다.

(2) 정신건강 사회복지의 의의

정신건강 사회복지는 정신의학 영역에서 이루어지는 사회복지활동이다. 의료보험의 확대로 의료수요가 급증하고, 의사 1인당 환자를 진료할 수 있는 절대적인 시간 부족으로 인하여 정신과 환자들을 전인적으로 진료할 수 없는 경우가 많아짐에 따라 정신과 의사가 담당하는 역할과 책임을 분담하여 수행하는 정신건강 사회복지사의 중요성이 증가되었다.

정신의학 영역에서 다루는 질환들은 대체로 만성적인 질환들로 단순히 병원 안에서 환자의 증상을 완화시키는 것뿐 아니라, 환자가 성공적으로 사회에 적응할 수 있도록 지속적인 원조가 필요하다. 만성 질환자들의 다양한 욕구를 충족시키고, 사회복귀를 성공적으로 이루어 내기 위해서는 사회과학적 배경지식을 갖고 가정과 지역사회에서 중요한 역할을 수행할 수 있는 정신건강의 중요성을 더욱더 강조해야 한다.

정신건강 사회복지사는 환자의 치료 목표가 단순히 증상의 완화에 있는 것이 아니라 원만한 사회 적응에 있으며, 이를 위해 환자의 질병에 영향을 주는 개인적·정서적·사회적 환경에 관한 정보를 수집·조사하고 문제의 발견과 규명 등을 통해 진단과 치료에 귀중한 자료로 사용한다. 즉, 단일한 원인으로 규정짓지 않고 전인간적으로 이해하여, 치료 역시 전인간적인 접근을 시도함으로써 환자가 발병하기 전부터 발병, 입원, 퇴원, 재활의 전 과정에 관심을 갖고 도와주며, 특히 환자가 회복 후 사회에 복귀할 수 있는 좋은 환경을 준비하게 한다. 또한 보다 나은 조건에서 건전하게 재활할 수 있도록 도움을 줄 수 있는 유일한 전문요원이라는 점에서 그 의의가 있다.

(3) 정신건강 사회복지의 역사

정신건강 사회복지사의 활동은 1945년 대한신경정신의학회가 조직되고, 심리학자와 사회복지사가 함께 청소년 문제에 관심을 갖고 연구한 데서 시발되어, 6·25 당시 미8군병원 정신건강 사회복지사의 역할수행을 한국 정신과 의사들이 실습, 견학할 기회를 가짐으로써 비롯되었다.

1963년 가톨릭대학 부속 성모병원에서 정신질환자의 진단과 치료 및 사후지도를 위해 사회복지사가 신경정신과와 자살예방센터에서 활동, 1966년 사회복지사(정의방·이덕규·안향림)를 병원의 정식직원으로 채용하였다. 초기 정신보건사회복지사는 주로 신경정신과 소속으로 신경정신과와 자살예방센터에 오는 환자의 심리사회적인 문제의 조사와 치료 및 퇴원 후의 사후조치가 주된 업무였으며, 같은 해 국립정신병원이 설립되면서 공무원으로 사회복지사를 채용하였다.

1973년 9월 20일 대통령령 제1863호로 개정 「의료법 시행령」이 공포되어, 종합병원에는 환자의 갱생·재활과 사회복귀를 상담지도하기 위해 「사회복지사업법」이 규정하는 유자격의 사회복지사를 한 명 이상 둔다고 규정하였다. 1993년 초 한국정신의료사회사업학회가 설립되고, 1995년 「정신보건법」이 제정됨으로 인해 정신보건 전문요원의 자격제도가 마련되었다.

1997년 제1차 정신보건 사회복지사가 수련을 실시한 후, 2004년 68기관의 정신보건 전문요원 수련기관에서 정신보건 사회복지사 자격취득을 위한 220명이 수련을 받았다. 이후 자격증을 취득한 사람은 700명을 넘었으며, 현재는 1,000여 명의 정신보건 사회복지사가 현장에서 활동하고 있다. 2017년 「정신보건법」이 「정신건강증진 및 정신질환자 복지서비스 지원에 관한 법률」로 명칭이 변경되고 개정을 통해 정신건강 사회복지사로 명칭이 변경되었다.

(4) 정신건강 사회복지사의 기능

① 진단적 기능

정신건강 사회복지사는 진단적 기능을 통해 환자의 접근에 있어 전문적인 개입을 위한 방향을 제시한다. 이는 환자의 개인력 검사, 사회환경 조사를 통해 정신질환의 발병과정 및 영향을 조사한다.

② 치료적 기능

치료적 기능을 통해 전문적 접근을 시도한다. 이는 개별상담, 가족상담,

집단치료를 통한 행동치료(작업치료, 오락치료, 예술치료, 독서치료, 음악치료, 무용치료, 사이코드라마, 운동치료) 등으로 치료를 한다.

③ 퇴원기능

환자들은 치료 전 자신에게 정신질환 증상의 영향을 준 사회로 복귀한다. 이러한 퇴원환자를 위해 정신건강 사회복지사는 퇴원 전 상담을 통해 사회복귀에 따른 불안, 두려움을 해소시키고 지역사회의 여러 형태의 자원을 소개해 줌으로써 원만한 사회적응을 하도록 돕는다.

④ 지역사회 내 재활기능

퇴원 후 병원에서와 같이 지속적으로 지역사회 내에서의 재활 프로그램을 받을 수 있도록 관심을 갖고, 원만하게 지역사회에 적응하도록 도움을 준다.

(5) 정신건강 사회복지사의 역할

정신건강영역에서 사회복지적 개입은 환자의 질병보다는 질병으로 인한 문제해결 능력의 향상과 사회적 기능의 회복 그리고 재활에 일차적인 목적이 있다.

가. 치료시설

① 종합병원 정신과, 정신과 전문병원, 의원

정신질환자의 일차적인 치료기능을 담당하는 곳으로 전문적 팀 접근으로 치료진들과의 유기적인 의사소통이 보다 중요하다.

- 입원 시 심리사회적 사정(개인력, 가족력, 사회력)
- 치료과정: 환자와의 개별상담, 가족치료 및 교육, 집단치료, 정신과적 재활서비스, 가정방문, 진료팀과의 협의 진단 및 협조, 지역사회 유관기관의 유대와 자문, 지역사회의 자원, 정보교환과 제공, 자원봉사자 교육과 자원동원
- 퇴원과정: 퇴원계획 및 재활계획 상담지도, 퇴원 시 환자의 요구와 사회 적응상태 평가, 사회복귀 및 재활치료를 위한 지역사회기관과

의 의뢰와 연결 업무, 재활병동 및 낮병원 서비스의 개발, 퇴원환자의 사후지도를 위한 가정방문 등

② 낮병원

- 환자에 대한 서비스: 약물관리, 심리사회적 지도, 재활계획 상담, 집단치료, 사회기술훈련과 인간관계훈련, 직업적응과 기능훈련, 자치적인 평가, 집단치료 또는 알코올 중독 관리사업 등
- 환자가족에 대한 서비스: 가족의 정신건강교육, 가족지지모임 등

③ 정신요양시설

- 심리사회적 상담 시 개별문제지도, 각종 집단프로그램 실시, 생활훈련 실시
- 가족상담 시 가정방문, 무연고자를 위한 후원자 연결 업무
- 지역사회자원동원과 후원조직 육성, 대인관계기술
- 작업능력의 강화, 생활보호대상자를 위한 행정업무

④ 사회복귀시설

정신질환자의 사회복귀를 위한 훈련 혹은 사회적 기능 회복에 그 목적

- 생활훈련: 일상생활기술훈련, 약물관리훈련, 긴장이완훈련, 여가활용훈련, 사회기술적응훈련, 대인관계훈련
- 작업훈련(직업재활)
- 주거 제공

⑤ 정신건강센터 및 보건소

지역사회 내의 포괄적인 정신건강서비스 제공 및 조정 목적

- 지역사회진단 및 자원파악, 대상자 발견 및 등록, 의뢰체계 구축
- 상습적인 반복 입원의 예방, 사회적 소외현상을 극복하기 위한 지역사회재활 서비스, 사회적 편견 극복을 위한 교육·홍보
- 정신건강자원 조정기획, 사례관리, 정신질환자 및 가족교육
- 정신질환예방 홍보사업, 지역 내 보건복지인력에 대한 자문 및 교육
- 자원봉사자관리 및 연계, 자문위원회 및 운영위원회, 주간 프로그램 등

(6) 정신건강 사회복지의 과제

정신건강팀으로 일하게 되므로 학제 간의 협력과 더불어 전문직으로서의 정체성을 확립해야 한다(전문성 존중 및 상호협동). 또한 지역사회와 연계하는 시스템 구축으로 클라이언트가 지역사회에 복귀한 후에도 지역사회 사회복지사들과 연계하여 클라이언트를 지속적으로 원조할 수 있는 체계 구축 및 연계가 필요하다. 이를 위한 실천현장에서 적용할 수 있는 이론과 기술 개발이 시급하다.

02 교정복지

1) 교정복지의 정의

교정(矯正)이란 교도소와 같은 교정시설에서 사용하는 용어로 범죄인의 범죄 성향을 바로 잡아 사회에 적응할 수 있도록 돕는 일이다. 교정복지는 사회적응에 실패한 범죄자 및 비행청소년들의 사회적 적응능력을 배양시켜 재비행과 재범을 방지하며 원만한 사회복귀를 도와 건전한 시민으로 살아갈 수 있도록 하는 복지적 처우와 조직적 서비스의 지원활동을 말한다.

즉, 교정복지는 범죄자와 우범자 및 그들의 문제 그리고 유해환경 등을 대상으로 사회복지실천방법의 지식과 기술, 사회복지정책의 법과 제도적 장치 등을 활용하여 대상자들의 재범방지와 사회복귀는 물론 관련 환경의 개선을 도모하는 사회적 노력과 활동이라 할 수 있다.

우리나라 「소년법」 제4조에 의거해 12세 이상 19세 미만의 청소년에 의한 범죄행위, 촉범행위 및 우범상태를 말하며, 이러한 행위를 하거나 상태에 놓인 청소년을 각각 범죄소년,[5] 촉법소년,[6] 우범소년[7]이라고 한다.

---

5) 범죄소년은 14세 이상 19세 미만의 소년으로서, 형벌법령에 위배되는 행위를 한 자로 형사책임이 있다.

6) 촉법소년은 10세 이상 14세 미만의 소년으로서, 형벌법령에 위배되는 행위를 한 자로 형사책임이 없다.

7) 우범소년은 10세 이상 19세 미만의 소년으로서,

2) 교정복지의 필요성

18세기 이전에는 범죄인의 재사회화나 교정의 문제보다는 응보적이고 예방적 효과라는 측면에서 엄격한 구금이 강조되었으나, 18세기 이후 인도주의적 감옥개량운동 및 행형개량운동 등에 영향을 받아 실증주의 범죄이론과 교육형론들이 오늘날의 교정이념의 근간을 이루었다. 그러나 이런 정책이 실패하면서 보다 합리적인 형벌과 교정의 조화로운 접근이 중시되었다. 이러한 교정복지의 사회복지학적 접근의 필요성을 살펴보면 다음과 같다.

첫째, 사회복지학은 인간의 존엄성과 변화의 능력을 인정하고 인간을 돕는 가치를 바탕으로 태동하고 발전한 학문이다. 어느 전문가들보다 인간다운 정신과 기술을 가지고 비행 청소년이나 범죄인의 재활에 적극적으로 개입할 수 있다.

둘째, 사회복지학에서 중시하는 기술은 클라이언트 개인은 물론 그의 가족, 관련인, 지역사회를 동시에 접근한다. 비행청소년이나 범죄인의 재활에 이들 개인뿐 아니라 가족, 관련인, 지역 사회를 함께 변화시켜야 한다.

셋째, 사회복지학은 클라이언트가 지니는 심리적인 문제까지도 접근할 수 있는 기술을 준비하고 있다. 정신장애로 어려움을 겪고 있는 비행청소년이나 범죄인의 재활에도 다른 분야의 전문가와 함께 일할 수 있다.

넷째, 사회복지사는 지역사회의 유용한 자원을 끌어들이고 활용하는 데 뛰어난 기술을 겸비하고 있다. 비행청소년이나 범죄인의 재활을 위해 필요한 다양한 자원을 여러 형태의 연계망을 통해서 활용할 수 있다.

---

① 보호자의 정당한 감독에 복종치 않는 성벽이 있거나,
② 정당한 이유 없이 가정에서 이탈하거나,
③ 범죄성이 있는 부도덕한 자와 교제하거나,
④ 금전낭비, 부녀유혹, 불건전한 오락 등을 하는 자로서 본인의 성격 또는 환경에 비추어서 장래에 형벌법령을 범할 우려가 있는 자를 말한다.

3) 교정복지의 역사

(1) 우리나라 교정복지의 역사

① 삼국시대 이전~삼국시대

삼국시대 이전인 고조선, 부여, 옥저, 동예, 삼한 등이 있었던 이 시대의 행형 시설은 후한서 등의 중국 고서에 나타난 자료에 의하면 부여국가에 우옥이라는 형태의 감옥이 설치되어 있었다는 것을 볼 때 이것이 고대사회에 있어서 최초의 구금시설이었다고 할 수 있다.

삼국시대에는 고구려, 백제, 신라 모두가 특사를 비롯하여 국왕이나 위정자가 범죄자에 대하여 많은 관심을 가지고 있었다는 사실이다. 삼국시대 이전에는 일반적으로 행형관이 응보형주의에 입각하여 준엄하고 가혹하기까지 하였으나 특사를 비롯한 일부 행형제도 등이 정비되어 가던 시대라 할 수 있다.

② 고려시대

고려시대에는 행형을 관장하는 중앙기관으로서 상서성에 속해 있는 6부 중의 형부가 형옥을 관장하였으며, 행형 기구가 점차 정비되어 감에 따라 전옥서라는 관부를 개설하여 감옥이 독립된 하나의 관청으로서의 존재를 가지게 되었다.

③ 조선시대

조선시대에는 감옥도 범죄의 혐의가 있는 자에 대하여 수사, 재관의 형사절차를 거쳐 형을 집행할 때까지의 수용을 위조로 하는 구금시설을 말하는 것으로 그중 형조의 전옥서는 구금만을 전담하는 기관이었다. 1884년 갑오개혁으로 사법제도가 개편되면서 행형제도에도 커다란 변화를 맞게 되었다. 즉, 일반 행정업무의 일부로 취급되던 감옥업무를 새로 설치한 경무청의 소관으로 정하고 형조 소속이었던 정옥서를 경무청 감옥법무를 일원화하였다.

행형제도의 근대화 작업 중 고종 31년인 1884년 11월 25일 제정된 감옥규칙과 수형자의 누진처우를 규정하는 징역표의 제정 등은 우리나라 행형제도 근대화의 기초를 마련하는 데 크게 공헌하였다. 이후 감옥업무는 내부관가의 경무청 업무에 속하여 오다가, 1907년 내부에서 법부로 업무가 이관되면서 감옥관제는 경무청 관제에서 독립하게 되었고, 그와 더불어 행형 관계의 조직과 시설 등이 대폭 개선되었다.

④ 일제 강점기와 미군정시대

일제 강점기에 수용자에 대한 처우는 권위주의에 입각하여 엄격하였고, 특히 항일 애국지사들에 대한 처우는 더욱 가혹했다. 그러나 한편으로는 수용절차, 예산운영을 비롯한 교정 행정의 체제는 어느 정도 근대적 형태를 갖추었으며, 감옥이라는 명칭도 1923년에 형무소로 개칭되었다. 일제 강점기의 특기할 점은 개성, 김천, 인천에 소년 형무소를 설치하여 소년행형을 별도로 실시한 것이다. 미군정 시기에 행형 업무를 관장하던 초기의 중앙정부서는 법무국형 무과였다. 그 후 형무과를 형정국으로 개칭하여 행형 업무를 수행하였다. 미군정 당국은 조선총독부로부터 38도 선 이남에 위치한 형무소와 1개의 지소 및 형부관 학교를 운영하였다. 38도 선 이북에 위치한 5개의 형무소와 4개의 형무소는 소련군에 의해 접수되었다.

⑤ 대한민국 수립이후 교정

1948년 7월 17일 대한민국 「헌법」이 제정되고 법률 제1호로서 「정부조직법」이 제정, 공포됨에 따라 이에 의거한 법무부 직제 제정 당시에는 총 20개의 형무소와 1개의 지소가 설치되었고, 1961년에는 행형시설의 명칭을 형무소에서 교도소로 변경하였으며, 1962년에는 형정국이 교정국으로 개편되어 총 45개소에 이르는 교정시설을 갖춘 오늘에 이르고 있다.

- 1970년대에 비인가 시설인 보이스타운 설립, 보호자가 없는 비행청소년을 보호
- 1977~1991년 전국에 5개 소년분류심사원 설치
- 1981년 교정직 공무원의 열악한 근무 여건 개선을 위한 경비교도대 창설
- 1984년에 비행청소년을 위한 효광교호직업보도원 설립
- 1986년 한국교정 교화사업연구소를 설립

- 1987년 범법 정신장애인과 범법 약물 중독자를 위한 공주치료감호소 신설
- 1987년 정부에서 사회사업학과 혹은 사회복지과를 졸업한 자를 채용하여 교정시설에 근무하도록 하였지만, 이들이 교정시설에 사회사업의 전문성을 살려 활동하지는 않았고, 이 특별채용은 약 5년 후 중단
- 1988년 재소자의 개방처우 서비스를 위한 천안개방교도소를 운영
- 1989년 보호관찰제도 법제화
- 1990~1997년 전국 11개 소년원이 중·고등학교 혹은 직업전문학교로 바뀜
- 1990년대 초부터 지역사회의 사회복지관을 중심으로 부적응 아동과 비행청소년을 위한 치료 프로그램이 사회복지사에 의해 시작되었고, 현재 이와 같은 프로그램은 기업의 복지재단으로부터 지원받아 지역사회에서 자리를 잡아가고 있다.

(2) 외국의 역사

① 영국

- 1907년: 보호관찰의 법제화(가장 먼저 실시)
- 1960년대: 교도소에 복지요원채용
- 1970년대: 복지요원의 업무에 관한 사회복지적 접근의 필요성에 대한 연구가 활발히 진행 19세기말까지 피해자를 위한 보복의 개념이 주를 이루었고, 재활주의 입장은 20세기에 들어오면서 거론되기 시작하였다. 출소를 앞두고 출소 전 고용규정에 따라 개방교도소나 기타 중간 처우시설로 옮겨 사회생활을 위한 적응훈련을 하면서 준사회인으로서 수용생활을 하게 하였다.

② 미국

- 1925년: 보호 관찰의 법제화
- 1960년 중반: 교정 현장에 사회복지사 채용이 활발하였다.
- 민영교도소 운영: 치료감호소로 1975년 펜실베이니아 주의 위버스

빌에 세워졌고, 교도소 운영체계이며 지방, 주, 연방 등 3단계로 분리하여 운영하고 연방 정부가 운영하는 교도소에서는 직업, 직업훈련, 스포츠, 교육, 조교활동과 같은 진취적인 프로그램을 제공할 뿐만 아니라 의료시설, 청소년을 위한 시설, 성인을 위한 시설과 같은 종합적인 수용자 보호 프로그램도 함께 실시하고 있다.

③ 일본

일본의 교정은 낮은 수용률과 시민의 높은 관심(수만 명의 자원봉사자)으로 유명하다.

④ 스웨덴

스웨덴의 범죄인 재활은 낮은 수용률, 교도관과 재소자 간의 우호적인 관계, 시민의 관심 등으로 유명하다. 1930년대 초부터 범죄인을 인간적으로 처우하고, 이들을 처우하는 데 드는 비용을 최소화한다는 방침 아래 시설 내 수용을 억제하는 반면, 사회 내 처우인 비구금형을 최대로 활용하여 왔다. 이러한 교정의 흐름에서 교정당국은 먼저 교정시설의 소규모화와 경구금시설화를 강조하여 비구금제도에 따른 범죄인 교정 프로그램이 다양하게 발달하였다.

㉠ 그린 교도소

그린 교도소에 수감되는 범죄인은 자택과 최대한 가까운 거리에 위치하고, 교도소 밖에 나가서 일하거나 공부할 수 있는 기회를 제공받고 있다.

㉡ 사회적 연대의식

다른 나라와 달리 대부분의 국민들이 범죄 자체에 지대한 관심을 가지고 범죄인들의 재활사업에 적극적으로 참여해 이 분야에 크게 봉사하고 있다.

㉢ 각각의 지역에서는 자체적으로 교도소나 보호관찰소와 같은 교정기관을 운영하고 있다. 즉, 교정의 지방자치제가 철저하게 지켜지고 있다. 보호관찰과 사후보호제도는 스웨덴 교정 사업의 핵심을 이루고 있고 범죄인의 처우와 교정작업을 철저히 비금제도 원칙

아래 실시하고 있다.

㉣ 합리적인 교도소 운영

교도소의 분류는 구치소를 제외하면 그린지역 교도소와 국립교도소로 구분하는데, 그린 교도소는 지역별 해당 지역의 책임자가 운영한다. 교정시설에 수감되어 있는 재소자의 수가 영국이나 미국 등에 비해 현저하게 낮게 나타나고 있으며, 스웨덴의 교정당국은 충분한 수의 교정 공무원을 고용하고 있어 재소자 수에 대한 교도관 업무를 적당하게 수행할 수 있다. 한 예로 폐쇄시설인 니코핑(Nykoping) 교도소는 1989년 31명의 재소자에 35명의 교도관이 근무한 것으로 나타났다.

㉤ 교도관과 재소자의 관계

스웨덴 교정사업에서 볼 수 있는 특이한 사항은 재소자의 문제해결에 교도관의 역할을 매우 강조하고 있다는 점이다.

4) 비행 및 범죄이론

범죄이론은 범죄행위의 원인, 진행 그리고 체계적 독특함을 설명하려는 시도이다. 근본적으로 각 개인의 범죄적 행위를 시작으로 조사하는 미시이론과 사회적 요건을 보는 거시이론이 있다. 이러한 이론적 컨셉(concept) 옆에 범죄를 형식적 조정시스템의 일부로 보는 이론도 있다. 이는 특히 「형법」의 방법이다.

범죄이론은 사회학적, 사회심리학적, 심리학적 그리고 생물학적 이론이 존재한다. 생물학적 이론은 거의 멸종되다시피 한 반면, 오늘날에는 대체적으로 사회심리학적 이론이 넓게 받아들여지고 있다. 근본적으로 범죄를 설명하기 위해서는 그 어떤 이론도 충분한 근거를 마련하지는 못한다. 따라서 대체적으로 다원적 이론이 받아들여지지만, 이들은 역시 윤곽이 없다는 비판을 들어야 했다.

(1) 생물학적 이론

롬브로소(Lombroso)에 의하여 만들어진 생물학적 범죄이론은 그가 몇몇 감옥수를 관찰한 결과 범죄자의 얼굴형이 존재한다는 이론을 만들었다. 미국에서는 1960년대부터 XYY 유전자가 기형적 폭력성을 불러일으킨다는 이론을 내놓았다. 하지만 생물학적 유전자와 범죄의 역학관계는 한 번도 제대로 증명된 적이 없다.

(2) 차별적 접촉이론

서덜랜드(Sutherland)는 기본적으로 범죄는 학습된다고 가정한다. 즉, 이 이론은 범죄청소년들이 살고 있는 주변 환경이 하층민들이 많이 모여 사는 열악한 빈민가라는 점에서 착안하여, 빈민가에 만연되어 있는 범죄에 대하여 비교적 우호적이고 동질적인 가치를 가진 친밀한 집단인 가까운 또래 친구들을 통해 범죄나 비행을 배울 기회가 많아 범죄 소년이 된다는 것이다.

(3) 비행하위문화이론

코헨(Cohen)은 빈곤지역의 청소년들은 중산층의 문화가 지배적인 미국 사회에서 자신들의 지위를 획득하기가 힘들어 자기들에게 유리한 문화를 형성하게 되었다고 주장하였다. 즉, 이들이 만드는 비행하위문화는 중산층 문화에 대한 반동에서 형성된다. 따라서 그는 이 문화가 바로 중산층 문화와 대립되는 성격을 갖고 있다고 보았다. 중산층 문화가 규율과 준법정신을 강조한다면, 비행하위문화에서는 법 위반에 대한 허용적인 태도를 형성하게 되고, 그 특징은 ① 비공리성, ② 악의성, ③ 부정성을 갖는다.

(4) 낙인이론

사회제도나 규범을 근거로 특정인을 일탈자로 인식하기 시작하면 그 사람은 결국 범죄인이 되고 만다는 1960년대에 등장한 이론으로, 제도·관습·규범·법규 등 사회를 유지하기 위한 기본적인 제도적 장치들이 오히려 범죄를 유발한다는 이론이다. 사회적 규범에서 볼 때 어떤 특정인의 행위가 이 규범에서 벗어났을 경우, 구성원들이 단지 도덕적인 이유만으로 나쁜 행위라고 규정하고 당사자를 일탈자로 낙인찍으면 결국 그 사람은 범죄자가 되고 만다. 당사자의 행위 자체가 범죄가 되거나 반도덕적 행위가 아님에도 불구하고, 사회가 그렇게 규정함으로써 범죄를 유발하게 되는 것이다. 낙인이론에 따르면 사람들은 누구나 우연한 기회에 사소한 일탈의 가능성에 놓이게 되는데, 이러한 일탈이 범죄로 규정되고 그 행위자에 대해 범죄자로서의 낙인이 주어지면 더 심각한 범죄를 저지르게 된다는 것이다.

또한 벡커(Becker)는 사회적 지위로서 일탈은 행위의 특성이 아닌 다른 사람이 범죄인에게 법과 제재를 적용한 결과이며, 결과적으로 준법과 일탈은 상대적이라고 주장하였다. 레머트(Lemert)는 일차적 일탈과 이차적 일탈로 구분하여 한 개인이 일차적 일탈을 저지르고 난 후 그 개인에게 사회적 상호작용 안에서 효과적으로 부인되는 경우에 이차적 일탈이 발생된다고 보았다. 낙인이론이 범죄이론에 미친 영향은 지대하였는데, 그중에서도 중산층 이상의 가치관의 비판과 변화를 주도한 것이 중요하다. 이론가들은 그 당시의 사법기구와 조직이 범죄인을 처리하는 방식에 비판을 가하고 일탈행위자를 인도적 측면으로 대할 것을 주장하였다.

(5) 사회통제이론

허쉬에 의해 제시되었으며, 정상소년과 비행소년은 비행성향에 있어서는 차이가 없다고 보는 대표적 이론이다. 허쉬에 따르면 인간은 누구나 선천적으로 일탈 및 비행성향을 갖고 태어난다고 보고 비행의 원인보다는 비행성향을 갖고 있는 인간이 어떠한 이유로 비행을 안 하게 되는가에 대한 원인을 설명하려고 한다. 허쉬는 비행을 저지르지 못하게 하는 사회유대 요소로서 ① 애정, ② 집착, ③ 몰두, ④ 신념을 들고, 이들 4가지 요소는 유기적으로 관련되어 있으며 전체적으로 지극히 약화되면 범죄나 비행에의 확률이 높아진다고 한다. 특히 그는 청소년의 사회화에 있어 중요한 가정, 학교, 친구와의 유대가 약화되었기 때문이라고 보고 있다.

5) 교정복지실천의 주요 현장

주요 현장으로 경찰, 검찰, 법원, 교정시설, 보호시설, 취약 지역사회 등이 있으며, 관련 현장으로는 각급학교, 주민자치센터, 사회복지관, 민간 교화단체 등이 있다.

(1) 경찰

경찰 단계에서 교정사회복지사의 개입은 제도적으로 마련되어 있지 않다. 하지만 청소년 지도원으로 활동하면서 경찰과 밀접한 관계를 유지하여 상황에 따라 개입할 수 있고, 지역사회 내의 담당 경찰관과 관계를 유지하면서 그 지역사회 내의 특별한 사건에 대해 개입할 수 있다.

(2) 검찰

검찰 단계에서도 교정사회복지사의 개입이 제도화되어 있지 않기 때문에 실제적인 활동을 기대할 수 없으나, 선도조건부기소유예제도에 따라 기소유예기간 동안 선도보호위원이 맡아 활동하는데, 여기에 교정사회복지사가 합류할 수 있다. 그러나 이는 봉사활동에 불과하지 직업적인 활동이라 할 수 없다.

(3) 법원

우리나라의 사법제도 중 특히 재판 과정에서 사회복지사가 공식적으로 개입할 수 있도록 제도화된 창구는 없다. 오직 지방법원의 소년부지원에 소년자원보호자협의회가 1989년부터 결성되어 지역 사회의 자원봉사자들이 활동하고 있다. 그러므로 법원에서도 비록 소년범에 한정하고 있지만 교정사회복지사의 개입이 가능하다.

(4) 교정기관(소년교도소)

19세 미만의 소년수형자의 징역 또는 금고형의 집행(형사처분)을 위하여 일반교도소와는 독립된 시설로 설치된 교도소로 법무부의 교정국 산하기관이다. 소년수형자를 성인수형자와 분리 수용하여 소년의 특질에 알맞은 처우를 하며, 수용자의 과학적 분류와 합리적인 교정교육을 도모하고, 성인수형자와의 접촉으로 인한 악화를 방지함을 목적으로 한다.

소년교도소에서 형집행 중 23세에 달한 때에는 일반 교도소에서 집행할 수 있다. 특별한 사정이 있을 때에는 6월을 초과하지 않는 범위 내에서 소년을 일반교도소에 수용할 수 있으나, 이때에도 성인과 소년을 분리 수용한다. 소년교도소의 명칭, 위치 및 직제에 관한 사항은 대통령령으로 정하고 있다.

충남 천안과 경북 김천에 소년교도소가 설치되어 있다. 천안소년교도소에는 만 19세 미만의 중학교 졸업(중퇴자 포함) 이상의 소년 초범자가 수용되어 있고, 김천 소년교도소에는 초등학교 졸업 이하의 누범자가 수용되어 있다.

(5) 보호기관(보호관찰소, 소년원, 소년분류심사원, 치료감호소)

① 보호관찰소

선고유예·가석방 등의 처분을 받은 범죄자에 대한 선도 및 교화업무를 담당하는 법무부의 보호국 산하 기관이다. 1988년 12월에 제정된 「보호관찰법」에 따라 1989년 7월 서울·인천·수원·춘천·대전·대구·부산·마산·광주·전주·제주 등에 설치된 13개 보호관찰소 및 22개 지소를 말한다. 보호관찰 대상자는 법원이 보호관찰을 조건으로 선고유예·집행유예를 내린 자, 가석방되거나 가퇴원한 자, 단기 보호관찰 처분을 받은 자, 보호관찰소 선도 유예자 등이다. 보호관찰소에서는 이들 선도가 가능한 범죄자를 교도소나 소년원 등에 수용하여 사회로부터 격리시키는 대신, 사회 안에서 자유로운 활동을 허용하면서 범죄예방 자원봉사위원과 민간 독지가들의 도움으로 사회복귀를 추진하고 재범을 방지하는 일을 맡는다.

세부사항으로 보호관찰 실시 및 사회봉사명령·수강명령 집행, 갱생보호, 보호관찰소 선도유예자에 대한 선도, 범죄예방 자원봉사위원에 대한 교육훈련 및 업무 지도, 범죄 예방활동, 판결 전 조사, 환경조사 개선활동, 사안조사 등이 있다.

② 소년원

법무부 소속의 특별 교육시설로서 가정법원과 각 지방법원 소년부의 보호처분에 의하여 송치된 범죄소년[8]), 촉법소년[9]), 우범소년[10]) 등 비행소년을 수용하여 교정교육을 실시하는 교정시설이다. 이 소년원은 사법적 기능보다 교육적 기능을 중시하며 기초적인 교육훈련과 의료 및 직업 보도를 행하여 비행소년의 성격과 품행의 건전한 발달을 도모한다. 특히 이들에게 자주적인 생활능력과 민주국민으로서의 자질을 갖추도록 하는 데 초점을 두고 있다.

우리나라 소년원제도는 일제 말기인 1942년 현 서울소년원의 전신이 경성소년원이 처음으로 개원된 후 현재 전국 11개소의 소년원이 있다. 소년원에서 실시하는 교육내용은 입원자 교육, 기본 교육, 사회복귀 교육 등 세 단계로 이루어진다. 원생들의 수용기간은 1회 입원소년이 6개월에서 8개월이고, 2회 입원소년이 10개월 이상으로 되어 있다. 소년원생은 23세까지 수용되지만 충분히 교정이 되었다고 인정될 때에는 소년원장이 법무부장관의 허가를 얻어 가퇴원시킬 수 있다.

③ 소년분류심사원

소년분류심사원은 법무부의 소속기관으로서 각 분야의 전문지식과 기술에 근거하여 비행소년을 분류·심사하는 교정시설이다. 주요 역할은 소년비행의 개체적인 요인을 해명하며, 소년비행을 조기 발견하여 치료하며, 소년비행의 동향에 관한 실증적 자료를 제공하며, 특히 비행소년의 재 비행을 위협성과 요보호성 여부를 판별하여 법원 소년부에 소년보호사건 심

---

8) 범죄소년은 14세 이상 19세 미만의 소년으로서, 형벌법령에 위배되는 행위를 한 자로 형사책임이 있다.

9) 촉법소년은 10세 이상 14세 미만의 소년으로서, 형벌법령에 위배되는 행위를 한 자로 형사책임이 없다.

10) 우범소년은 10세 이상 19세 미만의 소년으로서,
① 보호자의 정당한 감독에 복종치 않는 성벽이 있거나,
② 정당한 이유 없이 가정에서 이탈하거나,
③ 범죄성이 있는 부도덕한 자와 교제하거나,
④ 금전낭비, 부녀유혹, 불건전한 오락 등을 하는 자로서 본인의 성격 또는 환경에 비추어서 장래에 형벌법령을 범할 우려가 있는 자를 말한다.

사자료도 제공하고 있다.

소년분류심사원의 감별을 「소년법」 및 「소년원법」에 따라 법원소년부로부터 위탁된 소년을 수용하여 그 자질을 감별하는 수용감별과 가정, 학교, 사회단체 등에서 의뢰한 문제소년을 대상으로 감별하는 외래감별이 있다. 감별의 방법은 일발감별과 특수감별로 나누는데, ㉠ 일반감별은 문제 또는 비행요인이 비교적 경미한 소년을 대상으로 면접조사, 신체 의학적 진찰, 표준화검사, 자기기록, 행동관찰 등을 통해 감별하고, ㉡ 특수감별은 비행요인이 중대하고 복잡한 소년을 대상으로 일반감별과 개별검사, 정신의학적 진단, 자료조회, 현지조사 등을 통해 추가로 감별한다. 소년분류심사원은 현재 서울, 대구, 대전, 부산, 광주에 설치되어 있으며, 소년분류심사원이 설치되어 있지 않은 곳은 소년원이 그 업무를 대행하고 있다. 이곳은 감별판정결과를 종합하여 문제점의 분석, 처우지침, 예후, 판정 종류 등의 감별결과 통지서를 법원소년부에 송부하여 심리에 필요한 실증적 자료를 제공하고 있다.

④ 치료감호소

치료감호소란 1987년 8월 14일 치료감호소 직제 공포(대통령령 12232) 후 같은 해 11월 3일 500개 병상 규모로 개소하였다. 치료감호소는 정신질환 범법자를 수용, 치료하는 정신병원의 기능을 가진 수용기관이자 법원·검찰·경찰로부터 형사피의자의 정신감정을 의뢰받아 수행하는 감정기관이다. 또한 1987년 11월 18일 전공의 수련병원으로 지정되어 정신과 전공의와 정신건강 간호사, 정신건강 사회복지사, 정신건강 전문요원의 교육·수련을 담당하는 교육기관이기도 하다.

주요 업무는 「사회보호법」에 의거하여 치료감호 선고를 받은 자의 수용·보호 및 치료, 치료감호 업무 발전을 위한 조사·연구, 법원, 검찰, 경찰로부터 정신감정을 의뢰받은 자에 대해 정신감정 실시, 사회보호위원회의 결정에 의해 위탁된 보호감호자 치료 등이다. 치료감호란 정신질환 및 약물중독 등으로 금고 이상의 형에 해당하는 죄를 범한 자들을 일정하지 않은 기간 동안 시설에 수용하여 치료 및 교정·교화하며 형벌을 대체 또는 보완하는 예방적 기능을 수행하는 것으로, 일종의 보안처분이다.

(6) 민간시설

① 한국법무보호복지공단[11)]

한국법무보호복지공단의 역할은 ㉠ 소년원에서 퇴원하는 청소년들에게 자립·자활의 길을 조성하여 재범을 방지하고 사회에의 적응을 증진시키는 것이다. ㉡ 갱생보호란 갱생보호 대상자에 대하여 관찰보호 또는 직접보호를 행하여 자립을 돕는 것을 말한다. ㉢ 갱생보호 대상자에는 "징역 또는 금고형의 집행이 면제된 자, 가석방된 자, 형의 집행유예 또는 선고유예를 받은 자, 공소제기의 유예처분을 받은 자, 「소년법」에 의한 보호처분을 받은 자, 소년법원 또는 보호관찰법에 의하여 퇴원 또는 가퇴원한 자, 「사회보호법」에 의한 보호감호 또는 치료감호의 집행이 종료되거나 가출 또는 치료 위탁된 자 등"이다.

갱생보호 방법은 관찰보호와 직접보호가 있다. 관찰보호는 전자통신, 면접 또는 방문하여 지도하고 가정과 주거 및 교우 등의 환경을 조정하는 것이고, 직접보호는 숙식제공, 여비지급, 생활도구의 대여 및 취업알선 등을 말한다. 보호관찰제도와 갱생보호제도는 기본 차이점이 있다. 즉, 전자는 피보호자의 의사에도 불구하고 국가의 공권력에 의해 실시되는 제도이고, 후자는 피보호자의 의사에 반해 실시할 수 없는 제도이다. 귀주보호는 보호관찰처분이나 조건부 선고유예를 받은 자로서 부모나 보호자의 책임하에 보호감독을 집에서 하게 되는 처분이다.

② 소년보호시설

아동복지시설과 소년보호시설로 구분되는데 여기서 수용되는 소년들의 대부분은 소년법원의 4호 처분(소년을 「아동복지법」상 아동복지시설 기타 소년보호시설에 감호를 위탁하는 처분으로 위탁기간은 6개월)에 의하여 수용한다. 11개의 위탁시설이 있고 이 중 5개는 아동복지시설이며, 나머지는 소년보호시설로 되어 있다. 위탁시설에서는 수용 청소년들에게 학업 및 직업훈련을 실시하고 있다.

---

11) 광복 이후 「갱생보호법」이 1961년 9월 공포됨으로써 갱생보호회로 설립되었으며, 1995년 한국갱생보호공단, 2009년 한국법무보호복지공단으로 변천되었다.

표 13-1 교정시설 분류와 서비스 내용

구분	주요 시설	활동 및 서비스
수용 시설	교도소(구치소)	• 형의 유무에 따라 기결(미결)수용자를 수용 • 성별, 연령별, 죄의 경중, 기능별로 분류 수용
	보호감호소	재범의 위험이 있는 자에 대해 특수한 교육, 개선 및 치료가 필요할 경우, 수용 및 교정
	특수교도소	약물, 알코올남용, 나환자 등 특수처우가 필요한 대상을 수용
보호 시설	보호관찰소	• 교정시설에 수용하지 않고 사회생활을 영위하면서 재범에 빠지지 않도록 대상자를 지도, 감독하고 원호하는 사회 내 처우(상담, 취업알선, 학교 복귀, 환경 개선 등) • 사회봉사명령: 지정 시간에 무보수로 근로에 종사함으로써 죄를 반성하고 지역사회에 봉사하도록 하는 형사제재
	소년원	가정법원소년부에서 송치된 비행소년들을 보호, 수용하여 교정교육을 하는 특수교육기관(학교교육, 직업훈련, 심성순화, 심신의 보호, 지도 등)
	소년분류심사원	범죄소년에 대한 분류심사를 실시하여 법원 소년부에 자료 제공, 교정처우 지침 제시, 사후지도 권고 등
	치료감호소	범죄를 저지른 장애인 및 약물중독자의 재활을 위한 보호와 서비스
민간 시설	갱생보호기관 (한국갱생보호공단)	집행유예나 선고유예자, 가석방처분이나 출소자를 대상으로 정신적·물질적 원조 제공, 건전한 사회 복귀와 재적응 도모
	소년보호시설	소년법원에서 4호 처분을 받은 소년들을 아동복지시설 또는 소년보호시설 등에 위탁하여 감호, 학업 및 직업교육 제공
	종교·사회기관 및 시설, 지역사회복지관 및 복지시설	다양한 교정기관·시설로부터 서비스대상자를 위탁받음

6) 교정복지의 기능과 의의

① 범죄인 및 비행청소년의 적응을 돕는 것으로, 심리사회적 서비스나 환경개선을 통해 그들이 인간다운 생활을 누릴 수 있고 환경에 적응할 수 있도록 하는 것이 교정복지의 주된 기능이다.

② 범죄인의 특정한 질병이나 장애의 치료에 대한 협력을 제공한다. 비행청소년 및 범죄인의 특성이 다양해지면서 이들의 재활에 교정복지 전문가가 개입하여 이들의 치료를 직접 혹은 간접적으로 돕는 기능을 하게 되었다.

③ 보호관찰·갱생보호기관과의 협력을 들 수 있다. 교정복지 분야에 있

어 보호관찰은 핵심부분이라 할 수 있을 정도로 교정복지의 기술과 접근방식이 보호관찰제도에 기여하고 있다.

④ 범죄인의 가족에 대한 원조역할을 들 수 있다. 갈등적 가족관계, 낮은 경제적 수준, 범죄인 가족이라는 낙인 등 범죄인 가정과 주변을 둘러싼 환경을 조정하고, 범죄인과 가족 혹은 주변인간의 유대관계와 이해의 폭을 넓히는 데 교정복지의 의의가 있는 것이다.

14
CHAPTER

사회복지의 실천분야 Ⅳ

이 장에서는 사회복지의 실천분야 중에서 노동복지, 군사회복지로 구분하여 각 분야별 대상과 복지서비스에 대해 살펴보고자 한다.

01 노동복지

1) 노동복지의 개념

노동복지의 정의를 살펴보면 넓은 의미에서는 국가 또는 지방자치단체, 기업, 노동조합, 협동조합 등이 주체가 되어 노동자와 그 가족의 생활안정, 생활수준의 향상 등 생활복지의 증진을 목적으로 실시하는 종합적 서비스 활동을 의미한다. 좁은 의미에서는 경영이나 노동의 후원 아래 피고용자나 노동조합원을 돕기 위해 그리고 노동조직이나 산업조직의 적법한 사회복지욕구를 충족시키기 위해서 전문사회복지사를 활용하여 실시되는 프로그램이나 서비스를 말한다.

산업화와 자본주의 발달은 긍정적 변화와 더불어 많은 사회문제를 발생시키고 있다. 이러한 문제해결을 위해 사회복지제도의 확립과 사회복지프로그램의 시행이 필수적인 것으로 받아들여지고 있다. 노동복지는 노동자 개인뿐 아니라 가족, 나아가 사회 전체의 복지향상에 기여하게 되므로 사회정책 차원에서 시행되어야 한다. 노동복지가 제 기능을 담당할 때 ① 비용절감으로 노동자에게 미치는 자연적 또는 산업적 위험에 대비하여 지출되어야 할 비용을 절감하고, 생산적인 측면이 강조되는 기능으로 기업의 이윤증대에 기여하게 된다. ② 노동력 안정으로 전직의사를 약화시키고 노동력의 안정을 도모하는 기능을 준다. ③ 박애전달로 노동자의 비인간화 요소를 인간화하는 노력을 통해 노동에 대한 비화폐적 보상으로 충분한 책임을 완수하도록 하는 기능이다. ④ 노동력 표준화 기능으로 노동력의 장애요소를 경감시키고, 효율적인 노동력 활용을 용이하게 하는 기능과 ⑤ 사회적 책임기능으로 기업은 이윤추구와 함께 지역사회와의 상호협력관계가 불가피하다.

2) 노동복지의 분류

노동복지의 분류는 주체에 따라 공공노동복지, 기업복지, 자주복지로 분류할 수 있다.

(1) 공공노동복지

국가 또는 지방자치단체가 제공하는 제도 및 서비스로서 강제성을 갖는 사회보험으로 국민건강보험, 산업재해보상보험, 고용보험, 연금보험이 있다. 노동자 재산형성 지원책으로 단순히 복지차원을 넘어 저축 장려, 증시부양책 등으로 경제정책과 맞물려 있다. 이는 일반저축수당에 비하여 높은 이자 또는 세제혜택을 주는데, 근로자 목돈마련저축과 근로자 장기저축이 있다. 증시부양책으로 주식매입 등을 통한 높은 수익과 세제해택정책으로 근로자증권저축과 근로자장기증권 저축제도가 있다.

(2) 기업복지

기업복지란 기업이 주체가 되어 노동자와 그 가족의 복지증진을 위해 행하는 모든 노력으로 ① 법적 강제성이 없어야 하고, ② 작업장에서의 노동자의 기본적 노동조건의 성격은 아니다. ③ 기업이 재정부담의 전적 또는 부분적인 주체가 된다.

기업복지를 살펴보면, 작업환경과 직장생활, 노동자 및 가족의 사회생활 그리고 노무관리 등을 통해 지원할 수 있다. 먼저, 작업환경에서는 작업환경의 개선, 산업피로의 경감 및 기업복지시설의 확충 등을 통해서 지원을 하고, 직장생활은 육체적·정신적 건강의 증진, 직장내 문화활동 지원, 체육 및 여가시설의 확충 등을 통해, 노동자 및 가족의 사회생활은 노동과 작업에 대한 의식개선, 노동자 가족의 부양, 보육시설의 확충, 노후생활설계 등으로 기업복지를 제공한다. 마지막으로 노무관리를 통해 인사고과, 상벌제도 및 직제전환 등에 대한 고충이나 불만 상담을 통해 노동자에게 편안한 직장생활을 제공할 수 있다.

① 기업복지 프로그램

기업복지의 프로그램으로 주거안정[1], 식사[2], 의료보건[3]과 보육 지원[4],

---

1) 주거안정 지원 정책으로 저금리 주택자금 대여와 전·월세 자금지원, 기숙사 무료제공 등이 있다.

2) 식사 지원 정책으로 급식시설 운영과 식권 지급 등이 있다.

3) 의료·보건 지원 정책으로 건강검진, 의료비 지원, 의료비 대부, 양호실 운영 등이 있다.

기타 지원책[5])을 살펴볼 수 있다.

② 기업복지의 과제

㉠ 인사관리체계의 변화에 적합한 기업복지 서비스 제공이 필요하다.

㉡ 다양한 고용형태로 차별적인 제공에 대한 대책이 필요하다.

㉢ 전문적인 서비스업체에 위탁하여 다양한 서비스를 제공한다.

㉣ 다양한 생활패턴에 적합한 프로그램 개발을 한다.

㉤ 정부는 다양한 법적 지원과 인센티브를 기업에 제공해야 한다.

(3) 자주복지

자주복지란 노동조합에 의하여 노동자에 대한 복지사업이 이루어지는 영역을 말하는데, 현재 상대적으로 미미한 수준이다.

① 자주복지의 발전과정

㉠ 초기 단계

1880~1920년대(노동조합의 양적 확대시기). 노동조합에 의한 노동운동 대중화, 특수적인 복지형태에서 보편적인 것으로 전환되었고, 8시간 노동제, 공장법, 아동 및 여성의 보호 등에 대한 입법투쟁을 하였다.

㉡ 중간 단계

세계 대공황 이후~1945년(시장경제에 대한 국가의 개입이 이루어진 시기). 기업주와의 단체교섭을 통하여 혜택을 증진시키고 복지를 사회보험과 결부시켜 확대되었다. 노동조합은 복지의 직접적 제공자에서 복지증진을 위한 단체교섭의 당사자로 전환되었다.

㉢ 진행 단계

1945년~현재(복지국가가 본격적으로 시작된 시기). 국가의 공적복지가 급격히 확대되어 복지정책 결정과정에 다양한 경로로 참여하

---

4) 보육 지원 정책으로 직장내 보육시설 운영, 보육비 지원을 통해 여성의 안정적인 직장생활을 도울 수 있다.

5) 기타 지원 정책으로 보험료 지원(생명보험, 개인연금), 다양한 문화 체육시설운영, 경조비 지원, 본인 및 자녀학비 보조 등이 있다.

고, 기업과는 단체협상을 시도한다. 1970년대 오일쇼크 이후에는 국가복지의 축소현상이 나타나게 되어, 전통적 자주복지에 관심 갖게 되고, 최근에는 조합 차원의 부가적 복지제도의 활성화, 민영보험의 가입 현상을 보인다.

② 자주복지 프로그램

자주복지 프로그램을 보면 한국노동조합총연맹[6], 산별연맹[7], 단위노조[8] 등을 통한 프로그램이 있다.

3) 노동복지사업

노동복지사업으로 일반 근로자, 실직 근로자, 산재 근로자, 여성 근로자를 대상으로 복지사업을 전개할 수 있다. 이를 정리하면 표 14-1과 같다.

표 14-1 노동복지사업의 분류

구분		복지사업	
대상	일반 근로자	1. 생활안정 지원 3. 문화 여가활동 지원 5. 우리사주제도 7. 외국인 근로자 지원	2. 학자금 지원 4. 능력개발사업 지원 6. 사내 복지기금제도
	실직 근로자	1. 실업급여 3. 능력개발 지원	2. 취업 지원
	산재 근로자	1. 산재보험보상업무 3. 직업훈련 지원 5. 산재근로자 자립점포임대 사업 7. 장해급여자 직장복귀 지원금 9. 사회적응프로그램 11. 의료재활 지원	2. 직업재활상담 4. 산재근로자 생활정착금 대부 6. 산재근로자 재활스포츠 지원 8. 학자금 지원 10. 산재근로자 후유증상진료제 12. 산재근로자 가족복지사업
	여성 근로자	1. 공공직장 보육시설 3. 육아휴직제도 5. 실직여성가장 자영업 창업 지원	2. 여성근로자 임대아파트 4. 여성가장실업자 취업훈련

---

6) 한국노총을 통해 공제협동조합사업, 소비협동조합사업, 탁아사업, 자녀장학금 지원사업, 결혼 정보센터 등을 운영하고 있다.

7) 산별연맹을 통해 퇴직금 누진제, 직업·교육훈련, 학자금 융자, 주택자금 대여, 전월세 자금 대여 등을 운영하고 있다.

8) 단위노조를 통해 신용사업, 소비사업, 상조회 운영, 장학사업, 주택관련사업, 문화사업, 생활지원, 탁아사업 등을 운영하고 있다.

02 군 사회복지

1) 군 사회복지의 개념과 목적

군 사회복지는 국가별 그리고 군에 대한 관점과 더 나아가 이데올로기,[9] 병역제도에 따라 달리 정의될 수 있다. 군 사회복지란 사회복지의 한 실천 분야로서 일차적으로는 군의 고유한 목적이 최대한 달성될 수 있도록 원조하는 것이며, 나아가 군의 구성원인 군인과 그 가족의 복지를 증진시키는 전문적 활동이라 할 수 있다.

군 사회복지의 목적은 첫째, 군의 구성원들에게 처한 환경에 원만히 적

---

9) 이데올로기(ideologie)라는 말은 프랑스 혁명기에 철학자 A. L. C. 데스튀트 드트라시가 자신의 '관념의 과학'의 약칭으로 도입하면서 처음 등장하였다. 그는 관념의 과학이 모든 인간지식을 관념에 관한 지식으로 본 철학자 존 로크와 에티엔 보노드 콩디야크의 인식론을 각색한 것이라고 설명했으나, 사실은 영국의 철학자 프랜시스 베이컨에게 더 많은 빚을 지고 있었다. 베이컨은 과학의 운명은 인간 지식의 확대뿐만 아니라 '지구 위의 인간의 삶을 개선하는 일'이라고 선언했다. 베이컨처럼 지식과 실용을 결합하는 것이 야말로 설명을 본질로 하는 이론 · 철학과 데스튀트 드트라시의 이데올로기를 구별 짓는 특징이다.
관념의 과학은 인간정신에서 편견을 몰아내고 이성을 복권함으로써 인간에 봉사하고 구원하는 것을 목표로 삼았다. 프랑스를 합리적·과학적 사회로 변혁하리라 믿고 국민교육 체계를 고안한 데스튀트 드트라시와 동료 이데올로그(ideologue)들의 가르침은 1795~99년 프랑스 총재정부의 공인학설이 되었다. 그런데 처음에는 그들을 지지했던 나폴레옹이 곧 등을 돌렸고, 1812년 12월 프랑스군의 패배를 이데올로그들의 탓으로 돌리기까지 했다. 이리하여 이데올로기는 시작부터 뚜렷한 감정적 함축을 지닌 용어가 되어 버렸다. 또한 이데올로기는 데스튀트 드트라시가 관념의 과학에 정열적으로 애정을 쏟고 숭고한 도덕적 가치를 부여함으로써 좋은 의미를 가졌다가 그 후 나폴레옹이 혁명사상의 혐오스런 요소들을 이 낱말과 결합함으로써 온갖 비난과 불신의 느낌으로 채워졌다. 이때부터 이데올로기는 프랑스어뿐만 아니라 전 세계 언어로 번역될 때 칭찬과 욕설의 이중성을 띠게 되었다. 이데올로기라는 말은 협의와 광의로 구별할 수 있는데 이데올로기를 둘러싼 논쟁이 적어도 어떤 부분은 용어의 정의가 일치하지 않는 데서 비롯되기 때문이다. 광의의 이데올로기는 체계적인 관념의 인도를 받는 모든 종류의 행동 지향적 이론이나 관념 체계에 비추어 정치에 접근하는 모든 시도를 뜻한다.
협의의 이데올로기는 다음의 5가지 특징으로 나타낼 수 있으며, 데스튀트 드트라시의 원래 견해에 매우 가깝다. ① 이데올로기는 인간경험과 외부세계에 관한 포괄적인 설명 이론을 포함한다. ② 이데올로기는 일반적·추상적 용어로 사회·정치를 조직하는 프로그램을 제시한다. ③ 이데올로기는 이 프로그램의 실현에는 투쟁이 뒤따를 것이라고 본다. ④ 이데올로기는 때때로 서약을 요구하면서 충실한 지지자를 모으려 한다. ⑤ 이데올로기는 광범한 대중을 향하며 지식인에게 특별한 지도역할을 부여하는 경향을 띤다.

응할 뿐 아니라 삶의 질이 향상될 수 있도록 돕는다. 둘째, 개인적인 문제나 가족 및 대인관계상의 문제 그리고 군 생활 적응의 문제가 있는 구성원에게 다양한 서비스를 제공한다. 셋째, 군의 구성원들이 가능한 한 최적의 환경에서 생활할 수 있도록 필요한 서비스를 옹호하고 개발한다. 마지막으로 제대 군인의 전직과 새로운 사회적 환경에서의 적응과정에 필요한 복지서비스를 제공하는 것이다.

2) 군 사회복지의 역사

군 사회복지는 창군 이래 1953년 제3육군병원에 적십자휴게실을 설치한 것을 효시로 볼 수 있다. 이후 본격적으로 1968년 1월에 육군 다목적 경력관리제도를 도입하여 군 병원에서 정신과적 내지 의료 사회복지 기능을 담당할 의정장교직능에 사회사업 특기를 부여하였다. 1973년 9월 수도통합병원에서 개최된 대한 군진 의학학술대회에서 「현대사회에 있어서 사회사업가의 역할」이라는 연구 논문 발표와 우리 군에 사회사업 도입을 검토하였다. 1977년까지 6명의 사회사업 장교를 배출하여 각 통합병원에서 근무하였다.

1977년부터는 학군 및 학사장교 중에서 사회사업과 출신 의정장교를 선발하기 시작했으며, 1980년에는 국군의무학교에서 최초로 군 의료사회사업에 대한 교육을 실시하여 그 필요성을 인정받았으며, 이후 1987년 고등군사반과 간호 관리반에 정규과정으로 채택되었다. 1982년부터는 장교양성과 보수교육 과정에까지 확대·실시가 되었다.

현재 약 500여 명의 사회복지사가 직업군인으로 각자의 병과에서 임무수행 중이며, 군 의료복지사도 60여 명이 의정장교로 활동 중이다. 또한 2005년부터는 장병의 인권상담을 전문으로 하는 상담심리 부특기를 신설하였으며, 현재 배치되어 활동 중이다.

사회복지학문을 기반으로 한 국군사회복지연구회가 발족되어, 2006년 9월 한국 군 사회복지학회가 창립되었으며 군 사회복지제도 도입을 위한 법제화가 진행되고 있다.

3) 군 사회복지의 필요성

군 사회복지의 필요성으로는 두 가지로 생각해 볼 수 있다.

(1) 군 생활 적응

우리나라는 강제적인 징병제도와 군 조직의 특수성으로 인해 병사들의 군 생활 적응의 문제점들은 지속적으로 발생하여 왔고, 그 양상도 매우 다양하게 존재하고 있다. 특히, 요즘 신세대 병사들은 감수성이 예민하고 자기중심적이며, 권위와 통제를 싫어하고 자유롭고 개인적인 생활을 선호하는 특징이 강해 상명하달식 위계구조인 군 조직에 적응하는 데 상당한 어려움이 있다. 이러한 젊은 군인들을 위한 군 생활 적응을 돕기 위한 사회복지서비스가 필요하다.

(2) 직업 군인과 가족

군 사회복지에서 군인뿐 아니라 그들의 가족에게도 관심을 갖는 이유는 가족은 군인에게 직·간접적으로 미치는 영향력이 크기 때문이다. 우리나라에서 부사관 이상의 직업군인은 순환보직제도에 의해 1~2년 주기로 근무지를 계속 이동해야 한다. 잦은 이사로 인한 환경변화로 우울과 외로움, 불안 같은 정신건강상의 문제와 특히 전방이나 오지로의 근무지 이동에 따라 자녀교육의 어려움과 재정적인 부담이 증가하는 문제가 초래된다. 이에 직업 군인과 가족에 대한 사회 적응을 돕기 위한 사회복지서비스가 필요하다.

4) 군 사회복지의 대상

군 사회복지의 대상은 군 조직의 특수성과 현실적인 한계점을 고려, 직업 군인과 현역 군인 그리고 가족과 직업 군인 출신으로 구분할 수 있다.

표 14-2 군 사회복지의 대상

직업 군인(장기, 단기)	현역 군인	군인 가족	직업 군인 출신
장교, 부사관, 군무원	사병	배우자, 자녀, 부모	장교, 부사관

5) 우리나라의 군 환경과 문제점

(1) 병역제도

국가가 징집하는 의무병제도를 채택하고 있으며, 「헌법」 제37조에 의하면 18세 이상의 남자는 의무적으로 군 복무(육군 21개월)를 하도록 명시되어 있다.

(2) 병영문화

군대의 문화는 최근 들어 다소 변화하고는 있으나, 군의 특수성으로 인해 사회의 변화보다는 그 속도가 매우 느리다. 매스컴을 통해 보도되었던 자살, 총기사건, 인권침해 사건과 성 추행 같은 문제 등이 사회문제로 부각되면서 군의 후진적인 병영문화에 많은 우려와 관심이 모아지고 있다. 따라서 병영문화를 폐쇄 문화에서 개방 문화로, 통제보다는 자율, 강압에서 존중, 단절에서 소통으로 전환해 나가야 할 것이다. 더욱이 신세대 장병을 위한 공간 확보와 병영문화가 이루어져야 할 것이다.

(3) 문제점

군의 문제점으로는 예산 부족과 인력 및 조직 운용의 비전문성 그리고 제도의 미흡으로 살펴볼 수 있다.

① 예산 부족

장병들의 복지 향상과 관련된 항목은 찾아보기 어려울 정도로 극히 미흡하다. 근래에 와서야 병영개선을 위한 활동으로 내무반(침상 및 개인 관물대 등) 환경 정비, 신세대 장병에 맞는 보급품(피복, 음식)의 변화를 가져왔을 뿐, 그동안 대부분의 예산은 전시를 대비한 전투력 향상에 사용하였다.

② 인력 및 조직운용의 비전문성

장병들의 소원 및 고충을 해결하기 위한 제도 마련과 함께 다양한 노력들이 계속되고 있다. 주요 내용으로는 고충 상담관 및 계층별 의사소통을 위한 간담회 실시 그리고 병영생활 고충 모범 상담관 포상제도가 시행되고 있다. 그러나 현재 운용 중인 프로그램의 인력을 살펴보면 체계적인 상담 교육을 받지 못한 제대 군인이 투입이 되어 전문성이 부족하며, 또한 연대급 이상에 배치되는 인력의 경우에는 중대급 이하의 장병들과는 접촉할 기회가 거의 없다는 것이다. 이는 조직에 부적응자나 자살 등의 위기에 처한 사병에게 도움을 주지 못하고 있어 여러 가지 사고 발생에 대한 예방이 미비한 수준이다.

③ 제도의 미흡

군 관련 제도 중에서 군 사회복지에 대한 내용이 포함되어 있지 않다. 현 제도들은 주로 간부급을 대상으로 하는 제도들로 징집된 장병, 장기복무군인과 가족들이 겪는 어려움을 해소하고 생활의 안정을 기할 수 있는 법적 근거가 미흡한 실정이다.

6) 군 사회복지사의 업무

군 사회복지사의 업무는 사병들의 정신건강 상담 및 스트레스 관리를 통한 군생활의 적응과 대처능력을 향상시키고, 직업군인 및 가족들이 겪는 다양한 문제와 갈등을 처리하여 안정된 생활을 유지시키는 것이다. 이는 직접·간접적인 서비스로 나눌 수 있다. 직접적인 서비스는 가정 폭력과 정신질환, 약물남용, 군 적응과 스트레스 관리, 신체 및 건강증진에 관한 문제들에 초점을 맞추어 서비스를 제공하는 것이며, 간접적인 서비스는 군 복지 관련 정책개발과 취업과 가족을 위한 사회서비스의 필요성을 옹호하는 것이다.

15
CHAPTER

전문직으로서의 사회복지

1915년 미국의 전국자선단체 및 교정대회에서 플렉스너는 사회복지직이 전문직으로 결여된 점을 제시하였다. 이에 사회복지직은 전문직으로 인정받고자 많은 노력을 하여 현재의 사회복지사가 존재하게 되었다. 이 장에서는 사회복지사의 활동과 전문성에 대해 살펴보고자 한다.

01 전문직의 개념

어떤 분야든지 자기가 속한 곳에서 남들에 비해 높이 평가되는 전문적인 기술이나 능력을 가지고 있다고 인정받는 사람들을 우리는 전문직이라 말한다. 흔히 어떤 한 가지 일을 전문으로 하거나, 한 가지 분야에 전문적인 지식이나 기술을 가진 사람들을 부르는 말이다. 직업에 대해 연구하는 학자들은 전문직의 특성을 여러 가지로 논의하고 있으나, 가장 특징적인 것은 전문화된 지식과 기술, 교육, 사회에 대한 봉사, 자율성 그리고 철학적 사고 및 윤리라고 할 수 있다.

플렉스너(Flexner)에 의하면, 사회복지는 전문직으로서 갖추어야 할 특성들이 결여되어 있다고 주장[1]하면서, 전문직으로서의 결여된 점을 다음과 같이 제시하였다.

① 사회복지는 사회과학적 기초가 결여되어 있다.
② 독자적으로 명확한 지식체계 및 전수할 만한 전문기술이 결여되어 있다.
③ 정부의 책임 아래 실시되는 교육 및 전문적 자격제도가 없다.
④ 전문적 조직체가 없다.
⑤ 전문적 실천에 대한 강령이 없다.

이러한 플렉스너의 비판 이후 미국 사회복지계 내부에서는 지속적인 논쟁이 되어왔으며, 사회복지직을 하나의 전문직으로 정립하기 위한 노력이 다양한 형태로 제시되었다. 이에 그린우드(Greenwood)는 1957년[2] 전문직의 속성이라는 글을 통해 전문직의 속성 5가지를 제시하였다.

---

1) 1915년 미국의 전국자선단체 및 교정대회(National Conference of Charities and Correction)에서 「사회복지는 전문직인가?」라는 논문을 통해 플렉스너(Flexner)는 사회복지직이 전문직으로 결여된 점을 제시하였다.

2) 그린우드(Greenwood)는 1957년 「전문직의 속성(Attributes of a Profession)」이라는 글에서 전문직의 속성 5가지를 제시하였다.

1) 체계적 이론

이는 체계화된 지식기반과 기술로서 효과적인 기술사용 그 자체가 아니라, 기술의 근원이 되는 체계적인 이론이 존재하는 것은 전문직이 되기 위해 중요한 요소라는 것이다. 즉, 우월성을 갖춘 기술의 사용 여부가 전문직과 비전문직을 구별하는 하나의 기준이 된다.

2) 전문적 권위

사회복지사와 클라이언트와의 관계에서 사회복지사에게 부여된 전문적 권위와 신뢰가 있어야 한다.

3) 사회적 승인

공동체나 일반사회의 승인 여부에 따라 전문직에 부여되는 권한과 특권이 다르다.

4) 윤리강령

사회적인 승인으로부터 얻어지는 전문직의 특권이 잘못 사용되는 것을 방지하고 규제하기 위해 체계화된 윤리강령[3]이 있어야 한다. 이를 통해 전문직의 행위에 대한 옳고 그름의 판단기준이 되며, 구속력을 갖는다.

5) 전문직 문화

그 자체의 고유한 가치나 규범, 상징을 만들어서 공유하고 보존하며, 이를 통해 동일한 목적과 사명감, 직업의식을 가지고 전문직 활동을 수행하게 된다.

---

3) 윤리는 흔히 어떤 것을 해야 하는 의무나 책임, 해서는 안 되는 것으로 옳다, 그르다, 정당하다, 부당하다 등의 개념으로 표현된다. 이에 반해, 가치는 믿음 또는 신념과 같은 것으로 선호와 관련되어 있으며, 결정에 영향을 미치는 것으로 좋다, 싫다, 바람직하다, 나쁘다 등으로 사용된다. 윤리강령은 전문가의 적절한 행동에 대한 기대를 규정해 놓은 것으로, 전문직의 가치는 실천 원칙으로 전환되며 이러한 원칙을 특정상황에 맞게 구체적인 행동으로 전환한 것을 말한다.

02 사회복지사의 활동과 전문성

사회복지사[4]는 아동, 청소년, 여성, 노인, 장애인, 노동자, 빈민, 일반 시민 등 다양한 인구집단을 대상으로 사회복지사업을 수행하는 사람들이다. 사회복지사의 활동분야는 매우 광범위한데, 최근에는 대학에서 사회복지학을 공부한 사회복지사들이 가장 많이 진출해 있는 분야는 사회복지전담공무원, 지역사회복지관, 사회복지시설, 사회복지관련 단체, 병원 등이다.

표 15-1 사회복지사의 활동분야

공적사회복지	사회복지기관 및 시설	보건의료	기타 분야
사회복지전담공무원[5]	지역복지사업, 아동복지, 노인복지, 장애인복지, 한부모복지 등의 민간 사회복지기관	의료사회복지사, 정신건강사회복지사	학교사회복지사, 자원봉사활동관리자, 교정사회복지사, 군사회복지사, 산업사회복지사

---

4) 사회복지사는 1983년 「사회복지사업법」 개정을 통해 사회복지종사자라는 명칭을 사회복지사로 변경하고, 사회복지사 자격을 3등급(1~3급)으로 구분하였다. 또한 1997년 개정을 통해 2003년부터는 1급은 국가고시에 합격자만이 취득하도록 자격제도를 변경하였다. 2017년 개정을 통해 3급을 폐지하고 1~2급으로 하며, 2018년 12월 개정을 통해 정신건강·의료·학교 영역에 대해서는 영역별로 사회복지사 1급 자격은 국가시험에 합격한 사람에게 부여하고, 정신건강사회복지사·의료사회복지사·학교사회복지사의 자격은 1급 사회복지사의 자격이 있는 사람 중에서 보건복지부령으로 정하는 수련기관에서 수련을 받은 사람에게 부여한다.
사회복지사가 될 수 없는 결격사유에 해당하는 자는 「사회복지사업법」 제11조의2의 규정에 의해 사회복지사가 될 수 없다.
1. 피성년후견인 또는 피한정후견인
2. 금고 이상의 형을 선고받고 그 집행이 끝나지 아니하였거나 그 집행을 받지 아니하기로 확정되지 아니한 사람
3. 법원의 판결에 따라 자격이 상실되거나 정지된 사람
4. 마약·대마 또는 향정신성의약품의 중독자
5. 「정신건강증진 및 정신질환자 복지서비스 지원에 관한 법률」 제3조 제1호에 따른 정신질환자. 다만, 전문의가 사회복지사로서 적합하다고 인정하는 사람은 그러하지 아니하다.

5) 「사회복지사업법」 제14조에 의하면 사회복지사업에 관한 업무를 담당하기 위하여 시·도, 시·군·구 및 읍·면·동 또는 복지사무전담기구에 사회복지사자격증을 가진 사회복지전담공무원을 두도록 규정하고 있다.

1) 사회복지전담공무원

사회복지전담공무원은 1987년부터 도입되기 시작하여 1992년 「사회복지사업법」의 전면 개정을 통해 일선행정기관에 사회복지전담공무원을 배치하는 법적인 근거를 마련하였다. 이전에는 지방공무원 별정직 7급으로 임용되었으나, 행정기관 내에서의 직급에 따른 갈등과 사회복지사의 전문성 문제로 인해 1994년 이후 별정직 9급으로 임용되고 있었던 부분이 변경된 것이다. 「국민기초생활보호법」에 의한 생활보호 업무를 수행하는 사회복지전담공무원은 아동복지, 노인복지, 장애인복지, 한부모복지, 영유아보육사업, 여성복지 등 사회복지사업을 수행하기 위해 임용된 공무원으로, 현재는 전국의 저소득층 밀집지역인 읍·면·주민센터(구 동사무소) 등에서 일하고 있다.

2) 지역사회복지관

지역사회복지관은 지역사회 내에서 일정한 시설과 전문인력 및 자원봉사자를 갖추고, 지역주민들의 복지수요에 부응하여 종합적인 복지사업을 수행하는 사회복지시설을 말하는데, 처음에는 민간의 자발적인 노력으로 운영되었다. 그 후 정부가 복지관의 운영비를 지원하고, 영구임대아파트단지에 1개소씩 건립하면서 현재 전국적으로 설치되어 있으며, 대부분의 복지관은 재가복지봉사센터와 어린이집을 부설기관으로 가지고 있다.

이러한 사회복지관은 종합적인 사회복지사업을 통해 일차적으로 저소득층의 자립능력을 배양하여 중산층으로 유도하고, 지역사회 문제를 예방 치료하여 지역사회 및 주민 연대감을 조성하는 매개체로서 지역사회주민의 복지증진을 위한 종합복지센터의 역할을 수행한다.

3) 사회복지시설

「사회복지사업법」은 "사회복지법인 및 사회복지시설을 설치·운영하는 자는 대통령령이 정하는 바에 의하여 사회복지사를 그 종사자로 채용[6]하여야 한다."라고 규정하고 있다. 따라서 사회복지사업을 수행하는 사회복지시설 중에서 의무채용이 예외되는 시설[7])을 제외하고는 사회복지사를 직원으로 채용하고 있다.

4) 사회복지단체 및 기타

다양한 유형의 성격과 기능을 지닌 사회복지시설 및 사회복지기관들의 협의체는 그 시설과 기관의 이익을 대변하면서, 사회복지에 관한 정책제안, 주민복지운동, 교육 등을 실천하고 있다. 대표적인 사회복지 단체 중에는 한국 사회복지협의회와 각 시·도별 사회복지협의회, 아동, 노인, 장애인 등 각 영역별로 전국협의회와 시·도 단위 지부 등이 있다. 최근에는 관심 영역에 따라 사회복지단체가 세분화되고, 다시 그 연합기구가 형성되고 있다. 또한, 사회봉사활동에 대한 관심이 늘어나면서, 시·군단위에 자원봉사센터가 설치, 정부 지원으로 청소년상담실, 청소년 자원봉사센터 등이 설치되면서, 자원봉사활동에 전문성을 가진 사회복지사의 수요가 증가하고 있다.

더 나아가, 전통적인 의미의 사회복지만을 추구하지는 않지만 정의롭고 평화로운 사회를 만들려는 시민사회단체에서도 사회복지사들이 많이 일하고 있는데, 우리사회의 여론형성을 주도하고 있는 참여연대의 '사회복지특별위원회'에서 국민연금, 의료보험, 고용보험 등에 대한 정책대안을 제시하고 있다. 또한 YMCA, YWCA, 경실련 등에서 일하는 사회복지사도 적지 않다. 대기업은 기업의 사회봉사활동과 자원의 사회 환원 차원에서 '기업복지재단'을 운영하는데, 현대그룹의 아산사회복지재단, 삼성그룹의 삼성

---

6) 사회복지사의 의무채용은 "사회복지프로그램의 개발 및 운영업무, 시설거주자의 생활지도 업무, 사회복지를 필요로 하는 사람에 대한 상담업무"이다.

7) 사회복지사의 의무채용이 예외되는 시설은 다음과 같다.
① 「노인복지법」에 의한 노인여가복지시설(노인복지관 제외)
② 「장애인복지법」에 의한 점자도서관과 점서 및 녹음서 출판시설
③ 「영유아보육법」에 의한 보육시설
④ 「성매매방지 및 피해자보호 등에 관한 법률」의 규정에 의한 성매매피해자등을 위한 지원시설 및 성매매피해상담소
⑤ 「정신보건법」에 의한 정신질환자사회복귀시설 및 정신요양시설
⑥ 「성폭력범죄의 처벌 및 피해자보호 등에 관한 법률」에 의한 성폭력피해상담소

복지재단, LG그룹의 LG복지재단 등에서도 사회복지사들이 중요한 역할을 수행하고, 이들에 대한 근로조건과 임금 등 처우수준은 대기업의 사원과 동등하게 이루어지고 있다.

5) 병원

사회복지사는 종합병원과 정신병원 등에서 일할 수 있다. 「의료법」에 의하며 "종합병원에는 「사회복지사업법」의 규정에 의한 사회복지 종사자 자격을 가진 자 중에서 환자의 갱생, 재활과 사회복귀를 위한 상담 및 지도 업무를 담당하는 요원을 1인 이상 둔다."(의료법 시행령 제24조 제2항 제5호)고 규정하고 있다. 의료사회사업이 활성화되어 있는 세브란스병원, 성모병원, 상계 백병원 등 에서는 여러 명의 사회복지사가 일을 하고, 점차 그 수효가 늘어가고 있는 영역이다. 또한 「정신건강증진 및 정신질환자 복지서비스 지원에 관한 법률」에서도 정신건강전문요원으로 사회복지사를 임용하도록 규정하고 있다. 다만, 의료사회복지사[8]나 정신건강사회복지사[9]는 의

---

8) 의료사회복지사는 2018년 12월 11일 「사회복지사업법」 개정에 의해 2020년 12월 12일 국가자격제도로 시행되었다.
   ① 민간자격소개: 의료사회복지사 자격관리위원회는 2008년도부터 2020년도까지 총 13회의 자격시험(연 1회)을 통하여 총 1,302명의 의료사회복지사 민간자격증 소지자를 배출하였다(*한국사회복지사협회와 그 산하단체인 대한의료사회복지사협회에서는 의료현장의 전문성 강화를 위해 자격시험관리위원회를 소집하고, 자격시험을 관리, 운영함)
   ② 근무현장: 의료사회복지사는 「의료법」 제3조 제2항 제3호에 해당하는 의료기관에서 사회복지를 실천하는 전문인력이다(*상급, 종합병원 등을 포함한 의료현장에서 총 1,302명의 자격소지자 중 1,042명의 전문인력이 종사하는 것으로 추산).
   ③ 주요업무: 환자와 그 가족의 심리사회적 문제·경제적 문제·지역사회 자원연계·재활 및 지역사회복귀 문제 등에 관한 상담평가, 지원계획 수립 및 지원, 취약환자에 대한 보호와 권익 보장, 연구조사 등
   ④ 국가자격제도 시행: 사회복지사 1급을 소지하고 의료기관에서 수련지도자(의료사회복지사 자격소지 후 5년 이상의 의료사회복지 경력자)의 지도하에 1,000시간의 수련을 이행한 자로서 (시험과목) 법과 정책, 윤리와 철학, 의료사회복지 이론과 실제, 조사 연구, 기획 및 행정 등을 "150시간 이론교육, 20시간 학술활동, 830시간의 의료현장실습의 수련시간 이행과 수련에 대한 평가활동으로 수련과정 구성"된다. (*출처: 보건복지부 2020년 12월 1일 보도자료)

9) 정신건강사회복지사는 "정신과 병원 및 지역사회에서 정신보건에 관한 양질의 서비스를 제공할 전문인력의 수요가 증가하게 되면서, 정신질환의 예방과 정신질환자의 의료 및 사회복귀 등의 업무를 수행할 전문지식과 기술을 갖춘 인력을 양성하기 위해 자격제도

사, 간호사, 심리사 등 다른 전문직과 함께 팀으로 일하기 때문에 학부수준의 공부만으로는 부족한 부분이 있다. 따라서 의료기관에서 일하는 사회복지사는 학부에서는 자원봉사를 통해서 실무를 학습하고, 대학원에 진학해서 더 많은 공부를 한 후에 임용되는 경향이 있다.

6) 대학교와 연구기관

현재 전국 대부분의 대학에 사회복지학 또는 사회복지 관련 전공이 개설되어 있으며, 평생교육기관 등에서도 사회복지 관련 전공이 한 학과에 교수진으로 사회복지학을 가르치고 있다. 사회복지학의 역사가 정치학, 사회학 등에 비교하면 단기간에 이루어졌기에, 초기에는 사회복지학 인접 학문을 익힌 학자들이 사회복지학 교수로 진출하기도 하였지만, 최근에는 사회복지학을 전공하는 학자가 우선적으로 고려되고 있다. 또한 한국보건사회연구원 등 사회복지분야를 전문적으로 연구하거나 한국여성개발원, 한국청소년개발원 등 관련 연구기관, 지방자치단체가 설립한 종합적인 정책연구기관의 사회복지담당 연구원, 민간단체가 운영하는 각종 사회복지관련 연구기관에서 연구원으로 일할 수 있다. 이는 대학교와 대학 그리고 연구기관에서 사회복지전문가로 일하려는 사회복지사는 석사·박사과정을 이수해야 한다.

7) 기타

사회복지가가 일하는 영역은 이처럼 사회복지전담공무원, 사회복지관, 사회복지시설, 병원, 사회복지단체, 대학교와 연구기관 등에 한정되어 있지 않다. 사회가 전문화되면서 사회복지사에 대한 수요도 점차 커지고 있다. 외국의 경험에 비춰볼 때, 복지사회가 될수록 학교에서 학생문제를 예방하

를 제정"하였다. 사회복지사 1급 자격증 소지자가 보건복지부령으로 정하는 수련기관에서 수련을 받고 보건복지부장관에게 정신건강사회복지사(수련기간 및 경력에 따라 1급, 2급으로 구분) 자격을 인정받은 자를 말한다. 「정신보건법」이 「정신건강증진 및 정신질환자 복지서비스 지원에 관한 법률(약칭: 정신건강복지법)」로 개정되면서 '정신보건사회복지사'의 명칭이 '정신건강사회복지사'로 변경되었다.

고 치료하는 학교사회복지사[10], 직장에서 종업원의 사회적응과 알코올을 포함한 약물오남용문제, 직원 간의 갈등문제의 상담, 가족문제 상담 등을 위한 산업사회복지사, 군대에서 사병과 장교의 적응문제를 다루는 군사회복지사 등이 중요한 영역으로 다루어지고 있다. 또한 가까운 일본에서도 고령화사회와 함께 노인복지시설, 장애인복지시설 등이 늘어나면서, 도움이 필요한 노인과 장애인의 일상생활을 전문적으로 돌보는 수요가 급증하였으며, 우리나라 또한 노인 및 장애인 복지 분야 등에서 많은 수요가 늘고 있다.

03 사회복지사의 법적 지위와 권한

1) 사회복지사의 법적 지위

사회복지사의 법적 지위 또는 신분은 공공기관의 사회복지사(사회복지전담공무원)와 민간기관의 사회복지사로 구분할 수 있다.

---

10) 학교사회복지사는 2018년 12월 11일 「사회복지사업법」 개정에 의해 2020년 12월 12일 국가자격제도로 시행되었다.

① 민간자격소개: 학교사회복지사 자격관리위원회는 2005년도부터 2020년도까지 총 16회의 자격시험(연 1회)을 통하여 총 1,598명의 학교사회복지사 민간자격증 소지자를 배출하였다(*전문성을 갖춘 학교사회복지사 양성을 위하여 한국학교사회복지학회, 한국학교사회복지사협회, 한국사회복지사협회가 함께 컨소시엄을 구성하여 2005년부터 학교사회복지사 자격관리위원회를 운영함).

② 근무현장: 학교사회복지사는 「초중등교육법」 제2조에 의거한 학교뿐만 아니라 교육청 및 교육지원청, 지역교육복지센터 등 교육현장에서 사회복지를 실천하는 전문인력이다(*초중고를 포함한 교육현장에서 현재 1,919명의 전문인력이 종사하고 있음('20년 11월 기준)).

③ 주요업무: 학생의 심리·사회적인 문제와 학생에게 영향을 미치는 주변 환경 전체의 변화에 대한 계획 수립 및 지원, 학교 내·외부 환경 및 욕구 조사, 사례 발굴 및 선정, 학교 내·외 네트워크 구성 및 운영, 학교사회복지 개입을 위한 기록 및 평가 등

④ 국가자격제도 시행 : 사회복지사 1급을 소지하고 학교에서 수련지도자(학교사회복지사 자격소지 후 5년 이상의 학교사회복지 경력자)의 지도하에 1,000시간의 수련을 이행한 자로서, (시험과목) 학교사회복지 이론 및 실제, 교육 및 사회복지관련 법과 정책, 학교사회복지 철학과 가치, 기획 및 행정, 자원관리 등을 "150시간 이론교육, 20시간 학술활동, 830시간의 학교현장실습의 수련시간 이행과 수련에 대한 평가활동으로 수련과정 구성"된다(*출처: 보건복지부 2020년 12월 1일 보도자료).

(1) 공공기관 사회복지사(사회복지전담공무원)의 법적 지위

공공기관에 근무하는 사회복지사는 주로 사회복지전담공무원을 의미한다. 사회복지전담공무원에 대한 법적 신분에 대해 「사회복지사업법」에는 다음과 같이 규정되어 있다. “복지전담공무원은 사회복지사의 자격을 가진 자로 하며, 그 임용에 관하여는 지방 공무원임용령이 정하는 바에 의한다.”(제14조 및 동법 시행령 제7조).

「국가공무원법」 제2조 및 「지방공무원법」 제2조의 공무원 구분에 따르면 공무원은 경력직 공무원과 특수경력직 공무원으로 나누는데, 사회복지전담공무원은 이 가운데 경력직 공무원에 속한다. 경력직 공무원과 특수경력직 공무원은 채용조건, 임용절차 등이 다르기 때문에 법적 지위도 다르다. 경력직 공무원 가운데 일반직 공무원에 속하며, 일반직 공무원 가운데 사회복지직렬에 속한다. 또한 일반직 공무원 가운데 국가공무원, 즉 중앙공무원이 아니라 지방공무원에 속한다.

표 15-2 공무원의 분류와 사회복지전담공무원

공무원	경력직공무원	일반직공무원: 사회복지전담공무원
		특정직공무원
		기능직공무원
	특수경력직공무원	정무직공무원
		별정직공무원
		계약직 공무원
		고용직 공무원

(2) 민간기관에 종사하는 사회복지사의 법적 지위

민간기관에 종사하는 사회복지사의 법적 지위는 근로자로서 갖는 지위와 전문가로서 갖는 지위로 대별할 수 있다. 먼저 근로자로서 사회복지사로는 민간기관에 종사하는 사회복지사는 무보수로 봉사하는 자원봉사자와 달리 사회복지 관련 민간사업장에서 임금을 목적으로 근로를 제공하는 근로자로서 법적 지위를 갖는다. 따라서 민간기관에 종사하는 사회복지사는 사용자와 원칙적으로 대등한 관계에서 근로계약을 체결하며, 조직구성원의 지위에서 업무를 수행하며, 공동의사결정에 참여한다. 전문가로서 사회복지사로는, 민간사회복지기관에 종사하는 사회복지사는 사회복지에 관한 전문지식과 기술을 갖추고, 보건복지부장관으로부터 자격증을 교부받은 자를 말한다.

2) 사회복지사의 권한과 책임

사회복지사의 법적 권한과 책임은 공공기관에 근무하는 사회복지전담공무원과 민간복지기관이나 시설에 근무하는 사회복지사 간에는 차이가 있다.

(1) 사회복지전담공무원의 법적 권한

① 신분상의 권리

사회복지전담공무원은 공공기관에서 사회복지사의 신분을 가지고 복지 관련 업무에 근무함으로써 인정되는 신분상의 권리들이 있다. 대표적인 것이 직업공무원제도하에서의 신분보장으로, 소청(訴請)제기권[11]과 소송(訴訟)제기권[12]이 있다.

② 직무집행과 관련되는 권리

사회복지전담공무원이 직무집행과 관련되는 권리에는 직무수행권과 직위보유권이 있다. 직무수행권이란 사회복지전담공무원이 공무원으로서의 신분을 가지고 직무를 수행하는 경우에는 그 직무의 공익적 성격으로 인해 사회복지전담공무원은 자신의 직무를 집행할 정당한 권리를 갖게 된다. 직위보유권이란 자신에게 적합한 일정한 직위를 부여받을 권리와, 자기에게 부여된 직위가 법이 정한 일정한 이유와 절차에 의하지

11) 소청제기권이란 공무원의 신분변동에 관한 처분은 법으로 정한 사유에 가능하고, 처분 시에는 그 사유서를 기재한 처분사유 설명서를 교부하여야 한다. 이에, 이의가 있을 때 공무원이 사용하는 권리이다.

12) 공무원의 신분에 관한 위법한 처분이 행해지는 때에는 행정소송을 제기할 수 있는 권리를 갖는다.

아니하고는 박탈당하지 않을 권리이다. 「사회복지사업법」 제14조에서는 시·도, 시·군·구 및 읍·면·동 또는 복지전담기구에서는 사회복지사업에 관한 업무를 사회복지전담공무원이 담당하도록 하고 있다.

③ 재산상의 권리

사회복지전담공무원의 재산상의 권리에는 보수청구권, 연금청구권, 실비변상을 받을 권리가 있다. 보수청구권은 자신의 직무수행의 대가로 국가를 상대로 보수를 청구할 수 있다. 공무원의 보수에는 봉급과 수당이 있으며, 봉급은 기본급여로 직무의 곤란성, 책임의 정도, 재직기간 등에 따라 계급별, 호급별로 지급된다. 또한 수당은 특수근무지수당, 특수근무수당, 상여수당, 직무수당, 명예퇴직수당 등이 있으며, 근무성적 우수자에 대한 특별상여수당 등을 지급하기도 한다. 연금청구권은 공무원연금을 청구할 권리로서, 재직기간 동안 기여금을 납부하고, 기여에 상응하는 구체적 권리로서 연금청구권을 갖는다. 실비변상을 받을 권리는 보수를 받는 이외에 규칙 또는 대통령령이 정하는 바에 따라 직무수행에 소요되는 실비를 변상 받을 권리가 있다. 이러한 실비에는 직무수행을 위한 회의참석수당, 자가운전수당, 여비규정에 의한 운임, 숙박료, 식비 등을 지급받는 경우를 들 수 있다.

④ 기타 권리

교육을 받을 권리, 사생활의 비밀과 자유의 권리가 있다.

⑤ 사회복지전담공무원의 법적 권한의 제한

사회복지전담공무원의 법적 권한은 국가안전보장·질서유지 또는 공공복리를 위하여 필요한 경우에 한하여 법률로써 제한할 수 있으며, 제한하는 경우에도 자유와 권리의 본질적인 내용은 침해할 수 없다. 또한 사회복지전담공무원은 「헌법」상 보장된 근로3권(단결권, 단체교섭권, 단체행동권) 또는 근로기본권의 제한을 받는다. 「헌법」 제33조에는 공무원인 근로자는 법률이 정하는 자에 한하여 단결권·단체교섭권 및 단체행동권을 가진다고 규정하고 있어 사회복지전담공무원의 근로3권을 제한하고 있다. 사회복지전담공무원의 지원자격이 사회복지사자격증 소지자에 한정되므로, 「사회복지사업법」의 사회복지사 결격사유에 해당할 경우 사회복지전담공무원은 그 자격을 상실하게 된다.

(2) 민간사회복지기관 사회복지사의 법적 권한

① 신분상의 권리

민간사회복지기관에 종사하는 사회복지사의 신분보장은 국가의 법으로 명확하게 규정되어 있지 않으며, 주로 법인의 정관에 따라 신분보장을 받는다. 근로자로서 「근로기준법」에 의해 법적 권한을 논할 수 있을 것이다. 민간 사회복지사는 자신의 의사에 반하여 신분조치를 받지 않을 권리, 면직예고를 받을 권리, 이의 신청의 권리가 있다.

② 직무집행과 관련되는 권리

사회복지사는 자신에게 적합한 일정한 직무와 책임(직위)을 부여받을 권리를 가지며, 부여된 직무를 수행할 권리를 가진다. 단, 직무수행능력이 부족하거나 근무 성적이 극히 불량하거나 직원으로서의 근무태도가 심히 불성실한 경우에는 직위를 부여하지 않을 수 있다.

③ 재산상의 권리

사회복지사는 자신이 제공한 직무수행의 대가로 보수를 청구할 권리를 갖는다. 사회복지사는 국민연금을 청구할 권리를 갖는다. 사회복지사는 보수를 받는 이외에 기관운영규정에 따라 직무수행에 소요되는 실비를 변상받을 권리가 있다.

④ 근로3권

민간복지기관에 근무하는 사회복지사는 「헌법」상 보장된 근로3권(단결권, 단체교섭권, 단체행동권)을 갖는다. 근로자로서 사회복지사는 자주적으로 단결하여 근로조건의 유지, 개선, 기타 근로자의 경제·사회적 지위의 향상을 도모하기 위해 노동조합을 조직할 권리가 있다.

⑤ 사회복지사의 법적 권한과 한계

사회복지사의 법적 권한은 국가안전보장·질서유지 또는 공공복리를 위하여 필요한 경우에 한하여 법률로써 제한할 수 있으며, 제한하는 경우에도 자유와 권리의 본질적인 내용은 침해할 수 없다. 기관에 종사하는 사회복지사에게 사회복지사로서의 결격사유가 발생할 경우에는 사회복지사로서의 법적 권한은 상실하게 된다.

3) 사회복지사의 법적 의무

(1) 사회복지사업법상 사회복지사의 의무

복지업무에 종사하는 사람은 「사회복지사업법」 제5조에 의해 "이 법에 의하여 복지업무에 종사하는 사람은 그 업무를 행함에 있어서 사회복지를 필요로 하는 사람을 위하여 차별 없이 최대로 봉사하여야 한다"고 명시하여 최대봉사의 원칙을 규정하고 있다. 또한 「사회복지사업법」 제47조에 의해 "사회복지사업 또는 사회복지업무에 종사하였거나 종사하고 있는 자는 그 업무수행의 과정에서 알게 된 다른 사람의 비밀을 누설하여서는 아니 된다"고 하여 비밀누설의 금지를 의무화하고 있다.

(2) 일반적 의무

일반적으로 일반사회복지사와 사회복지전담공무원은 유사하나 일부 차이가 있다. 성실의 의무, 품위유지의무, 청렴의무와 같은 일반적 의무가 있으며, 사회복지전담공무원과 같이 선서의무도 있으나 민간사회복지사의 선서내용은 차이가 있다. 민간사회복지기관에 종사하는 사회복지사의 책임은 2001년 한국 사회복지사협회에서 공포한 사회복지사 윤리강령에 잘 나타나 있다.

참고문헌

공세권 외(1987). 한국 가족구조의 변화. 서울: 한국인구보건연구원.

광주대 대학원 사회복지학과 20인(1998). 시설과 인물. 서울: 은평천사원출판부.

구종회(1996). 선진국 사회복지발달사. 서울: 홍익재.

권육상(1999). 사회복지실천론. 서울: 학문사.

김교환(2002). 현대복지국가론. 경기: 교육과학사.

김귀환·나직균 공저(2010). 개정판 사회복지정책론. 서울: 21세기사.

________________ (2010). 노인복지론. 서울: 동문사.

________________ (2012). 노인복지론. 서울: 동문사.

김기태 외(1999). 사회복지의 이해. 서울: 박영사.

김만두(1982). 현대사회복지총론. 서울: 홍익재.

김범수(2000). 21세기 지역사회복지론. 서울: 홍익재.

김상균(1987). 현대사회와 사회정책. 서울: 서울대학교출판부.

_____(2007). 사회복지개론. 서울: 나남출판.

김상균 외(2002). 사회복지학개론. 서울: 나남출판.

김영모(1999). 사회복지학. 서울: 한국복지정책연구소출판부.

김영모 편(1982). 현대사회문제론. 서울: 한국복지정책연구소출판부.

김태성 외(1998). 사회복지 전문직과 교육제도. 서울: 소화.

김혜경 외(2016). 가족복지론. 경기: 공동체.

나직균(2009). 개정판 아동복지론. 서울: 나눔출판사.

나직균·임정문 공저(2009). 사회복지행정론. 서울: 21세기사.

나동석·서혜석(2009), 사회복지실천론. 경기: 학현사

남세진·조흥식(1996). 한국 사회복지론. 서울: 나남출판.

박경일 외(2000). 사회복지학강의. 경기: 양서원.

박상신(2001). 사회복지관의 현안과제와 개선방안. 서울: 한국 사회복지관협회.

박용순(1999). 사회복지개론. 서울: 학지사.

_____ (2002). 사회복지행정론. 서울: 학지사.

배기효 외(2015). 노인복지론. 경기: 양서원.

백은령·김선아·양숙미·엄미선·윤철수(2007). 사회복지실천론. 서울: 대왕사.

보건복지부(2020). 2020년 노인복지시설현황.

______________. 2020년 장애인복지사업안내(1권).

______________. 보건복지부 2020년 12월 1일 보도자료.

사회복지교육연구센터 편저(2010). 1급 사회복지사 기본서(8권). 서울: 나눔의 집.

__________________ 편저(2015). 1급 사회복지사 기본서(8권). 서울: 나눔의 집.

__________________ 편저(2020). 1급 사회복지사 기본서(8권). 서울: 나눔의 집.

서울대 사회복지실천연구회(1998). 사회복지실천기법과 지침. 서울: 나남출판.

성규탁(1985). 사회복지행정조직론. 서울: 박영사.

______(1993). 사회복지행정론. 서울: 법문사.

송근원 외(1995). 사회복지정책론. 서울: 나남출판.

양정하(1992). 사회복지정책론. 경기: 양서원.

양옥경(2006). 사회복지실천론. 서울: 나남출판.

엄명용·노충래·김용석(2009). 사회복지실천론. 서울: 학지사.

이영주 외(2015). 가족복지론. 경기: 양서원.

이영철 외(2000). 사회복지학. 경기: 양서원.

이용교(1986). 도시빈민가족의 욕구지표의 측정과 평가에 관한 연구. 중앙대학교 대학원 석사학위논문.

______(2000). 사회복지서비스와 불평등, 한국 사회복지와 불평등. 서울: 한국복지정책연구소.

이용교 편(1993). 이야기 사회복지. 서울: 은평천사원출판부.

_________(2000). 복지공동체 만들기. 전남: 광주대학교출판부.

이종복 외(2014). 사회복지개론. 경기: 양서원.

이준우·이화옥·인원선(2006). 사회복지실천론. 서울: 인간과 복지.

임정문(2006). EBS사회복지학개론. 서울: 이그잼.

장인협(1996a). 사회사업실천방법론(상). 서울: 서울대학교출판부.

_____(1996b). 사회사업실천방법론(하). 서울: 서울대학교출판부.

장인협·문인숙(1983). 사회복지의 원리와 방법. 서울: 집문당.

장인협 외(1999). 사회복지학. 서울: 서울대학교출판부.

전재일 외(1999). 사회복지개론. 서울: 형설출판사.

조영훈(2002). '생산적 복지'론과 한국복지국가의 미래. 김영면 편, 한국복지국가성격논쟁1. 서울: 인간과 복지.

조휘일·이윤로(1999). 사회복지실천론. 서울: 학지사.

조홍식(1986). 고려시대의 구빈제도, 사회복지학회지 제8호, 한국 사회복지학회.

최구묵(2009). 사회보장론. 서울: 학현사.

최봉기(2004). 정책학. 서울: 박영사.
최성재·남기민(1993). 사회복지행정론. 서울: 나남출판.
최선화(2012). 사회복지실천기술론(개정3판). 경기: 공동체.
최순옥 외(2014), 노인복지의 이해. 서울: 태영사.
최옥채(1999). 사회복지실천론. 서울: 인간과 복지.
최원석(2011). 노인복지론. 경기: 양서원.
최일섭·류진석(2000). 지역사회복지론. 서울: 서울대학교출판부.
최일섭·최성재(1996). 사회문제와 사회복지. 서울: 나남출판.
태극출판사(1981). 대세계백과사전 제11권 사회.
하상락 편(1989). 한국 사회복지사론. 서울: 박영사.
함세남 외(1996). 선진국 사회복지발달사. 서울: 홍익재.
________(2000). 선진국 사회복지발달사. 서울: 홍익재.
현외성(2014). 사회복지정책강론. 경기: 양서원.
현외성 외(1998). 사회복지학의 이해. 서울: 유풍출판사.

Ackerman, N.(1960). *The Psychodynamics of Family Life*. N.Y.: Basic Books.
Baker, J.(1979). Social Conscience and Social Policy, *Journal of Social Policy*, vol. 8, No. 2.
Bartlett, H.(1970). *The Common Base of Social Work Practice*. National Association of Social Workers.
Blackburn, C.(1965). Family Social Work. *Encyclopedia of Social Work*(15). NASW. Inc.
Bradshaw, J.(1977). The Concept of Social Needs, Gilbert, N & Specht, H. (eds.), *Planning for Social Welfare*, N.J.: Prentice-Hall.
Chilman, C.(1973). Public Social Policy and Population Problems in the Unite States. *The Social Service Review*, Vol. 47.
Dahrendorf, R.(1958). Toward a Theory of Social Conflict. *Journal of Conflict Resolution*.
Friedlander, W. & Apte, R.(1980). *Introduction to Social Welfare*. Englewood Cliffs, N.J.: Prentice-Hall.
Frost, Nick, & Stein, Mike(1989). The Politics of Child Welfare-Inequality. *Power and Change*. New York: Harvester Wheatsheaf.
Gilbert, Neil, & Paul, Terrell(1997). *Dimensions of Social Welfare Policy*. M.A.:

Allyn & Bacon.

Hasenfeld, Y.(1983). *Human Service Organization*. N.J.: Prentice-Hall Inc.

Jeffs, Tony, & Smith, Mark(ed.)(1988). *Welfare and Youth Work Practice*. London: Macmillan Education Ltd.

Katz, D. & Kahn, R.(1978). *Social Psychology of Organization*. N.Y.: Wiley.

Lowy, L.(1979). *Social Work with the Aging*. N.Y.: Harper & Row.

Marshall, T.(1970). *Social Policy in the Twentieth Century*. London: Hutchinson University Library.

Marx, K.(1959). "Manifesto of the Communist Party", in L.Fouer eds., *Marx and Engels; Basic Writing on Politics and Philosophy*. Moscow: Published by Foreign Languages Publishing House.

Meenaghan, Thomas, M., & Washington, Robert, O.[김한주 역(1983)]. **사회정책과 사회복지**. 경기: 법문사.

Merton, R.(1967). *On Theoretical Society*. New York: Free Press.

Morales. A., & Sheafor. B.(1987). *Social Work: A Profession of Many Faces*. M.A.: Allyn & Bacon, Inc.

National Association of Social Worker(1995). *Encyclopedia of Social Worker*.[김만두 외 역(1999)]. **사회복지대백과사전**. 서울: 나눔의 집.

National Association of Social Workers(1998). *The Foundations of Social Work Practice*[이필환 외 역(1999)]. **사회복지실천이론의 토대**. 서울: 나눔의 집.

Pappell. C. & Rothman. B.(1966). Social Group Work Model: Possession and Heritage. *Journal of Education for Social Work*, vol. 2, No. 2.

Rein, M.(1970). *Social Policy: Issues of Choice and Change*. New York: Random House.

Robert, L. Barker(1987). *Social Work Dictionary*[중앙사회복지연구회 역(1996)]. **사회사업사전**. 서울: 이론과 실천.

Skidmore, R.(1983). *Social Work Administration*. N.J.: Prentice-Hall, Inc.

Titmuss, R.(1974). *Social Policy*: An Introduction. London: Allen and Unwin.

Vic George & Paul Wilding(1976). *Ideology and Social Welfare*. London: Routledge & Kegan Paul; [원석조 역(1987)]. **이데올로기와 사회복지**. 서울: 홍익재.

White, R. D.(1990). *No Space of Their Own-Young people and social control in Australia*. Cambridge: Cambridge University Press.

岡本民夫·小田兼三 編(1992). **社會福祉援助技術總論**. ミネルヴァ書房.
古川孝順·定藤丈弘·しょうじ洋子(1993). **社會福祉論**. 有斐閣.
福祉士養成講座編輯委員會(1989). **社會福祉原論**. 中央法規.
福祉士養成講座編纂委員會 I(1999). **社會福祉援助技術總論**. 中央法規.
福祉士養成講座編輯委員會 II(1999). **社會福祉援助技術各論 I**. 中央法規.
永田幹夫[김현훈 외 역(2000)]. **지역복지론**. 서울: 동인.

찾아보기

내용

ㄱ

ㅂ

ㅅ

ㅇ

ㅈ

ㅊ

ㅋ

ㅌ

ㅍ

ㅎ

A

B

C

D

E

F

G

H

Q

R

S

ㄷ

ㄹ

ㅁ

ㅂ

ㅅ

ㅇ

ㅈ

ㅊ

ㅋ

ㅌ

ㅍ

ㅎ

A

B

C

D

E

F

G

H

J

K

L

M

O

P

Q

R

S

T

V

W

Z

저자약력

■ 임정문

성결대학교 대학원 사회복지학 박사
EBS교육방송 강사, 이그잼 고시학원 사회복지학 교수, 경복대학 겸임교수, 고려직업전문학교 교수
현 포천 다문화가정지원센터 부소장
은평여성인력개발센터 운영위원
경민대학교 교수

〈저서〉
EBS사회복지개론, 사회복지개론, 사회복지정책론, 사회복지행정론, 노인복지론 외 다수

■ 현영렬

연세대학교 사회사업학과 졸업
동경도립대학교 사회복지학 석사
서울시립대학교 사회복지학 박사
서울시 사회복지전문요원
현 서정대학교 사회복지행정과 교수
서정대학교 학생복지처장

〈저서〉
사회복지실천론(2010, 공저), 사회복지개론(2012, 공저), 사회복지실천의 이해(2012, 공저), 사회복지개론(2013, 공저), 사회복지실천기술론(2015, 공저), 사회복지개론(2018, 공저) 외 다수

■ 박선태

대구가톨릭대학교 사회복지학과 사회복지학 박사
현 수성대학교 보건복지경영과 학과장
사회복지법인 인권지킴이 단원
지역사회보장협의체 대표위원
영천시 의료급여심의위원

〈저서〉
노인복지론, 인간행동과 사회환경, 사회복지실천기술론, 가족복지론 외 다수

사회복지학개론

초판 1쇄 발행 / 2021년 2월 20일
초판 2쇄 발행 / 2022년 2월 20일
초판 3쇄 발행 / 2023년 3월 2일
초판 4쇄 발행 / 2024년 3월 2일
초판 5쇄 발행 / 2025년 3월 5일

공저자 / 임정문·현영렬·박선태
발행인 / 이 중 수
발행처 / **동 문 사**

서울특별시 서대문구 홍제원 1길 12
(홍제동 137-8)
Tel : 02)736-3718(대), 736-3710, 3720
Fax : 02)736-3719
등록번호 : 1974.04.27. 제9-17호
가격 : 22,000원

ISBN : 979-11-6328-258-7(93330)